1989-2019

昨日の世界のすべて

平成史

與那覇潤
YONAHA JUN

文藝春秋

平成史——昨日の世界のすべて◉目次

しかしいつの時代とて、たしかに、幸福の跡をすくなく、悲しみの跡を多く、のちに伝えている。書きつづられるのはつねに、大いなる不幸の歴史なのだ。そして、はなはだ説明にはこまるのだが、こう確信してもかまわないと思うのだ、人間にわりあてられている生の幸福、のびやかな喜び、甘い憩《いこ》いの総量は、時代によってそう差があるわけではない、と。

――ホイジンガ『中世の秋』

【凡例】

・本書は一般書であるので、出典の注記はできるかぎり圧縮した。たとえば、書籍が初めて出版された年が本文に記されている場合には、注の方では（原著何年）といった表記を略している。注記箇所の数も、読者が原典に当たる上での便宜を損なわない範囲で統合し、縮約した。

・複数の版があるテキストについては、原則としてなるべく普通の読者が入手しやすいと思われるものを出典とした。したがって、必ず決定版の『全集』等から引用する、といった方針はとっていない。

・日本では雑誌の「号数」と「実際の刊行年月」とが厳密には相違することが多いが、本文中では原則的に、前者に則って略記した。特に但《ただ》し書きが附されていないかぎり、たとえば「7月の『文藝春秋』」とある場合は、『文藝春秋』7月号を指すものと理解されたい。

・大部の著作となったため、通常の注記では「前掲書」とのみ記すのが妥当な場合も、あえて書名を付記した。かつ、各章ごとに冒頭部まで見返してもらえれば、少なくとも著者名はわかるよう配慮してある。

・資料からの引用に際しては、原文の表記を尊重した。ただし長文にわたるなどの事情につき、「段落」は断りなく組み替えた場合がある。

・学術書の場合、登場する人物の敬称はすべて略すのが通例である。しかし本書は上記の性格、また筆者にも読者にもそれぞれになじみ深い、存命中の人物が多く登場することに鑑《かんが》みて、文脈に応じて敬称のあり／なしを使い分けた点を諒《りょう》とされたい。

序　蒼々《そうそう》たる霧のなかで

同時代史が描けない

青天の下の濃霧だ――。

平成期の日本社会をふり返るとき、それが最初に浮かぶ言葉です。

2019年の4月に幕を下ろした、平成という時代。どこか寂しさが漂っていたその終焉の風景すらも、いまは記憶が朧《おぼろ》げになりつつあるところでしょうか。

改革の「不徹底」が停滞を招いたと悔やむ人がいる傍《そば》で、逆に「やりすぎ」が日本を壊したとこぼす人もいた。ネットメディアの普及が知性を劣化させたと咎《とが》める人の隣に、オールドメディアの持続こそが国民を無知にしていると苛立《いらだ》つ人がいた。

正反対の理由で、しかし共通に失望される不思議な――ある意味で「かわいそうな時代」として、現在進行形だったはずの平成は、過去になってゆきました。

昭和史（ないし戦後史）を語る場面であれば、私たちは自身が体験していないことも含めて、今日でもなお、共有されたイメージで話すことができます。悲惨な戦争と焦土からの復興、高度成長と負の側面としての公害、学生運動の高まりと衰退、マネーゲームとディスコに踊ったバブル……。美空ひばり・田中角栄・長嶋茂雄といった組みあわせを口にするとき、背後には「豊かさを目指してがむしゃらに駆けていったあのころ」のような、統一された時代像がおのずと浮かびます。

ところがより近い過去であるはずの「平成史」には、そうした前提がない。安室奈美恵と小泉純一郎と羽生結弦《ゆづる》の3人を並べても、共通するひとつのストーリーを創ることはできそうにありません。

あるいは、「あの戦争」という言い方を考えてもよいでしょう。昭和史の文脈で「あの戦争」が指すものは自明ですが、平成史ではどうか。たとえば中東に限ってすら、90年代の湾岸戦争か、ゼロ年代のイラク戦争なのか、10年代のＩＳ（イスラム国）との戦争を指すのか、ぴたりと言い当てることは至難ではないでしょうか。

まるで霧のなかに迷い込んだかのように、全体像を見渡しにくい時代。しかし奇妙なのは、空が晴れていることです。

たとえば安室さんのヒット曲は、ほぼすべてのビデオをYouTubeで見ることができます。１９９９年の第１４５回国会からインターネット中継が始まったおかげで、小泉政権以降の政治家の主要な発言は、大量のコピーがウェブ上に拡散しています。政治がオープンになり、文化がアーカイブされたいま、私たちはかつてなく「見晴らしのよい社会」に住んでいるはずなのです。

それなのに、共有できる同時代史が像を結ばない。こうした困難は、ふだん歴史をふり返ることのない人たちにとっても、日常に影を落としているように思います。

分断と画一化の併存

たとえばいま、社会の「分断」が進んでいるとされます。平成期に展開した雇用の自由化により、正規雇用者と非正規雇用者のあいだで生まれた経済的な格差は、やがて結婚できる／できない、子どもをつくれる／つくれない人びとの相違を作り出し、人生観や価値体系さえもが異なる文化的な断絶へと深まっていった。

インターネット上ではサイバーカスケード（＝同じ嗜好のサイトにしか接続しない傾向）が進展し、異なる意見の人とは対話がなりたたない。かつては人びとに衝撃を与えたはずのそうした指摘が、いまやはじめから議論の前提になっています。

しかしながら裏面《りめん》で、この社会は確実に「画一化」もしています。昭和の時代には「政治家なら裏金くらいあって当然」・「芸能人だもの、不倫のひとつやふたつは当たりまえ」ですまされたことが、よし悪しは別にしてもう通らない。

ローカルな慣習や暗黙の合意で処理されてきた事案が、ひとたび白日の下にさらされるや、非常識きわまる利権として糾弾《きゅうだん》が殺到し、だれも弁護に立つことができない。[1] コンフォーミズム（順応主義）を色濃く帯びたマス・ヒステリーは、もはや定期的な祭礼として定着した観さえあります。

晴れた空の下を塗《ぬ》りこめる霧のように、引き裂かれながら均質化してゆく社会という不思議。その逆説を解けないことがいま、私たちにとって「知ること」や「考えること」をむずかしくしています。[2]

Instagramで友人はおろか、著名人の私生活でも覗《のぞ》き見できる今日、彼らについて以前よりも多くを私たちは「知って」います。ところが、それが相互理解を深めているとは思えない。作家のAと評論家のBが仲たがいしたといった、昭和なら文壇バーの常連でないと耳に入らなかった風聞も、二人のTwitterをフォローするだけでわかります。しかしそのことは、彼らの作品について深く「考える」きっかけにはならない。

「全体像」を指し示すことが、かつては有識者の使命とされていました。とくに冷戦体制に依拠する保守と革新の構図が崩壊してはじまった平成の前半には、右から左まで、高齢者から若者まで、都心でも地方でも、男性も女性も……と「可能なかぎり広い範囲に」届く形で社会の見取り図を提供するのが、価値ある行いとされる風潮がありました。

平成の後半に学者と論壇人とを体験し、末期にそれらを廃業してみて思うのは、いまやまったく逆のエートス（気風）が、活字文化に定着したということです。

せっかく大学勤めを辞めたので、当時ならまず読まなかった自己啓発やビジネスの書籍を手に

1　開沼博『日本の盲点』ＰＨＰ新書、２０２１年、62-65頁。
2　宇野常寛『遅いインターネット』幻冬舎、２０２０年、１８４-１９２頁。

取ってみると、あべこべで面白い。すなわち、想定する読者は30代前半までの未婚で都会に暮らす正社員の女性、のように「できるだけターゲットを絞って」発信するのが、ファッションのみならず言論の市場でも、マーケティングやブランド化という「意識の高い」戦略とされて久しくなっています。

無限の反復のなかで

そうした平成のあいだに最も信頼を失ったブランドが「学者」と「知識人」であることは、いまや誰もが知っているでしょう。しかしそれを、彼らがなにもしなかったせいだとするのは、あまりに酷な見方です。

むしろ平成の前半には改革の潮流が、象牙の塔（大学）に籠《こも》りがちだった研究者を強く現実にコミットさせ、後半にはSNSなどのニューメディアを通じて、多くの言論人が過剰なほど情報を発信するようになりました。所属する組織の仕事をこなすのはもちろん、個人の資格で動画チャンネルやオンラインサロンを開設し、そちらでも講義やセミナーを担当する「働き者」さえ、いまや珍しくありません。

にもかかわらずどうして、彼らはなにひとつ達成できず、反知性主義のもとで嘲笑される存在へと転落していったのか。実は先ほども述べた「同時代史を描けない」という事態こそが、まさにその原因であり結果でもあります。

たとえば、ある学者が目の前の時代の診断として記した、以下の文章を読んでみてください。

著者の名前と発表された年の組みあわせとして、「正しいものは」ともし聞かれたら、どの選択肢を選びますか。

巨大組織による情報と資源の集積は、法の下における平等という前提をどんどん形骸化します。連続的に創出される変化は、個人の予測しえぬ将来の危険をいや増していきます。人々は平等の実質化と危険の回避を求めて集権的機構の傘下にわれわれがちに避難していきます。福祉社会においてわれわれが現認しているのはこうした逃走者の群れなのではないでしょうか。
しかし、この場合、逃げていく彼らを弱い人間と罵《ののし》るのはまったく不適当です。これこそが自由の帰結だからです。

A　浅田　彰《あきら》（現代思想）　1989年
B　宮台《みやだい》真司（社会学）　1999年
C　東《あずま》　浩紀（哲学）　2009年
D　落合陽一（メディアアート）2019年

おそらくどれが答えだと言われても、これら各時代を代表する言論人の議論に触れたことのある読者は、「書いていてもおかしくないな」と感じるでしょう。

しかし正解は、右記のどれでもない。西部邁《すすむ》（経済思想）が1979年、平成半ばに終刊することになる雑誌『諸君！』の4月号に寄せた、「反進歩への旅」という紀行文の一節です。[3]

これはけっして、先に名前を挙げた識者たちが怠惰だということではありません。むしろ私たちが生きる社会が直面する課題が、ここ半世紀ほどまったく変わっておらず――そしてなにより――そうした潜在する不変の構造を明るみに出し、私たちが常にそれに挑んできたという同時代史を描く営みが衰弱しているからこそ、過去の積み重ねが歴史として蓄積されない。

結果としてあたかもループもののアニメのように、一定期間ごとに「同じような思想・運動」のブームが反復され[4]、しかしまさに先行する経験を忘却しているがゆえに、挫折しては知性への信頼を損なってゆく。

過去からの呼び声

そうした状況は、実は平成期の日本に固有のものではありません。世界中で――いや、時期的に重なりあうポスト冷戦期の国際社会でこそ、より顕著であったかもしれません。

実際に、「たかだか人間が全体像なんて、もう見渡さなくていい」といった議論は、いまやむしろ海外から、大きな声で聞こえてきます。

インスタにアップする写真や、ツイートで使う語彙《ごい》の膨大《ぼうだい》な蓄積をＡＩ（人工知能）が解析して、ユーザーのひとりひとりに最適なターゲティングを代行してくれるようになる。そうしてメカニックに設定される、「あなたにとって最適な視野」の内側で暮らせば快適なんだから、それはそれで別にいいんじゃないか。ＩＴ業界の企業家はむろんのこと、歴史学者でもそう書く人が実際にいて、国を問わず広く読まれたりもしています。[5]
しかし、それはほんとうに心地よい世界でしょうか。あるいは、そもそも新しい発想でしょうか。たとえば情報技術がもたらす負の側面をより意識した、ある今日のデジタルアーティストの著作には、現代社会の隠喩としてこんな言葉が引かれています。

　思うに、神が我々に与えた最大の恩寵は、世界の中身すべての関連に思いあたる能力を我々人類の心から取り除いたことであろう。……だが、いつの日か、方面を異《こと》にしたこれらの知識が総合されて、真実の恐ろしい様相が明瞭になるときがくる。そのときこそ、我々人類は自己の置かれた戦慄すべき位置を知り、狂気に陥《おちい》るのでなければ、死を秘めた光の世界から新しく《ニュー・》始まる暗黒の時代《ダーク・エイジ》へ逃避し、かりそめの平安を希《ねが》うことにならざるをえないはずだ。[6]（ルビと傍点は與那覇）

3　西部邁『蜃気楼の中へ』中公文庫（改版）、２０１５年（原著１９７９年）、２５０頁（初出媒体により表記のみ修正）。サッチャー政権直前の英国滞在を踏まえたこの文章は、最初期の「新自由主義批判」でもある。

4　具体例とその分析は、斎藤環・與那覇潤『心を病んだらいけないの？　うつ病社会の処方箋』（新潮選書、２０２０年）の７・８章を参照されたい。

5　ユヴァル・ノア・ハラリ『ホモ・デウス　テクノロジーとサピエンスの未来　下』柴田裕之訳、河出書房新社、２０１８年（原著15年）、９・11章。

世界の構造すべてを深層まで見通す試みは、神に委ねた方がよく、人間はそれを目指すとかえって不幸になる動物なのかもしれない。1926年にこう書いたのは、当時無名の怪奇小説家だったH・P・ラヴクラフト。この不気味な宣言に始まる短編「クトゥルフの呼び声」は、文通仲間や掲載誌のファンコミュニティによって関連作品が書き継がれ、無数のバリエーションを持つ偽史的な叙述の集積――人類以前に地球を支配した邪神たちを描く、いわゆるクトゥルフ神話群を今日に遺《のこ》しました。

インターネットの出現よりもはるかに先んじた、フェイクニュースのウィキペディアであり、人力で運営されるビッグデータですね。そして、1世紀前にはオカルト小説の前振りにすぎなかった「全体像の構築は、もう人間ならざるものの手に委ねよう」という感性が、デジタル社会を生き延びる手がかりとして参照されるところまで、私たちは来てしまった。

一見すると、とてもこわい、それ自体がホラーのような話です。これまた世界各国に広がる終末思想や陰謀論の流行も、おそらくそうした心性が背景にあるのでしょう。

ですが、それは悲報ではなく、むしろ朗報でもあるのではないでしょうか。

私たちが抱える漠《ばく》たる不安や恐怖は、けっしてここ数年に始まったものではなく、はるかに遠い過去にも起源を持っていた。だとすれば、そうした歴史をかつて生きたすべての人たちと、私たちはこれからともに悩むことができるはずです。

なしたところを知るために

たとえば私はいま、「なすところを知らざればなり」という言葉を思い出します。もとは新約聖書（ルカ伝。西暦100年前後の成立か）の一節で、十字架にかけられたイエスが「彼らは自らの行いを理解していないのだから」と、父なる神に寛容な裁きを求めて発したものです。ある意味でいま、たしかに私たちはGoogleに検索語を入れ、Amazonで商品を探すことで日々、やがて「人類以降の邪神」に至るかもしれぬデータの屑山《くずやま》を、自覚なきままに積みあげています。

いっぽう、人間がキリスト教の神からの自立を模索した西洋近代のもとで、この警句を正反対の趣旨に転用したのは、『資本論』（第一巻、1867年）のマルクスでした。資本主義のもとで「等価」とされたモノどうしを交換するとき、実際には何が起きているのか——むしろ交換の成立を通じて初めて、新たな価値と支配のシステムを作り出してしまっていることに、人びとは気づいていない。

逆にいえば、そうした構図の全体を描いて「自分たちは何をやっているのか」に気づかせることが、学者や言論の役割とされた時代が近代でした。私たちがいま立っているのは、そうした近

6　ジェームズ・ブライドル『ニュー・ダーク・エイジ　テクノロジーと未来についての10の考察』久保田晃弘監訳、NTT出版、2018年（原著同年）、15頁（重引）。

代を続けるか否かの、大きな岐路《きろ》にほかなりません。
私たち人間は、これからも世界の主人公でいたいだろうか。それとも「なすところ」の解釈は機械じかけの新たな神にお任せして、近代をやめていったほうがよいのだろうか。

――決めるのは、過去からの声を聴いてから。ここに至るまでに、私たちが「なしたところ」を知ってからでも、遅くはない。

「なすこと」の意味がなんであるのか、それは青天下の濃霧に溶けて日々に見えにくくなり、見る必要はないとする思潮も蔓延して、ますます霧は濃くなってゆくように思えます。しかし、同じ道をかつて辿《たど》った人びとの記憶がともにあるなら、そのなかを歩くことは決して、孤独な旅路にはならないはず。
さぁ、旅を始めましょう。私たちと同じ問いを、悩みを、平成ないしポスト冷戦の30年間に考え抜いた人びとの貴重な痕跡に、耳をすましながら。

1997年9月、旧劇場版で『エヴァ』をいったん完結させ、英気溢れる庵野秀明

第I部 子どもたち

第1章 崩壊というはじまり

1989.1

|

1990

ふたりの父の「崩御《ほうぎょ》」

ツヴァイクと『ダイ・ハード』

「昨日の世界」ということばをご存じですか。オーストリアの作家シュテファン・ツヴァイクがアメリカ大陸での亡命行のさなか、ナチス台頭により崩壊しつつあった「古きよきヨーロッパ」への郷愁をつづった回想録の標題です（１９４２年に著者自殺、44年刊）。近年ではウェス・アンダーソン監督の映画『グランド・ブダペスト・ホテル』（２０１４年）が、同著をモチーフに作られていますので、ご覧になると雰囲気が伝わるかもしれません。

みずからが生きていると思っていた「同時代」が、いつの間にか決定的に過去のもの――「昨日」へと反転してしまう。そして（亡命作家のような繊細さを欠く）多くの人は、そのことに気づかない。

そうした体験は、必ずしもツヴァイクの時代に特有のものではないと思います。否むしろ、全体主義と世界大戦という「誰の目にも衝撃的な」できごとによって時代が書き換わっていった1930年代と比べて、静かに、しかし確実に社会のあり方が変わっていった21世紀への転換期をふり返る際にこそ、直近の過去を「昨日の世界」として見る視点が必要ではないでしょうか。

たとえば1988年、つまり冷戦終焉の前年にして昭和63年の大ヒット映画だった『ダイ・ハード』（日本公開は89年）。舞台となるのが当時、米国市場を席巻していた日本の企業や商社をモデルに造形された「ナカトミ・プラザ」であることは、ご記憶の方も多いかもしれません。しかし何人が、同ビルを占拠した武装集団の目的が金だったと知った時に発せられる、以下の台詞《せりふ》を覚えているでしょうか。

What kind of terrorists are you?（君らはどんな種類のテロリストなのかね）

イスラム国やアル・カーイダなど宗教原理主義の武装組織による「身代金目的の誘拐」が日常茶飯事となった今日、ハリウッド大作に登場するテロリストの目的がお金なのは、むしろ当たり前だと思われるでしょう。しかし共産主義の理想が生きていた冷戦下では、テロとは「富裕層の私腹を肥やす資本主義や帝国主義を倒すために、損得を度外視した「純粋」な青年が起こすもの」――過激化した学生運動のようなものだと見なされていました。

だからこそ、上記の問いかけに対するギャングの首魁《しゆかい》（アラン・リックマン）の答えも「テロリストを名乗った覚えはないね（Who said we were terrorists?）」だったのです。

「歓喜の歌」が響いた時代

『ダイ・ハード』はシリーズ化されて2013年の5作目まで続いているので、相対的にはいまも現役の映画ですが、こうした目でふり返ると、モチーフのひとつひとつが「昨日の世界」の息吹のように見えてきます。ポリティカル・コレクトネス（PC）が進展した現在では、たぶんヒロイン（主人公の妻）はもっと聡明で、主体的に事態の解決に乗り出す女性として描かれているでしょう。高層ビルの奪還にむけて主人公をサポートする黒人警官にしても、閑職《かんしょく》の巡査ではなく、知性派の上級職が割り振られる気がします。

そしてなにより、同作はキャリアウーマンの妻に愛想《あいそ》を尽かされていた凡庸な刑事（ブルース・ウィリス）が、武装集団との死闘を通じてその愛情と社会的な名声を取り戻す「男性性の回復」の物語でもありました。かつクリスマスが舞台なために、みごと勝利して迎えるエンドロールでは、劇中でもスコアの各所に旋律が埋め込まれてきたベートーヴェンの「第九」（歓喜の歌）が鳴り響きます。

1960年代後半以降、外にはベトナム戦争の敗北、内には公民権運動とフェミニズムの高まりで衰弱しつつあったアメリカという国家のマチズモ（男らしさ）は、89年の冷戦の勝利によってまさしく映画と同様の、奇跡的な復権をとげることになります。同年11月にはベルリンの壁が崩壊、高まる東西ドイツ統一への熱気（90年10月に実現）のなかで、両国の統一歌として愛唱された「第九」のファンファーレは世界中に響き渡りました。

しかしそうした現実もまた、虚構としての『ダイ・ハード』の復活譚《たん》と同様、いまやリアリティを追体験しえない「昨日の世界」の一挿話にすぎません。

ソ連とマルクス主義の凋落《ちょうらく》

世界史には「冷戦終焉の年」として刻まれるその1989年の1月7日、昭和天皇が亡くなります。前年9月の吐血以来、連日のように病状が報道されていたため、その死はあらかじめ予想されたものであり、その点では2016年7月に「退位のご意向」が突如報じられて始まった「平成の終わり」のほうが、より衝撃的だったとも言えるでしょう。

しかし「終わり」の後に遺されたインパクトに関して、昭和は平成の比ではありませんでした。「平成元年」となった89年1月8日以降、ポーランドでの自主管理労組「連帯」の選挙圧勝（6月）、ハンガリーの社会主義放棄（10月）、チェコスロヴァキアのビロード革命（11月）、米ソ両国の冷戦終結宣言にルーマニアの独裁者チャウシェスクの処刑（12月）と、国際政治でも劇的なニュースが続きます。ソヴィエト連邦自体の解体はもう少し後（91年12月）ですが、実質的にこの年に「社会主義が終わった」ことは、広く認められていると言ってよいでしょう。

かくして平成は「ポスト冷戦」とともに始まった——とは、この時代を扱うほぼすべての論説に記されています。しかし昭和天皇と社会主義の「死」がともに同じ年に起きたことの意味を、ほかならぬ日本人の視点から掘り下げる作業は、意外にもあまりなされてこなかったのではないでしょうか。

ひとことでいえば、1989年の1年間を通じて、日本人が思考する上での参照軸、「左右」の二つの芯棒《しんぼう》がともに折れたのです。平成史とはそこからの再建の物語であり、そしてそれが挫折する悲喜劇《トラジコメディ》でもあります。

忘れられがちなことですが、冷戦の終焉はたんなる国際政治上の力学の変化ではなく、ひとつの「思考法」が崩壊することでした。社会主義が生きていた時代には、マルクス主義という巨大な知の体系があり、人文・社会科学全般はもちろんのこと（そもそも「社会科学」という用語自体がマルクス主義から来るのですが）、悪名高いルイセンコ生物学のように、その影響は自然科学にまで及びました。

つまり「正しく考えるとはこういうことだ」・「このように考えれば、世の中で出会うあらゆることに説明がつく」というモデルとして、資本主義国（の真ん中から左寄りの知識階層）でもマルクス主義は機能していた。しかし1989年にそれらは説得力を失い、旧時代の遺物として崩れ落ちたのです。

天皇という「模範」も喪失

いっぽう日本において、左翼的ではない国民多数に思考や行動のモデルを提供したのは、実は「天皇のふるまい」でもありました。近代天皇制とは何ぞや、は一言では答えがたい難問ですが、「君主に「あるべき国民像の模範演技」を求める体制」としての性格があることは、多くの研究者のあいだで一致を見ています。[7]

たとえば保守政治家が定期的に復活論を持ち出しては、炎上する教育勅語（1890年発布、1948年廃止）。明治天皇の名で出されたその末文には「朕爾臣民《ちんなんじしんみん》ト倶《とも》ニ」、この勅語を守ってみんなで同じ道を実践したい、とあります。この「ともに」がポイントです。

文面上は国家が上から義務を課すというより、君主が道徳的に見て立派なふるまいをし、国民（臣民）がそれに倣《なら》って暮らすことで住みよい社会ができるとするタテマエであり、だからこそ法令ではなく「勅語」の形式をとった。いま風にいえば天皇こそが最強の「インフルエンサー」だということですが、こうした発想は明治の盛期に生まれて敗戦直後に東大総長（1945〜51年）を務め、社会主義陣営も含めた全面講和を唱えた南原繁《なんばらしげる》（1889年生）の世代までは前提でした。そうした君主崇拝は民主主義にふさわしくないのでは、とする感性が定着するのは、大正生まれだった弟子の丸山眞男（1914年生）の世代からです。[8]

いまでも天皇が被災地を慰問する様子がメディアで流れると、「自分もせめて、募金くらいしようかなぁ」という気持ちになる人が結構いるように、模範演技を通じた感化という統治の技法は、前近代的と嗤《わら》って流せないところがあります。しかしこのモデルが機能するかは、演者と習

7　これは半面では立憲君主制に共通する特色でもあるが、明治日本では近世以来の儒学の天子像に基づいて制度が設計された結果、修養主義による国民教化という性格がより強まったと思われる。苅部直『「維新革命」への道　「文明」を求めた十九世紀日本』（新潮選書、2017年、51-56頁）などを参照。

8　苅部直「平和への目覚め　南原繁の恒久平和論」『歴史という皮膚』岩波書店、2011年、97-98・78頁（初出『思想』03年1月号）。

い手（倣い手）を結ぶ紐帯の強さに依存する。どこの誰とも知れない怪しげなおっさんが「今日も街でこんな善行をした」なる動画をYouTubeにアップしても、触発されて自分も始めるという人は想像しがたいでしょう。

第二次世界大戦の一部をなす巨大な戦争と、敗北した焦土からの劇的な復興を「指導」した昭和天皇は、この国民との紐帯の太さという点で、類例のない巨大な人物でした（紐帯の太さとは「みなが慕《した》った」という意味には限られません。逆に熱烈なアンチ――「戦争責任」を問う人もいた、という趣旨を含みます）。その人物が死ぬ。

たとえるなら芸能の世界で、鮮烈なパフォーマンスで正負ともに圧倒的な存在感を築いた中興の祖が亡くなれば、門人はだれを模範に芸を磨けばよいのか、わからなくなるでしょう。

こうして左右を問わず、国民全般から思考する上での参照軸、モデルが喪《うしな》われてしまった。それが平成元年＝１９８９年の1年間に日本で起きたことでした。

消えた左右の抑圧

右と左を分かつもの

少なくとも右翼よりは、左翼の方が知的なイメージがある――というと、「それこそ昨日の世界でしか通用しない、終わった偏見だ」と怒られるかもしれません。しかし、平成なかばまでの日本でそうした偏見が通用したことは事実であり、先ほど述べた二つの芯棒の比較とも関連するので、少し解説します。

昭和の日本で猛威を振るったマルクス主義も天皇主義（？）も、「どう考え、いかに行動すべきか」の指針を示してくれる点は共通なのですが、その学び方には大きな違いがあります。前者（左翼）は『資本論』をはじめとしたテキストの解釈、すなわち「言語を通じた読解」で身につけるものなのに対して、後者（右翼）は天皇というひとりの人格の「身体《しんたい》を模倣した習得」で学ぶ（まねぶ）ところに、それぞれの特徴が表れています。

ある時期まで左翼が「進歩的」に見えたのは、言語という媒体が持つオープンな性格によっています。文字や文章が読めれば、誰でも学びの場に入ってこられる。独創的で説得力のある読解を提示することで、読者の共同体内部で地位を上がっていくこともでき、いつかは「書く側」にまわることも可能である。

こうした目で身体を通じた学習のあり方を眺めると、いかにも「閉ざされて封建的」に見えます。とにかく師範格にある指導者の所作が絶対で、新参者はいかに努力しようと先輩より上とは見なされない。評価の基準に疑義を唱えても言葉では説明されず、「身体《からだ》でつかみとれ」的なことしか答えてもらえない。

大学の文化系のサークルにマルクス主義が広まったのは、東京帝国大学で「新人会」が結成された1918年ごろとされています。一方で体育会系の運動部が大学当局や学外の右翼と結んで、彼らを潰《つぶ》す主力部隊となるのは戦前の東大や早稲田から、1968〜69年の「日大紛争」までおなじみの構図でした。[9]２０１８年春にアメフト部反則強要問題で一躍、（悪役として）時の人になった田中英壽《ひでとし》・日大理事長についても、紛争当時に相撲《すもう》部員として学生運動の鎮圧にあたったという挿話が、ずいぶん流れましたね。

スターリニズムの罠

これだけならわかりやすいのですが、問題はここから先です。まず、身体を排除し「言語に徹する」のは怖いことでもあって、「理論的に考えて、不同意の人間は「殲滅《せんめつ》」するしかない」といった極論を止められないことがある。たとえばフランス革命中に恐怖政治を展開した元祖・極左のロベスピエールは、パンフレット等の「ことばで書かれたもの」の力だけで、（一時的な）最高指導者に昇りつめた人物とされています。[10]

さらにややこしいことに、純粋に言語だけで人びとを組織し続けるのは難しいので、やがて当の左翼の中から「絶対的な指導者の身体」を有する（と見なされる）人物が出てきます。１９３０年代以降のソヴィエト連邦で人類全体の教師に喩《たと》えられたスターリン（53年死去）が典型で、あらゆる学問はむろんのこと、芸術的になにが優れているかの基準まで、全部スターリンに決めてもらうといったことが起きるわけです。[11]

私自身も7年間教壇に立って痛感しましたが、「スターリン」は教育という営み自体のジレンマでもあります。教師の身体――外観や所作から来る「なんかこの人すごそうだ」といった説得力を抜きにしては、授業はなり立ちません（もし言語だけでなり立つのなら、テキストだけ与えて自習させても同じ結果が出るので、教師は不要です）。しかし匙《さじ》加減を間違えると、なんでも「先生の言うこと」を鵜《う》呑《の》みにし、すべての判断を教師に丸投げするスターリニストが育ってしまいます。「強権的な左翼教師」に嫌な思いをさせられた体験のある人は、昭和世代には結構多いと思います。[12]東京の事例では原武史さん（日本政治思想史）の実体験に基づく『滝山コミューン一九七四』が有名ですが、たとえば京都府は1978年まで革新府政（50年から7期連続で蜷川《にながわ》虎三知事）が続き、そこで受けた影響については宮台真司さんや東島《ひがしじま》誠さん（日本中世史）の証言があります。[13]3名とも都市的な「自由」を重んずる論客として平成期に活躍したところが、その原体験の性質を逆に物語っていますね。

もちろん、だったら最初から右翼であればいいというわけではありません。しかし、「字面《じづら》と

9　浅沼稲次郎（戦前の早稲田出身。社会党委員長だった1960年、右翼少年に刺殺される）の生涯を追った以下の古典に、印象的な描写がある。沢木耕太郎『テロルの決算』文春文庫、2008年（新装版。原著1978年）、123・128-129頁。

10　松浦義弘『ロベスピエール　世論を支配した革命家』山川出版社、2018年、70-71頁。

11　様々な文献があるが、私の好みを挙げると、亀山郁夫『大審問官スターリン』岩波現代文庫、2019年（原著06年）。

12　2009年から大学の教壇に立つ社会学者の実体験によると、実のところ平成生まれの世代にも、同様の契機から「右傾化」してゆく学生は多いという（伊藤昌亮『ネット右派の歴史社会学　アンダーグラウンド平成史　1990-2000年代』青弓社、2019年、24-25頁）。

13　宮台真司『日本の難点』幻冬舎新書、2009年、85-90・94-96頁。東島誠・與那覇潤『日本の起源』太田出版、2013年、300-301頁。

しては左翼的なことを言い（書き）ながら、身体的なふるまいは悪い意味での右翼そのもの」というのは、自らが唱える理想を自分で裏切っている点で、「最初から右翼」よりもはるかに醜悪な印象を残します。平成期に台頭した反サヨクを掲げるネット右翼（ネトウヨ）や、理想主義の言論を見るや偽善として嘲笑するシニカルな風潮は、こうした昭和の「左翼天皇制」への反動としても捉えることができるでしょう。

「戦争責任発言」の緊張感

ともあれ、こうして左右ともに昭和の日本を規定していた、二つの芯棒が音を立てて折れてしまった。精神分析の識者が好む表現を借りると、ふたりの「父」が死んだ、ということになります。「俺のようであれ」という形で行動の模範を提供するとともに、「これはやるな」と禁止する命令を下して子どもの思考様式に枠をはめる、強大な存在が消えたということですね。

「だからどうした」と感じられるかもしれませんが、ものを書く人にとって、これは結構大きな問題なのです。たとえば私が歴史学者として書いた一冊目の本（博士論文）は、明治政府の沖縄併合（琉球処分）が主題で、二冊目のテーマは（映画史からみた）日中戦争ですが、文章を書く上でどうしても「本当に、こんなことを書いていいのかな」という自己抑制に駆られることがありました。

政治色の濃いテーマなだけに「書いたら、見解が違う勢力に攻撃されるかも」という、外的な不安におびえた面はあります。しかしそれ以上に、自分自身が「正しい見解」として教えられ、ある時期まで信じてきた規範から逸脱した叙述をするのが怖い。とはいえ、だからこそ、そこを突破して書ききった時に得られるものも大きい。

「父」が機能していた時代には、そうしたものの書き方が一般的だったろうと思います。そもそも平成の後半にマルクス史学の公式から外れて近代史を書くくらいは、昭和のうちに「本気で」天皇を批判するのに比べればきわめて矮小《わいしょう》な話で、1988年12月には本島等《もとしまひとし》・長崎市長の「戦争責任発言」が日本を震撼《しんかん》させています。

翌月に亡くなる昭和天皇が病床にあった際、自民党出身の市長が自身の戦争体験と原爆投下に至る（＝降伏の決断が遅れた）経緯を踏まえて、「天皇の戦争責任はあると思う」と発言したものですね。長崎市には右翼団体が抗議と脅迫に押し寄せ、90年1月、本島は銃撃され重傷を負っています。[14]

左右ふたりの「父」の死によって、この時を最後に、日本の言論空間からは「抑圧」が解除されてしまった。「言ってはならない」と強く規制されているからこそ、それに抗して命を懸《か》けてでも発言する、といった言論のあり方が薄らいでいったのです。

14　アンドルー・ゴードン『日本の200年　徳川時代から現代まで　新版　下』森谷文昭訳、みすず書房、2013年（原著同年。旧版は原著02年）、673頁。ハーバード大学教授の手になり、海外で広く使われるテキストにこの事件への言及が残っていることは、日本国内におけるその忘却ぶりと対照したとき、いわく言いがたい苦い感慨《かんがい》を残す。

自由な議論が抑圧を望む

1987年4月に「中曽根政治の功罪」を最初のテーマとして始まった、田原総一朗さん（ジャーナリスト）司会の討論番組『朝まで生テレビ！』が平成の前半に大きな影響力を持ったことも、こうした背景から理解できるでしょう。左派なら大島渚《なぎさ》（映画監督）や野坂昭如《あきゆき》（作家）、右派なら88〜89年に東京大学を離職してフリーとなる西部邁や舛添《ますぞえ》要一（国際政治学。平成期に参院議員・東京都知事）など、言いたい放題言える立場の論客が「タブーを無視して」放言する新鮮さが、父を喪って間もない視聴者にウケたわけですね。

それはもちろん私たちを自由にしたのですが、その自由がこの社会に「創造性」をもたらしたのか、それともたんに「タガを外した」だけだったのかは、慎重に検討する必要があります。

たとえば平成後半の、インターネットや街頭宣伝を中心とする差別的言論の高まりは、ついに2016年のヘイトスピーチ対策法制定を必要とするに至りました。戦前でもここまで露骨だったろうかと思わせる口汚い言辞に、なぜ群がる人びとが出現したのか。彼ら自身は「俺たちこそが正論だからだ」と胸を張りますが、そこにはむしろ抑圧されたいという欲求――「抑圧される体験への抑圧」（メタ抑圧？）を見出すことも可能です。

「旧植民地の国の要求にも、不正確な認識に基づいたり、あまりに法外と言わざるを得ないものがある。過去への反省は反省として、それらには毅然と抗議してよいはずだ」といった主張をすることと自体は、左派勢力が衰退した平成ではむしろ、容易で自由になりました。

しかし逆にいうと、そうした昭和の最末期なら『朝生』ぐらいでしか不可能だった主張のスタイルでも、いまや「抑圧に抗して正論を貫《つらぬ》く」手ごたえは得られない。だからあたかも抑圧を求めるかのように、より過激な言辞や行動へと傾いてゆく。

父なき社会への助走

「平成」の起源は70年代？

実は、こうした知的な自由の過剰が招く逆説は、1968年前後の左翼的な学園紛争の季節にも見られたのかもしれません。平成の保守論壇に特異な足跡をのこす西尾幹二氏（独文学）は当時、彼ら全共闘にも、また対峙した三島由紀夫ら反革命の側にも、すべてが自由で放逸な柔構造の社会が出現した結果、逆説的に生の実感を得られなくなった人びとが抱く「不自由への情熱」の存在を見出しています。[15]

1971年に刊行されてベストセラーとなった『「甘え」の構造』（著者は精神科医の土居健郎）もまた、末尾では世界の68年の学生運動に言及し、フランスの五月革命で仮想敵とされたド・ゴール、逆に中国の文化大革命で称揚された毛沢東といった「絶対権力者としての強い父親」たちは、実際には強固な規範が不在な社会だからこそ、かえって求められたとする解釈を示していま

15　西尾幹二「不自由への情熱　三島文学の孤独」『西尾幹二全集2　悲劇人の姿勢』国書刊行会、2012年（初出『新潮』1971年2月号）。

した。[16]

こうした地点からの延長線上で考えるなら、1989年の平成／ポスト冷戦の日本で起きた変化は必ずしも劇的なドラマではなく、「ずっと危篤だった父」の遅ればせの死去に過ぎなかったことになります。実際にソ連型社会主義の権威は、ハンガリー動乱（56年）・プラハの春（68年）・アフガニスタン侵攻（79年）・チェルノブイリ事故（86年）とほぼ10年刻みで凋落しており、89年以降に起きたことは単に「最後の一撃」だったと見ることもできる。

日本政治にしても、高度成長期の執政を担った佐藤栄作は戦前の高級官僚（鉄道省局長）の出自を引く「尊皇の政治家」でしたが、72年に後を襲ったのは戦後的な私欲の塊《かたまり》というべき田中角栄でした。昭和天皇自身は生涯、この国の統治者（＝国民全体の「父親」）という意識を持ち続けたとみられますが、その手足となるべき宰相との紐帯のあり方はポスト全共闘期に至って、戦前のような濃密さから切れていたのです。

平成仮面ライダー論として読まれがちな宇野常寛《つねひろ》さん（評論家）の『リトル・ピープルの時代』も、同じ70年代初頭のアメリカにおける新たな政治哲学の誕生を、彼が言うところの「小さな「父」たち」の時代の始まりと位置づけています。[17] たとえば現代リベラリズムの古典とされる、ジョン・ロールズの『正義論』の刊行は71年のことでした。

共産党宣言なり軍人勅諭なりを諳《そら》んじる、特定の世界観（マルクス史観／皇国史観）を内面化した主体によって理想社会の実現をめざすのではなく、「そんなアツい信念なんて誰も持ってないし、全員バラバラ」な状態で――いわば物語的な負荷が少ない環境でのミニマムな合意を探る発想は、国際的にもこの時期から始まっていたのです。

「戦後」が父になる時代

平成という「元号」が1989年から始まるのは、もっぱら昭和天皇の寿命（87歳）によるものですから、基本的には偶然でしょう。しかし父たるモデルなき時代というその「内実」が、はるかに遡《さかのぼ》る1970年前後から始まっていたとする視点に立つとき、あたかも必然めいた奇妙な暗合が生じることに気づかざるを得ません。

「70年安保」という呼び名があるように、1970年は全共闘に代表される学生運動が激しかった時期でした。担い手となったのは、太平洋戦争の終戦直後、「戦後最初期」の第一次ベビーブーム（1947～49年）で生まれた世代、いわゆる「団塊《だんかい》の世代」です。出生数がピークとなった49年生まれは、ざっくり計算すると70年に21歳で、もし進学していれば大学生。

彼らはなぜキャンパスを封鎖し、年長者に対して暴力的に反抗したのか。そのひとりだった加

16 土居健郎『「甘え」の構造 増補普及版』弘文堂、2007年、256-257頁。なおこの節のタイトルは「父なき社会」、ふたつ後に続く最終節は「子供の世紀」であった。

17 宇野常寛『リトル・ピープルの時代』幻冬舎文庫、2015年（原著11年）、153頁。実際に君主制を持たないことはむろん、日本や欧州のような左派政党も欠くアメリカでは、ロールズの思考に近い論者が「分析的マルクス主義」を名乗って左翼を代替する例も多い（盛山和夫『リベラリズムとは何か ロールズと正義の論理』勁草書房、2006年、167-169頁）。

藤典洋《のりひろ》（文芸評論。48年生）は後年、このように述懐しています。

オレたちの世代前後は、そう、戦後社会における「戦争」の激震が作り出した〝津波〟みたいなものだった。それは単なる比喩じゃない。一九四七年から四九年くらいまでの生まれの子どもたちが大挙出現したため、社会組織が、この子どもたちが成長するにしたがって、すべて組織替えされたり、校舎の建て増しを余儀なくされたり、さらにはこの新しい購買層をターゲットに新製品が作り出されたり、市場が更新されたりと、ちょうど津波の波頭が押し寄せるみたいに、変えられていった。[18]

主人公はオレたちなんだぞ、そこ退《の》けそこ退け、団塊さまが通る。こうした体験を幼少期以来「身体化してしまった」ために、「自分の中に何かいわれのない万能感」が自然と湧きあがって、「かつてのオレみたいな手のつけられない生意気な、野放図《のほうず》で野蛮な若者が大勢、生み出されることになった」。

自分を世の中に合わせるんじゃない、社会の側こそ自分たちに合わせて変わるのが当然なんだ――。マルクス主義の小難しい理屈以上に、そうした身体感覚こそが、運動の源泉だったという趣旨でしょう。

しかし、ご存じのとおり70年安保は敗北（というよりも不発）に終わり、彼らもまた既成の秩序の中で結婚して子どもを作り、「親」となっていきます。いわゆる第二次ベビーブーム（1971

〜74年）ですが、こちらのピークに当たる73年生の団塊ジュニアは、平成が始まる89年に16歳。まさしく大学受験が視野に入ってくる年齢ですね。[19]

敗戦の後に生まれ、戦争という挫折を自らのこととしては知らず、内発的に望むことはやるのが当然、阻《はば》むものはぶっ壊してしまえと叫んだ戦後の申し子たち。ところがそうした団塊世代の「さらに子ども」が成長し、かつての彼らと同じ「反抗する若者」の年齢に達するタイミングで、冷戦が終わり平成が始まってゆく。

最初に父を否定した世代の人びとが、今度は糾弾される側の父の座に就き、その役割を果たしえるかを問われていった時代。そうした目で1989年からの平成を眺めることは、意外にこれまで試みられてこなかったのではないでしょうか。

「近代ゴリラ」三島由紀夫の死

1970年はいうまでもなく、三島由紀夫が自決した年でした（11月25日）。思想的に対立する全共闘の左派学生にも慕われたこの作家の自死について、生前は「作品の前にうっとうしい〝伝説〟が立ちはだかりすぎる」のがむしろ嫌いだったという団塊世代の橋本治（作家。48年生）は、印象的な指摘をしています。「その一月前の十月二十一日、東京では初のウーマン・リブの集会

18　加藤典洋『オレの東大物語　1966-1972』集英社、2020年、19-20頁。

19　統計的事項は湯沢雍彦・宮本みち子『新版　データで読む家族問題』NHKブックス、2008年、123頁に拠った。なお70年代初頭、平均的な初婚年齢は夫が約27歳、妻は約24歳であった（101頁）。

1968年、早大で講演する三島由紀夫

が開かれていた。男が敗北を明確にする前、女達はもう「自身の声」を上げていた。あるいは、時代とは、そのように人を刺し貫くものなのかもしれない」と。

　三島由紀夫をマッチョイズムの代表と見なして、フェミニズムの原点であるウーマン・リブと並べるのは一見安易な対照ですが、橋本さんはここで、そもそも「マッチョ」と呼ばれるものの本質とはなにかを掘り下げていきます。同性愛的な気質にも影響されて、三島には「「意志による〔女性との〕恋愛」の実現」に注力し、万事につけて自らの「「意志による実現」こそが、彼にとっての最大の欲望」[20]だとみなす癖《くせ》があったという。すべては「この俺自身が望み、選んだ」という理由によってこそ、実現しなくてはならない。そうした近代的な「自立する強い主体」への固執こそが、マチズモを特徴づけるわけですね。

　だとすれば、1970年の自決とともに崩れ落ちていったのは、けっして死を前に彼が言祝《ことほ》いだ天皇中心の秩序観――前近代的な「戦前」への志向ではなかった。むしろ人間には不可能も限界もないと考え、自らの意志にしたがって世界を自在に改変しようとする「近代」の根本原理こそが、このとき破綻に瀕《ひん》していた。

だとすればそれは当然、戦前の反省から「今度こそ近代化を徹底する」ことを標榜してきた、戦後という時代の転換へとつながっていかざるを得ないでしょう。

橋本治は東大在学中、学園紛争のさなかにあった1968年の駒場祭に「とめてくれるなおっかさん　背中のいちょうが泣いている」という任侠《にんきょう》映画風のコピーをつけたことで知られます（銀杏《いちょう》は同大のシンボル）。翌69年5月には三島由紀夫と東大全共闘の討論会が開催、自身を「近代ゴリラ」と揶揄《やゆ》する立て看板に、三島本人がむしろ苦笑した挿話も人口に膾炙《かいしゃ》したところでしょう。

津波のごとく社会を蹂躙《じゅうりん》してゆく戦後ベビーブーム世代が内包していた、主体的に「やってできない／いけないことはない」とするアグレッシブな近代主義。しかしそれは必ず行き詰まり、大きな屈折を見せざるを得ないことを、最初に予告したのが人為的なマチズモの大先輩とも言うべき、三島由紀夫の自殺だった。「戦後」や「近代」への懐疑が思想的な基調をなす平成社会の起点は、ほんとうは1989ではなく1970に遡るのかもしれません。

始まっていた「ポスト戦後」

世界史的にみても1970年の前後は、そのような歴史の曲がり角でした。たとえば平成の末

20　橋本治『「三島由紀夫」とはなにものだったのか』新潮文庫、2005年（原著02年）、28・259-260・239-240頁。傍点は原文。

期から新しい社会理念として喧伝されているＳＤＧｓ（持続可能な開発目標）にせよ、事実上同じことを指摘したローマクラブの報告書『成長の限界』が出たのは72年です。

公害問題が深刻化していた高度成長期の日本でも、そうした感性は幅広い世論の支持を得ており、すでに71年には環境庁の発足を見ていました（省への昇格は、平成の中央省庁再編に伴う２００１年）。

あるいは三島の自決後、70年代前半のベストセラーをふり返ってもよいでしょう。老人介護の過酷さを世に問うた有吉佐和子『恍惚《こうこつ》の人』が72年。地球環境からの人類文明への報復を描く小松左京『日本沈没』と、反・近代科学的なオカルティズムで終末論を説く五島勉《べん》『ノストラダムスの大予言』が73年。[21]平成日本の政治や社会を、陰に陽に揺さぶることになる大きなテーマや想像力は、この時期すでに出そろっています。

周知のとおり、平成期の日本政治では野党勢力の代表が、マルクス＝レーニン主義の「大きな物語」を掲げる日本社会党（１９９６年に社民党に改称）のような左翼から、ふわっとして摑《つか》みどころのない「リベラル」としての民主党（96年結党）へと切り替わってゆきました。こうした動向の端緒は、１９７０年代の後半です。76年には都市部の無党派層に照準を合わせた新自由クラブが自民党から分裂し、78年には社会党のうち最も現実的な路線をとるグループを中心に、社会民主連合（社民連）が結成されました。[22]

政界再編を予見した榊原《さかきばら》・野口論文

平成の構造改革論のルーツともいえる論文に、1977年に榊原英資《えいすけ》と野口悠紀雄（ともに大蔵省出身で、平成期にはエコノミスト）が発表した「大蔵省・日銀王朝の分析」があります。主題である経済政策にまつわる部分は、後ほど適切なタイミングで検討するとして、今日再読した際に驚嘆するのはこの時点で「ポスト戦後」の政界再編を、ほぼ正確に予見していたことでしょう。

当時の代表的論壇誌『中央公論』で50頁を超す長大な論考の末尾、榊原・野口の両氏は「市民参加か、権力者への委任か」をタテ軸、「格差の容認か、平等の追求か」をヨコ軸とするチャートの上で、同時代の政治の動向を整理します。そして、これからは革新勢力（野党）が「西欧型自由主義を理念とする」第Ⅱ象限、つまり多少の格差は容認するかわりに市場競争ベースの風通しのよい社会を標榜し、逆に与党の側は「日本人の心情的理念を具体化する」第Ⅳ象限、すなわち強力な統治者の恩情・裁量による主観的な平等感の達成を掲げるようになると予測する。

21　いずれも井上ひさし『完本　ベストセラーの戦後史』文春学藝ライブラリー、2014年（原著1995年）に、時代背景も含めた解説がある。なお1974年の五島著の映画版では、東京近郊での大地震による原発事故という「公害」が映像化されていた（片山杜秀『平成精神史　天皇・災害・ナショナリズム』幻冬舎新書、2018年、115-116頁）。

22　原武史・與那覇潤「ソ連化した団地とアメリカ化する郊外　戦後史との対話」『史論の復権　與那覇潤対論集』新潮新書、2013年、86頁（初出『新潮45』同年3月号）。

〔当時の〕一般的理解とは異なり、われわれは、経済権力が平等であることを前提とし〔た上で〕、Ⅱが革新であり、Ⅳが保守であると考える。なぜなら、Ⅱのビジョンは、西欧的個人主義をその不可欠なベースとしたものであり、豊かさの結果的不平等の容認も、真の意味の参加も、いずれも日本人の心情の根本的改革を要求するものだからである。……したがって、Ⅱの体制を明示的ビジョンとしてかかげることは、現在の日本において真の革新の名に値《あたい》しよう。

これに対して、第Ⅳ象限のシステムの理念型はすでに述べたように、経営共同体としての「イエ」のなかに示されている。しかし、イエ型組織を国家レベルまで拡大したとき、いかにして第Ⅳ象限から第0象限〔＝政治的な権力者による経済的な特権の独占〕への墜《(ママ)》落と腐敗をチェックしうるかは、必ずしもさだかではない。[23]

平成前半の日本では周知のとおり、冷戦の終焉を踏まえて主要野党が社会主義への志向を放棄し、むしろ「利権政治ではない、フェアで公正な競争」の導入をうたうようになりました。一方で後半には自民党が「保守回帰」を進め、歴史認識や道徳規範など個人の価値観への介入を強めるようになり、恩顧主義的な「身内・支持者への利益還元」も以前より前景化している。まさしく予言どおりの形で、革新と保守の遠心分離が起きたのです。

左右ともに多くの識者が「戦後の限界を超える」ことをうたい、過去からの文脈に囚《とら》われず「新しくあること」が輝いて見えた平成。しかし実はその試みはずっと前に予告されており、そうした歴史を正しく踏まえなかったからこそ、足をとられ挫折に終わっていったのではなかったか。それを検証することもまた、本書の大きな主題となるでしょう。

子どもたちが踊りはじめる

崩れる政治家の「親子関係」

平成最初の2年間には、天皇とマルクスという「ふたりの父の死」に比べて思想的には軽微な――しかし現実への影響はきわめて大きい「もうふたつの崩壊」がありました。1989年7月の参院選大敗（単独過半数割れ）で生じた自民党一党支配のほころびと、90年初頭の株価急落に始まったバブル崩壊（経済成長の終わり）です【図表1】。

もっとも同時代には、両者の重大さはすぐには気づかれなかったようです。翌91年の夏まで地価の上昇が続いたため、当初は株の低迷も通常の乱高下にすぎず、好景気が終わったわけではないとする見方が優勢でした。[24] 92年8月に日経平均株価が1万5000円を切り、当時の宮澤喜一首相が「公的資金での金融機関の支援も可能だ」と示唆した際も、地価・株価の自然な回復に期

23　榊原英資・野口悠紀雄「大蔵省・日銀王朝の分析　総力戦経済体制の終焉」『中央公論』1977年8月号、143・148-150頁。

24　野口悠紀雄『戦後日本経済史』新潮選書、2008年、174-176頁。

【図表1：株価と地価で見る平成不況】

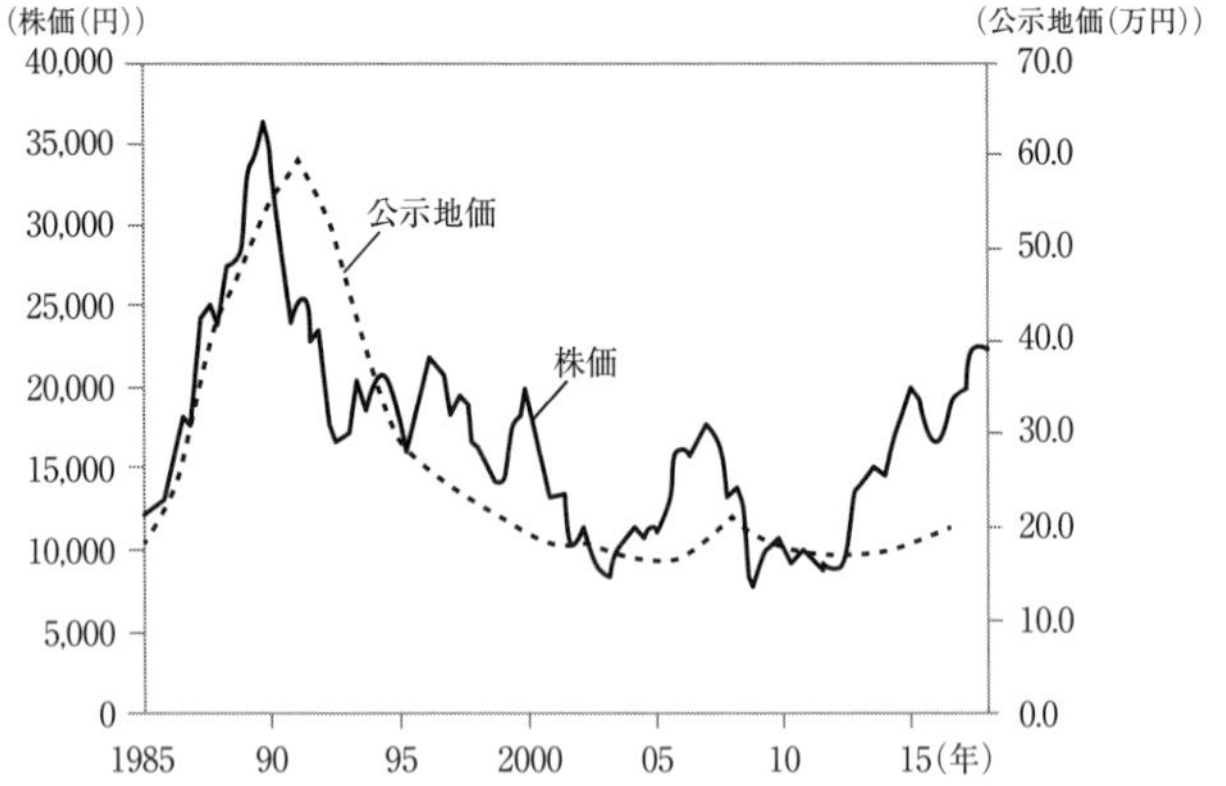

小峰隆夫『平成の経済』より　出所：日本経済（四半期平均）国土交通省「公示地価」（全国、全用途）

（出典：注25を参照）

待する財界首脳はむしろ断ったという挿話がありますう[25]。

いっぽう89年の参院選敗北は、総裁として自民党を率いるはずの宇野宗佑《そうすけ》首相が、「神楽坂の芸者を金で口説いた」なる不祥事で集中砲火を浴びたことに一因がありました。これまた劇的な政治変動のはじまりになるとは、にわかに信じがたい話です。

宇野首相は自民党史上初の「派閥領袖《りょうしゅう》ではない総理大臣」でした[26]。昭和の幕引きを担った竹下登政権が退陣する際、継承候補者のほとんどがリクルート事件（後述）にまきこまれて手をあげられず、たまたま当時外相だった彼にお鉢《はち》が回ってきたのです。しかしこの人は自身のシベリア抑留記を始め、玄人《くろうと》はだしの句集や歴史書をものすなど、ユニークな顔も持っていました。

派閥を率いるというのは、構成員と長期に

わたって親分・子分の関係を持つこと、いわば擬制的な「父」となることとです。その修練を積まずに「子ども」のまま、なにかの弾みで総理総裁になるや、人柄にメディアの注目が集まってブレイクする。

平成には橋本龍太郎・小泉純一郎・安倍晋三という3人の時代を画《かく》した宰相が、このパターンを踏んでいます（このほかに海部《かいふ》俊樹・福田康夫の2人も、派閥の領袖ではないまま首相になりました）[27]。もしかすると宇野内閣は、そうした可能性の走りだったのかもしれません。

未完の「昭和60年代」

平成元年となる1989年は、1月7日までは「昭和64年」。つまりこちらの元号が彫られた硬貨は1週間しか鋳造されなかったので、とっておけばやがて高値がつくかも——。そんな会話を周囲と交わしたことがあるのも、当時小学生だった私の世代が最後でしょうか。

先ほど平成の原点と呼ぶべき1970年代を、「最後の学生運動」の余韻《よいん》として位置づけた際、読者によっては若干の違和感が残ったかもしれません。たとえば70年の時点での大学進学率（短

25 小峰隆夫『平成の経済』日本経済新聞出版、2019年、63-65頁。ちなみにバブル期に記録した日本史上の株価のピークは、1989年末の3万8915円だった（6-7頁）。

26 大平正芳《おおひらまさよし》前首相の急逝を受けて就任した鈴木善幸《ぜんこう》首相（1980〜82年）をこう呼ぶ場合もあるが、組閣後に大平派（宏池会）の領袖を継承しているため除いた。

27 後藤謙次『ドキュメント平成政治史1 崩壊する55年体制』岩波書店、2014年、41・48頁。

大を含む）は、60年の10・3％から倍増したとはいえ、わずか23・6％（ちなみに同じ60年代に、高校進学率は57・5％から82・1％へ急伸）。[28]高校までは「5人中4人」が通っていたが、大学まで行く人は「4人に1人」もいなかったのが、70年安保当時の日本でした。

大学進学者がかろうじて「エリート」だと自己規定できる、そうした時代の末端にあったことも学園紛争の要因でしたが、しかし大学に入れば必ず活動家になるわけでもありません。1969年2月に雑誌『世界』（岩波書店）が行った東大生への郵送アンケートでは、前年以来4回あった運動の画期のすべてで、全共闘に対して「批判的」「対決」と答えた学生が「支持」「参加」を上回り、人数的には全共闘は少数派でした。[29]「あのころ、若者はみんな政治に熱かった」というのは、66年の来日時に「日本中がビートルズに夢中になった」といった言明に近い、後世の視点で語られなおした「模造記憶の共有」[30]です。

それでは本書が描く平成史は単に、「論壇誌の社会評論を好んで読むような、一貫して少数派の口やかましいインテリ層」のみを対象とする、限られた分析に留まるのか。もちろん、そうではありません。

「昭和50年代」が始まる1975年までに、高校は進学率が91・9％へと伸びておおむね皆学化し、大学・短大への進学率も37・8％まで上昇。これらの水準はともに、平成初頭の1990年までほぼ変わりません。高度成長期と平成の不況期をつなぐ「低成長期」とも呼ばれる昭和の最末期は、高学歴化の定着を背景に「教養層」と「大衆層」の幅広い一致が生じた点でも、安定した時代でした。

そうした時期に全国民大でのコミュニケーションの基礎を提供したのが「歴史」であった事実を、大衆雑誌の分析を通じて福間良明さん（歴史社会学）が明らかにしています。昭和50年代、すなわち1975〜84年には『別冊歴史読本』（76年）・『歴史と人物』（84年）など「読みもの」としての歴史雑誌の創刊ラッシュがあり、『プレジデント』などのビジネス誌もしばしば歴史特集を組んでいました。[31]

自身は大学に通う体験を持たなかった、団塊の世代のうち「叩きあげ」のマジョリティも、これらを通じて大衆化された形の教養を受けとっていた。その結果、自国の過去を参照軸として眼前の社会を論じる枠組みが、一度はかなり広く根を下ろしたと言えるのです。

28 以降、進学関連の数字は基本的に、鈴木眞理・馬場祐次朗・薬袋秀樹編『生涯学習概論』（樹村房、2014年、19頁）による。

29 佐藤卓己『輿論と世論 日本的民意の系譜学』新潮選書、2008年、210-211頁。なお同書の典拠は、編集部「学生意識調査 東大闘争と学生の意識」『世界』1969年9月号、である。

30 内田樹「団塊の世代からの発言」『昭和のエートス』文春文庫、2012年（原著08年）、53-57頁。近年は本人自身（団塊＝全共闘世代）にこうした「模造記憶の共有」に依存する発言の目立つ内田だが、この自己内省を秘めたエッセイは一読に値する。

31 福間良明『「勤労青年」の教養文化史』岩波新書、2020年、239-249頁。なお平成期に大河ドラマを担当した屋敷陽太郎（NHKプロデューサー）は、入局時（93年）の同番組を「雑誌『プレジデント』みたいなイメージ」・「管理職になったときに俺はどういうリーダーになればいいのか、そういうことを知るために見ている感じ」だったと回想している（屋敷陽太郎・與那覇潤「「太閤記」の夢よ、いまいずこに 大河ドラマとの対話」前掲『史論の復権』、208頁。初出は『新潮45』2012年12月号）。

こうした共通の知的文脈を背景として、「昭和60年代」にはNHK大河ドラマが『独眼竜政宗』（1987年。平均視聴率39・7％で史上最高）、『武田信玄』（88年。39・2％）、『春日局《かすがのつぼね》』（89年元日に放送開始。32・4％）という人気のピークをつけました。しかしそれが平成最後の『いだてん～東京オリムピック噺《ばなし》～』（2019年）では、国民大の（模造）記憶の最たるものである東京五輪を主題に据えたにもかかわらず、前代未聞の平均視聴率1ケタ（8・2％）を記録するところまで、バラバラになってゆく。

なぜ、あるいはいかにして、私たちは共通の時代感覚、ないしは対話の基礎となる歴史の文脈を失ったのか。いまから昭和60年代の延長線上には戻れないにせよ、もういちど、分断の進む社会に共存の地平を拓く「歴史叙述」を示すことはできないか。それこそが、本書の真にめざすところとなります。

「女の子」たちの感性へ

昭和天皇が崩御《ほうぎょ》した1989年には、追いかけるように漫画家／アニメーターの手塚治虫《おさむ》（2月）、経営者の松下幸之助（4月）、歌手の美空ひばり（6月）が亡くなりました。いずれもそれぞれの分野で、戦後日本のゴッドファーザー（マザー）と仰《あお》がれたカリスマといえるでしょう。

改元3日後の1月11日にシングルカットされたひばり最後の代表曲「川の流れのように」は、秋元康氏の作詞ですが、当然ながら「秋元プロデュース」などとして扱われることはありえませんでした。しかし平成はやがてAKBグループや坂道シリーズのような、「プロデュースされる」

1989年2月、昭和天皇の大喪の礼で涙ぐむ高齢者

子どもであることを隠さない女の子たちの時代となっていきます。

そして、当時の成人層に大きな影響を与えたはずの「父の死」についてすら、異なる感性で受けとめる世代が着実に育っていました。民俗学をベースとするまんが原作／編集者だった大塚英志さんが、広く社会評論を手がける契機となるのは、昭和末期に病中の天皇への記帳に訪れる女子高生を論じた「少女たちの「かわいい」天皇」によってです。

　不敬、を覚悟で言おう。少女たちは聖老人の姿の中に傷つきやすくか弱い自分自身の姿を見ている。東京の中心にある聖なる森に住む聖老人は、少女雑貨に囲まれた部屋にこもる少女たちと共振する。……

　「天皇ってさ、なんか、かわいいんだよね」。記帳の列に並ぶ制服姿の少女たちの声が耳に入る。〈かわいいもの〉としての天皇を〈かわいいもの〉としての少女たちが見つめている。それは日本の近代社会がこれまで生み出したいかなる天皇観からも全く理解できないであろう不思議なまなざしであることだけは確かなようだ。[32]

彼女たちの目線に映る病床の昭和天皇は、右翼が推戴《すいたい》する聖なる道徳的君主でも、左翼が糾弾する戦争犯罪者でもない。むしろ孤独を抱えて内閉した世界に引きこもっている、自分たち自身の似姿だったのではないか。そうした論旨です。左右が「論争」を繰り広げた冷戦下＝戦後の構図自体を、自然とすり抜けて脱臼《だっきゅう》させてしまう新しい感性こそが、昭和の末期からすでに胚胎《はいたい》していたとする視点ですね。

論考の中では、当時48歳（つまり、終戦時に5歳）の会社員が記帳に向かう娘（17歳）を「戦争で天皇が果たした役割を知らないのか」と叱りつけ、「重い病気の人をお見舞いするのが、どうして悪いの」と口論になったという挿話が『朝日新聞』（1988年10月14日）から引かれています。まさしく当時はそれなりに見られたものの、いまや想像だにできない「昨日の世界」と呼ぶべきでしょう。

しかし翌89年には、文字どおりオタクグッズに囲まれて私室に籠っていた青年が連続幼女殺人を犯した宮崎勤事件（7月に逮捕）が発覚、大塚氏はその文脈でも論壇で奔走せざるをえなくなります。「成熟」のモデルを喪った子どもたちの時代としての、「平成」が始まっていたのです。

32　大塚英志「少女たちの「かわいい」天皇」『少女たちの「かわいい」天皇　サブカルチャー天皇論』角川文庫、2003年、26・28・17頁（初出『中央公論』1988年12月号）。

第2章　奇妙な主体化　1991—1992

運動しはじめる子どもたち

浅田彰とスキゾ・キッズ

平成３〜４年にあたる１９９１〜92年に、平成思想史を描く上で欠かせないふたつのメディアが発足します。91年４月に柄谷行人《からたにこうじん》さん（文芸評論）と浅田彰さんが創刊した『批評空間』（〜２００２年）と、漫画家の小林よしのりさんが92年１月から『ＳＰＡ！』で連載を開始した『ゴーマニズム宣言』（ゴー宣。95年からは「新」を附して『ＳＡＰＩＯ』に移籍）です。

だいぶ年長の世代にあたる柄谷さん（１９４１年生、改元時に47歳）については後に触れますが、当時の浅田さん（57年生、同31歳）と小林さん（53年生、同35歳）には、自覚的に「子どもっぽさ」を強調して自分のイメージを作っていったという共通点があります。昭和の最末期に行った柄谷氏との対談で開口一番、浅田さんが言い放った「連日ニュースで皇居前で土下座する連中を見せられて、自分はなんという「土人」の国にいるんだろうと」[33]のような一節が典型ですね。

1983年に『構造と力』をベストセラーにして登場した浅田さんは、ニュー・アカデミズム（ニューアカ）のスターと呼ばれました。ものごとを本質ではなく「構造」に還元して分析する構造主義の手法を使えば、一見するとバラバラな研究対象（たとえば国際政治と性的欲望とサブカルチャー）を自由に横断して論評できる。そうしたスタンスを武器に、論文とエッセイの中間的な文体で、学会や専攻の枠に囚われない活動を展開したのが「新しかった」わけです。

専門をひとつに絞り、長期の徒弟修業のようにじっくり研究することで、その分野に習熟してゆく――こうしたオールドなアカデミズムのあり方からすると、ニューアカは「子どもの遊び」にみえます。浅田さんはそうした批判に、ドゥルーズとガタリらのポスト構造主義（のうち特に精神分析批判）を使って、あらかじめ応えていました。『構造と力』のエッセンスをより平易に描いた、1984年の『逃走論』の一節にそれが表れています。

言うまでもなく、子どもたちというのは例外なくスキゾ・キッズだ。すぐに気が散る、よそ見をする、より道をする。もっぱら《追いつき追いこせ》のパラノ・ドライヴによって動いて

33　柄谷行人・浅田彰「昭和の終焉に」『柄谷行人浅田彰全対話』講談社文芸文庫、2019年、37頁（初出『文學界』1989年2月号）。興味深いことに浅田は後年、「土人」の語が明治末の北一輝の天皇論（『国体論及び純正社会主義』、1906年）からの引用だったことを――つまり歴史の文脈も踏まえていたことを明かしている（91-92頁）。

いる近代社会は、そうしたスキゾ・キッズを強引にパラノ化して競走過程にひきずりこむ。[34]

資本主義、およびそれとパラレルなものとして成立した近代家族は、「勤めてお金を稼がなくてはならない」・「家庭でそれを支えなければならない」といった特定の規範に人間を押し込めて「大人」を作ってきた（パラノイア＝偏執狂《へんしゅうきょう》的である）。しかし近代が終わりつつあるいま、むしろ単一の成熟イメージに囚われずスキゾフレニア（分裂症）的に、子どもっぽくふるまう方がクリエイティヴだとする発想ですね。

この「スキゾ・パラノ」という言い回しは大流行し、1984年の第1回新語・流行語大賞にも入賞。こうした感性からすれば、反抗の対象たるべき強い父親、社会的なタブーがなければ生き甲斐もないとする発想は「前近代モデル」へのダサい執着であり、だから三島由紀夫の最期も単に「面白くもない兵隊ごっこ」[35]にすぎない。中年以上の大人が深遠そうに扱う話題を「それ、もう意味ないから」と切りすてる語り口が、70年安保を最後に政治運動から遠ざかって久しい学生層に支持されました。

若い方だと、2017年に堀江貴文さん（実業家）がヒットさせた『多動力』にある、「永遠の3歳児たれ」[36]を連想したかもしれません。平成末期からふり返るならある意味で堀江さんや、もう少しフレンドリーだと古市憲寿《のりとし》さん（社会学）のような、「自分が『頭がいい』と見られていることを知っていて、『だから許される』ことを前提に炎上発言をする人」の先駆者として、1980年代の浅田氏を位置づけることもできます。

小林よしのりの『ゴー宣』

いっぽうギャグマンガ家時代の小林さんの出世作は、１９７６〜79年に『週刊少年ジャンプ』に連載された『東大一直線』。なにがなんでも東大に入ろうとするおバカな生徒の異様な行動が惹起《じゃっき》する笑いを通して、パラノ的に「受験戦争の勝者」になることに固執する日本人を風刺した作品です。

86〜94年に『月刊コロコロコミック』に掲載された代表作『おぼっちゃまくん』も、オノマトペ（茶魔語《ちゃまご》）を連呼するお子ちゃまなのに、お金の力にしがみつく財閥の跡取り息子を露悪的に描くコメディでした。「スキゾなくせにパラノ」な人間が、一番気持ち悪いというメッセージを受けとることも可能でしょう。

『ゴー宣』の末尾にはほぼ毎回、少女マンガの王子様のような装《よそお》いの小林氏が「ごーまんかましてよかですか？」の台詞で登場し、「大人だったら周囲の空気を読んでしまって、ここまでは言えない発言」を絶叫します。浅田さんとは好一対の位置――「ぶっちゃけ俺はインテリと違って、常識ないしね」というポジションを逆手にとることで、やはり炎上を恐れない発信が可能になる。

34　浅田彰「スキゾ・カルチャーの到来」『逃走論　スキゾ・キッズの冒険』ちくま文庫、１９８６年、36頁（初出『月刊ペン』83年4月号）。
35　浅田彰『構造と力　記号論を超えて』勁草書房、１９８３年、２２５-２２６頁。
36　堀江貴文『多動力』幻冬舎、２０１７年、２００-２０５頁。

『新ゴーマニズム宣言スペシャル　脱正義論』
（小林よしのり、幻冬舎、1996年）49頁より

こちらは、同じ時期（1991年刊）の『だから私は嫌われる』から社会評論を執筆し始めたビートたけしさんや、近年はTV司会者としての発言が目立つ松本人志さんなどの「芸人系論客」に、継承されてゆくスタイルと言えます。

むろん戦略としての「子どもっぽさ」以外ではあらゆる点が違うでしょうが、浅田・小林の両氏は実際、たがいに一脈通じるところを見ていたようです。『ゴー宣』史上の傑作と呼ぶ人の多い『脱正義論』では1996年1月、ともにコミットしていた薬害エイズ抗議運動で原告の川田《かわだ》龍平さん（当時大学1年、のち参議院議員）を諭す浅田氏の姿勢が、好意的に記録

されています。

新しい時代の若者どうしの連帯は、既成左翼的な（悪い意味で）「大人」の、パラノイア的に凝《こ》り固まった運動体になるべきではない。そうたしなめた浅田さんに小林氏は共鳴するとともに、同じ助言をしても「わしだと反発するのはやはりわしが漫画家だから…？」と、川田さんの態度に疑念を呈します。このわずか2か月後、運動が左派系団体に回収されることの当否をめぐって小林さんは川田氏と決裂、『ゴー宣』は大きく「右旋回《せんかい》」をしてゆくことになります。

気分は「近代以降《ポスト・モダン》」

柄谷行人と湾岸戦争

２００６年の夏、大学院のゼミで戦後思想史のテキストを輪読した際、指導教員に「80年代にポストモダンが出てきた時点では、「新しい保守思想だ」という捉え方が一般的だった」と言われて戸惑《とまど》ったことがあります。国家や資本主義を根底から批判する論考が並ぶ『批評空間』を経た後では、そのルーツが保守系だと聞くと奇異に響くでしょう。

実は、これは後から歴史をふり返るために起きる錯覚です。たとえば浅田氏が１９８４年7月、総合誌『文藝春秋』に登場した企画は「浅田彰&田中康夫のスキゾ・キッズ宣言　勝手にしやがれ」。田中さんも平成には政治家（長野県知事・国会議員）として活躍しますが、当時は81年にお洒落《しゃれ》な風俗小説『なんとなく、クリスタル』（初出は80年）でブレイクした、ナンパなエッセイストのようなイメージでした。「子どものまま（スキゾ）であれ」のメッセージは当初、「お堅い政治論議なんか放り出して、資本主義を愉しめ」というムードで受容されていたのです。

昭和のバブル期には「知的な遊び人」のように見られていた彼らが、平成に入り急速に政治化した契機とされるのは、1991年初頭の湾岸戦争（後述）に際して発表された「湾岸戦争に反対する文学者声明」です。海部俊樹首相―小沢一郎幹事長の体制だった自民党政権をはじめとして、国連の安全保障理事会が承認した（対イラクの）多国籍軍派遣を「日本も積極支援すべきだ」とする論調が高まる中、あくまであらゆる戦争への加担に反対すると唱えたものでした。

柄谷行人さんや田中さんが発起人を務め、浅田さんも裏方として関わったといわれます。[37] 中上健次など多数の著名作家が署名しましたが、とくに「戦後日本の憲法には、「戦争の放棄」という項目がある」で始まる第二声明文のナイーヴな論理展開を、評価する声は今日あまり聞きません。

柄谷氏の政治化に関しては、かつて私淑し彼の運動（NAM。後述）にも加わった文芸評論家の浜崎洋介さんが、内在的な分析を試みています。そもそも1969年に夏目漱石論でデビューした柄谷さんは、当時盛んだった学生運動から距離を置く「内向の世代」の批評家とみなされ、むしろ政治によっては解消しえない、人間の内面や実存を探究する文学者でした。

本書にとって興味深いのは、柄谷氏が1980年代の半ばから、「父の死」を経て「発言する子ども」が生まれてゆく平成史の先取りを始めていたように見える点です。方法論上で影響を受けた精神的な父であるポール・ド・マンが83年末に亡くなり、同時期から書き継がれた評論『探

究 Ⅰ・Ⅱ』（86／89年）を通じて、「教える」ためには主体性を発揮して、「絶対に正しい」と判断できる根拠がなくても決断する「命がけの飛躍」が必要だ、という態度に傾いていった。[38]

昭和天皇とソヴィエト連邦の「死」を待たずして、その数年前から新たな「父」となる助走を始めていたところに、「文学者から出立した思想家」としての柄谷さんの特異性があるとも言えるでしょう。

論壇上の「最先進国・日本」

しかしウィトゲンシュタインとマルクスを独自に重ね読む「父」だった柄谷さんと、スキゾ・キッズ路線を驀進《ばくしん》していた「子ども」の浅田さんとが、いかにも戦後日本の優等生的な平和憲法擁護で共闘するのは、いまふり返ると奇妙なことにも思えます。その背景には当時――バブル崩壊の帰結がまだ明白になっていなかった90年代初頭のわが国における、日本を「ポストモダンの先進国」とみなす空気があったように感じられます。

『批評空間』発足後の1993年6月、浅田氏は『SAPIO』での連続対談に柄谷氏を迎えま

37　宇野常寛『母性のディストピアⅡ　発動篇』ハヤカワ文庫、2019年（原著17年）、263頁。なお同書のⅠ巻（25-28頁）では声明の本文と関連資料とが収録され、日本の戦後思潮の（そこから先はない行き止まりという意味での）極点として位置づけられている。

38　浜崎洋介「柄谷行人試論　〈単独者＝文学〉の場所をめぐって」『反戦後論』文藝春秋、2017年、148-155頁（初出『すばる』15年2月号）。

した。そこでは日本国憲法の戦争放棄について、「ほとんど近代国家としての自己を否定したに等しいポストヒストリカルあるいはポストモダンな憲法なんで、これを超える世界史的理念はまだない」（浅田）・「憲法第九条は、日本人がもっている唯一の理念です。しかも、もっともポストモダンである」（柄谷）など、[39]護憲派にとってもやや気恥ずかしいほどの位置づけがなされています。理論的には、同対談でも言及されるアレクサンドル・コジェーヴの「日本的スノビズム」論の影響があるでしょう。[40]

コジェーヴは1968年に亡くなったヘーゲル研究者で、最晩年に「歴史が終わった」、つまり人類の進歩が究極に達して以降の社会のモデルは、日本の伝統文化のようになるとする提言を残しました。「進歩」のように万人にとって有意味な物語を紡《つむ》げなくなると、人間は茶道のお碗を右から回すか左から回すかといった風な、「本質的にはどっちでもいい拘《こだわ》り」に意味を見出して生きていくだろう、という趣旨ですね。

近代以降の世界のモデルは、意外に（近代以前の）日本なのかもしれない。こうした発想は、より明快に「保守的」な論壇や学界で、80年代に繰りかえし指摘されていました。契機のひとつは、1979年にハーバード大教授のエズラ・ヴォーゲルが刊行した『ジャパン・アズ・ナンバーワン』。70年代に西側諸国を揺るがした石油危機を最も巧みに乗り切っ（ているように見え）た日本型資本主義を鏡として、米国社会に警鐘を鳴らした書物です。

当時、日本の首相は自民党きっての知性派と呼ばれた文人宰相・大平正芳で、脱近代への模索（成長至上主義の反省）をうたって設置した政策研究会は、平成期のブレーン政治のルーツともなりました。もっともそこに集《つど》った保守系識者の多くは、ヴォーゲルらの論調にも影響されて、むしろ日本の伝統こそがすでに近代以降の課題に応えているとする「強力な現状維持のイデオロギー」[41]を紡いでゆく逆説に帰結します。

たとえば山崎正和（劇作家・評論家）は1984年刊行の『柔らかい個人主義の誕生』で、中世日本の「茶の湯」や近世遊郭の「いき」の文化が、脱産業化社会（消費社会）における社交のモデルになるとする議論を展開しています。[42] 同時期に芳賀《はが》徹（比較文学）らの主導で進んだ文化史的な徳川日本再評価も「江戸東京学」のブームを起こし、たとえば81年に建設懇談会が設置され、93年の開館に至る東京都江戸東京博物館に結実しています。

ポストモダンの右派と左派

実は、平成の開幕間もない1990年には、柄谷・浅田の両氏はこうした80年代の風潮に批判

39 柄谷行人・浅田彰「「ホンネ」の共同体を超えて」前掲『柄谷行人浅田彰全対話』、146頁。なお『SAPIO』誌の企画は後に浅田の対談集『「歴史の終わり」と世紀末の世界』（小学館、1994年）として刊行された（文庫版は『「歴史の終わり」を超えて』中公文庫、99年）。

40 批判的な観点からこの議論を詳説した近日の著作としては、國分功一郎『暇と退屈の倫理学　増補新版』（太田出版、2015年（原著11年）、321-330頁）を参照のこと。

41 宇野重規「戦後保守主義の転換点としての一九七九～八〇年　大平報告書・再読」アンドルー・ゴードン／瀧井一博編『創発する日本へ　ポスト「失われた20年」のデッサン』弘文堂、2018年、56頁。

42 山崎正和『柔らかい個人主義の誕生　消費社会の美学』中公文庫、1987年、129-133頁。

的でした。同年3月9日の『週刊ポスト』（!）での対談では――大衆向けの週刊誌があえて企画したあたりにも、「知性」がファッションとして機能した当時の風潮をうかがえます――柄谷氏が「西欧がもたらし、押しつけようとしてきた自由・民主主義の原理には、少なくとも疑似普遍性はあると思う。しかし、日本には、世界にこうだという原理を示す意志がない」と断言。

これを受けて浅田氏も、日本が積極的なビジョンを世界に対して掲げたのは、むしろ戦前のアジア主義などの特徴で、戦後は総じてみな内向きになり「特に七〇年代半ば以後は、日本は経済的には外へどんどん触手を伸ばしながら、思想的にはものすごく閉ざされていった」[43]とふり返っています。実際に、たとえば集団的自衛権の「行使は違憲」だと政府見解によって明言されたのは1972年10月、発足当初の田中角栄内閣によるもので[44]、半年前の沖縄返還による国土回復もあり、以降は「よその地域での紛争に巻き込まれない」ことを平和憲法の意義だと見なす感覚が定着してゆきました。

しかし、だとすると「閉ざされた戦後」のシンボルでもある憲法9条を、91年の湾岸戦争への反対声明に使うのはまだしも、93年には「世界史的理念」にまで格上げしていった二人の行為は、どこかちぐはぐではないでしょうか。その矛盾を最初に、かつ最も鋭く指摘したのは、柄谷・浅田のちょうど中間にあたる、全共闘世代の論客だった加藤典洋（改元時に40歳）でした。

詳しい経緯は別稿に譲りますが[45]、興味深いのは後年、加藤が批判の動機を以下のような「父と子」の比喩で語っていることです。

その〔柄谷らの反戦〕運動が、苦境にある日本の戦後のあり方を自分のこととして受けとめるのでなく、いわばつまみ食い的に蚕食《さんしょく》することで、自らは面目を一新しつつその先に進み出ようとする、軽薄な〝父の「切り捨て」〟と見えたことが、その理由である。
この「積極的な」行動は、私の目には、これまでの戦後を否定するのでも批判するのでもない代わり、おいしいところをつまみ食いして後は捨てる、戦後の継承の放棄を示す「忘恩的な」ふるまいと見えた。[46]

国際資本に対して鎖国してきた社会主義圏が崩壊し、消費資本主義がグローバルなものとして世界を覆《おお》いつくすいま、抵抗の戦術としてはまさしくポストモダンに、かつての文脈は無視して使える道具は全部使ったらいい。こうした軽やかな「反戦」の説き方に悪しき子どもっぽさを見て、「軽薄な〝父の「切り捨て」〟」と呼んでいるわけですね。以降、柄谷・浅田らの『批評空間』グループと、加藤をはじめとした吉本隆明（詩人・評論家）の継承者たちとは仇敵と呼べる関係になり、平成前半の思想界を規定してゆきます。

重要なのは、1980年代のバブル景気が育《はぐく》んだ「意外な最先進国・日本」というムードは改

43 柄谷行人・浅田彰「冷戦の終焉に」前掲『柄谷行人浅田彰全対話』、103-104頁。
44 篠田英朗『集団的自衛権の思想史 憲法九条と日米安保』風行社、2016年、135-138頁。
45 拙稿「歴史がこれ以上続くのではないとしたら 加藤典洋の「震災後論」」『群像』2020年4月号。
46 加藤典洋『人類が永遠に続くのではないとしたら』新潮社、2014年、174頁。

元以降も持続しており、『批評空間』に代表される平成思想のラディカルな部分もまた、そうした空気の中で発足していたという事実でしょう。もちろん日本の先進性といっても、古きよき「伝統文化」にポストモダンへのポテンシャルがあるとした山崎正和らと、近代化の挫折（敗戦）によって生まれた現行憲法が近代を超克していることに「理性の狡知」を見出す柄谷・浅田とでは、「日本」に対する立ち位置が大きく異なります。

ざっくりと前者をポストモダン右派、後者を左派と呼ぶことも可能かもしれません。この両者の興亡――というよりは後者の蹉跌《さてつ》もまた、平成史の隠れた通奏低音となっていきます。

大学の変容が始まる

学際化と大学院重点化

論壇に『批評空間』と『ゴー宣』が登場した1990年代初頭は、大学アカデミズムの巨大な変容が始まった時期でもありました。まず90年に「総合政策」と「環境情報」の2学部を擁《よう》して、慶應義塾大学湘南藤沢キャンパス（SFC）が開設。

昭和世代には「晩年の江藤淳（英文学）が教えた大学」、平成世代には古市憲寿さんの母校といえば雰囲気が伝わるでしょう。四文字学部と揶揄された学際系の学科構成と、これも当初は批判の強かった自己推薦的なAO入試は、その後の大学のあり方としてむしろ主流になっていきます。

そして91年、文部省（現・文部科学省）が「大学設置基準の大綱《たいこう》化」を行います。ひとことでいえば、大学カリキュラムの「規制緩和」でした。従来は教養・専門課程、人文・社会・自然科学……などと事細かに大学の定員や予算が規定されていたのを改め、大学側に自由に創意工夫させるという建前だったのですが、多くの大学には「文部省の真意は専門教育重視と教養部解体だ」と受けとられ、同年の東京大学法学部の「部局化」（教員を学部ではなく大学院の所属とし、院の定員も拡充して予算を増やす）を皮切りに、全国に「大学院重点化」の波が及んでゆきます。

信じがたいことですが大綱化以前の大学では、専門科目の教員と教養課程の教員とのあいだに明確な身分格差（予算の多寡など）がありました。私は98年、すでに大綱化にともなう改組が終わった東京大学教養学部（駒場キャンパス）に入学したのですが、その時点でも外国語系の教員の「被差別ぶり」はひどいもので、研究室は「2人で1部屋」、男女で相部屋をさせられている事例まであるありさまでした。

多くの大学が教養部を解体して、既存の専門学部か新学部に教員を引きとったのに対し、ほぼ東大のみが教養学部を維持した上で93年、語学担当の教員を集めて内部に新しい専攻（言語情報科学専攻）を立ち上げる路線をとります。文部省との折衝《せっしょう》では、「幼稚園を大学院に格上げするつもりですか」と言い放つ官僚さえいたとの逸話が残っています。[47]

まとめると、①文部省から予算を引き出すために大学院の重視（定員の拡大や社会人専攻の設置）

47　中井浩一『「勝ち組」大学ランキング　どうなる東大一人勝ち』中公新書ラクレ、2002年、142-145・176-177・181頁。

が行われ、②年来の問題だった教養課程の差別待遇もあわせて是正するために、③学際系の新学部・新専攻を樹立して多様な専門の教員を引きとらせる。一見すると矛盾する「専門化」（高学歴化＝大学院教育重視）と「学際化」（リベラルアーツ化）の同時進行が、こうして平成の大学を覆うようになったのです。

東大駒場に関していうと、皮肉なことに昭和末期の1988年には学際系の挫折とも見える「中沢事件」が起きていました。浅田彰氏とならぶニューアカのスターだった中沢新一さん（宗教学。当時、東京外大助手）を、「相関社会科学」を掲げて知の総合化を進めていた西部邁が招聘《しょうへい》しようとして失敗、西部や舛添要一氏ら『朝生』組をふくむ保守系教員の離職をもたらした事件ですね。しかし平成初頭の90年には大学院に「表象文化論」専攻——哲学者の東浩紀・國分《こくぶん》功一郎・千葉雅也の各氏の出身です——が発足し、主要教員の蓮實《はすみ》重彦さん（仏文学）は93年に教養学部長、97年に東大総長となっていきます。

改革を躓《つまず》かせた要因

私自身も同じ駒場キャンパスの「地域文化研究」専攻を修了したのですが、遺憾ながら「専門化と学際化の同時進行」という平成の大学行政のありかたが、学問的な知性への信頼を蝕《むしば》んでいった側面は否めないと思います。

大学院重視の風潮は、多くの教員の内心に「院生をとって『研究者』を養成するのが、自分の一番の仕事だ。学部教育などは二の次だ」といった態度を育ててゆきました。実は、私は学部時代には駒場の別の専攻（名前は伏せます）で勉強していたのですが、信頼する教員に「あなたたちは結局、大学院ではうちの専攻に進学しない。だから意味がないんだ」という趣旨の発言をされ、あぜんとしたことがあります。

百歩ゆずって、「弟子を研究者に育てることが本務」という意識は認めるとしましょう。しかしこれまた大学行政上の理由によって、その「弟子」が学部時代に学ぶカリキュラムは学際化が進み、一貫性・体系性のないバラバラな科目の群れになっている。そうした勉強不足な学生を、教員が個々に「一本釣《づ》り」して大学院に進ませると、「学際研究をうたう大学院なのに指導教官のコピーのような院生ばかりで、相互に会話が成りたたない」という、ジョークのような事態になります。

環境情報学部や言語情報科学専攻といった名称に採用されたように、「情報」は平成初頭のバズワード（流行語）で、こうした学際系の――あいまいで大雑把《おおざっぱ》な大学組織の枠組みをつくる際に重宝されました。冷戦構造が崩壊し、従来の知的な枠組みでは捉えられない世界情勢を見る上で「情報」が求められたことは事実で、浅田彰・小林よしのり両氏が連載を持った『ＳＡＰＩＯ』は国際情報誌をうたって１９８９年5月に創刊。

先に触れた93年の浅田さんの連続対談には、当時の話題書『歴史の終わり』（コジェーヴのパロディ）の著者フランシス・フクヤマ、ラカン派の政治批評で知られるスラヴォイ・ジジェク、『オリエンタリズム』で比較文学に新生面を開いたエドワード・サイード、消費社会論の泰斗《たいと》ジャン・ボードリヤールと、当時の「学際研究」に頻出した理論的権威がずらりと並びます。

しかし大学にとって「情報」の概念は、毒饅頭《まんじゅう》のようなところがあります。本来、情報（information）とは単なるニュース速報そのものではなく、そうした生データが意味をもつ形になるよう「把握し、切りとり、解釈してゆく」知性（intelligence）の働きを経て生まれるものです。そこを曖昧《あいまい》にして「情報を制するものが世界を制す」などと煽られると、とにかく海外の現場にいる人が偉い、著名人と会って話せる人がすごい、という皮相な誤解が生じてしまう。だったら学者なんかより、ジャーナリストやコンサルタントのほうがよっぽど「知的な権威だ」という流れにもなるわけです。

１９９０年に36・3％だった大学進学率（短大を含む）[48]が２０００年には49・1％に達するなど、平成の前半期は高等教育拡大の最終局面として、量的には大きな成果をあげました。ビジネスに喩えれば業界で3分の1のシェアだった会社を、10年で2分の1まで伸ばしたわけですから、見事な成功です。しかしいま大学教授と聞いて、「知的でスマートな職業」「社会の真実を教えてくれる人」だと思う人が、どれほどいるでしょうか。

大学のカリキュラムを学際化したところで、誰もが浅田彰になれるはずはなく、多くは知識がパケット通信のように断片化されるだけに終わります。折りしも１９９２年にはＮＴＴドコモがサービスを開始、携帯電話を通じたデータ流通の高速化が始まっていました。やがて99年にi-modeがスタートし、音声のみでなく文字情報がケータイでやりとりされ始めると、『批評空間』も「i-critique」を掲げて浅田氏のコラムを配信します。

しかし時代はそこで止まらずに、より「速い」Twitterや、「現場」そのものを映像で直接届けるYouTubeへと移行してゆく。テキストに立脚した学問・批評という知のあり方自体が、社会の速度に捨てさられていくのです。

昭和の老兵が去りゆく

山本七平の自由思想

浅田氏らのポストモダンが80年代には保守思想とみなされ、東大に中沢新一氏を招こうとして挫折したのも西部邁ら保守系だったことに触れてきました。こうした事情の背景として、当時の新保守主義――平成の半ばからは一般に新自由主義《ネオリベラリズム》と呼ばれ出す潮流が、「資本主義の高度化のためにこそ、豊かな教養に基づく自由な発想や、柔軟性が必要だ」とするスタンスに立っていた点が重要だと思います。

ネオリベへの批判が強まった平成後期からは、「新自由主義は労働者から搾《しぼ》り取るために、国民に知識を与えず、バカなままでいさせようとしている。その道具が反知性主義であり、陰謀論の流布だ」といった、それ自体あまり知的でない粗雑な議論を耳にすることが増えました。しかし、出発点においてはまったく正反対だったという事実は、記憶にとどめておく価値があるでしょう。

48 続く10年間では上昇のペースが鈍化し、2010年に56・8%に到達したものの、以降は今日にいたるまでほぼ横ばいの水準に留まっている。

山本七平

たとえば平成末期、大学のビジネス化の過程で「リカレント教育」（社会人の再入学）が連呼されましたが、これはもともとオイルショックの年である1973年に、OECDが提唱したものです。翌74年には新宿に朝日カルチャーセンター（朝カル）がオープン、民間カルチャースクールのブームを起こして、[49]80年代にニューアカ系論客が活躍する基盤を作りました。発足時には戦後最も「右」寄りとみなされた中曽根康弘政権（82〜87年）の下で、84年に設置された臨時教育審議会（臨教審）が「個性重視の原則」を掲げたのも、こうした流れの延長にあるものでした。

その臨教審に専門委員として関わった評論家の山本七平が、1991年の末に亡くなっています（69歳）。他に有識者として委員を務めたのは、「歴史修正主義者」として平成に悪名を高める渡部昇一（英語学）や高橋史朗氏（教育学）、強硬な保守系評論家の屋山太郎氏（当時は時事通信社）など。[50]山本もある時期から「南京大虐殺否定論」に傾いたため、こうした右派論壇人の首魁と目されることが少なくありません。

しかし山本自身は臨教審の前身となった諮問《しもん》機関「文化と教育に関する懇談会」（1983年設

置）に関わった際、報告書に以下のような個別意見を付記して、国家による義務教育の統制をラディカルに批判した人物でした。

これは昭和十六〔1941〕年四月から、国民学校からであって、それ以前は、民間で相当に自由に実質的に小学校を建て、その学校を選択すること（トットちゃんの場合）も、自宅で教育して所定の試験に合格して義務教育履修と認められることも可能であった。……不思議なことに、戦後小学校が復活しても、この点は国民学校のままで、すべてが自由化した戦後において、教育だけが画一的硬直化をそのまま継続した。問題の基本はここにあると私は考える。[51]

ファンにはよく知られた事実ですが、山本は「不敬事件」で知られた内村鑑三を慕う父の下で無教会派のクリスチャンとして育ち、また遠縁に大逆事件の刑死者である大石誠之助をもつなど、明治以降の国家主義にはきわめて批判的な視点に立っていました。むしろ昭和期に戦時体制が確

49 鈴木・馬場・薬袋編、前掲『生涯学習概論』、12・28頁。
50 辻田真佐憲『文部省の研究 「理想の日本人像」を求めた百五十年』文春新書、2017年、208-209頁。
51 山本七平「「教育問題」以前」『山本七平ライブラリー11 これからの日本人』文藝春秋、1997年、94頁（初出『理想』84年4月号）。「トットちゃんの場合」とは、当時ベストセラーとなっていた自伝『窓ぎわのトットちゃん』（81年）に記された、タレントの黒柳徹子の実体験を指すもの。

立する以前、総力戦の影がまだ遠かったころのアナーキー（無政府的）な「戦前」の空気を愛した点に、他の保守派に見られない特色があります。

１９７０年に変名（イザヤ・ベンダサン）で自費出版した『日本人とユダヤ人』以来、書きつがれた山本の比較文化論は、今日の「グローバル人材論」の走りでした。聖書のような教典をもたず、その時々の政府の命令や周囲の空気に付和雷同する日本人の行動様式は、中国台頭（日中の国交回復が72年）により多極化・流動化する世界では、通用しないのではないか。

彼の描くユダヤ人やキリスト教のイメージがデフォルメされているのは事実ですが、[52] それはちょうど『（短期）留学してわかった世界のエリートの神髄《しんずい》』式の本が、きわめて誇張された「グローバル・エリート」像を描いているのと同じです。

むしろ「亡父が「聖書を理解するには論語を読まねばならぬ、と内村〔鑑三〕先生が言った」と言って、大きな本を四冊買って帰り、半ば強制的に読まされた」[53] という教育を受けた山本は、朝カルの連続講義を基に書きおろした『聖書の常識』（１９８０年）では江戸時代の儒者・太宰春台《だざいしゅんだい》を引用してキリスト教と朱子学の類似性を説き、時代を追ってテキストに注解が附されることで「その古典がそれぞれの時代にも現代にも生きている」[54] 点に、キリスト教文明と中華文明の共通性――日本とは正反対の性格を見ていました。中東の沙漠や内紛時の中国のような国家のプレゼンスが弱い土地で、信仰する言葉の体系だけを基に生き抜く人びとへの、慈愛ある視線が印象に残ります。

学徒動員によって砲兵少尉となり、地獄のフィリピン戦線の実体験をもった山本が、もう少し長生きしていたら。「戦前の日本に問題点は何もない」・「日本文明は優秀、儒教文明（中韓）は劣等」・「ポストモダンなクールジャパンが世界を席巻」といった論説は、平成の保守論壇でここまで横行しなかったかもしれません。

村上泰亮《やすすけ》と新保守主義

山本の逝去から半年が経った1992年の夏、癌《がん》で余命いくばくもないことを知った学者が書きおろした大著『反古典の政治経済学』が評判を呼びました。著者は村上泰亮（93年に没、享年62歳）。山本よりさらに密接な中曽根首相のブレーンとして活躍し、88年には西部邁に同調して東大駒場を去った経済学・社会学の巨人です。

村上の最初期の業績は、冷戦の真っ只中《ただなか》で米国の反共政策を担ったロストウ『経済成長の諸段階』の共訳（1961年、原著は前年）です。早すぎる晩年を迎えた平成の初頭、村上が支えた中曽根行革は成功とみなされ、東側世界の崩壊も自明となっていました。同じ92年に原著と邦訳が出た『歴史の終わり』の著者フクヤマと訳者の渡部昇一のように、「どうだ、勝利したわが文明の偉大さは」と誇っても、咎める人はいなかったでしょう。

52 浅見定雄『にせユダヤ人と日本人』朝日文庫、1986年（原著83年）。
53 山本七平『論語の読み方』、『山本七平ライブラリー10 論語の読み方』文藝春秋、1997年、21-22頁（原著81年）。
54 『山本七平ライブラリー15 聖書の常識』文藝春秋、1997年、16・98頁。

村上泰亮

しかし『反古典の政治経済学』が心を揺さぶるのは、そうした歴史の後知恵に溺《おぼ》れず、むしろ突き放して日本と資本主義の将来を論じている点です。自身も携わった新保守主義の政策を「ナショナリズム」・「経済的自由主義」・「技術オプティミズム」の三位一体として定義しつつ、防衛費の増大による大きな政府化や、貿易摩擦や新技術開発における保護主義において前二者は矛盾すると指摘し、「自らに内在する軋轢《あつれき》の解決を不確かなテクノロジーの未来に預けてしまおうとする危うさ」[55]を反省する。

福島事故による「原発輸出で経済成長」政策の破綻や、露骨な保護貿易を前面に打ち出す米国でのトランプ政権の誕生をみたいま、この筆致に慧眼《けいがん》を感じない人はいないと思います。

専門ではないと断りつつ、村上は同書の随所で哲学的な考察を展開し、21世紀を生きる鍵は「インテグリティ（筋道）を確立した一人一人の人間が自由に考え、行動するということ以外にありえない」と結びます。すでに見たとおり、いまや突き詰めると原理的に矛盾が生じるほど世界が多様化／社会が複雑化していることは、重々承知である。しかし自身の「インテグリティの不足を感じとり、一貫した筋道を追求する」[56]ことなくして、人間は知性的な存在たりえないとする信念がそこにあります。

村上のいう integrity こそは冷戦体制のもとで、マルクス主義の社会科学を掲げる進歩派と対峙し続けた体験ゆえに提示しえた、21世紀にむけた新しい「大人」のモデルだったと言えるでしょう。しかし前年の１９９１年には World Wide Web が始まり、95年には Windows の爆発的普及が迫っていました。

平成の情報社会の大波のなかでは、首尾一貫した思考を堅持するよりも、きっと新しい技術が問題を解決してくれるだろうと「不確かなテクノロジーの未来に預けてしま」う子どもの態度のほうが、ニューメディアやテックの解説をかねて社会学的に同時代を診断する、ジャーナリスティックな評論の分野で目立ってゆくことになります。

実は村上自身、東大の離職後にはやはり中曽根ブレーンだった中山素平《そへい》（銀行家）と組んで、91年に国際大学グローバル・コミュニケーション・センター（ＧＬＯＣＯＭ）を設立、初代所長となっていました。同センターは『批評空間』グループを離れた後の東浩紀さんが一時籍を置いたほか、２０００年代からブログを通じて影響力を拡大する池田信夫さん（経済学）も重なる時期に所属するなど、平成なかばにウェブを駆使した「情報系論壇」のハブとして機能することになります。

55　村上泰亮『反古典の政治経済学　上　進歩史観の黄昏』中央公論社、１９９２年、19-20頁。
56　村上泰亮『反古典の政治経済学　下　二十一世紀への序説』中央公論社、１９９２年、５４１頁、および前掲上巻４頁。

第3章 知られざるクーデター 1993―1994

フェイクニュースだった大疑獄？

リクルート事件は冤罪？

平成5年こと1993年が、日本政治の分水嶺だったことを否定する人はいないでしょう。この年7月の衆院選（宮澤喜一内閣の不信任による、いわゆる嘘つき解散）をうけて、8月に非自民八党派による細川護熙《もりひろ》連立内閣が発足、自民党一党支配の別名である55年体制が崩れ落ちました。翌94年3月に同政権が成立させた政治改革四法により、衆議院選挙に小選挙区制（比例代表との並立制）が導入され、やがてそれが2000年代前半の小泉改革や、2010年前後の民主党政権を生みおとすのは周知のとおりです。

よほどの保守派をのぞくと、このとき行われた平成の政治改革は――後に混乱や副作用をもたらしたにせよ――戦後日本社会の行きづまりが生んだ、時代の「必然」だったとみなす人がほとんどです。実は私も、かつてそのように書きました[57]。しかし、それはほんとうだったのでしょう

「メディアと政治」の象徴だった
田原総一朗

か。

　このとき国民の政治改革熱が高まった主たる要因は、昭和最末期の１９８８年夏から政界を揺るがしたリクルート事件でした。新興企業として勢いのあったリクルートが、値上がり確実と目された子会社の未公開株を有力政治家にばらまき、便宜を得ていたとされる疑獄ですね。当時の竹下登首相、中曽根康弘前首相、後継候補の本命だった安倍晋太郎（平成後期の首相・晋三の父）、宮澤喜一らがこぞって譲渡を受けていたため、派閥領袖ではない「子ども」の宇野宗佑内閣が生まれた経緯は先に触れました。

　しかし政治報道の第一線に立っていた田原総一朗さんは後年、この事件を冤罪だと断言しています。[58] 田原氏は当時『朝生』以外にも多くの番組でキャスターを務め、93年5月31日の『総理と語る』で宮澤首相から「今国会で政治改革を必ずやる」との言質《げんち》をとったことが、2か月後の総

57　拙著『増補版　中国化する日本　日中「文明の衝突」一千年史』文春文庫、２０１４年（原著11年）、第９章。
58　田原総一朗『正義の罠　リクルート事件と自民党　20年目の真実』小学館、２００７年。

選挙と政権交代をもたらしたとされました。

その政治改革のシンボルだった田原さんが、なぜリクルート事件を冤罪と呼ぶのか。実は公開に先立ち未公開株を有力者に譲渡して、会社に箔《はく》をつけるのは当時広くみられた慣行（＝業界人のつきあい）でした。近日だと、ソフトバンク株が2018年末の上場時に公開価格を下回って話題となりましたが、思った値段がつかなければ未公開株を持っても損をするので、一概に利益供与とは言えないのです。リクルートの側が見返りを得た事実もこれといって見当たらず、当初は検察も立件は無理という判断だったそうです。

事件の展開を決めたのは1988年9月5日、国会で追及するかまえだった社民連の名物代議士・楢崎《ならざき》弥之助にたいして、リクルート側が買収をもちかける様子の隠し撮りを日本テレビが放送したことでした。「もみ消そうとするからには、悪いことをしているにちがいない」。そうした世論の高まりに検察も引けなくなり、リクルート社幹部のほか、中曽根政権時の官房長官・藤波孝生、85年に民営化されたばかりのNTTの初代会長・真藤恒《しんとうひさし》らが有罪となります。

マスコミ不信の端緒

平成の政治改革の追い風となった大疑獄が、今日でいうフェイクニュースだったのかもしれない。そのことは長く気づかれてきませんでしたが、実は「マスメディアの中立性」の神話が揺らぎだすのもこの時期からでした。細川政権発足後の1993年9月、テレビ朝日の椿《つばき》貞良・報道局長は民放連の研究会で「久米〔宏。当時『ニュースステーション』キャスター〕・田原連立政権」

云々《うんぬん》と口にしたため、政権交代をもたらすために作為的な報道がなされたという疑念を招き、翌月衆議院に証人喚問されています。[59]

決定的だったのは、95年春に発覚したオウム真理教事件（後述）でした。捜査の過程で、前年に教団が起こした松本サリン事件の際、メディアが違う人物（しかも被害者）をあたかも犯人のように報道したこと、さらには89年にＴＢＳが、信者の脱会を支援する坂本堤《つつみ》弁護士（のちオウムにより殺害）への取材映像を教団幹部に見せていた事実が判明。

後者ではＴＢＳの経営陣がやはり国会に参考人招致され、同社は96年4月30日に異例の謝罪・検証放送をおこなっています。平成の初頭は政治スクープが続発する裏で、着実にメディアへの信頼が腐食しはじめていたのです。

密やかな「父殺し」

細川護熙の政権構想

「久米・田原」の連立だったかはともかく、政治改革を掲げて成立した細川非自民政権にもまた、メディアが先行してイメージを作り出した側面がありました。もともと自民党の参議院議員をへ

59　なお、この事件では放送法を所轄する郵政省（当時）が緊急会見を開き、放送免許の取り消しもあり得ると示唆している（辻田真佐憲・西田亮介『新プロパガンダ論』ゲンロン、２０２１年、１９３-１９４頁）。

て80年代に熊本県知事をつとめた細川護熙氏が、平成の国政の最前線に躍《おど》り出るのは、1992年の『文藝春秋』6月号（刊行は5月）への寄稿「「自由社会連合」結党宣言」によってです。

「自由社会連合」結党宣言

細《ほそ》川《かわ》護《もり》熙《ひろ》

日本の最大の危機は、政治が内外の激変に対処する意志と能力を失ったことにある。
冷戦の遺物としての「保革対立」体制、既成政党の離合集散による「政界再編成」では、この危機を打開することはできない。
唯一の選択肢は、新党を結成して有権者の半数近い「支持政党なし」層の要望に応えることである。
「あげるべき時に声をあげなかった」わが祖父・近衛文麿の悲劇に、深く学びたいと思う。

（94）　BUNGEISHUNJU '92.6

『文藝春秋』1992年6月号に掲載された「「自由社会連合」結党宣言」

　その内容はのちに見ますが、5月下旬には党名を公募して「日本新党」が発足。翌月刊の『文藝春秋』7月号には田原総一朗ほか10名からの公開質問と、細川の回答が掲載、さらに7月の参院選比例区で細川や小池百合子（現東京都知事）ら4名が当選というハイペースぶり。『文藝春秋』はなんと、このあと国政掌握までの約1年間に細川氏の寄稿やインタビューを3回も掲載しています。逆にいえば紙媒体の「論壇」で展開される言論が、それほど有権者の期待を集めた時代でもありました。

　しかし――そもそもの原点たる「「自由社会連合」結党宣言」を読むと、奇妙なことに気づきます。のちに細川内閣の看板政策となる、小選挙区制導入への言及がないのです。

　この論考は「日本の政治状況は、幕藩体制下の鎖国のなかに、惰眠《だみん》をむさぼっていた幕末の状況と酷似している」という、いかにもな一節で始まります。ところが驚くべきことに、細川氏はこのあと「幕藩体制よりも後進的な絶対的国家権力に逆行、変質させてしまった日本の近代官僚制国家の裏切り」という表現で明治維新を否定し（！）、司馬遼太郎に依拠して「幕藩体制下の分権的国家システム」のほうを高く評価する。[60]

1992〜95年にかけては、コンサルタントの大前《おおまえ》研一氏がネットワーク集団「平成維新の会」を組織して政治改革を支えますが、[61]熊本藩主の末裔《まつえい》を自負する細川さんは、このころから意外に「維新」嫌いだったのです。

そのため「結党宣言」がうたう選挙制度改革は、「まず、定数是正と現行選挙区制度の見直し（中選挙区連記制）を検討する必要がある」といったゆるいものです。その中選挙区連記制の説明は文中にありませんが、当選者5名の選挙区でも1人の名前しか書けない従来の中選挙区制を改めて、複数の名前を書けるようにするという趣旨でしょう。小選挙区制のように完全な「政党単位」（＝党本部主導）の選挙戦ではなく、地域密着型のローカル候補も強みを活かせる、おだやかな変革を考えていたものと思われます。

後期昭和の「知識人と政治」

その細川氏が首相となったにもかかわらず、なぜはるかにラディカルな小選挙区制への変革が

60　細川護煕「「自由社会連合」結党宣言」『文藝春秋』1992年6月号、95-98・103-104頁。
61　松浦正孝「プラザ合意と「平成政変」」『年報政治学　自民党と政権交代』2012年。なお大前もまた小選挙区制には否定的で、相対的には中選挙区制の方を可としていた（27-28頁）。

おこなわれたのか。中北浩爾さん（政治学）の著書『自民党政治の変容』を、当時の関連資料とあわせて紐解《ひも》くと、そこには知られざるクーデターともいうべき、秘められた「父殺し」の姿が浮かびあがります。[62]

実は（政治家の著作にありがちなことですが）「「自由社会連合」結党宣言」を実際に書いたのは、「未来学」を掲げて多彩な言論活動を展開した学習院大教授・香山《こうやま》健一（１９３３年生。改元時に55歳）でした。１９７０～80年代にかけて、保守系知識人を集めて大平正芳や中曽根康弘のブレーントラストに組織した実績をもつ、論壇の大御所です。

そもそも70年代の前半までは、「活動する知識人」といえば左派系の学者のことでした。マルクス経済学（東京都の美濃部亮吉、神奈川県の長洲一二《かずじ》）や護憲派の憲法学（大阪府の黒田了一）の研究者が、社会党や共産党の推薦で続々と「革新自治体」の首長となっていました。変わり種として、革新官僚の出身で國學院大教授もつとめた正木千冬が70年に鎌倉市長に当選した際には、共産党委員長の宮本顕治と鎌倉在住の小林秀雄という文芸批評界の左右の巨頭が、ともに応援する奇観もみられたといいます。

田中角栄の時代までは、自民党の側も「補助金で黙らせればいい」という対応ですんだのですが、田中内閣（１９７２～74年）のもとで生じた財政の膨張により、保守派にも「国民に官からの自立を促《うなが》し、政府を維持可能な規模に縮小する思想」が必要とされてきます。その機をとらえて活躍したのが香山や、前章でふれた村上泰亮、その共同研究者だった佐藤誠三郎（政治学。32年生で改元時に56歳）らでした。

村上・佐藤と、情報社会学の公文《くもん》俊平（35年生）が共著で『文明としてのイエ社会』を刊行したのが79年。マルクス史観では封建制の象徴であり、否定すべき桎梏《しっこく》とされてきたイエ制度を経営体として評価し、そうした「小集団」の積みかさねが日本社会に適度な多元性と、競いあいによる活力をもたらしたとする論旨です。幕藩体制の「分権性」を評価する細川護熙＝香山健一のビジョンもまた、そうした視点を共有するものであり、中北氏はこうした――80年代のポストモダン右派的な――ビジョンを「日本型多元主義」と呼んでいます。

「自由社会連合」という仮称じたい、あきらかに自民党と社会党の双方に秋波をおくり、有志を引きぬいて政党の組み替えをねらう発想で命名されており、細川・香山・佐藤らが55年体制への代替案としたのは「穏健な多党制」でした。つまり細川政権下で、むしろ党執行部が公認権を握る「集権的な二大政党制」と相性《あいしょう》のよい小選挙区制（＝当選者が1名のみの、直接対決）が導入されたとき、実は180度逆の方向へのビジョンのすり替えが起きていたのです。

小沢一郎『日本改造計画』

このクーデターの実行者こそ、細川氏を首班に担いだ小沢一郎さん（当時、自民党を離党して新生党代表幹事）でした。政権交代直前の1993年5月に出た小沢氏の著書『日本改造計画』の執筆チームは、香山・佐藤を「父」とすればいわば「子ども」にあたる世代の学者陣だったこと

62　中北浩爾『自民党政治の変容』NHKブックス、2014年、152-166頁。

政治改革の旗手となった小沢一郎

を、そのひとりだった御厨《みくりや》貴さん（政治学。1951年生で改元時に37歳）が公表しています。[63]

政治学からは北岡伸一（48年生、同40歳）と飯尾潤（62年生、同26歳）を加えた3氏、経済学から竹中平蔵・伊藤元重（ともに51年生）の2氏の5名です。いずれも平成末期まで、諮問会議や論壇誌の常連となるメンバーですが、北岡・御厨の両氏は東大の学生時代、佐藤誠三郎に師事していました。

東京大学は1～2年次の教養課程を駒場で、3～4年次の専門課程を（教養学部内の専攻への進学者以外は）本郷で学ぶスタイルのため、両氏のように法学部コースを歩む学者でも、駒場時代には教養課程で政治学を担当する、佐藤のゼミに所属する例が多かった。そもそも丸山眞男ら革新政党シンパが主流を占めた本郷の法学部にたいし、あえて反旗を翻して駒場を拠点に保守政治を講じるといった気概も、佐藤にはあったようです。[64]

こうした目で小沢氏の――実際には北岡・御厨・飯尾の3氏の――政治改革論を再読すると、細川（＝香山・佐藤）路線とのちがいはあきらかです。『日本改造計画』が政治家の模範とするのは大久保利通《としみち》や伊藤博文といった明治国家のトップで、さらには現在の生活圏に基づき全国の市町村を300程度の「基礎自治体」に分割しなおすという（細川氏はむしろ、「廃県置藩」を唱えていました）。

選挙制度はむろん小選挙区制を推奨するとともに、その欠点を補うために比例代表制を「並立」させるのはよいが、制度の全体が比例区をベースとする「併用」はダメだと、名指しで退けている点が重要です。[65] 小選挙区比例代表併用制は戦後の西ドイツで用いられてきた選挙制度で、たしかに実質的には比例代表制であり、保守・中道・社民の三極からなる同国の多党制（80年代からは環境政党──緑の党が加わって四極に）の基盤となっていました。

じっさいに、宮澤喜一政権下で政治改革が議論された第126回国会では、単純小選挙区制をもちだした自民党に対し、社会党・公明党が併用制を共同提案して対抗しています。宮澤内閣不信任案が（小沢氏らの造反により）可決した後の93年総選挙でも、小選挙区と比例代表の並立制を

63 御厨貴・芹川洋一『日本政治ひざ打ち問答』日経プレミアシリーズ、2014年、72-73頁。
もっとも竹中平蔵に関して、小沢本人は「意見発表みたいな格好」での提言はあったかもしれないが、レギュラーメンバーではなかったと述べている（小沢一郎・宮崎哲弥・藤井聡「思想の転換点4　リアルポリティクス（後半）」『表現者クライテリオン』2020年3月号、208頁）。

64 御厨貴・牧原出・佐藤信「政治学者三世代からみた政権交代の二〇年」『政権交代を超えて　政治改革の20年』岩波書店、2013年、12頁。同箇所では御厨自身が、北岡伸一とともに「ポスト中曽根政権時代」に佐藤誠三郎から離反したゆえんを語っている。

65 小沢一郎『日本改造計画』講談社、1993年、70-71頁。

公約として明記する政党は限られていました。[66]

小選挙区制導入と論壇の世代交代

そもそも昭和の政治史をふりかえれば、小選挙区制の阻止は野党、なかでも社会党にとって譲れない一線のはずでした。実は、戦後最初に小選挙区制導入が国会で審議されたのは、自民党結党まもない1956年春。当時は鳩山一郎が総理総裁、岸信介が幹事長です。社会党内にもイギリス労働党を理想とした右派には、二大政党の一翼へ脱皮するために小選挙区制を飲もうという声もあり、実現可能性はゼロではありませんでした。

このとき、小選挙区制の導入が実現しなかった理由は複合的です。[67] ①自民党内に保守合同以前の対立が残っており、とくに選挙区割りをめぐって意見集約ができなかった。②そのため調整がつかない地域に2人区を残すなど、中途半端な提案をして国民の不信を買った。③鳩山・岸が改憲論者である以上、小選挙区で圧勝した後に憲法が改正される、革新勢力は潰されて保守二党に置きかえられるとして、社会党左派が頑強に抵抗した。④同じ国会に出ていた教育委員会法改正（地域住民による公選制を、首長による任命制に改める）のほうを、最終的に自民党が優先した。

実は平成初頭でも、自民党内は派閥対立がからんで一枚岩ではなく、①中選挙区制の維持を主張する声はかなりあり、②比例代表制との折衷法も諸案さまざまでした。しかし3番目の「小選挙区制になったら憲法が改正される」という批判だけが、ぽっかりと世論から消えていた。

まだまだ護憲派が多かった時期ですが、しかし「憲法が変えられ、戦前に戻るから」という理由だけであらゆる反対論に説得力が湧いた時代――「戦後」の命脈が尽きつつあったことが、往時とのちがいでした。

そしてポスト戦後の設計図をめぐる闘争で、アラフォーだった保守論壇の「青年将校」たちが、60歳近い上官（＝彼らの指導教官）世代に勝った。そもそも細川さんは日本新党の結党時、小沢氏との提携に否定的であり、小沢ビジョンが勝者となったのは93年総選挙後の議席配分が、たまたま幸いしたにすぎません。しかしその偶然によって、戦前生まれの名誉教授を目前とした「父」たちが、戦後生まれの子どもたち、当時の若手教授世代に敗れる父殺しがおきたのです。

村上泰亮は選挙さなかの93年7月に死去し、昭和の論壇政治に君臨した香山健一は97年、佐藤誠三郎も99年に、かつてほどのプレゼンスを残さないまま世を去ります。実は１９９２年には、誠三郎の実子である佐藤健志さん（評論家）が『ゴジラとヤマトとぼくらの民主主義』を刊行。サブカルチャーに表現された生ぬるい平和主義にみられる「戦後」の影を全面的に批判して、平成の文化批評の基本線をつくっていました。

元号が改まってわずか数年、「脱・戦後」の主導権は、穏健派でなく急進派の手に握られていくのです。

66　選挙後に成立する細川内閣の与党では、公明党と社民連のみであった（吉田徹『二大政党制批判論　もうひとつのデモクラシーへ』光文社新書、２００９年、81頁）。

67　楠精一郎「小選挙区制法案の挫折」中村隆英・宮崎正康編『過渡期としての１９５０年代』東京大学出版会、１９９７年。

転向者たちの平成

途《と》絶《だ》えた「転向」の体験

本来の細川ブレーンだった香山健一や、佐藤誠三郎らのビジョンの相対的な穏和さを考えるとき、鍵となるのは彼らが昭和の「転向者」の系譜を引くことだと思います。

実は香山は、60年安保で活躍した共産主義者同盟（一次ブント、非共産党系）の創設者で、つまり中沢事件で佐藤とともに東大を去った西部邁の先輩格。佐藤も都立日比谷高校で民青同盟（共産党系の学生組織）のキャップを務め、東大文学部の在学中には反共的な教員への抗議運動を組織して大学院に落第、法学部で学士からやりなおした硬骨漢でした[68]。

転向とは、もとは昭和戦前期、激しい弾圧のもとで共産主義の思想を放棄することを指す用語ですが、戦後の場合はむしろ、左翼運動への「失望」を契機とする点に特徴があります。そうした「戦後転向」のピークは、ざっくり言って三つあげられるでしょう。

ひとつめは戦後初期で、渡邉恒雄氏（のち読売新聞主筆）や氏家《うじいえ》齊一郎（日本テレビ会長）に共産党への入党歴があるのは有名ですね。彼らと旧制高校・東大時代の親友で、終生左翼の立場をつらぬいた網野《あみの》善彦（日本中世史）も、朝鮮戦争（１９５０〜53年）のもとでの武装闘争路線の惨状をみて、党の活動から離れました。

逆に、強固な反マルクス主義の実証史家になる伊藤隆さん（昭和政治史）のほうが、むしろその後の武装闘争の放棄を機に党中央と対立し、ハンガリー動乱（56年）に際して離党。やはり転向した佐藤誠三郎と生涯の盟友になるのも、この時代の不思議な綾《あや》でした。

ふたつめは60年安保の挫折によるもので、香山・西部ら左翼組織の幹部のほか、市民派との共闘を見切って「完全に保守化した」という意味では、江藤淳や石原慎太郎さん（作家。のちに自民党の国会議員をへて東京都知事）も広義の転向者に入るでしょう。

みっつめはご想像のとおり、70年安保とも呼ばれた全共闘世代の転向組です。

転向者とは「一度は自分もまちがえた」体験をもち、そのことを公にしている人たちなので、その後の行動パターンは二つに分かれます。西部邁のように、異なる立場にたいしても一定の鷹《おう》揚《よう》さを示す「懐《ふところ》の深い人間」としてふるまうか、1995年春に自由主義史観研究会を組織して以降の藤岡信勝さん（教育学。民青を経て一時、共産党員）のように、かつての「汚点」の払拭《ふっしょく》を期してもう一方の極端へと歩みを進めるかですね。

小沢一郎『日本改造計画』に典型的な、すべてを合理的に割り切るがゆえの、あまりにあっけらかんと「大胆な改革」を肯定する風潮。それはゴーストライターを務めた北岡伸一・御厨貴・竹中平蔵といった各氏に、こうした重い転向体験がないことの表れでもあるのでしょう。より下の団塊ジュニア世代にあたる待鳥《まちどり》聡史氏（政治学。1971年生）は、彼らが支えた小沢一郎や、逆に自民党の側で改革を推進した橋本龍太郎らを「六〇年代末からの学生運動や住民運動などの

68 伊藤隆『歴史と私　史料と歩んだ歴史家の回想』中公新書、2015年、8-11頁。

隆盛を、「体制側最若手」として受け止めた」、「運動側が主張する「戦後民主主義の欺瞞《ぎまん》」や「体制破壊」には同意できなくとも、体制に内部改革が必要であるという認識は持っていたはず[69]」の人びと、だと指摘します。

おそらくその評価は、団塊ど真ん中の北岡伸一氏を典型とする、70年安保の騒乱を最初から「まちがっている」と冷めた目で見ていたがゆえに挫折を知らない、いわば「もうひとつの全共闘世代」だったブレーンたちにこそ、一層あてはまるでしょう。そうした個性はやがて、不良債権の強行処理（小泉改革での竹中氏）や大幅な憲法解釈の変更（第二次安倍政権での北岡氏）といった形で、よくも悪くも「脱戦後」のビジョンを描いてゆきます。

よりストレートに学生運動に没入していたケースでも、「既得権益の打破」という一点では一貫しつつ、左翼から保守に転向して政治改革に合流することは可能です。象徴的なのは石原慎太郎さんと組んで東京都の副知事、さらには知事（２０１２〜13年）を務めることになる、ノンフィクション作家の猪瀬直樹さん（１９４６年生。信州大で全共闘議長）でしょう。そうした大きな流れを捉えるためにも、平成史は昭和の後半から語られる必要があるのです。

全共闘世代と幻冬舎文学

政治の道に進んだ人以外にも、戦後第三世代の転向者たちは、平成期に文化の領域で花を咲かせています。１９９４年春に東大駒場の新科目「基礎演習」のテキストと銘打った『知の技法』が、１年間で30万部を売り上げて話題を呼びますが、編者の小林康夫さん（表象文化論）と船曳《ふなびき》建夫さん（文化人類学）はともに東大紛争の闘士でした。[70] かつて大学を「解放区」にしようとした世代が、カリキュラムの内容を公刊し「開放区」を作ることで、内実が見えにくかった象牙の塔をオープンにする試みだったともいえます。

しかし平成の文化を大きく変えたのは、93年秋に設立された幻冬舎のほうでしょう。著名人の話題作に絞ったラインナップと、まるで映画のようにド派手な新聞広告をうつ宣伝手法は、「幻冬舎文学」と揶揄されながらもミリオンセラーを連発します。1975年に入社した角川書店（同社の映画第一作『犬神家の一族』が76年です）でメディアミックスの手法を学んだ創業者の見城《けんじょう》徹さん（現在も社長）は、慶應義塾大学の出身で、こんな回想を残すほどの熱心な全共闘参加者でした。

表現っていうのは犯罪に近い行為だと思うんですよ。例えば奥平剛士《つよし》のテルアビブの空港乱射事件〔1972年。奥平は日本赤軍幹部〕。僕は学生運動の中で、現実の踏み絵を踏み抜けなかったっていう劣等感がいまだにある。行為として実践できるかどうかでその思想や観念の価値

69 待鳥聡史「保守本流の近代主義　政治改革の知的起源と帰結についての試論」ゴードン／瀧井編、前掲『創発する日本へ』、252-253頁。もっとも彼らが属する潮流を「リベラル・モダニズム」と呼び、日本型システムの優位性を説く——やがていわゆる右傾化へと傾斜してゆく勢力との断絶性を強調する待鳥の叙述は、やや純真さが過ぎるようにも感じられる。

70 中井浩一、前掲『「勝ち組」大学ランキング』、119-121頁。

は決まると、僕は思っているのね。[71]

実際97年に文庫の刊行に踏み出す際、団《だん》鬼六のSM小説など、公に流通しづらかった作品を再録する「幻冬舎アウトロー文庫」を設けたのは、吉本隆明の詩に触発されてきた見城氏の「民主主義だって……人間の衝動や内部表出にフタをしている規範なんだ」[72]とする批判意識によるものでした。むろん過激な性描写や残酷ルポは「売れる」という計算も込みでしょうが、その決断が平成前半のアナーキー（なんでもあり）な文化環境に貢献したのも事実です。

転向と無縁なリアリストが政策を設計し、意思決定のプロセスや政治資金の流れを「透明化」することをうたって、なによりも最大政党からの離党という「行為」に踏み切る。小沢一郎氏を軸とする「クーデター」としての政治改革が広い支持を受けたのもまた、期せずして全共闘からの転向組が文化の主導権を握りはじめた、時代のタイミングと合致したがゆえという気もしてきます。

学問も私生活も「商品」に？

しかしこの時点ですでに、ひそかな暗転が準備されていたことも指摘しなければなりません。たとえばヒットを受けてシリーズ化された『知の技法』の売りは、各巻の末尾に顔写真入りで執筆陣（原則として東大教員）からのメッセージが載ることでしたが、今日ではSNSのプロフ欄めいて見えます。同じ94年には『経済学がわかる。』を第一冊として、アエラムック「学問がわかる。」シリーズが刊行を開始し、こちらでも当時はまだめずらしかった大学教員のビジュアルが、より大きく掲載されました。

それはたしかに学問の裾野《すその》を広げたのですが、「写真でみた有名な先生に会ってみたい」(=その先生の研究内容はどうでもいい)といった学者のタレント化、ひいてはテキストよりも著者の身体性がもっぱら注目を集める風潮を生みだした面があります。幻冬舎文学はまさにその極点で、98年、あらかじめ50万部印刷済みだった歌手の郷ひろみさんの告白小説を、本人の離婚と同時に売り出す手法は、いまでいう「炎上商法」の先駆として批判をあびています。

全共闘からの転向者たちがめざした学問や文学の「大衆化」は、1968年の革命思想の残り火を高度資本主義の枠内で燃やしたものともいえ、実際にベストセラーという形で成果を上げました。しかし伝説のディスコ「ジュリアナ東京」の営業期間がバブル崩壊後の91年5月〜94年8月だったように、平成初頭の時期にはまだどこか輝かしい消費社会の煌《きら》めきがのこっていたからこそ、通用する手法だったともいえます。

不況の常態化をへた平成末期の2014年、ひさしぶりに東大紛争からの転向者が注目を集め

71　見城徹「行為への渇望　石原慎太郎」『編集者という病い』集英社文庫、2009年(単行本は07年)、53頁(初出『ダカーポ』01年6月6日号)。

72　見城徹「常識って、僕より無謀です」同書、262-263頁(初出『New Paradigm』1999年夏号)。

なお見城は刊行中の『吉本隆明全集』に、版元の晶文社のウェブサイトで推薦文を寄せている。本書の登場人物で他に名を連ねているのは、上野千鶴子《ちづこ》・糸井重里《しげさと》・中沢新一・小林康夫。

ました。外食産業経営者の小川賢太郎さん（全共闘運動のため東大中退、のち吉野家をへて起業）です。労働者に廉価な食事を提供するという「左翼思想」を実践した結果、展開する牛丼チェーン・すき家が過酷な労働環境におちいり、ついにストライキを発生させるに至ってのスキャンダルでした。

なにを読むか、だけではなく「なにを食べるか」、あるいは「いかにして食べてゆくか」もまた、文化を構成する重要な――むしろ最も基底をなす要素であることは、言うまでもないでしょう。平成という時代は言語の凋落と身体の浮上の果てに、そうした根源的な問いにまで直面することになります。それは1993〜94年の軽やかな改革の季節には、まったく人びとの想定しえないことでした。

女という前衛を夢みて

平成初頭の「昭和懐古」

もっとも歴史の全体像をふり返るには、社会は「前衛だけが動かすのではない」という観点が欠かせません。宇野常寛さんが最初の著書で指摘するように、平成ないし90年代の初頭は「ベタな物語回帰」[73]の時代でもありました。

具体的には「愛は勝つ」（KAN、90年）や「それが大事」（大事MANブラザーズバンド、91年）といったあまりに優等生的なメッセージソングのヒットや、『高校教師』（93年）などで一時代を築いた野島伸司さん（脚本家）のテレビドラマですね。ライターの速水健朗《はやみずけんろう》さんの指摘もあわせて考えると、この時期にはまだ昭和に引きずられた——平成なる新時代には「移行したくない」とする感性も強かった、という気がしてきます。[74]

禁断の愛の果ての心中が示唆されて幕となる『高校教師』の主題歌は、なんと1976年の楽曲「ぼくたちの失敗」（森田童子《どうじ》）。やはり野島シナリオで不幸ものの『愛という名のもとに』（92年）の音楽は、76年デビューで見城徹氏ら全共闘世代にカルト的な人気を誇った浜田省吾さん。[75]野島さんが企画を手掛けた94年の『家なき子』も、12歳の少女（実際に同年齢だった安達祐実《ゆみ》が主演）がストリートチルドレンとなって犯罪で生き抜く、あまりに時代錯誤な設定が逆に大ヒットを呼びますが、同年には「本当に貧しかった」戦後初期の街並みを再現した新横浜ラーメン博物館が開館しています。

平成の終わりには聖家族のように持ちあげられるようになる、天皇（現上皇）・美智子夫妻にさえ、このころは「昭和」と比較してのバッシングが寄せられていました。1993年9月23日の『週刊文春』のスクープは、「美智子皇后のご希望で　昭和天皇が愛した皇居自然林が丸坊主」。ひと月後に美智子さんが倒れ、失声症になったと発表されると、さすがに今度は文春側への非難

73　宇野常寛『ゼロ年代の想像力』ハヤカワ文庫、2011年（原著08年）、76-77頁。
74　速水健朗『自分探しが止まらない』ソフトバンク新書、2008年、190-193頁。
75　見城徹「ミッドサマーの刻印⑤　浜田省吾　19のままさ」前掲『編集者という病い』（初出『Free&Easy』2002年6月号）。

が殺到しました[76]。当時の編集長は、いま最右翼の論壇誌『月刊Ｈａｎａｄａ』を手がける花田紀凱《かずよし》さんです。

ヘアヌードとブルセラの「自由化」

かように価値規範として根づよく残存する「昭和」にたいし、明確に挑戦するポーズで平成の言論を牽引《けんいん》する学者がふたり、この時期の論壇で台頭します。93年に東京都立大学の助教授となる宮台真司さんと、同年に京都精華大学から東京大学文学部へ赴任した上野千鶴子さんです。どちらも社会学者として知られますが、それ以上に、守旧派の感性を批判する拠点を同時代の「女」（少女・女性）に求めたことが、大きな共通点でした。

１９９１年に篠山紀信《きしん》さんの撮影で、日本初のヘアヌード写真集と呼ばれた樋口可南子『Water Fruit』がヒット。94年の『知の技法』でも、のちに芥川賞作家となる松浦寿輝《ひさき》さん（仏文学）が当時話題だったスター歌手マドンナの『ＳＥＸ』（92年。日本では修正版のみ刊行）を分析するなど[77]、平成初頭には「性の解放」の空気がありました。やはり94年刊行の『制服少女たちの選択』で、ブルセラショップで下着を換金する女子高生をこう擁護した宮台さんも、そうした雰囲気で記憶されていることが少なくありません。

わたしたち「年長世代」にはまだ世間のまなざしの「記憶」がある。だからわたしたちには彼女たちが不道徳なニュータイプに見える。でも彼女たち〔の〕……近接性（周囲とちがわな

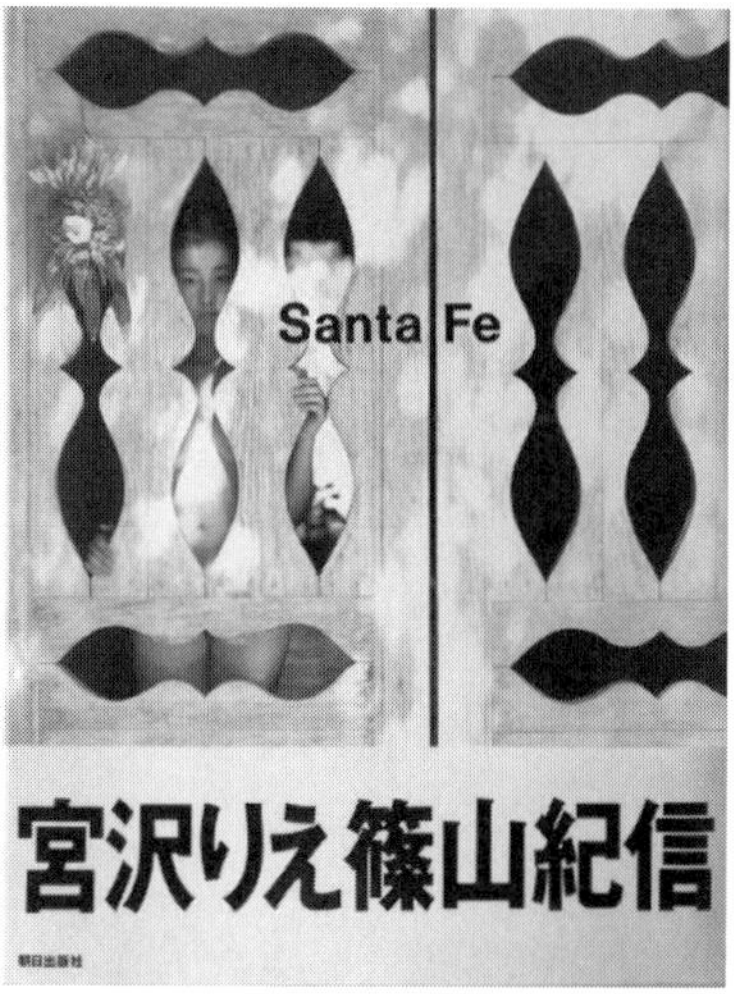

『Santa Fe』宮沢りえ写真集、
篠山紀信撮影（朝日出版社、1991年）

い！）をふるまいの方向づけとして利用する作法は——その範囲が小さな島宇宙のなかで閉じてはいても——わたしたちと何のちがいもない。実際、彼女たちは「あのコにできるなら、あたしにもできるよ」というふうにエッチ系バイトに参入してくる。[78]

　ここでの宮台さんの立場は、いわば都市化にともなう価値相対主義（アーバン・

76　原武史は当時の美智子妃バッシングを「反皇后キャンペーン」と位置づけ、家父長的な男性優位の価値観を皇室に期待する右派勢力との暗闘史として、平成の天皇制を描いている（『平成の終焉　退位と天皇・皇后』岩波新書、2019年、142-147頁）。

77　松浦寿輝「レトリック　Madonna の発見、そしてその彼方」小林康夫・船曳建夫編『知の技法』東京大学出版会、1994年。
　91年10月に宮沢りえの裸を篠山紀信が撮った『Santa Fe』の全面広告が全国紙に載る事件があったとはいえ、フルヌードを含む7枚の写真を載せた「大学の教科書」の刊行は、それなりに斬新であった。

78　宮台真司「鏡としての「パンツ売り」」『制服少女たちの選択　After 10 Years』朝日文庫、2006年、92頁（初出『朝日ワンテーママガジン』36号、1994年）。

リベラリズム?）です。１９６０年代の高度成長下で農村共同体が解体されて以降、持続する強い規範としての「世間のまなざし」はもはや記憶の中にしかなく、だれもがその場ごとの「周囲」にあわせて行動しているに過ぎない。だから会社の飲み会で空気を読んでいるオッサンも、友達とのつきあいでパンティを売る子高生も、ぶっちゃけ同類だということですね。

上野千鶴子の相対主義

意外かもしれませんが、実は上野さんも１９８２年８月の『現代思想』に載せた古い論文「新保守主義のゆくえ」で、同じ視点をより保守的に（！）論じています。彼女が用いる新保守主義とは「ニューライト」を意味しない」、つまり保守政界の新潮流といった趣旨ではないという。それでは、どんな立場をさすのか。

> 社会の選択肢が、革命家の夢想するほど大きくはないことを知っている、正気の、醒めた理想主義を、私は新保守主義と呼ぶ。……新保守主義者は、現状の変革を認めるが、それは、一つの秩序がべつな秩序に置き換わるにすぎないこと、一つの悪夢が少しだけましなべつの悪夢にとって代わるだけだということを、知っている理性のことなのである。[79]

これもまた、理論的な相対主義であることはあきらかでしょう。革命によって「絶対の正義」が実現するなどという物語は、それ自体がイデオロギーにすぎない。ある構造（秩序）のもとでよしとされる規範を、異なる構造（秩序）を前提とした別の規範に置きかえることはできるが、それによって「真の規範を見いだす」といったことは起きえない。せいぜいが「前よりはましになった」という漸進主義でしかありえない。

上野さんの論文は、社会構成主義（＝人間にとっての現実は、社会的に作られているとする立場）の開拓者であるピーター・バーガーを論ずるものですが、[80] レヴィ＝ストロース『人種と歴史』（1961年）の文化相対主義や、トマス・クーン『科学革命の構造』（62年）による近代科学の相対化にも触れて、80年代のポストモダン・ブームのはるか以前から、ある種の絶対性を志向する「革命」は「カタストロフへの幼児的な待望」でしかありえなくなっていたと位置づけています。

その上で、「私自身が敬愛するいく人かの日本の思想家たちが、新保守主義へのつらい足どりを進めるのを、見てきてもいる」と添える。明言はされませんが、おそらく最初のひとりは吉本隆明、次いで江藤淳を想定しているような気がします。

ここまで醒《さ》めきった保守の諦観を語っていた女性が、ラディカルなフェミニズムのシンボルになるのも歴史の逆説ですが、団塊のひとりとして1948年に生まれた上野さんは「68年」に20

79　上野千鶴子「バーガー――われらがシャーマン　新保守主義のゆくえ」『構造主義の冒険』勁草書房、1985年、143-144頁（傍点は原文）。

80　森政稔（政治思想。『戦後「社会科学」の思想　丸山眞男から新保守主義まで』NHKブックス、2020年、207・232頁）が説くように、共同主観性の重要さをうたって米国の左派学生から熱く支持されたバーガーは、学園紛争の閉塞とともに保守主義へと転じた。上野の議論もそれを踏まえたものである。

歳ですから、革命幻想の挫折が直撃した世代ではあったでしょう。[81]しかし平成元年（1989年）の新語・流行語大賞を制したのは、新語部門が「セクシャル・ハラスメント」で、流行語部門が「オバタリアン（旋風）」。

後者では女性票に支えられて参院選で宇野宗佑首相の自民党を破った、土井たか子・社会党委員長も受賞者となりました。女による革命のやりなおし――すくなくとも既存の規範の修正が、可能にみえた時代が平成初期でした。

宮台真司と少女幻想

宮台さんはぐっと下の1959年生まれなので、学園紛争の余波を中学校（私立の麻布出身なので、中高一貫）で体験した世代。教室に出現した秩序の紊乱《ぶんらん》を楽しむような、どこか「カタストロフへの幼児的な待望」を感じさせる回想を、多くの著書に記しています。社会学的な相対主義を掲げつつも、上野さんよりロマン主義（＝真なるものへの渇望）がつよいとも言えますが、まさにそれゆえに宮台さんもまた「少女」の身体性を根拠地とした変革の思想を、この時期は語っていました。

93年に共著で刊行された代表作『サブカルチャー神話解体』における、宮台さんの立場をひとことで要約すると、「少女マンガのほうが少年漫画よりえらい」です。[82]1970年に三島由紀夫が決起を促しても誰も立ち上がらず、72年のあさま山荘事件で新左翼が壊滅した時点で、皇国史観やマルクス史観のような「大きな物語」の共有を前提として、全員がめざすべき共通の自己像を提示する時代は終わった。そうした無理のある前提ぬきで、つまり「なにが自己の内実なのか」が曖昧なままで他者と接続する快楽を実装した点に、少女マンガやファンシーグッズ（ハローキティの誕生が74年）の現代性があった、という趣旨ですね。

ところが「努力・友情・勝利」の方程式からなる『週刊少年ジャンプ』等の男子カルチャーは、時にSFもののように異世界を捏造《ねつぞう》してまでも、「万人にとってのヒーローとはこうだ」といった物語を引きずっている。これはダメだ、というわけです。結果として宮台さんは相対主義を言いつつも、明白に昭和オヤジよりは平成のコギャルの側に立って、旧来の「世間のまなざし」の保守を説く西部邁らとテレビではげしくやりあうことになります。

迫りくる「戦後50年」

もう少しこれらの「昭和を克服する思想」に、成熟するための時間があったなら――。たんに既往の価値観が攪乱《かくらん》されただけではなく、脱近代社会のあたらしい共通感覚が生まれた時代として、平成初期は思想史に名を刻んだかもしれません。しかし昭和という時代の残滓《ざんし》は、あまりに

81　上野自身が近日の田房永子（漫画家）との共著で、紛争を担う学生どうしの間にも存在した男女差別の体験を、直截に語っている（『上野先生、フェミニズムについてゼロから教えてください！』大和書房、2020年、64-68頁）。

82　宮台真司・石原英樹・大塚明子『増補　サブカルチャー神話解体　少女・音楽・マンガ・性の変容と現在』ちくま文庫、2007年、第1・3章。

オウム真理教が勧誘に用いた自作アニメ「超越世界」

も早すぎるタイムリミットを課していました。すなわち、戦後50周年にあたる1995年です。

この年の3月に『宇宙戦艦ヤマト』（TV版の初回は74年）など、男子アニメの世界観をモチーフに取り込んでいたオウム真理教が地下鉄サリン事件を起こすと、はやくも7月に宮台さんは「オウム完全克服マニュアル」と銘打った『終わりなき日常を生きろ』を発表。これはもういちど、時代錯誤な「大きな物語」の無効性（有害性）を説くだけでしたから、たやすい仕事だったでしょう。しかし終戦50周年にあたる8月を、なんらかの「物語」を語らずにやり過ごせる情勢では、もはやなくなっていました。

91年末に、3名の元韓国人慰安婦が、国家補償を求めて東京地裁に提訴。いっぽうで93年8月、政権交代を目前にして宮澤内閣の河野洋平官房長官が出した談話（河野談話）は、立証されていない「朝鮮半島での慰安婦の強制連行」を認めたとして、保守派の一部から批判にさらされます。[83] 旧植民地から現れた、日本史の語りの外部――元慰安婦という女性の身体は、「醒めた理想主義」を知っていたはずの上野千鶴子さんらフェミニストたちをも巻き込んで、むしろ「終わりなき物語の闘争」へと扉を開いてゆくのです。

83　もっとも、発表当初から河野談話が総じて不評だったかのような俗論は事実に反する。たとえば右派系の昭和史ノンフィクションで知られる上坂《かみさか》冬子は当時、細川護熙首相の「侵略戦争」発言（後述）を酷評する裏面で、河野談話については「タイミングといい文章といい実に完璧」・「うまい言い回しで（問題に）ケリをつけました」と絶賛していた（上坂冬子・高坂正堯「細川政権の命脈を断つこれだけの理由」『Forbes』1993年12月号、50頁）。

第4章　砕けゆく帝国　1995

エヴァ、戦後のむこうに

「団塊親」としての碇《いかり》ゲンドウ

それは今すぐにも切り裂かれる空の、告別の弥撒《ミサ》のようだ。パイプ・オルガンの光りだ、あれは。……

この銀いろの鋭利な男根は、勃起の角度で大空をつきやぶる。その中に一疋《ひき》の精虫のように私は仕込まれている。私は射精の瞬間に精虫がどう感じるかを知るだろう。[84]

平成7年、つまり1995年10月4日に初回が放送され、97年7月公開の旧劇場版（『Air／まごころを、君に』）での完結まで一大旋風を巻き起こしたアニメ『新世紀エヴァンゲリオン』のノベライズにある一節です——と書いたら、ひっかかる人はいるでしょうか。もちろんそうではなく、三島由紀夫が1968年に刊行した自伝的な随想『太陽と鉄』の末尾にある、自衛隊機F104への搭乗記の一部です。

『太陽と鉄』の鉄とは、ボディビルディングに使用していたバーベルのこと。同書が刊行された68年10月に三島は民兵組織「楯《たて》の会」を発足させ、70年11月25日の割腹自殺へと歩みはじめます。この大文学者の想像力のなかでも、性的なマッチョイズムが軍服と私兵と機械（戦闘機＝銀いろの鋭利な男根）に形象化されていたことが、[85]よくわかる美文と言えるでしょう。

『新世紀エヴァンゲリオン』（旧エヴァ）が平成前半の日本で社会現象となった理由は、さまざまに語られてきました。主人公・碇シンジら中学生の心の闇（家庭崩壊やコミュニケーション不全）を描くシナリオと、95年のスクールカウンセラー事業開始にみられる心理主義的な風潮との合致。キリスト教（敵キャラクター＝使徒）と異教との対立をモチーフに人類全体の浄化（補完）をめざす闇の組織ネルフが、やはり95年の春から大問題となるオウム真理教を連想させたという偶然。[86]ブルセラショップが街にあふれる時代とシンクロした、青少年向けのTV番組としてはきわどい

84 三島由紀夫「エピロオグ――F104」『太陽と鉄・私の遍歴時代』中公文庫、2020年、101・103頁（初出『文芸』68年2月号）。なお、単行本版のテキストは旧かな遣《づか》いで書かれている。
85 こうした想像力が戦後日本の（男子むけの）アニメカルチャーを形成したことの意味は、宇野常寛『母性のディストピアⅠ　接触篇』（ハヤカワ文庫、2019年、特に73-77頁）を参照。
86 『旧エヴァ』は原作にあたる貞本義行のマンガが1994年12月から連載されており、95年3月20日の地下鉄サリン事件以降に高まるオウムの内実の報道が、どの程度設定に影響したかは定かでない。

コミック版『新世紀エヴァンゲリオン』第12巻31頁より
（漫画・貞本義行、原作・カラー、角川書店、2010年）。
碇ゲンドウとシンジの父子

性描写など。

しかし高校生だった当時エヴァをまったく見ておらず、２００７年に大学教員になって日本文化史を講じるためにようやく鑑賞した私には、この作品がむしろ違うことを訴えていたように思えます。『旧エヴァ』は14歳の碇シンジの失敗し続けるビルドゥングスロマン（成長物語）である以上に、つねに軍装に身を包み悪役然として登場するその父・ゲンドウが、いかに「父になれない」存在かが主題だったのではないか、と。

総監督の庵野《あんの》秀明さんは１９６０年生まれなので、本人の体験ではないのでしょうが、ゲンドウには全共闘時代（70年安保）の過激派学生を思わせるところがあります。主要人物の過去が描かれるＴＶ版のなかば、傷害事件で収監されたゲンドウが釈放されるシーンがありますが、引受人は善人そうな大学教授の冬月コウゾウ。

この冬月は結局ゲンドウに、事実上自分の研究室（と女子学生・碇ユイ――シンジの母）を乗っとられるわけですが、その後一時はもぐりの医者をしてセカンドインパクトの被災者に尽くしたという描写にも、冷戦下の「良心的知識人」の戯画としての性格がうかがえます。

温厚で理知的だが、暴力をためらう冬月のような甘っちょろい（または、平和ボケした）インテリ教授の権威を転覆して、権謀術数に手を染め「解放区」のように治外法権が許される特務機関ネルフの支配者におさまったゲンドウ。しかし、彼の内面は空疎です。亡妻ユイの思い出にいつまでも執着し、その似姿《にすがた》としての人造人間・綾波《あやなみ》レイをクローンのように量産しては溺愛する。いっぽうで実の――かつ同性の――子であるシンジとは向きあい方がわからず、世話役を部下の葛城《かつらぎ》ミサトに丸投げ。

そうした目で見ると「全共闘世代は父になれるか」こそが、『旧エヴァ』の命題ではなかったかという気がしてきます。全共闘の担い手は団塊の世代と重なりますが、「団塊親」こそは放映当時、宮台真司氏が「かれらの世代がかつて〔学生運動で〕世間や道徳を否定した実績ゆえに、親本人が絶対的な道徳を信じていない」[87]ため、ブルセラ女子高生を叱る権威をもちえないと指摘していた世代でした。叱ったところで、ゲンドウのような「厳父のコスプレ」にしかなりえない人びと、ということですね。

特務機関ネルフと「国家ごっこ」

昭和を知らない世代にはわかりにくいと思いますが、岸信介を退陣させた60年安保が「戦後民主主義を守る」ことを掲げたのに対し、大学の封鎖や教員に対する吊るし上げ、さらにはセクト間での暴力（内ゲバ）が続発した70年安保は「戦後民主主義なんて糞《クソ》食らえ」という運動でした。平和や民主主義などと聞こえのいいことばかりを教壇・論壇でお説教している知識人どもは、偽善者だ。そうした気分では共通だったからこそ、革命とは正反対の復古を掲げて戦後を全否定した三島由紀夫が、かえって全共闘の学生に慕われる事態ともなったのです。

しかし平成を待つまでもなく、問題はそうした無数の碇ゲンドウたちは「父」になれるか――戦後という偽善を否定した後に、はたしてなんらかの秩序を築きえるのかということでした。「彼らにはできやしない」と同時代から切りすてていたのは、夏目漱石論を機に英文学から転じ、文芸評論の泰斗となっていた江藤淳です。

　1970年1月の『諸君!』に寄せた「『ごっこ』の世界が終ったとき」で、江藤は三島を批判し、米軍の抑止力に依存しながら国軍の復活を叫ぶ楯の会は「自主防衛ごっこ」にすぎず、学生運動の「革命ごっこ」とも悪い意味で同じ水準だ、と冷笑しました。「ごっこの世界」とは、「自分たちの、つまり共同体の運命の主人公として、滅びるのも栄えるのもすべてそれを自分の意志に由来するものとして引き受ける」「公的な価値の自覚」を欠くがゆえに、「周囲にあるのはわたくしごとだけ」[88]となってしまった社会を指すもの。

『旧エヴァ』放送時に江藤はまだ存命でしたが、もし見たらネルフを「特務機関ごっこ」と呼んだでしょうか。日本国の自衛隊とは別組織（国連直属）なうえに、司令官のゲンドウは独自の人類補完計画（＝わたくしごと！）をもくろんでおり、しかも内心では最愛の女性ユイとの再会だけが目的で、国家や世界の救済に関心はない。

　そんな社会が生まれた理由を「戦後の対米依存」にもとめ、日米安保の対等化を唱えてゆくのが江藤の保守派たるゆえんですが、「特務機関ごっこ」の補助線を引いてみたとき、問題の淵源はむしろ戦前からあったように思えます。1932年に建国を宣言した満洲国は、いわば関東軍

87　宮台真司「パンツを売ってどこが悪いの?」前掲『制服少女たちの選択 After 10 Years』、51頁（初出『現代』1993年11月号）。
88　江藤淳「『ごっこ』の世界が終ったとき」『一九四六年憲法 その拘束』文春学藝ライブラリー、2015年（単行本は1980年）、135-145頁。傍点は原文。

と満鉄（南満洲鉄道株式会社）による「国家ごっこ」でしたが、独立国という建前が明治憲法にすら縛《しば》られない放埒《ほうらつ》な経営を可能にし、最高幹部の東條英機・松岡洋右《ようすけ》・岸信介らはやがて内地の政界に戻って戦時体制を指揮することになります。

学者として日本通史を書いたとき、宮崎駿《はやお》監督の出世作『風の谷のナウシカ』（映画版、84年）で敵役《かたき》を演じるトルメキアの遠征軍の描写が、この満洲国の戯画になっていることに触れました。[89] どうも戦後日本のサブカルチャーでは、「あくまでも擬似的な独立勢力であり、公的なもの（正規の国家）の担い手ではないので、自分の理想は追求するが最終的な責任はとらない」立ち位置が人気を集める傾向があります。エヴァへの影響がより強いところでは『機動戦士ガンダム』（79年放映開始）のシャア・アズナブルが典型で、彼もまた高級軍人の地位につきながら、私的な復讐にしか興味のない人でした。

いちどは物語を完結させた旧劇場版『Ａｉｒ／まごころを、君に』では、強大な暴君にみえたゲンドウこそが息子・シンジに正面から対峙できない、父として失格の弱い男だったことを認め、報いを受けたことが示唆されます。そうした想像力が「近代ごっこ」でしかなかった明治維新、みじめな「最終戦争ごっこ」と化した大東亜戦争という、現実の日本のあゆみをつらぬく大きな物語へと昇華されていたら、『旧エヴァ』はその壮麗なフィナーレとなったでしょう。

――しかし戦後50周年にあたる１９９５年の時点で、それはあらかじめ失われていた夢でした。

帝国の造りしもの

慰安婦問題とフェミニズム

ご存じのとおり、エヴァは2007年の『ヱヴァンゲリヲン新劇場版 序』から同じスタッフによるリメイク（新エヴァ）が始まり、結局平成のあいだには再完結を見ずに終わります（令和初頭の21年に完結）。今度こそ碇シンジの「男」としての成長を描くと仄《ほの》めかした『序』からコンセプトは転々とし、12年の第三作『Q』ではなんと、ゲンドウの正体に気づいた葛城ミサトらネルフ女性陣が造反して新組織ヴィレを結成、碇父子と対決する展開になって賛否を呼びました。

『Q』の評価がわかれる地点は、女性キャラクターの視点でゲンドウら男性陣が抱くファンタジーの矮小さを批判する構図を、「新しい挑戦」ととるか「いまさら」と感じるかでしょう。私は評価する側ですが、オリジナルの『旧エヴァ』が放映された1995年に従軍慰安婦問題の嵐が吹き荒れていたことを思い出すとき、「なにを今になって」と言いたい気持ちもわかります。

この戦後50周年の時点で彼女たちの告発に向きあったのは、社会党左派の村山富市氏を首班とする自社さ連立政権（後述）。決してなにもしなかったわけではありません。

官房長官を務めた五十嵐《いがらし》広三は、旭川市長として革新自治体の経営にあたり（1963〜74年）、

89 拙著、前掲『増補版 中国化する日本』、214・225頁。

80年代には社会党の衆院議員に転じてサハリン在留朝鮮人への補償に尽力した人物でした。ちなみに実際の生態にふれられる動物園として平成期に人気を博し、地域おこしのモデルとなった旭山動物園は、元をたどれば五十嵐市長時代のレガシーです。

五十嵐長官の主導で、95年7月に財団法人「女性のためのアジア平和国民基金」が発足。日韓基本条約（1965年）との兼ねあいで新規の国家補償は困難だったため、ひろく国民に募金を呼びかけて元慰安婦に償《つぐな》いをする形となりました。ロシア・北朝鮮研究が専門で、韓国の民主化運動への支援でも知られた和田春樹氏（現代史）、リベラルな国際法学者でサハリン問題にも取りくんだ大沼保昭《やすあき》、アジア主義の再評価などで知られ、東大駒場や保守論壇における佐藤誠三郎の後見役だった衞藤瀋吉《しんきち》（国際関係論）など、左右をまたいで第一人者といえる有識者が支援しました。[90]

しかし、この「良心的な戦後日本の男性知識人」が主導する試みが、最大の当事国である韓国では機能しえなかった。国家による賠償ではない点を「反省が不十分」とみなして、基金からの見舞金の受けとりを拒否する世論が高揚したからです。そうした旧植民地の女性運動の立場を代弁する形となったのが、93年の東大赴任により日本のフェミニズムの看板役を担っていた上野千鶴子さんでした。

「さまざまな歴史」を認めるということは、あれこれの解釈パラダイムのなかから、ただひとつの「真実」を選ぶということを意味しない。歴史が、自分の目に見えるものとはまったく違う姿をとりうる可能性を認める、ということだ。歴史が同時に複数のものであることを受け容《い》れるということである。……元「慰安婦」の証言によって正史は揺るがされ、いっきょに相対化された。[91]

主著のひとつ『ナショナリズムとジェンダー』（単行本は98年刊）にある右の一節に見られるように、上野さんは80年代に唱えた相対主義の姿勢を堅持しており、「慰安婦／旧植民地の側の証言こそが「真の歴史」だ」といった短絡はしていません。ですが、だとすると国民基金が提示する解決策（を支える歴史観）を否定する根拠がはっきりしない。

日本の一般国民が募金を通じて、元慰安婦の人びとに与えた苦痛を償う歴史像の担い手となっていくことの、どこに至らぬ点があるのか。「韓国の活動家が求める完全な国家賠償ではないから」という以外に、最後まで根拠は示されません。[92]

90　大沼保昭『「慰安婦」問題とは何だったのか　メディア・NGO・政府の功罪』中公新書、2007年、第1章。
91　上野千鶴子「「従軍慰安婦」問題をめぐって」『ナショナリズムとジェンダー　新版』岩波現代文庫、2012年、140-141頁（初出『現代思想』1996年10月号）。
92　大沼保昭が2004年に上野と行った討論の記録でも、上野は「半官半民」という基金の性格を「玉虫色」だと非難することに終始し、議論は噛みあっていない（大沼保昭・岸俊光編『慰安婦問題という問い　東大ゼミで「人間と歴史と社会」を考える』勁草書房、07年、133-134・145頁）。

揺らぐ「反共」のヘゲモニー

先に見た1970年の評論で、江藤淳は「なにをやってても「ごっこ」になってしまうのは、結局戦後の日本人の自己同一性《アイデンティティ》が深刻に混乱しているから」だと断じていました。端的には対米従属に甘んじすぎた結果、自分の行為が「日本人として」のものか、「アメリカの意向によって」なのか判別できない状況が、元凶だというわけです。

しかし江藤の予想をも超えて、このとき「ごっこの世界」の前提は過ぎ去ろうとしていました――慰安婦問題とは、江藤自身がアイデンティファイする大日本帝国の残像と、冷戦下で築かれたアメリカの「反共帝国」の同時崩壊を告げる弔鐘《ちょうしょう》だったとも言えます。

軍事独裁により、国内の反対を抑えて日韓基本条約を結んだ朴正熙《パクチョンヒ》（執政1961～79年）はもともと満洲国軍の武官（終戦時に中尉）で、調印した日本側の外相・椎名悦三郎も満洲国以来の岸信介の腹心でした（なお当時首相の佐藤栄作は、岸の実弟）。当時の韓国は、ソ連圏の突端をなす北朝鮮と隣接したパクス・アメリカーナの最前線基地であり、いわば日米の「二重帝国」の重みで、ナショナリズムとデモクラシーとが封殺された状態。元慰安婦がみずからの屈辱を訴えて、対日外交に異を唱える日が来るなどとは、想像すらしえなかったでしょう。

しかし最後の軍人大統領となる盧泰愚《ノテウ》が1987年に民主化宣言を発表、翌年のソウルオリンピックを成功させて、韓国にも雪どけが訪れます。五輪開催目前の88年7月、盧は韓国が中ソ／北朝鮮が日米とそれぞれ国交を樹立する「南北クロス承認」への構想を表明。日本側もこれに乗って日朝国交正常化を模索し、90年9月には自民党の金丸信と社会党の田辺誠という与野党の有力者がそろって訪朝する、いわゆる金丸訪朝団が実現します[93]。

戦前の植民地時代の系譜をひく軍政支配と、反共の原則がすべてに優越した冷戦状況とが、期せずして昭和の終わりとともに消滅しつつあった。それこそが、平成の日本政治に朝鮮半島を浮上させた理由でした。しかし日米というふたつの帝国によって長らく抑圧されてきた記憶が火を噴いたとき、それを包みこむ共通の歴史観を提示する準備は、誰にもできていなかったのです。

昭和映画の想像力

その責任はしばしば（左右双方から）政治家や活動家に帰されがちですが、私は文化の問題として捉えることが大切だと思っています。エヴァ・ブームの渦中だった90年代後半に、私は古い社会派の邦画ばかりをレンタルビデオで見て過ごすおかしな高校生だったので、率直に言って慰安婦問題も「なにを騒いでいるの」という気持ちでした。

1974年にキネマ旬報1位をとった『サンダカン八番娼館　望郷』（熊井啓監督）で、いわゆる「からゆきさん」（戦前に東南アジアで活動した日本人娼婦）が戦時中、行列する兵士の相手をするシーンを見ていたからです。「そういう人たちがいて、つらい思いをしたことは、そもそも常識じゃなかったのか」というのが素朴な感想でした。

93　宮城大蔵『現代日本外交史　冷戦後の模索、首相たちの決断』中公新書、2016年、18頁。実際に韓国は90年にソ連、92年に共産中国との国交を正常化した。91年には南北同時での国連加盟も果たし、94年の朝鮮半島核危機（北朝鮮がIAEA脱退を声明）までは、この地域の未来は明るいと思われた。

エヴァの庵野秀明さんが私淑する映画監督に、三島由紀夫と同世代（1歳上の1924年生）にあたる岡本喜八がいます。『独立愚連隊《ぐれんたい》』（59年）など彼の娯楽作品には、ごく自然に中国ないし朝鮮半島出身の従軍慰安婦（なまった日本語を喋《しゃべ》る）が登場し、『血と砂』（65年）のように兵士との交情を主題とした作品もある。[94]

81年公開のコメディ『近頃なぜかチャールストン』でも、従軍看護婦だったと名乗ってきた日本人女性が、本当は従軍慰安婦だったと打ち明けて泣き崩れるシーンを描き、表立って語られない歴史への共感を示していました。そうした想像力がもっと広く共有されていたらと、いまはただ悔やまれるばかりです。

連立の価値は

自社さ政権への伏流

「転向を知らない子どもたち」のクーデターで1993年に発足した非自民連立政権は、しかし細川護熙首相の金銭スキャンダルや、唐突な消費増税構想の表明（国民福祉税とするかわり、3％から7％へ）で失速。羽田孜《つとむ》による暫定内閣をはさんで、94年6月からは自民・社会・新党さきがけを与党とする村山富市・自社さ連立政権が発足します。

議会の第一党と第二党が連立することを一般に「大連立」と言いますが、小沢一郎らを政権から放逐《ほうちく》するために成立した、日本史上稀《まれ》な大連立政権だったと呼べるでしょう。もっとも小沢や細川は同年末に新進党を結党し（後述）、社会党の議席数を凌駕《りょうが》して議会第二党に返り咲きます。

実は自民・社会両党による大連立の構想は、平成冒頭（１９８９年）の参議院選挙で自民党が過半数を割ったときから生じていました。衆参で多数派が異なる「ねじれ国会」では、重要法案が成立しないからです。

熱心だったのは自民党時代に小沢氏の後ろ楯だった金丸信で、90年２月の衆院選に辛勝したのち、社会党副委員長の田辺誠や連合会長の山岸章を前に自社提携による「挙国一致内閣」を提案したといいます。[95] 先に見た合同訪朝団も、両党の協力でポスト冷戦に対応する試みでした。もし金丸の汚職による政界追放（92年）や、その余波をうけた小沢一郎の離党がなく、円滑に「自民首班」で社会党との大連立が成立していれば、外相や防衛庁長官（当時）は自民党に譲るなどして、矛盾を糊塗《こと》しながら社会党が政権に加わる道もあったのかもしれません。

しかし首相を担うことになった村山氏の決断で、社会党は「日米安保容認・自衛隊合憲」へ立場を１８０度転換。冷戦下のみずからの主張を完全に撤回し、ここに思想的な意味でも55年体制

94　１９５９年には、ストレートに社会派的な小林正樹監督『人間の條件』第一・二部でもアジア人慰安婦が主題的に取り上げられており、こうした記憶や加害意識が「戦後すぐに風化した」かのような歴史像は正しくない（拙著『帝国の残影　兵士・小津安二郎の昭和史』ＮＴＴ出版、２０１１年、１８７頁）。

95　野中尚人『自民党政治の終わり』ちくま新書、２００８年、36頁。
挙国一致内閣とは、戦前に政友会と民政党の二大政党が一時、海軍首班（斎藤実《まこと》内閣、１９３２〜34年）の政権に共同で入閣した故事にならったものであろう。金丸は１９１４年生まれであった。

は終焉をむかえました。

混乱する「日本」の立ち位置

1月17日の阪神・淡路大震災、３月20日の地下鉄サリン事件にはじまるオウム真理教問題、さらには11月23日のWindows 95の国内発売（英語版は８月）と激動の年だった１９９５年を、日本国民は村山富市さん（24年生）という「大正生まれの社会主義者」のもとで送り、結果として昭和／冷戦下の左翼思想を埋葬することになります。

しかし、その先にはいかなるアイデンティティがあるのか。当時の話題書をふり返るとき、そこには左右の緊張関係を失って戸惑う姿ばかりが目に浮かびます。

たとえば『群像』の95年1月号に掲載されて思想界で大論争となる加藤典洋の「敗戦後論」は、細川～村山内閣で相次いだ「歴史問題で失言しての閣僚辞任」を手がかりに、旧社会党＝護憲派的なタテマエ（平和主義者のジキル博士）と自民党右派＝改憲論的なホンネ（戦前肯定のハイド氏）に引き裂かれた自我を処理しえない、二重人格のような日本の言説状況を描いています。[96] すなわち人文系の識者にとってはこの時期、アイデンティティにおける戦前と戦後の「断絶」が主題でした。

ところが、社会科学では正反対の命題が浮上します。野口悠紀雄氏が95年5月に刊行して反響を呼んだ『１９４０年体制』は、官僚主導で中央集権型の再分配・規制政策の原点は戦時下の統制経済にあるとして、むしろ戦前と戦後の「連続」を清算することこそが、平成の課題だと主張する。眼前で展開中の連立騒動が示したのは「これまでの野党も政権党になると官僚のいうなりになるということ〔で〕……このままゆくと、共産党以外の全ての政党の経済政策が、「政権党=官僚党」としての内容になってしまう」、それは「大政翼賛会の復活にほかならない」[97]と散々な言いようです。

大澤真幸《まさち》のアイロニー論

平成の前半には宮台真司さんや上野千鶴子さんなど、文化評論との境界があいまいな社会学者が注目を集め、逆に大学に業績主義が浸透した平成後期には、統計的なエビデンスに基づく査読論文や海外の学界動向との乖離《かいり》を揶揄されもしました。しかし、それは混乱する社会的なアイデンティティの整序こそが、有識者に期待された時代の産物でしょう。

「1995年」が生んだ収穫のひとつは、宮台氏の1年先輩（東大社会学出身）にあたる大澤真幸さんがオウム事件を論じた『虚構の時代の果て』でした。翌96年の刊行となった同書で、大澤氏は――「ごっこの世界」とも重なる――「アイロニカルな没入」という概念を提起し、オウムの

96　加藤典洋『敗戦後論』『敗戦後論』ちくま学芸文庫、2015年（単行本は1997年）、52-57頁。具体的には、在職中に憲法批判を行った中西啓介防衛庁長官（細川内閣）、南京大虐殺の存在を否定した永野茂門《しげと》法相（羽田内閣）、大東亜戦争肯定論をのべた桜井新《しん》環境庁長官（村山内閣）がいずれも辞任した。

97　野口悠紀雄『1940年体制　さらば戦時経済　増補版』東洋経済新報社、2010年、188頁。

信者たちを平成社会の自画像として読みときます[98]。

アニメカルチャーのつぎはぎで作られた世界観に、「ショショショショショッ、ショーコー！」（教祖の麻原彰晃《しょうこう》を指す）と連呼する珍奇な選挙運動。空疎なことは信者にもわかっていたはずだが、それでも彼らはそれにしがみつき（＝没入し）、テロにまで走った。

そうした事態は、大衆消費社会のなかで「本当に信じられる自己」を見失った一般の日本人にも、他人事ではないとする問題提起です。大澤さんが挙げる「普通の人でも行うアイロニカルな没入」の例は、誇張や演出を前提としながら商品を買う気にさせるテレビのCMや、戦前のような本気の信仰を失って久しいにもかかわらず、なんとなく国民統合の象徴として機能する天皇制でした。

不思議なのは、ここで戦後日本にとっての社会主義――および左派的な理想を中途から代替してきた、「平和憲法」が挙がらないことでしょう。同書が引用するスラヴォイ・ジジェクは旧ユーゴスラヴィア（91年に崩壊）の出身で、スターリン主義は「実は虚妄であること」が自明の状態でも機能する、その逆説からアイロニーを分析した思想家だからです。

社会主義から「リベラル」へ

ユーゴスラヴィアは建国者のチトー元帥が早期にスターリンと決裂したため、東欧にありながら中立非同盟の旗手となり、冷戦下で独自の社会主義を模索しました。西ヨーロッパとなると左翼政党のあり方はより多様で、日本と同じ敗戦国だった西ドイツの社会民主党は１９５９年に階級闘争路線を放棄し（ゴーデスベルク綱領）、66年からの保守政党との大連立を経て、69年には東欧諸国との戦後和解で知られるヴィリー・ブラント政権を発足させています。

本来はそうして冷戦下で準備が進むべきだった路線転換が、日本の社会党では十分に起こらず、１９９４年の自社さ政権成立で「日米安保廃棄・自衛隊違憲」のアイロニー自体を一挙に投げ捨てる形となった。その代償は高くつきました。連立政権下、社会党議員の多くは新党さきがけと合流して96年発足の民主党に移籍し、同年に社会民主党（社民党）へと改称した社会党がミニ政党に転落してしまうのは、ご存じのとおりです。

ソ連型社会主義をめざす階級政党の立場を放棄して、社会民主主義の国民政党へ脱皮すべきかをめぐっては、戦後の社会党内部でも（実を結ばない）熾烈《しれつ》な党内抗争がありましたが、ある意味で日本社会党は最初から社民政党でした。１９４５年秋の結党時から、英語版の党名がSocial Democratic Party of Japanだからです。[99]

実態は社民勢力ながらタテマエではマルクス＝レーニン主義を掲げ、実現不可能と知りながら

98　大澤真幸『虚構の時代の果て　増補』ちくま学芸文庫、２００９年、第5章。ちなみに大澤は江藤淳ではなく、当時話題となっていた新右翼の作家・見《み》沢《さわ》知《ち》廉《れん》の小説『天皇ごっこ』（95年刊）を素材に「ごっこ」の力学を論じている。

99　原彬久『戦後史のなかの日本社会党　その理想主義とは何であったのか』中公新書、２０００年、22頁。「社会民主党」案をしりぞけて党名を日本社会党とした採決がわずか1票差だったため、英語名で配慮したものとされる。

平和憲法の完全実施（非武装中立）をうたう――そうしたアイロニーへの没入が、ここからは機能しなくなる。戦後左派的な政治文化の一大転機こそが、95年の1年間でした。

なお、今日一般的な意味での「リベラル」の語法が日本で定着するのも、この１９９５年です。そもそも細川政権下、自社連携による政権奪取を図って「リベラル政権を創る会」が組織された際には、当選一回生だった安倍晋三氏らの右派系議員も参加するなど、その輪郭《りんかく》は曖昧でした。

しかし村山政権発足後の95年7月、社会党最後のホープと呼ばれた横路《よこみち》孝弘（直前まで北海道知事。のち衆院議長）の呼びかけで、鳩山由紀夫・菅《かん》直人・仙谷由人《せんごくよしと》・海江田万里《ばんり》らが民主党の前身となる「リベラルフォーラム」を立ち上げたことで[100]、よくも悪くも「左派の看板の書き換え」という印象が定着。以降、米国でロールズが行った理論化を欠いたまま、なんとなく「保守」と対峙する構図が定着してゆきます。

組織のかたち　人のかたち

自己責任論が「明るかった」時代

政治や歴史の話題ではどうにも暗くなる自社さ連立期ですが、文化的な雰囲気はむしろ明るかったと思います。１９９６年春、総理の座を村山に譲られて発足した橋本龍太郎内閣が住宅金融専門会社（住専。バブル期にずさんな不動産融資を行い破綻に瀕していた）に約７０００億円の公的資金を注入する予算案を出すと、野党・新進党は世論を背景に国会内でピケを張って抵抗。「バブル崩壊といっても、困っているのは自己責任で損失を出した富裕層にすぎず、庶民は関係ない」というのが、当時の経済感覚でした。

２０００年代にはすっかり印象が悪くなるこの「自己責任」の用語にも、20世紀末には「どうせ自分の責任なんだから、好きにやっていいじゃないか」とする、ポジティヴな雰囲気が伴っていました。すべての価値観は相対的で、最後は本人が選ぶしかないのに、他人が「それはあなたのためにならない」などといって止めるのは、悪しきパターナリズム（家父長主義）だ。そうしたロジックで、宮台真司さんが「性の自己決定」を擁護したのもこのころです。

そんな世相を音楽で彩《いろど》ったのは、絶頂期を迎えていた作曲家／プロデューサーの小室哲哉さんでした。キラキラしたシンセが奏でるユーロビートに乗った、大胆に転調しつつも「サビの歌いやすさ」はけっして外さない、カラオケ重視のメロディ。

95年に新レーベルを立ちあげてデビューさせた華原朋美さんは、当初から「小室の愛人」だと公然の噂《うわさ》でしたが、まったくマイナスとならずに大ヒットを連発。翌年3月発表の代表曲「I'm Proud」はむしろ、女子高生が金銭目的で社会人に性を売る援助交際（いまで言うパパ活）への応援歌と呼ばれたくらいですから、改めて思い出しても信じがたい自由さです。

100　五百旗頭真・伊藤元重・薬師寺克行編『90年代の証言　菅直人　市民運動から政治闘争へ』朝日新聞出版、２００８年、１３５-１３６頁。なお同シリーズは、『論座』誌（後述）の名物連載の書籍版である。

小室哲哉と日経連レポート

トリオバンド・TMネットワーク（TMN）のキーボード担当だった小室さんがプロデュース業を本格化するのは、Tetsuya komuro's Rave Factory ことTRF（当初の表記はtrf）をデビューさせた1993年。ボーカルとDJが各1人に、ダンサー3人の男女5名を核にして、洋楽のクラブレコードの卸元《おろし》だったエイベックスの最初の日本人アーティストとなりました。

興味深いのはボーカルYU-KIのソロ活動開始による解散説が流れた95年8月、それを打ち消す取材で小室さんがこう述べていることです。

もともと、trfというのはグループではなく、ユニット。他のメンバーにしても、海外で踊りたい人間とか、もっとコアなダンス・ユニットでやりたい者もいますしね。ロックグループみたいに、終身雇用じゃないんです。[101]

昭和の日本企業（終身雇用）のように所属集団をひとつに決めなくても、最終目標がばらばらの面々が「一時的」に集まっているだけでも、いいじゃないか。そうした時代の気分との同調もまた、小室サウンドが席巻した背景だったのでしょう。実際、財界の側から日本的経営の見直しが本格化するのも、同じ時期でした。

日経連（現在は経団連に統合）がレポート「新時代の「日本的経営」」を発表したのは、95年の5月。昭和の正社員に近い「長期蓄積能力活用型」の雇用形態をこれからは縮小し、高いスキルゆえに一つの会社に縛られない「高度専門能力活用型」や、逆に熟練なしでも就業できる範囲でパート的に働く「雇用柔軟型」の拡大を提言したものです。[102] この構想が格差社会の原点として非難されるのは後になってのことで、当初はむしろモーレツ社員であることを働き手に強制しない、風通しのいい社会につながることが期待されていました。

翌1996年9月に社会党と新党さきがけのメンバーが結成した民主党（いわゆる旧民主党。共同代表は鳩山由紀夫と菅直人）が、15年間で政策を実現したのち解散する「時限政党」を標榜したのも、かような空気ゆえでした。むろんこの構想は98年の新民主党への移行によりキャンセルされますが、小室ファミリーが先鞭《せんべん》をつけた「期間を区切って、入れ替わるユニット」のほうが生き方としてイケてるとする感性は、95年スタートのオーディション番組『ASAYAN』（～2002年）から生まれたモーニング娘。（97年デビュー）らによっても拡散され、広く平成世代の心に根を張ってゆきます。

101 「ミリオン・セラー〝仕掛人〟小室哲哉（36）すべてを語った…」『週刊女性』1995年8月15日号、27頁。同誌の前号がtrf解散の噂を報じたため、バーターで取材に応じたもの。もっとも5人体制が安定した後のTRFは、クラブミュージックでは珍しい、同一メンバーで続く長寿グループになっている。

102 高原基彰『現代日本の転機 「自由」と「安定」のジレンマ』NHKブックス、2009年、215-217頁。なお、こうした提言に沿い労働者派遣法が抜本改正されるのは1999年で、一般に「雇用の非正規化を促進した」印象のある小泉政権よりも前のことである（小峰隆夫、前掲『平成の経済』、116頁）。

ドゥルーズの情報ディストピア

平成の日本はイエ社会的な（＝固定の面子《めんつ》で長期間持続する）「小集団」から解放されて、いよいよ自由なポストモダンの楽園になるのだろうか――。

しかし今日ふり返ると予言的な事件が、1995年の11月にフランスで起きています。哲学者ジル・ドゥルーズの自殺でした。80年代に浅田彰さんが掲げた「スキゾ・キッズ」論の原典となった思想家で、今日の学生世代は『勉強の哲学』（2017年）の著者・千葉雅也さんの研究対象としてご存じかもしれません。

ジル・ドゥルーズ
（写真：アマナイメージズ）

西洋思想史の影の部分には、個々の「人間」を思考の中心にはおかず、むしろ非人称的で誰にも属さない「力」こそを万物を動かす主体とみなす発想の系譜があります。自然の循環じたいを神とする汎神論を唱えたスピノザ、『力への意志』を著したニーチェとその解釈者ハイデガー、「生の躍動」（エラン・ヴィタール）を捉えようとしたベルクソンが代表でしょうか。独創的な比喩と文体で彼らのアイデアを記述しなおす、きわめてポジティヴな哲学史家だったはずのドゥルーズは、しかしみずから命を絶たねばならなかった。

冷戦終焉まもない90年5月に発表された「管理社会について」は、平成なかばの日本社会論でもしばしば参照され、ドゥルーズの思想的遺書と見なされることもありました。当時は「謎めいた」と形容されたものですが、たとえば以下の一節が意味するところは、いま読むときわめて平明です。

管理の計数型言語は数字でできており、その数字があらわしているのは情報へのアクセスか、アクセスの拒絶である。いま目の前にあるのは、もはや群れと個人の対《つい》ではない。分割不可能だった個人(individus)は分割によってその性質を変化させる「可分性」(dividuels)となり、群れのほうもサンプルかデータ、あるいはマーケットか「データバンク」に化けてしまう。[103]

Google や Amazon はおろか、そもそも World Wide Web すら公開されていない時期に書かれているのが哲学者の凄《すご》みですが、平成末期におなじみとなる「すべてがビッグデータとして集積され、アルゴリズムの分析対象となる結果、首尾一貫した「個人」の人格を想定する必要はなくなり、「こんなデータの入力者は次にこうしがちだ」といった確率の計算だけが残る」という話の原型です。

103 ジル・ドゥルーズ「追伸 管理社会について」『記号と事件 1972-1990年の対話』宮林寛訳、河出文庫、2007年、361頁。

流動する力の概念による人間の相対化は、近代（規律社会）への批判としては有効でも、来るべきポスト近代（管理社会）にはなんの批評性も果たさないのではないか。そうした暗い予感を感じさせます。

換言すれば、もし封建的な中間集団が解体された後に近代的な「自由な個人」が残るのであれば、それなりに平成（ポスト冷戦）はハッピーな時代になるかもしれない。しかしその個人自体もまた、経済社会や情報環境の激変のなかに溶けてゆき、最後はアイデンティティという概念そのものが意味を喪うのだとしたらどうか。それは、なにか戦慄すべきことを示唆してはいないでしょうか。

1995年に終わったのはけっして、長らく大規模な災害やテロリズムと縁遠《えん》かった「平和な戦後」や、原理的には社会主義と無関係なはずの護憲にこだわる「旧来の左翼」といった、日本のみに特殊な環境ではなかった。近代の発祥地たるヨーロッパにさえ忍び寄っていたカタストロフ（全的崩壊）の影を、このとき捉えそこねたことが、やがて反知性主義と呼ばれる全世界規模での「知識人の凋落」を招くことになるのです。

第5章 喪われた歴史 1996―1997

「戦後の神々」の黄昏《たそがれ》

丸山眞男の社会主義再考

もし後世にも歴史学という営みが続くのなら、平成9年（1997年）は「右傾化の原点」と記されるかもしれません。同年1月、西尾幹二会長―藤岡信勝副会長の体制で「新しい歴史教科書をつくる会」が発足（創立の記者会見は前年末）。5月には既存の保守系二団体が合同して「日本会議」が結成されます。

また96年10月の最初の小選挙区制での衆院選に自民党（橋本龍太郎総裁）が勝利して以降、社民党と新党さきがけは閣外協力に転じていましたが、新進党からの引きぬきにより97年9月に自民党は衆院で単独過半数を回復、社さ両党の存在感が消えました（翌年に正式に連立解消）。

しかし一歩ひいた目で眺めると、つくる会とその批判者が繰りひろげた論争にもかかわらず、この平成ゼロ年代の末期は歴史が摩耗していく――「過去からの積み重ね」が社会的な共通感覚

丸山眞男（写真：毎日新聞）

を養う文脈として、もはや機能しなくなる時代の先触れだったように思えます。その象徴がいずれも1996年に起こった、3人の「歴史家」の逝去でしょう。

すなわち東大法学部に日本政治思想史の講座を開いた丸山眞男（享年82歳）、京大で独自の国際政治学をうちたてた高坂《こうさか》正堯《まさたか》（62歳）、小説のみならず紀行文や史論でも知られた歴史作家の司馬遼太郎（72歳）です。

戦後の前半期、思想史家としての本店のほかに「夜店」として数々の政治評論をものし、60年安保の運動も指導した丸山は「戦後民主主義の教祖」のイメージが強く、かえって生の肉声が知られていないところがあります。近年活字化された録音テープを基に、平成初頭の彼の発言を聞くと、そうした先入見とは違った意外な姿が見えてきます。

マスコミはひどいですよ、「社会主義の滅亡」とか「没落」とかね。……第一に理念と現実との単純な区別がない。

これは戦後民主主義〔の場合〕と同じです。現実の日本の政治のことを戦後民主主義と言っているわけだ。どこまで戦後民主主義の理念というものが現実の政治の中で実現されているのか、現実政治を測る基準として、戦後民主主義で測っているのか、というと、そうじゃないわけです。[104]（91年11月）

これ自体は「教祖」らしい発言です。戦後民主主義というとき、たんに実態として戦後、いかなる政治が展開されたかを追うだけでは意味がない。そうではなく価値の尺度——言語化された理念として、むしろ批判的に現実と対峙してきた思想の営みこそを「戦後民主主義」と呼ばねばならない。

しかし重要なのは、当時盛んに言われた「社会主義の滅亡」に対しても、同じ態度が必要だと丸山が主張している点です。眼前に崩壊しつつあったソヴィエト連邦の現実とは異なる、理念としての社会主義をみなければ意味がないというわけですね。

そんなものがあるのか。同じ座談で丸山が出してくるのは、ハロルド・ラスキらの多元的国家論を通じて再構成された「ギルド社会主義」の構想です。国家以外の各種の社団、たとえばカトリック教会などの宗教団体や、アムネスティのようなNGO、労働組合どうしの国際組織といった中間集団が、主権国家とは別の資格で国際連合に加わる。

「大学は世界大学連合というものができて、大学教育問題については国家を媒介としないで世界大学連合が決める。何もかも決めるわけではないけれども、決めたことについては各国の大学は従わなければならない——つまり強制力がある。僕の言う「プルーラリズム」〔多元主義〕というのはそういう意味です」。こう続ける丸山の議論は、むしろ保守系の若手学者だった田中明彦氏（国際政治学。改元時に34歳）が1996年に紹介する「新中世主義」[105]（現代世界を西欧中世のギルド社会になぞらえる議論。後述）を、より徹底していた側面さえありました。

湾岸戦争と国連改革論

池田信夫さんが掘り起こしていますが[106]、最晩年の丸山は、現存した戦後の体制である「一国平和主義」に批判的になっていました。91年8月の談話では、「僕は社会党はホントにバカだと思う。国連の改組というのが全然出てこないの。……国連の主権国家単位を根本的に改組しなくては、独立の軍備を持たない国家は国家じゃない、という議論に対して対抗できませんよ」[107]と述べて、同年冒頭（1〜2月）の湾岸戦争以降に沸騰した安全保障論争での、社会党の守旧派ぶりを痛罵しています。

104 『丸山眞男話文集4』みすず書房（丸山眞男手帖の会編）、2009年、356-357・364・362頁。
105 田中明彦『新しい中世　相互依存の世界システム』講談社学術文庫、2017年（原著1996年）。東大の教養学部（駒場）を卒業した後MITに留学した田中は、シンクタンクである平和・安全保障研究所を通じて、むしろ高坂正堯の影響を受けた（服部龍二『高坂正堯　戦後日本と現実主義』中公新書、2018年、263-264頁）。
106 池田信夫『丸山眞男と戦後日本の国体』白水社、2018年、第11章。
107 『丸山眞男話文集　続2』みすず書房、2014年、356頁。

NGOなどの非国家組織に、主権国家と同様の発言権を持たせる「国連の改組」がなされるならという前提つきですが、丸山はPKO〔国連平和維持活動〕への参加も部分的に検討し、相対的には当時の小沢一郎―北岡伸一らが掲げた国連中心主義に近づいていました。

これも意外かもしれませんが、折り目正しい学者としての風貌に似あわず、丸山眞男にはアナーキストを思わせる側面があります。60年安保のさなかに丸山は、自衛のためには再軍備が必要だというなら、むしろ各家庭に拳銃を配って国民自身に武装させたらよかろうと岸信介政権を皮肉るエッセイを書きました。[108] これがたんに、運動の高揚に興奮しての「売り言葉」ではなかったことを、平成初頭の座談で明かしています。

安東〔仁兵衛。左派系雑誌『現代の理論』主宰〕：先生は、江戸時代は婦女子が東海道を旅する時は短剣を持っていた、と言っておられましたね。

丸山：自己武装権です。親父〔丸山幹治〕が言ったんですよ。江戸時代は、町人にも刀一本は指〔差〕させていた、と。今のファッショは指一本も指させない、とね。それを「余録」（『東京日日新聞』〔毎日新聞〕のコラム、一九三七年一月四日号）に書いたんですよ。僕はこれはみごとだと言った、親父に。しょっちゅう親父とはケンカしていたけれども、うまい比喩だと。[109]（90年9月）

近代以前、国家の存在感が薄かった時代の庶民感覚（同じ座談で丸山は父親を「武士の子ども」とも呼んでいます）を立脚点として、政府の統制に抗する反骨の思想。東大のプロパーな政治学者にはややそぐわない、こうしたパトスは山本七平を思わせます。

山本と違うのは、アナーキー（無政府）を志向する際、丸山には「コスモポリタンな知識人ゆえに」というニュアンスが強いことでしょう。93年10月のアムネスティ日本支部との会談では、「向こうの知識人なんかだと自分の思想を捨てるか、思想をとって亡命するかという選択に何度も立っているわけ。僕が戦争中抵抗したと言って威張《いば》らないのは、（戦後に）海外に行ってまずはじめに、なぜ亡命しなかったのかと言われたから」[110]と語っています。

高坂正堯が改憲派に

クウェートを隣国イラクによる占領から解放するべく、1990年11月に国連安保理が武力行使を容認する決議を採択し、多国籍軍が編成されて行われた湾岸戦争は、冷戦下では機能しえなかった国際連合が初めて真価を発揮したものと受けとられました。主権国家の上位にあたる国際機関（国連のほか、当時のEC――のちのEUなども含む）の存在感が増した機会をとらえて、丸山は「国連の改組とワンセットでの、一国平和主義の放棄」を模索したのですが、このときむしろ

108 「拳銃を……」杉田敦編『丸山眞男セレクション』平凡社ライブラリー、2010年（初出『鑼』1号、1960年3月）。
109 『丸山眞男話文集　続3』みすず書房、2014年、264-265・262頁
110 前掲『丸山眞男話文集　続2』、140-141頁。

高坂正堯

逆の方向で「脱戦後」へ舵《かじ》を切ったのが高坂正堯です。

1963年1月、弱冠28歳で『中央公論』の巻頭に「現実主義者の平和論」を載せるデビューを飾った高坂が、構想中にハーバードで丸山と真摯な討論を交わしたことは、論壇の伝説となっています。誤解が多いのですが、この論文で高坂が批判したのは中立政策であって平和憲法ではなく、むしろ「私は、憲法第九条の非武装条項を、このように価値の次元で受けとめる。……日本の外交は、たんに安全保障の獲得を目指すだけでなく、日本の価値を実現するような方法で、安全保障を獲得しなければならない」[111]と明記していました。

憲法9条を文字通りに解釈して即時非武装にはできないが、しかし現実を規制してゆくために掲げる「価値」としては意味がある——この点で「理念」の役割を重視した丸山と、高坂とは当初、そう離れた位置にはいなかったのです。

しかし服部龍二さん（外交史）の評伝が描くように、湾岸戦争を契機として、晩年の高坂は明確に9条の改正をうたうようになります。[112]文藝春秋が毎年刊行する『日本の論点』の94年版（刊行は前年秋）で、高坂自身はその理由を以下のように述べています。

軍事力に頼ることが簡単に正当化されないことが、現代の難問にわれわれを直面させるだろう、憲法第九条はわれわれを悩ませるだろう、だからいいのだ、というのが私の考えであった。しかし、……憲法、とくに第九条は日本人に深く考えさせるのではなく、思考を停止させるという性格が強まってきた[113]。

平和を守る手段として安易に軍事力に依存すると、かえって戦争を招いてしまう。そのジレンマから目を背《そむ》けることなく、よく熟慮せよと命ずる「価値」（理念）として、憲法9条はあるはずだった。しかし湾岸戦争に際して護憲論者たちは――たとえば柄谷行人氏らの反戦声明がそうですが――9条を錦《にしき》の御旗に、「侵略国イラクを追い返すためには、かえって戦争が求められる」という過酷な現実を見ずに済ませる、そうした憲法の使い方をしている。これはもう座視できない、ということですね。

111 高坂正堯「現実主義者の平和論」『海洋国家日本の構想』中公クラシックス、2008年（単行本は1965年）、11-12頁。
112 前掲『高坂正堯』、320-328頁。
113 高坂正堯「現実が原則的な悩みと賢明な判断を要求する限り、憲法改正は避けられない」『日本の論点'94』文藝春秋、1993年、131頁。

冷戦後にふたたびのすれ違いを見せた丸山と高坂の思考を分けたものは、当時議論のかまびすしかった「主権国家の相対化」を、どこまで肌で感じるかでした。ブンヤ（新聞記者）の息子に生まれ、左翼学生と目されての逮捕や東大助教授でありながらの徴兵をへて、広島で被爆しながら31歳で敗戦を迎えた丸山。軍のブレーンも務めた京都学派の哲学者・正顕《まさあき》を父に持ち、空襲のなかった京都で少年時代を過ごして終戦時は11歳だった高坂。「国家と自己」を考えるとき、出発点が違うのは当然でしょう。

逆にいうとそれ以外、とくに言葉（理念・価値）に対する真摯さは共通で、丸山も先のアムネスティとの対話のなかで「アムネスティは良いということばかり考えていると、それが惰性になっちゃう。……極端になると、こんなにいいことがどうして〔他の人は〕わからないんだろうってことになる」[114]と述べ、高坂の護憲派批判と同様に、理想の崇高さゆえの思考停止を諫《いさ》めています。丸山は東大、高坂は京大でそれぞれ、リベラリズム／リアリズムの論客と呼ばれる多くの門弟を育てましたが、しかしこうした言語と現実のあいだに張りつめた緊張感は、どこまで受け継がれたでしょうか。

昭和天皇（国体論）とソヴィエト連邦（マルクス主義）という、人びとの思考を規定し言語を束縛する、圧倒的な左右の「父」が姿を消して始まった平成。そこでは理想を言語で語ればすぐ実現するかのような軽やかな気分（『日本改造計画』によるクーデター）と、もう身体的な欲求を抑える必要はないとする赤裸々《せきらら》な現実の追認（幻冬舎文学やブルセラ女子高生）が吹き荒れていました。

冷戦下で異見と対峙しながら思想を紡ぎ出した、戦後論壇の神々の身体が96年に喪われたとき、他者と向きあう感覚を根本的に欠いた、のっぺりとした「歴史らしきもの」が頭をもたげ始めていたのです。

「戦前回帰」は起きたのか

崩れゆくハト派連合

「古い苦しい時代を生きてきた人間として、今回の審議がどうぞ再び大政翼賛会のような形にならないように、若い皆さんにお願いをしたい」[115]――当時は大きく報道された平成議会史のハイライトも、いつ誰の発言か、思い出せない方が多いでしょうか。

正解は97年4月11日の衆院本会議で、発言者は特別委員会の長だった自民党の有力者・野中広務《ひろむ》（1925年生、当時71歳）。報告の最中に「自分が軍国主義に傾斜してゆく戦前の日本の国会の場にいるかのような、錯覚に襲われ」、1962年に返還前の沖縄を訪れた際、タクシーの運転手から、妹を日本兵に殺された悲劇を聞いた挿話を披露してのことでした。委員長報告には私見を交えない規則があるため、議事録からは削除されています。

この日の議題は、沖縄駐留軍用地特別措置法（沖縄特措法）の改正。県知事が代理署名を拒否

114 前掲『丸山眞男話文集　続2』、152頁。
115 野中広務『老兵は死なず　野中広務全回顧録』文春文庫、2005年（原著03年）、28-29頁。

した場合でも、合法的に米軍基地が土地利用を継続できるようにするためのものでした（後述）。その意味で日本政府による強権の発動ではありましたが、しかしなにがどう大政翼賛会になぞらえられているのか、当時の私にはわからなかったというのが実感です。弁解するつもりはありませんが、国民の多くもそうだったのではないでしょうか。

ポイントは、衆議院の議席状況。社民党と新党さきがけは閣外に出ており、橋本龍太郎首相の自民党単独では過半数にまだ足らず、野党第一党は新進党（小沢一郎代表）という状態でした。ともに保守系である自民・新進の両党が日米同盟重視で協調したことで、衆院で9割（参院でも8割）が賛成する大差で特措法の改正が成立。

さらに見落とすべきでないのは、1995年の戦後50周年を機に高まった歴史論争のなかで、新進党が顕著に「タカ派化」していたことでしょう。

「歴史問題」の政局化

戦後から昭和にかけての歴史問題の展開を知るうえで、最初に読むべきは外交史の泰斗である波多野澄雄さんの『国家と歴史』だと思います。そもそもの発端は93年8月、就任直後の細川護熙首相が会見で、先の大戦を「侵略戦争、間違った戦争」と明言したことでした。

総理大臣が公的な発言として述べたのは、史上初めて。のちにハト派の雄《ゆう》となる野中もこのときは、徴兵され死を覚悟した体験を持つ戦中世代の代表として、「この人たちの犠牲は一体何だったんですか」と、細川に抗議の質問をしています（同年10月6日、衆議院予算委員会）。

細川氏としてはむろん、自身の言葉で「戦後」の課題に区切りをつけることを意図しての発言で、論壇誌で颯爽《さっそう》と改革を説いて政権を射止めた自負もあったでしょう。しかし波多野さんが重視するのは、この発言が結果的に、昭和末期の80年代に成立していた「戦後合意」を破壊する端緒となったことです。典型としては鈴木善幸政権下、1982年8月20日に衆院外務委員会で行われた、以下の論戦が引かれています。

野間〔友一《ともいち》。共産党〕：……侵略戦争であり間違った戦争だということは、客観的に明らかな事実であり評価であると思うが。

桜内〔義雄。自民党・外相〕：国際的にそういうふうな批判を受けておる、それは政府は十分認識しておる、それ以上のことはないわけであります。それから、特に申上げておるのでありますが、戦後日本は平和憲法のもとで戦争というものを否定しておるのでありますから、お尋ねよりももっと超越した姿勢を取っておることを明白にしておきます。[116]

戦前肯定派も支持層に抱える保守政権としては、侵略ということを明言したくない。しかし少なくとも、①国際的に「侵略戦争だった」と認識されている事実は受け入れ、②憲法9条の平和

116　波多野澄雄『国家と歴史　戦後日本の歴史問題』中公新書、2011年、171-175・127-128頁。

主義を掲げることをもって過去への反省と見なす。

この線でなら左右それぞれに含むところはあっても、国民の大多数が合意できるだろう。そうした共通感覚、ないし政治の落としどころがあったということですね。細川発言は、それを吹き飛ばすものでした。

既述のとおり、細川の率いた非自民連立は早期に崩壊したため、敗戦から50年にあたる1995年夏に政権を担当したのは、自民党（と新党さきがけ）に擁立された社会党の村山富市首相でした。しかし野党に転落した旧細川政権の面々が発足させた新進党は、政局の好機とみて歴史問題での立場を保守化させ、謝罪や反省の挿入を拒否して6月9日の戦後50周年決議採決（衆院本会議）をボイコット。

いっぽうで与党の自民党からもタカ派を中心に大量の欠席が出たほか、共産党は逆に補償問題の明記がないとして反対する（！）など、国会はボロボロの状態でした。

丸山眞男ではありませんが、現実に展開された政治としての戦後民主主義には、多くの欠陥があったでしょう。しかしその幸運は「野党第一党（社会党）がつねにハト派」だったことでした。野党とは定義上、政権の判断に責任を負わなくてよいので、その気になればいくらでも強硬論を唱えて政府を突き上げられる。戦前の帝国議会では、そうした好戦的なポピュリズムがしばしば見られました[117]。

平和憲法の理念のもとで抑え込まれていた、この悪夢のメカニズムが、久々に成立した「タカ派の野党第一党」のもとで甦《よみがえ》らないとも限らない。見落とされがちですが新進党の時代（94年12

月〜97年12月）とは、かようなリスクを孕《はら》むものでもあったのです。

大田昌秀と沖縄基地問題

いっぽうでこの時「ハト派の強硬論」もまた、ある地域で沸騰します――ご想像のとおり、基地問題を抱える沖縄です。

95年9月、本島北部で米海兵隊員ら3名による女子小学生の輪姦事件が発生。奇しくも40年前の1955年、6歳の幼女が米兵に暴行をうけ惨殺された「由美子ちゃん事件」と1日違いの出来事で、積年の県民の怒りはついに爆発しました。それまでは（改正前の）特措法に基づき、軍用地の収用に地主が応じない場合、沖縄県知事が代理で署名して米軍基地を維持してきたのですが、大田昌秀知事（1925年生）は同月下旬、県議会で署名の拒否を表明します。

宮城大蔵さん（外交史）が強調されていますが[118]、この「代理署名拒否」には長い伏流があり、たんに少女暴行事件後の民意に煽られたものとして見ると、評価を誤ります。90年に初当選した大田知事は米国留学歴をもち、琉球大学で沖縄戦にいたる近代史を研究した政治学者。鉄血勤皇隊員として地上戦に動員された体験から、護憲と平和主義を信条とし、選挙では社会・共産両党が推薦（ほかに沖縄社会大衆党も推薦、公明党が支持）。98年に三選を阻まれるまで続

117　さまざまな研究があるが、簡略には拙稿「昭和史から問う「二大政党制は終わったのか」」『週刊東洋経済』2013年2月9日号（東洋経済オンラインにて無償公開）、を参照されたい。

118　宮城大蔵・渡辺豪『普天間・辺野古　歪められた二〇年』集英社新書、2016年、第1章。

いた大田県政は、いわば「最後の革新自治体」でした。実は大田知事は91年にも、基地問題を提起するために（署名拒否よりは軽い）公告・縦覧《じゅうらん》代行を断る案を検討し、しかし美濃部都政のブレーンを務めた経験をもつ岩波書店社長の安江良介に、機が熟すまで国との全面対決は避けるよう諭《さと》された経緯がありました。

　ところが95年春、ハーバード大の国際政治学者として知られるジョセフ・ナイ（当時、クリントン政権下で国防次官補）の執筆で、アメリカ政府が『東アジア戦略報告』を発表。冷戦終焉後に進んでいた在外米軍縮小にストップをかける内容に、大田は「沖縄の基地固定化」への危機感を持ち、政治生命を賭《と》して日米両国と渡りあう覚悟を決めていたのです。

　少女暴行事件よりも「ナイ・レポート」への反応こそが、今日にいたる米軍基地移設問題のはじまりだった。そう知ったとき思い出すのは93年5月刊の『日本改造計画』に、小沢一郎が——外交を論じた箇所なので、実質的には北岡伸一が記した「チャンスはいまである。世界が本当に地域主義の方向へ動き出してからでは、日本の立場は弱くなる。そうなってからでは遅すぎる」[119]という一節です。

　ポスト冷戦の秩序が定まりきらず、模索の最中にあるいまだからこそ、日本にとってベストな案を強く打ち出さねばならない。世代や保革こそ違え、北岡氏と同じく「コミットする政治学者」だった大田が提起したのは、「沖縄の立場」もまた同様に、主張する権利があるはずだという問いでした。

　むろんそれはかなわぬ夢というのが、国際政治の現実だったでしょう。しかしいまふり返るとき、自社さ政権の政治家たちは所属政党を問わず、高坂正堯ふうに言えば「現代の難問」を直視し、悩み、深く考えたように思います。

社会党のベテランとして大田と信条を同じくした村山富市は当初、沖縄県に対する法的手続きに踏み切らず、防衛施設庁長官（宝珠山《ほうしゆやま》昇）が「首相の頭が悪い」と放言して更迭《こうてつ》される空前の事態となって95年12月に行政訴訟を決断、翌月に退陣しました。後継の橋本龍太郎も熱意をもって問題に取り組み、96年4月には移設先を準備するという条件つきながら、普天間《ふてんま》基地の返還で米国と合意しています。

村山・橋本内閣の群像

自社さ政権のレガシーとして最も知られるのは、1995年8月15日に出された、いわゆる「村山談話」ですね。新進党の欠席などで国会決議が（衆院の過半数をわずかに超えて採択されたものの）ほぼ無効となったため、かわりに閣議決定を経て、私的な談話ではなく公的な日本政府の見解として、歴史認識を語ったものでした。

賛否を呼んだ「わが国は、遠くない過去の一時期、国策を誤り」「植民地支配と侵略によって」の文言については、他の場所ですでに私なりの評価を記していますので、[120] 繰りかえしません。

119 小沢一郎、前掲『日本改造計画』、148頁。

120 拙稿「歴史学者廃業記　歴史喪失の時代」『歴史がおわるまえに』亜紀書房、2019年、347-348頁（初出はインターネット、2018年4月6日）。

むしろ注目したいのは、自社さ連立のころまでは歴史が「生きていた」――左右両翼から挟撃された国論分裂の危機を、政治家が戦後を潜《くぐ》りぬけた身体の重みによって乗りこえたという事実です。通産相として村山内閣を支えた橋本龍太郎は、中途まで（社会党と対立してきた）日本遺族会の会長。談話目前の内閣改造では、文相に島村宜伸《よしのぶ》・運輸相に平沼赳夫・総務庁長官に江藤隆美と錚々《そうそう》たる自民党最右派が入閣しましたが[121]、全員が閣議決定に同意。

冷戦下の遺恨を抑えて汗をかく姿から「村山さんに惚《ほ》れちゃったところが大きい。これを我々は当時「村山ぐるいした」と呼んでます」とは、連立の立役者だった亀井静香氏（改造前に運輸相。自民党）の回想です。警察官僚だった亀井さんは1979年に初当選、70年代は極左・過激派の潜入捜査にあたり「彼らのやり方は間違っているけれど、考えがあるんだ。それも日本を、世界をよくしようという一途《いちず》さがね[122]」と感じて政界入りを決めたとふり返ります。

亀井と並ぶ村山政権の大黒柱だった野中広務（阪神大震災とオウム事件の際に自治大臣・国家公安委員長）も、自民党の京都府議として78年に革新府政（蜷川虎三知事）を倒した人物。冷戦体制下、異なる見解の勢力と対峙してきた「大人」の世代が、まだ政治の中枢を担っていました。

つづく橋本内閣下の97年12月21日、普天間の基地機能の移設先とされた名護市で住民投票が実施。「条件つきで賛成／反対」を加えた4択の選択肢にもかかわらず、単純反対のみで51・6％と政権側が完敗すると、保守系の比嘉鉄也市長は橋本首相に面会し、基地を受けいれるが、責任をとって職を辞す旨を告げました。琉歌に託して悲壮な心情を伝えた比嘉氏の姿に、橋本は「うまく言葉に表せない」と絶句[123]、落涙して何度も頭を下げたとの逸話が残っています。

イデオロギーや利害関係、政治的な立場は人によって異なる。それでも相手が背負ってきたものの重さを目の前にすることで、ふっと身体がたじろぎ、対話や調停の可能性が開けることがある。

そうして折りあいをつける技法としての「歴史」が、最後の輝きをみせたのが村山・橋本のリーダーシップだったと言えるでしょう。その意味で自社さ連立は、すでに満身創痍《そうい》となっていた「戦後民主主義」の縮図でした。しかし、こうした属人的な身体の存在感に依存する統治は、当該の政治家がいなくなると続けられません。

省庁再編から「官邸主導」へ

実際に沖縄問題と並行して橋本が熱心に進めたのが、官邸機能の強化をともなう中央省庁再編でした（行政改革会議、1996年11月〜98年6月）。21省庁を12省庁に統合再編のうえ、内閣府を設置して首相が直接指揮できる範囲を拡大したものです。98年6月に成立した再編基本法がうたった実現のめどは「2001年1月」——しかし橋本は5％への消費増税が不況と重なる非運も

121 島村は「みんなで靖国神社に参拝する国会議員の会」の会長も務めた右派の重鎮。平沼は2005年の郵政政局で離党後、たちあがれ日本など「自民より右」の野党で代表となった。江藤は村山談話公表後の95年11月、オフレコでの「日本は韓国併合後によいこともした」とする発言を報じられ、辞任している。
122 岸川真『亀井静香、天下御免！』河出書房新社、2017年、156・80頁。
123 後藤謙次、前掲『崩壊する55年体制』、405-406頁。

あり、発信する政策がブレて98年7月の参院選に大敗、総理の座を去りました。

このとき内閣府に吸収された経済企画庁出身の小峰隆夫さん（エコノミスト）は後に、総理大臣の直轄となったことで発表される経済指標やビジョンが、時の政権の方針を一方的になぞるものになってしまったことを懸念しています。[124] こうした「トップダウン型」の統治機構はやがて、実現直後の01年4月に首相となる小泉純一郎（平成末の政治家・進次郎の父）や、12年の末から令和にかけて長期政権を担う安倍晋三を支えてゆくことになります。

死産した「歴史修正主義」

歴史のディベート化？

私が歴史修正主義（者）という用語をはじめて耳にしたのは、高校2年生だった1996年ごろだと思います。歴史ではなく英語の授業で、文脈を思い出せませんが〝revisionist〟という単語が登場し、「日本でいうと藤岡信勝とか、西尾幹二のような人だね」と解説された記憶があるのです。

もっともそのときはさほど気に留めず、まさかこの語彙が――2001年9月11日の後のterrorist のように――「市民社会が忌《い》むべき対象」として平成日本で普及してゆくとは、想像もしませんでした。

97年の「つくる会」発足へといたる平成初期の歴史修正主義の台頭は、これまで歴史の「軽さ」がもたらしてきたものとして、いささか浅薄にあしらわれてきたように思います。日本における revisionism が最初に世界で問題視されたのは、1995年初頭の「マルコポーロ事件」。歴史学は素人《しろうと》の著者(医師)による、極右思想というよりも推理小説のような筆致で「ナチス・ドイツの収容所にガス室はなかった」と唱えた論考を、雑誌『マルコポーロ』が載せてしまったものですね。[125] 当然ながらユダヤ人団体をはじめとして、海外から非難が殺到。発行元の文藝春秋は同誌を廃刊とし、花田紀凱編集長の退社につながりました。

お察しのとおり、直後の95年3月には地下鉄サリン事件が起こり、仮想戦記や陰謀史観をつぎはぎしたオウム真理教の「偽史」的世界観に注目が集まります。教団の広報担当としてテレビで反論した上祐《じょうゆう》史浩(現・ひかりの輪代表)の狂信的な熱弁は話題を呼び、「ああいえば上祐」(こういう、との掛詞)なる流行語を生むほどでした。

話の内容(≒歴史観)じたいはチープでも、パフォーマンスで圧倒すればいい。つくる会の発足後に、こうしたディベート的な心性とのつながりを最初に批判したのは、サブカルチャーと社会問題の接点で評論活動を展開していた大塚英志さんです。[126] 近日の研究書では倉橋耕平氏(社会学)もまた、93~99年にかけて題名に「ディベート」を冠

124 小峰隆夫、前掲『平成の経済』、127-129頁。
125 西岡昌紀「戦後世界史最大のタブー ナチ「ガス室」はなかった」『マルコポーロ』1995年2月号。
126 大塚英志「家永三郎は何故忘れられたか」『戦後民主主義のリハビリテーション 論壇でぼくは何を語ったか』角川文庫、2005年(単行本は01年)、372-374頁(初出『Ronza』1997年3月号)。

した書籍のプチ・ブームがあり、もともとは教材開発の専門家だった藤岡信勝氏がディベート教育の分野から、歴史修正主義に参入したことを指摘しています。[127] 要は、歴史のアマチュアがゲーム感覚で過去をもてあそぶのが修正主義であり、それがやがて「中韓の主張を論破したい」というナショナリズムと結託してゆくとする理解ですね。

こうした見方は、事態の一面を描いてはいるでしょう。しかし、つくる会的なものを「しょせんサブカル」に還元して一蹴《いっしゅう》する視点は、それじたいが歴史を軽くあつかう遂行矛盾を犯してはいないでしょうか。なぜ同会の運動が広範な反響を呼び、二度の安倍政権樹立にいたる政界への浸透をみせたかを説明できない——平成を歴史学者としてすごした体験に照らすとき、そうした違和感を禁じえません。

藤岡信勝の自由主義史観運動

東大教育学部の教授だった藤岡さんが歴史修正主義へと踏み出すのは、たしかに95年冒頭のこと。2月15日付で『「自由主義史観」研究会会報』を創刊（手作り感あふれる学級通信のような装丁です）、4月に第1回の「自由主義史観」研究会セミナーを開いていますが、メインの催しは日露戦争に材をとった「歴史再現ディベート　日本はハリマン提案を受け入れるべし」で、政治外交史を専門とする北岡伸一氏の参観と講義がセットになっています。[128]「藤岡信勝はディベート出身」というのは、歴史学を知らないくせにと嘲《わら》ってすませられることではないのです。

つくる会発足前に藤岡氏が掲げた自由主義史観とは、一般には左右双方の極論から「自由」に議論すると称して、ひそかに「右寄り」の歴史観を広めるためのカモフラージュだったと見なされています。しかし、それもまた自明ではないかもしれません。

同会報の創刊号には、早世したディベート教育の同志（厚木市の中学校教師）を悼む藤岡氏の文章が載っていますが、内容が興味深い。「原爆投下は正しかった」とする元英国首相チャーチルの発言の当否を教室で討論させた事例に対し、「日本人にとって原爆投下が悪いのは当たり前であり、それをディベートの論題にするのはおかしい」と批判されたが、懇々《こんこん》とその意義を説いたところ「歴史ディベートの論題としてこの「チャーチル発言」をとりあげ、みずから授業されるようになった」[129]。そうした思い出が共感をこめて綴られています。

ひょっとすると右旋回をとげぬまま、純粋な相対主義（これ自体が問題だという立場はありえますが）を掲げて歴史教育上の試行錯誤が進む可能性は、存外にあったのかもしれない。実際にソ連崩壊後の当時、唯物史観のような「歴史全体を貫く物語の筋」を失って苦労する教員が多かったことを背景として、藤岡氏の実践は当初、彼自身のような「元左翼」を含む幅広い教師層への浸

127 倉橋耕平『歴史修正主義とサブカルチャー　90年代保守言説のメディア文化』青弓社ライブラリー、2018年、第2章。
128 「第1回「自由主義史観」研究セミナーのご案内」『「自由主義史観」研究会会報』2号、1995年（3月10日付）、4-5頁。ハリマンとは日露戦争の直後、日本への財政支援とロシアとの緊張緩和をうたって、南満洲鉄道の買収をもちかけた米国の実業家。
129 藤岡信勝「田畑寿一さんの遺志を継いで」『「自由主義史観」研究会会報』創刊号、1995年（2月15日付）、18頁。

透を見せていました。[130]

脱冷戦下の教科書問題

むしろ問題はそうした実践が、「戦後」という時代には封印されていた怨念の箱を開けてしまった――表立っては主張できなかった「昭和のホンネ」を、一挙に噴き出させる蟻《あり》の一穴となったことではないでしょうか。

忘れられがちですが、つくる会が主導した平成初期の歴史修正主義は、当事者にとっては「80年代のリベンジマッチ」としての側面がありました。いわゆる「侵略か進出か」論争を契機として1982年11月、文部省は近隣諸国条項を策定、教科書検定の基準にアジア諸国との協調の観点を加えています。

これに憤《いきどお》った「日本を守る国民会議」（日本会議の前身のひとつ）は中曽根康弘政権下の86年7月、独自の教科書『新編日本史』を成立させますが、愛国調を抑制させた検定を公然と批判する藤尾正行文相が9月、中曽根に罷免《ひめん》されるにいたり、ついに保守勢力に「自民党よりさらに右」への欲求が胚胎。政財界の有力者を中心とした昭和の国民会議と比べて、相対的には当時中堅どころの学者や文筆家が核となった平成のつくる会は、いわばそのアマチュア性によって、そうした過激志向を掬《すく》い上げた面がありました。[131]

後からふり返ってはじめて言えることですが、昭和の最末期にあたる80年代は「ポスト冷戦への助走期」でした。1978～79年に日米両国を訪問した鄧小平《とうしょうへい》が改革開放に舵を切り、共産中国の経済大国化がはじまる一方で、80年5月の光州事件を皮切りとして韓国では民主化運動が高まり、親米軍事政権の力で世論を抑え込むのが難しくなっていました。ソ連＝北朝鮮枢軸《すうじく》という仮想敵があったことで、かろうじて保たれていた日中韓米の民意のバランスが崩れ、「いつまで外国に妥協するのか」という怨恨が平成期に噴出したのは、その帰結だったのです。

司馬遼太郎の越境史観

幸か不幸か、発足当初のソフト路線を早期に放棄したこともあって、つくる会はまもなく極右の同義語となり、全国民大の運動たりえずに終わります。その理由を考える上でこそ、はじめて彼らの歴史認識の「軽さ」という視点は活きてくるでしょう。

たとえば自由主義史観を名乗った時期、藤岡氏らが「司馬史観」を近現代史教育の理想として掲げたことは広く知られますが、それは96年2月に亡くなる司馬遼太郎の思想を、どこまで踏ま

130　石戸諭『ルポ百田尚樹現象　愛国ポピュリズムの現在地』（小学館、2020年、178-187頁）に、このとき転向して藤岡支持となった元左派系教員からの、印象深い聞き取りがある。

131　前掲『国家と歴史』、第5章。木村幹『日韓歴史認識問題とは何か　歴史教科書・「慰安婦」・ポピュリズム』ミネルヴァ書房、2014年、213-223頁。

なおこの事態を、守旧派の「バックラッシュ保守」に新鋭の「サブカル保守」が合流していった「権威主義と反権威主義との野合」と呼ぶ、伊藤昌亮のネーミングは傾聴に値する（前掲『ネット右派の歴史社会学』、144頁）。

えてなされたことだったでしょうか。

　つくる会への厳しい批判者だった成田龍一さん（日本近代史）があきらかにしていますが、司馬はもともと、大阪外事専門学校（戦後の大阪外語大）の蒙古語学科出身。馬賊にあこがれてのことで、1958年刊の最初の短編集『白い歓喜天』は伝奇小説でした。

司馬遼太郎

　最後の長編小説となった『韃靼《だったん》疾風録』（87年）でも鎖国目前の時代、東シナ海沿岸の倭寇《わこう》的な世界を舞台に日本人と女真族（後の清朝）の交流を描いており、その志向は単一民族的な「国民の物語」とはだいぶ異なります。命日の「菜の花忌」の由来も、江戸末期にロシアに拉致《らち》された高田屋嘉兵衛《かへえ》を主人公に、アイヌを挟んで日露の交渉を描いた『菜の花の沖』（82年）ですね。
　作家人生の最初と最後に、越境的な想像力を発揮して、国民の概念をむしろ相対化しようとしていた司馬。その彼がなぜ、戦後最も成功した「日本人の物語」の書き手となったのか。成田さんが注目するのは、1962年から連載された代表作『竜馬がゆく』の裏面に感じとられる「六〇年安保闘争の投影[132]」です。

保守と革新が暴力的に衝突した政局と、戦前の記憶を持たない世代の登場。そうした危機に直面したからこそ、司馬は初期の伝記文学や風俗小説を封印し、国民統合の道具として平和革命の主唱者・坂本竜馬を描く道に踏み出したのではなかったか。――藤岡信勝氏らがうたった「明治の栄光を描く司馬史観」のイメージは、そうした葛藤をすべて忘却したところに成立していたわけですね。

「南京論争」の空洞化

「国民の物語」を熱烈に希求する人びとほど、モデルとする先人が立っていた文脈を捨象し、かえって歴史を空疎なものにしてしまう。司馬史観の虚像と並ぶもうひとつの事例が、山本七平が『日本教について』（イザヤ・ベンダサン名義、1972年）で提起した「南京百人斬り論争」でしょう。同書には「南京虐殺事件は確かにありました」と記した山本が、75年の『私の中の日本軍』の末尾では虐殺の存在じたいの否定に転じたこともあり、この論争は「日本軍の汚名を払拭しようとする」修正主義の原点だというのが――賛否両派ともに――通説となっています。

しかし実は、それ自体が歴史の空洞化なのです。日中戦争下の南京攻略時（1937年）に百人斬り競争が行われたとする報道は、そもそも戦意高揚記事として銃後の『東京日日新聞』などが報じたもので、山本が批判したのは東京裁判でも中国のプロパガンダでもなく、そうしたスト

132 成田龍一『戦後思想家としての司馬遼太郎』筑摩書房、2009年、109・89-90頁。

ーリーを無批判に信じ込み続ける、当時以来の「日本人」の思考様式のほうでした。

日本人には、前述のように「事実」と「語られた事実」の区別はつきませんから、この「語られた事実」を「事実」として、一つのフィクションの世界を現実だと信じて生きて行くように訓練されており……彼〔百人斬り報道の主人公〕は、戦争中のフィクションの世界で勝手に「英雄」の衣装を着せられてしまった。戦争が終ると、その着せられた衣装の故《ゆえ》に犯罪人として処刑されてしまった。[133]

言語で書かれた古典〔四書五経や聖書〕をもつ社会として、日本よりも中国のほうをキリスト教圏に近しい文明と見ていた、山本らしい叙述であることがわかるでしょう。そうした言葉による秩序形成の伝統を持たない日本社会では、近代化しても真のリテラシーが育たない。そうした自らの文明への反省こそが、本来は「百人斬り報道批判」の主題でした。

問題作となった『私の中の日本軍』でも「身のまわりにも正確な情報はいくらでもあり……在日中国人や朝鮮人は、そうやって正しく終戦を予測していた」・「虚報は……当時日本に住んでいた中国人や朝鮮人も見抜いていた」と、戦時下の日本人に比した中国・朝鮮人の冷静さを評価した上で、「「南京大虐殺」がまぼろしだということは、侵略が正義だということでもなければ、中国にそしてフィリピンに残虐事件が皆無だったということではない」と結んでいます。[134]

『この国のかたち』の痛覚

敗戦への悔恨《かいこん》が色濃かった戦後、学界や論壇で圧倒的優位に立つ進歩派と対峙して論理を磨いた高坂正堯や山本七平。保革に引き裂かれかけた国民の全体像をもういちど修復するために、本来のアナーキーな気質を抑えて日本人の物語を紡いだ司馬遼太郎。そして冷戦終焉後に、かつて産婆《さんば》役を務めた一国平和主義をみずから見直し、最後まで思索をやめなかった丸山眞男。

彼らがみな鬼籍《きせき》に入るのと入れ替わるように、歴史の「修正」というよりも衰弱、皮相化がはじまってゆく。

そうした暗転が訪れることを予見していたのは、おそらく4人のうち最も大衆に寄り添っていた司馬でした。まだ元号が昭和だった1986年、史論家としての代表作『この国のかたち』の2回目を結ぶ以下の言葉は、10年後の著者自身の逝去を越えていま、平成期に失われたものの所在を痛切に言い当てています。

> 過去は動かしようのないものである。
> ただ、これに、深浅いずれにしても苦味を感ずる感覚が大切なのではないか。[135]

133　イザヤ・ベンダサン『日本教について』山本七平訳、文春文庫、1975年、263・282頁。
134　『山本七平ライブラリー2　私の中の日本軍』文藝春秋、1997年、219・234・570頁。
135　司馬遼太郎「朱子学の作用」『この国のかたち　一』文春文庫、1993年（単行本は90年）、33頁（初出『文藝春秋』1986年4月号）。

イノセントな時代の終わり

『相対化の時代』から『文明の衝突』へ

１９９７年は平成９年ですから、この年までがいわば「平成ゼロ年代」になります。もし最初の９年間だけで平成という時代が終わっていたら――令和を迎えたいま、ふとそんな連想に駆られなくもありません。

阪神・淡路大震災やオウム事件といった重い出来事はあるにせよ、もしそうなら平成はポスト冷戦の空気の下、あらゆる規範が相対化されていった「軽やかな時代」として、煌めきのなかに幕を閉じたかもしれない。ちなみに97年の話題書のひとつは、丸山眞男の直弟子である坂本義和（平和学）が著した『相対化の時代』でした。

冷戦の終焉後、欧米の国際政治学界で流行した潮流に「新中世主義」があります。中世のヨーロッパでは主権国家が存在せず、領邦の君主たちによる実効支配は強くなかった。王や貴族の主従関係はあくまで契約によるものだし、カトリック教会や商人・職人のギルドのように、地域を横断する中間団体がむしろ力を持っていた。

国民単位の福祉国家に限界が見え、グローバルな企業やＮＧＯ・ＮＰＯが伸長してゆくポスト冷戦期の先進諸国は、これからそれに近い状況に戻ってゆくのではないか。１９９３年に中世期のカトリック圏と重なる欧州連合（ＥＵ）の発足をみた当時にあっては[136]、こうしたメタファーにも説得力がありました。晩年の丸山の発言が示すように、そうした形の「主権国家の相対化」であれば、権威主義的な政権と戦ってきた冷戦下の自由の闘士にとっても、十分受けいれられるものでした。

しかし、また別種の「相対化」の方が大きな影響力を持ち始めたのが、平成ゼロ年代の末期です。１９９６年、ハーバード大の政治学者ハンチントンが『文明の衝突』を刊行（元となる論文は93年、著書の邦訳は98年）。印象的な表題は世界的な流行語となります。

実は本来、ハンチントンの主眼はフクヤマの『歴史の終わり』への批判にあり、西洋的な近代社会を「全人類のゴール」ではなく、数ある文明類型のひとつへと相対化することで、全世界をアメリカの流儀で統治しようといった「世界の警察官」構想を抑止するという趣旨でした。[137] しかしその後の国際政治の展開は、同書をむしろ「多文化共生なんて幻想。異なる文明とは対決しかない」といった、ニヒリズムの書物として受容させていく。

そうした暗転が、自由の勝利が輝いてみえたはずの冷戦後の世界にも、忍び寄りだしていたの

136　実は、ＥＵに至る礎《いしずえ》を築いた戦後初期の欧州統合論者――仏外相シューマン、西独首相アデナウアー、伊首相デ・ガスペリらは、いずれもカトリックだった（板橋拓己「黒いヨーロッパ　ドイツにおけるキリスト教保守派の「西洋」主義」遠藤乾・板橋拓己編『複数のヨーロッパ　欧州統合史のフロンティア』北海道大学出版会、２０１１年、85頁）。そうした超越性のうち国境を無化する論理の追求と、非ヨーロッパに対する排除の論理のどちらの側面が強く出るかが、冷戦の前後を問わず揺れ動いてきたともいえる。

137　中西輝政「解題」サミュエル・ハンチントン『文明の衝突と21世紀の日本』集英社新書、２０００年、１９５-２０１頁。苅部直、前掲『「維新革命」への道』、20-21頁、も参照のこと。

です。

軽やかだった安室奈美恵

1997年は日本国内の文化史の上にも、大きな切断が走った年でした。たとえば平成初期のサブカルチャーを象徴する『新世紀エヴァンゲリオン』が、同年7月公開の旧劇場版でいったん完結。

いっぽうで3月には、93年のシングル「CROSS ROAD」でのブレイク以降、第三次バンドブームを牽引してきたMr.Childrenが活動休止を表明しています。[138] ミスチル初のオリコン1位は「innocent world」（94年）ですが、文字どおりピュアな「子どもたち」の心性を保ったままで、人はどこまで時代を描けるだろうか。そうした実験が、このとき終わりを告げました。

しかし97年の空気をなによりも象徴するのは、同年大晦日《みそか》の紅白歌合戦で紅《あか》組のトリを務めた、安室奈美恵さん（当時20歳）の「産休入り」でしょう。

95年に海外の既成曲のカバーだった「TRY ME ～私を信じて～」（with スーパー・モンキーズ名義）でブレイク、同年末からは小室哲哉さんとタッグを組み、96年には「アムラー」（超ロングヘアと厚底ブーツのスタイルを真似したギャルを指す）が流行語大賞に入るなど、文字どおりナンバーワン・アイドルになっていた彼女が、「できちゃった婚」を公表したのが97年10月。お相手は同じ小室ファミリー・TRFのSAM（ダンサー）でした。

正確な年月日を覚えていないのですが、96年のどこかでしょうか、ダウンタウンが司会の歌番組『ＨＥＹ！　ＨＥＹ！　ＨＥＹ！』に出演した安室さんが「彼氏いますよ」とさらっと口にした瞬間が、平成ゼロ年代の頂点だったなと、いま懐かしく思い出します。

昭和の常識では、ティーンの女性アイドルの交際発覚はご法度《はっと》。まして結婚前に妊娠したらどれほど叩かれるかという世界でしたが、「イマドキの娘の憧《あこが》れ」を一身に担う安室さんのナチュラルな――挑戦的でもわざとらしくもない「かつての規範」のスルーぶりに、みんながついＯＫを出してしまった。[139] それぐらい彼女の存在は爽《さわ》やかだったし、このころは社会も澄んでいたように思うのです。

『もののけ姫』で宮崎駿が「引退」

しかしそうあっさりと「昭和」は平成に入れ替わられ、消えてゆくものだろうか。そんな暗い問いを予感させる事態が、やはり97年に文化の世界で起きています。平成をつうじて繰り返されることになる、宮崎駿さんの最初の「引退」でした。

同年7月公開の『もののけ姫』はラストフィルムとの前評判もあって、日本映画の興収記録を更新する大ヒットを記録。糸井重里さん（コピーライター。元全共闘としても著名）によるキャッチ

138　ミスチルのメジャーデビューは１９９２年。ちなみに第一次バンドブームはサザンオールスターズ（１９７８年）らによる70年代末、第二次はＢＯØＷＹ（１９８２年）らの80年代後半の活躍を指して呼ぶことが多い。

139　佐々木敦『ニッポンの音楽』講談社現代新書、２０１４年、２２６-２２７頁。

コピー「生きろ。」と、ほぼ同時に公開された『旧エヴァ』劇場版のポスターの文句「死んでしまえばいいのに」が並ぶ光景は、いまも語り草になっています。

『もののけ姫』はもちろんスタジオジブリの作品ですが、宮崎駿・高畑勲《いさお》の両監督を擁し、雑誌『アニメージュ』の編集長だった鈴木敏夫さんをプロデューサーに迎えた同社は、ある意味で「昭和と平成の相克」の象徴です。誤解の多いところですが、正式なジブリとしての第一作は、昭和の最末期だった1986年の『天空の城ラピュタ』。

84年の『風の谷のナウシカ』の製作会社はトップクラフトでしたが、製作を務めた高畑さんのダメ出しが厳しすぎて実質的に解散。徳間書店の出資で85年にジブリを創設したのも「行き当たりばったり」で、当初は「企画ごとに人を集めて、終わったら解散。だから、たった三人だけの会社にしよう[140]」という計画だったとは、後の鈴木さんの回想です。

92年7月、宮崎駿さんは『紅《くれない》の豚』の公開を受けた取材でも、昭和の終身雇用的な「会社社会主義」を「そういうことでなんか疎外がなくなるかっていったらね、人間っていうのは必ず疎外っていうものと共存している生き物だっていうね」と否定的に評価し、構想中の時代劇（つまり『もののけ姫』）についても「企業戦士の代わりに侍が出てくるようなのにしたってしょうがない[141]」と述べていました。スタジオジブリはやがて、外注が前提のアニメ業界では珍しい「日本型雇用と高い生産性」の両立モデルとして著名になりますが、彼らさえも発足時には、むしろ小室ファミリーと重なる平成の空気を呼吸していたのです。

高畑勲と昭和左翼の遺産

実際、後からは順風満帆《まんぱん》にみえるジブリのあゆみは山あり谷ありで、20世紀に「昭和回帰」を前面に出しすぎた際には、なんどか失敗しています。

よく知られた挿話ですが、『となりのトトロ』と同時上映だった戦争映画『火垂《ほた》るの墓』（1988年）では、監督の高畑勲が納期を守れず、未完成のまま封切られる異常事態に。やはり高畑監督の『ホーホケキョ　となりの山田くん』（99年）も、月光仮面のパロディが長時間流れる戦後昭和へのオマージュですが、ジブリ人気が確立した後にもかかわらず興行面で惨敗しました。

普通なら高畑さんはもう映画を撮れないところですが、作品に流れる「マルキストの香り」を愛して支援を続けたのが、共産党からの転向者で（『もののけ姫』の世界観にも影響を与えた）網野善彦の親友でもあった日本テレビの実力者・氏家齊一郎でした。[142] たしかにジブリの高畑作品には、都会のOLが農村の青年と結ばれて居場所を見つける『おもひでぽろぽろ』（91年）、ニュータウン化が進む郊外で動物が人間に立ちむかう『平成狸《たぬき》合戦ぽんぽこ』（94年）など、素朴な土着志

140 鈴木敏夫『風に吹かれて― スタジオジブリへの道』中公文庫（聞き手・渋谷陽一）、2019年（原著13年）、124頁。

141 宮崎駿『風の帰る場所 ナウシカから千尋までの軌跡』文春ジブリ文庫、2013年（原著02年）、114・120-121頁。なお、同書の聞き手も一貫して渋谷陽一（音楽評論）である。

142 鈴木敏夫「氏家齊一郎さんとの日々」氏家齊一郎『昭和という時代を生きて』岩波書店（聞き書き・塩野米松）、2012年、276頁（初出『熱風』2011年5月号）。

向が目立ちます。

２０１３年の遺作『かぐや姫の物語』では、11年に逝去していたにもかかわらず氏家が製作としてクレジットされましたが、日本古典を民衆の目線で映画化する構想には、朝鮮戦争下で網野らがとりくんだ「国民的歴史学運動」の残響を聞くこともできるでしょう[143]。実際、相方の宮崎駿が『もののけ姫』の公開時に網野との対談で、「エボシという女性は二十世紀の理想の人物」・「タタラ場の溶鉱炉のイメージは、子供のときに写真で見た中国の大躍進時代のもの[144]」と語ったように、冷戦下のアジアで夢見られた人民のユートピア像は、平成に入ってもサブカルチャーのなかで生きていました。

スタジオジブリが失ったもの

結果として平成の後半にかけて、ジブリといえば「戦後日本的な温かいヒューマニズム」の象徴のように扱われてゆくのですが、ストレートに過去への郷愁を打ち出す高畑さんに対し、ひねりを加えて歴史の記憶を再現する宮崎さんは、やや屈折した目で「昭和から平成へ」の転換を眺めていたようです。

宮崎さんの手塚治虫嫌い（正確には、手塚のアニメ作品嫌い）は有名ですが、１９９０年11月の取材では「戦後民主主義の持ってるヒューマニズムの嘘くささでね、それで商売をやっていくっていうのは絶対に僕は間違いだと思うんです」と断言し、テレビ業界に染まり漫画家時代のニヒルな観察眼を捨てていった手塚を酷評しました。

しかし、それでは平成が幕を開けた89年に、ヤマト運輸とタイアップし日本テレビの支援も受けて『魔女の宅急便』を商業的に成功（この時点で、邦画アニメとして歴代1位）させた、ご本人自身はどうなのか。この談話で最も興味深いのは、宮崎さんが作品製作にあたる姿勢を語った以下の一節です。

> 大人に向けて作ったら、たぶん『《ママ》あなたは生きてる資格がないよ』《ママ》ってことをね（笑）、力説するような映画を作るかもしれませんけど。……子供は可能性を持ってる存在で、しかも、その可能性がいつも敗れ続けていくっていう存在だから、子供に向かって語ることは価値があるのであって。もう敗れきってしまった人間にね、僕はなにも言う気は起こらない。[145]

この資本主義の世の中で生きていく時点で、本来は理想への裏切りであり敗北なのだから、「そうは言っても人間って素晴らしい」のようにヒューマニズムで現実を粉飾する手塚風の演出

143 網野善彦らの運動の季節と重なる1950年代前半は、狭義の左派系以外の監督も含めて、民衆の視点に立つリアルな歴史映画への欲求が高まった時代だった。著名な『七人の侍』（黒澤明、54年）はその頂点だが、同年の溝口健二『山椒大夫』では、民衆史の開拓者だった林屋辰三郎が歴史学者として協力している（佐藤忠男『溝口健二の世界』平凡社ライブラリー、2006年（原著82年）、258-266頁）。

144 網野善彦・宮崎駿「「もののけ姫」と中世の魅力」網野善彦『歴史と出会う』洋泉社新書y、2000年、146・151頁（初出『潮』1997年9月号）。

145 前掲『風の帰る場所』、71-72・17-18頁。

は、卑しい。だからここまでの宮崎作品は、ジレンマを迫られた子どもが、決断するというより端的に現実を無化する「強引なハッピーエンド」が特色になっています。世界と女の子のどちらかしか救えないはずが、魔法の一言（バルス）で悪役を吹き飛ばす『ラピュタ』や、異性を意識して飛行能力を喪失した後に、当の男の子を助ける段になってあっさり回復する『魔女宅』ですね。

　ところが——まさに『魔女宅』のヒットで国民作家の地位を得た結果、そうした姿勢を貫けなくなる時代として、平成は走り出していました。今日の印象と異なり『ラピュタ』や『トトロ』は劇場公開時には不入りで、昭和末の１９８８年４月にテレビ初放映となった『ラピュタ』の視聴率は12・２%。

　しかし翌年、つまり平成元年放映の２回目では22・６%に急伸し、同年４月の『トトロ』の初放送も21・４%で、以降「宮崎アニメのテレビ放映は外さない」ジンクスが定着します。[146] あきらかにジブリは、「大人」も含めた観客に「よき家族」のロールモデルを提供する媒体へと転化したのです。

　１９９５年７月公開の『耳をすませば』（近藤喜文監督）は、ファンタジー色を薄め現実の東京に生きる男女の青春を描いてファンを驚かせました。脚本・絵コンテを提供した宮崎さんは当時の取材で、「ありきたりであることのたまらなさ、情けなさというようなものを非常に誇張した時代」としての昭和バブル期を「やたらに幻影を持った時代」と批判し、不況や天災・事件が続く世相ではむしろ「ごくありきたりである空間をちゃんと大事にしていくことが大切なんだな、と感じるようになった」[147]と述べています。

実際に『トトロ』で父親の声をあてたのは、ポスト全共闘期に「消費する若者のカリスマ」だった糸井重里さんでしたが、『耳をすませば』の父親役は政治ジャーナリストの出身で、このころ「教養ある年長の知識人」の代表とされた立花隆さん（95年に東大客員教授）でした。

実はそもそも『魔女宅』も当初は、宮崎さんは脚本のみで、監督には若手の片渕《かたぶち》須直さん――後の『この世界の片隅《かたすみ》に』（後述）の監督で、TVアニメ『名探偵ホームズ』（84年）で宮崎と仕事をしていた――が抜擢《ばってき》される予定でした。98年に急逝《きゅうせい》しなければ『耳をすませば』の近藤喜文が、そのままジブリの後継者となった可能性もあります。

しかし平成は「宮崎駿が引退できない時代」、つまり子どもたちが子どもらしいままでバトンを受けとることができない社会へと転じ、「最初の引退作」となった『もののけ姫』を境《さかい》に、トレードマークだった少年少女のイノセントな飛行シーンも衰弱してゆく。[148]あたかも昭和の旧習を脱して生まれた平成初期という、ポストモダンの楽園を埋葬し、現実世界の重力に引き戻すかのように――。

146　酒井信『最後の国民作家　宮崎駿』文春新書、2008年、9-12頁。同書の刊行時点で、ジブリ視聴率の最高記録は『千と千尋の神隠し』（2001年）が03年に初放映された際の46.9%。

147　宮崎駿「ありきたりであることの大切さを伝えたかったんです」『ジブリの教科書9　耳をすませば』文春ジブリ文庫、2015年、142頁（初出『アニメージュ』1995年9月号）。

148　宇野常寛、前掲『母性のディストピアⅠ　接触篇』、124-125頁

アジア通貨危機からの暗転

実は、日本社会に暗い影の差しはじめた1995〜97年は、グローバルな経済構造の大きな転換期でした。95年7月にジェフ・ベゾスが、オンライン書店としてAmazon.comを開業。96年末にはスティーヴ・ジョブズがAppleに復帰し、いわゆるGAFAによる市場支配への第一歩を踏み出します。

それは同時に旺盛《おうせい》な半導体輸出や、ジョブズも憧れたというウォークマンの発明（1979年）を通じて80年代のバブル期に定着した、「ハイテク大国・日本」なる自画像への弔鐘でした。文明史家でもあった高坂正堯は早くも81年、『文明が衰亡するとき』で古代ローマや中世ヴェネツィア、近世オランダの体験を参照し、「大体、中間に立って富を求めるものは人に好かれないものである。……通商国家という存在は、他人に害を与えることが少ないのに嫌われる」[149]と述べて、かつて自身が言祝いだ軽武装経済重視・海洋貿易国家としての日本の前途に、不安を投げかけています。

しかし事態は高坂の予想を超えて、国家ならざるプラットフォーム企業が世界の嫉妬《しっと》を買いながら、「中間に立って富を」独占する世界が生まれようとしていた。この点では非国家主体の台頭を予見した丸山眞男に理がありましたが、ところが実現したのは丸山的な理想主義ともほど遠い、弱肉強食の市場社会でした。

1997年7月にタイで火がついたアジア通貨危機は、ヘッジファンドの空売りに屈して東南アジア諸国が変動相場制へと切り替え、それが周辺地域に連鎖を呼ぶ悪循環に陥り、同年末には韓国がＩＭＦの管理下に入ります（脱却は２００１年）。世界的な金融の混乱はわが国にも波及して、11月には不良債権処理の失敗のために、四大証券の一角といわれた山一證券が廃業。「社員は悪くありませんから！」と社長が号泣する壮絶な記者会見もあり、市場の空気は一挙に暗転しました。

このとき、秋の改造で橋本内閣を去ったばかりの梶山静六《せいろく》・前官房長官が、政策構想「わが日本経済再生のシナリオ」を寄せた媒体はなんと『週刊文春』（12月4日号）。月刊誌の翌月号を待てないという切迫感がもたらしたもので[150]、『文藝春秋』で細川護煕氏が優雅に文明論を展開した時代は、過去のものとなりました。平成初頭に生じたバブル崩壊の実感が、ついに一部の富裕層を越えて、日本の国民全般に広がりはじめます。

冷戦の終焉時に輝いていた夢のかげりは、翌98年にはついにかつての政変劇の主人公・ロシアへと及びました。アジア通貨危機の余波で欧米資本が投資を引き上げたのに対抗して、西欧化の旗手だったはずのエリツィン大統領は内閣を次々更迭する強権統治を発動、一時は対外債務の支払いを停止します。そして99年の大晦日、チェチェンのイスラム武装勢力を抑え込んで国民の人気を得ていた、ウラジミール・プーチン首相を後継に指名し引退。

149 高坂正堯『文明が衰亡するとき』新潮選書（新版）、２０１２年、２８７・２９２頁。
150 前掲『崩壊する55年体制』、４１２-４１３頁。

無秩序とともにある自由を棄て、力の支配による安全を求め出すポスト冷戦期の方向転換が、2001年9月11日の米国に先んじて、姿を露《あら》わにしつつあったのです。[151]

臓器移植法と「答えのない問い」

言葉で議論することで、「戦後」には自明とされた前提を問いなおし、新たな社会を構想する――平成初頭に論壇誌や『朝まで生テレビ!』が熱気を帯びた、ポジティヴな意味での相対化の潮流にも、終幕が迫っていました。

1997年6月、神戸で児童を連続殺傷した男子中学生が逮捕される酒鬼薔薇《さかきばら》事件が社会を震撼させますが、これを受けたテレビの討論番組では「なぜ人を殺してはいけないのか」という子どもの疑問に、有識者が答えられない事態が発生。視聴者を騒然とさせています。

折しもこの年はわが国初の臓器移植法の審議が佳境に入っており、生命倫理学の争点を網羅的に掘り下げる大著として、立岩真也さん（社会学）の『私的所有論』が刊行され話題になりました。たとえば自己決定が善なのであれば、自己の所有物である臓器を自分が売っていけない理由はあるのか。もしそれが是認されるなら、自己の生命を自分の判断で捨てる安楽死や、自殺も無問題ということになりはしないか。

立岩さんの答えは、生のあらゆる側面が自身の意志どおりに制御され「不可能がすべて可能になった時には、私達にとっての快楽もまた終わる」、つまり世界から他者性（＝思うままにならない部分）が完全に消滅した状態を人間は望まないのだろう、とする穏当なものですが、注目すべきはそれを論証する文体です。膨大な文献を踏まえつつも、「これがかなり基本的な感覚、倫理であるのは確かだと思う」・「そのような価値を私達は持っており、多分失うことはないと思う」[152]としか根拠は示されない——というより、示しえない。

おそらく同書は平成の初頭以来、眼前の諸現象すべてを説明してくれるかに見えた思想や学問のリミットになりました。とくに顕著だったのは社会学で、以降は「ケータイの社会学」「フリーターの社会学」のように個別具体的なトピックの解説に用いられる例が増え、人間社会の根本原理を描くといった大理論への志向は退潮してゆきます。

97年7月、ついに臓器移植法案が採決。議論を重ねども一致しない問いを前に、ほぼ全党が党議拘束を外し、自主投票に委ねる異例のプロセスでの成立となりました。議員立法の発起人だった野中広務さんですら、かつて幼少期の長男の治療を停止した記憶にさいなまれ、議場に立つことができず棄権を選んだといいます。

採決の日が迫ってくると、だんだん、だんだん、いくら脳死とはいえ、人の命を絶つことの怖さに脅《おびや》かされた。そこで自民党のみんなが集まる部屋で言った。「悪いけど私は棄権させてほしい。自分には苦い経験があって、いま、それがガンガン、ガンガン毎日私を責めるんだ。

151 佐藤優「プーチン論 甦った帝国主義者の本性」『甦るロシア帝国』文春文庫、2012年(文庫版のみの増補)、438-439頁。
152 立岩真也『私的所有論 第2版』生活書院、2013年、205-206頁。

その時の思い出が甦ってきて耐えられないんだ……」[153]

過去からつづく歴史を生きることは、個人の生にとって時にあまりにも重く、自身の決断を不可能にさせる。いっぽうで言葉でいくら議論しようとも、判断を委ねられる「絶対の基準」はみつからない——。澄みわたる空の下で始まった平成ゼロ年代が、垂《た》れ込める暗雲に覆われて終わってゆく。

98年10月、1年半ぶりに活動を再開したMr.Childrenが歌ったのは、答えの出ない混乱のなかで自らを見失い、「人はつじつまを合わす様に型《かたち》にはまってく」、もはや子どもたちがイノセンスを喪失した時代の「終わりなき旅」でした。

153 野中広務・辛淑玉『差別と日本人』角川oneテーマ21、2009年、77-78頁。

2005年8月、郵政選挙の最注目候補として、広島6区から立候補した堀江貴文

第Ⅱ部 暗転のなか

第6章 身体への鬱《うつ》転 1998—2000

自殺した分析医

石原都政発足と江藤淳の自死

絶対的な価値観が失われたいま、言葉で議論を尽くしても結論は出ない。だったら結局のところ、圧倒的なカリスマが体現する説得力に頼るしかない——。平成11年（1999年）は、こうした「言語から身体へ」の巨大な転換が動き出した年でした。

それを象徴するのが、旧制中学で同窓だった二人の「保守派の文学者」が刻んだ明暗でしょう。すなわち、同年4月に東京都知事に初当選した石原慎太郎（のち連続四選）と、逆に7月に自殺する江藤淳です。

忘れられて久しいことですが都知事選以前、石原さんは昭和の政治家として一度「オワコン」になっています。小沢一郎との確執から、1993年の解散時には（小沢ら改革派の新党ではなく）社会党との連立を唱え[154]、実際に村山富市を口説いて94年の自社さ連立実現に協力するも、自身の書いた政策ビジョンは自民党内で店晒《たなざら》しに。

翌95年4月、国会議員在職25年の表彰を受け演説した際、「日本は、いまだに国家としての明確な意思表示さえ出来ぬ、男の姿をしながら、実は男としての能力を欠いた、さながら去勢された宦官《かんがん》のような国家になり果てています」[155]と述べて突如辞任。その姿に三島由紀夫の最期を感じたとは、ハト・タカの別はあれど妙に馬の合った野中広務の回想です。[156]

その老政治家が「石原裕次郎（俳優、87年死去）の兄です」という自虐ジョークで出馬会見を開き、鳩山邦夫（民主党が推薦。のち自民党入りして総務相）・舛添要一（このときは無党派）・明石康《やすし》（自民・公明が推薦。元・国連事務次長）らの有力候補に無所属のまま圧勝。平成の後半にかけて、むしろ昭和以上に政局の震源地となってゆきます。

いっぽうで竹馬の友の江藤は、98年11月の妻の死もあり情緒不安定で、見かねた石原さんは都知事就任後に東京都現代美術館――2012年の「館長庵野秀明　特撮博物館」などで知られる――の館長就任を打診しています。[157]しかし快諾の電話を返してから数日後の1999年7月21日、

154　石原慎太郎「連立するなら社会党だ」『文藝春秋』1993年8月号。
155　石原慎太郎『国家なる幻影　わが政治への反回想　下』文春文庫、2001年（原著1999年）、42頁。
156　野中広務、前掲『老兵は死なず』、330-332頁。
157　石原慎太郎「さらば、友よ、江藤よ！」江藤淳『妻と私・幼年時代』文春文庫、2001年、193-194頁（初出『文藝春秋』1999年9月号）。

江藤淳

江藤は自宅の浴室で手首を切り、帰らぬ人となりました。

高度成長以来の不安

ご存じのとおり石原さんは本来作家で、江藤は文芸評論家。評論されてはじめて当の作者が自作の意味に気づく「無意識過剰」というのが若き日の江藤の石原評で、三島由紀夫はその絶妙な形容に笑い転げたそうです[158]。平成史の展開に照らしてみるとき、この評言の意味は意外なほど重いかもしれません。

1960年代の末期、石原・江藤はともに佐藤栄作首相に気に入られて会食する仲だったのですが、その際のこんな挿話を石原さんが書いています。

> 江藤氏との時も佐藤氏はまたアメリカの話をし出して途中で気がつき、「この話は、石原君にはもうしたがね」と断ってみせたが、私はまた余計に、「はあ、これで十回ぐらいは聞きましたかな」〔と〕いったらその時だけは笑って、「まあ、また聞けよ」〔と〕いっていた。
> 帰路にそう打ち明けたら江藤氏が、「ああそうか、それがあの人の原点なんだな。お前さん

それをわかってやらなきゃ」……〔などと〕いわれたが私には納得いくようないかぬような解説だった。[159]

本人が繰り返す話には、その人の原点となるトラウマが秘められている。このやりとりにも表れているように、江藤淳は精神分析批評の先駆でもありました。

同一性を意味するidentityを、今日風の「揺らぎながら追い求める自分にとっての生きがい、実現したい自己像」の語義としたのは米国の心理学者エリクソンですが、江藤の代表作『成熟と喪失』（67年）は、その理論を日本に紹介した走りです。同書の冒頭で江藤はエリクソンを引きながら、「やがて息子が遠いフロンティアで誰にも頼れない生活を送らなければならないことを知っている」アメリカの母親像と、「息子が自分とはちがった存在になって行くことに耐えられず、彼が「をさ《（ママ）》なくて罪をしら」なかった頃、つまり母親の延長にすぎなかった頃の幸福をなつかしむ」[160]日本の母親像を対比します。

日本では父性原理――子どもが親とは異なる他者であることを認め、切り離し自立させる発想が弱く、だから欧米型の精神分析をそのまま当てはめても効かない。ユング理論を導入して精神

158　石原慎太郎「江藤は評論家になるしかなかった」中央公論特別編集『江藤淳1960』中央公論新社、2011年、181頁。
159　石原慎太郎『国家なる幻影　わが政治への反回想　上』文春文庫、2001年、44-45頁。
160　江藤淳『成熟と喪失　〝母〟の崩壊』講談社文芸文庫、1993年、8・10頁。

療法の大家となる河合隼雄《はやお》（心理学者）が『母性社会日本の病理』（1976年）で指摘し、近年は宇野常寛さん（『リトル・ピープルの時代』2011年）や斎藤環《たまき》さん（精神科医。『世界が土曜の夜の夢なら』12年）が批判的にとりあげている「母性優位の社会」としての日本の自画像を、同時代文学の評論として高度成長のさなかに描いたのが江藤淳でした。

言い換えるなら、はたして日本はそう単純に「欧米並み」になれる国なのか。それができるという思いこみにこそ病理がありはしないか。江藤はそうした診断を下す分析医だったとも言えるでしょう。

マッチョイズムとベトナム戦争

これに対し、いわばそのクライアント（患者）でもあった無意識過剰の作家・石原のほうは、むしろ言葉にして分析されることを拒むような、徹底した身体的マチズモへの欲求に特色があります。

ご存じのとおり、1956年に第34回の芥川賞を最年少受賞（当時。23歳）して社会現象となった『太陽の季節』のハイライトは、無軌道な若者が男性器で障子を破って恋人に見せつけるシーン。政治家になってからの回想でも、ノサップ岬から望遠鏡で北方領土を視察した際、「ソヴィエト軍の水兵たちが海水浴して……素っ裸で、股間の巨《おお》きな性器がむきだしのまま揺れている」のを見て「なんともやりきれぬ屈辱[161]」を感じたというのだから筋金入りです。

そして、佐藤栄作邸帰りの江藤の助言が奏功したのか、中途から石原氏はそうした自分の「身体」へのこだわりに関しては、明確に自覚するようになっていました。石原さんの政治家としてのスタートは、自民党から全国区（今日の比例区）に立候補し３００万票でトップ当選した１９６８年の参院選。

出馬のきっかけは、66年に読売新聞の企画でクリスマス休戦下の南ベトナムを取材し、「サイゴンで会ったどれもたいそう知的な人々の、あの投げやりな自らへの明日に対する冷笑と努めた無関心さ《ノンシャランス》」に「私の故国日本との強い類似を見た」体験からでした。

> おおよそただの野次馬として赴《おもむ》いたベトナムで私が体得した至上のものは、国家というものを人格になぞらえて考えるという習慣だった。結果としてそれが私を日本で政治に向かって曳《ひ》いていったのだ。[162]

国家とは人格である。政治を担う人びとの身体が病み衰《おとろ》えるとき、国もまた滅ぶ。知性ある人はただそれをシニカルに眺めるだけで、救うことはできない。俺のようなマッチョな男こそが政治の中枢を担い、国家に活《カツ》を入れなおさなくてはならない――。それが石原さんの思想だと言っても、非礼には当たらないでしょう。

161　前掲『国家なる幻影　下』、28頁。
162　前掲『国家なる幻影　上』、31-32・18頁。

しかしベトナム戦争に「巻き込まれる」ことへの懸念が革新勢力を高揚させていたこの時期、佐藤栄作政権は内閣法制局（高辻正己《まさみ》長官）と協働して、むしろあらゆる集団的自衛権の「行使自体が違憲」とする憲法解釈へ舵を切ってゆきます。[163] 米軍基地から北ベトナムへの爆撃機が日々発進中だった沖縄の返還を見越して（72年に実現）、「日本の参戦は絶対にあり得ない」と国民に確約するための措置でしたが、そのことは必然的に、石原さんを自民党でも最右翼の「異端」へと追いやってゆきました。

そうして参入した昭和の国政で揉《も》まれ、一度は傷つき敗れ去ったはずの身体が、平成なかばの都政にふたたび召喚された。こうして「患者」が甦る一方で、逆に言語の使い手たる「分析医」のほうが自死に至ってゆく。

自分自身のあり方を言葉で分析するのは、自己を突き放して冷徹に観察することでもあり、孤独や疎外感を覚える体験です。それで確かな答えが出るならまだしも、どうせ出ない。だったら言葉なんかいらない、むしろ身体そのものの臨在感で「この人はわかってくれている。彼（女）こそが自分たちの代表だ！」と感じさせてほしい。

そうした20世紀末の日本における「言語の凋落と身体の浮上」の象徴が、１９９９年4月の都知事選で石原さんが獲得した１６６万票でした。最も遅い出馬表明にもかかわらず、改革派として人気だった2位鳩山・3位舛添の各85万票前後に対しほぼダブルスコアで、あたかも平成に対する「昭和の帰還」を見せつけた感がありました。

1999年3月10日に発売された宇多田ヒカルのファーストアルバム『First Love』

宇多田ヒカルのポピュリズム？

同じ月、16歳の少女歌手のＣＤアルバムが前人未到の６００万枚（年末までに８００万枚）を売り上げ、センセーションを起こしています。もちろん、宇多田ヒカルさんの第一作だった『First Love』です。98年12月のデビュー曲「Automatic」がダブルミリオンのヒットになっていたとはいえ、累計で３００万枚を超えたアルバムが数点しかなかった時期に、空前絶後のできごとでした。

いまふり返ったとき驚くのは、このモンスターヒットの背景に、その後の平成の政治やメディアを通底する力学が胚胎していたことです。

彼女が歌うR&Bと入れ替わりにヒットから遠ざかっていったのが、直前までは敵なしだった「小室哲哉プロデュース」のユーロビートですが、小室さんは往時を回想して、「ゴリ押しでもい

163 篠田英朗、前掲『集団的自衛権の思想史』、１２４-１３３頁。同書が詳論するように、それ以前は集団的自衛権の行使のうち「他国を守るための海外派兵」に限っては違憲、とする解釈（たとえば60年安保当時の岸信介。１１０頁）が一般的であった。

いから『これがいい』《(ママ)》『これが今流行っているんだ』《(ママ)》ということをCDを通して伝えていった」ものの、「プロダクションやレコード会社の上の世代の偉いオジサンたちの言うことを、どうにかしておもしろい方、楽しい方に持っていくこと」と述べています。[164] 小室サウンドには海外の音楽シーンの先端を紹介する「上から目線」に疲弊していた、しかし日本型雇用の組織がいまだ強い芸能界に拘束された、中間管理職としての性格とがまとわりついていた。

「中間管理職」は宇野維正《これまさ》さん（音楽評論）が使っている比喩ですが、彼が注目するのは宇多田さんがこれらの制約をすべてスキップすることで、新しいヒットの形を生み出したことです。[165]学業との両立が大きな理由でしたが、実の家族が経営する手作りのプロダクション主導で、PRはクラブでの口コミが中心。テレビへの露出は控《ひか》え、情報発信は本人がDJを務めるローカルラジオと、インターネットのホームページ。アイドル的な演出も抑えて、安室奈美恵的なギャル感を排した自然体の踊りとビジュアル……。

既成政党や大手マスコミといった「本人と支持者のあいだに挟まる媒介者」を中抜きし、ボトムアップでダイレクトに民意と直結した印象を作って旋風を起こすのは、政治家時代の橋下《はしもと》徹さん（元大阪市長）から米国のトランプ現象まで共通の、ポピュリズムのスタイルですね。それを政治に先んじて、無意識のままあっさり実現したところに宇多田ヒカルさんの奇蹟がありました。

そして彼女が歌ったとおり「言葉を失った瞬間が一番幸せ」・「It's automatic 側《そば》にいるだけで」、自分が代表してもらえた心地になれる身体性の持ち主を探して、ここから日本の民意はあてどない彷徨《ほうこう》をはじめることになります。

帰還兵の暴走

60年安保と薬害エイズ問題

「戦後」に正義の実現を見るという考えかたは、当然戦争になんらかの道徳的価値を導入し、それを「思想戦」とみるところから出発している。それが果して妥当だろうか。国民を納得させる大義名分をもうけなければ、戦《いくさ》ができないというのは近代戦の鉄則である。すべての戦は味方にとっての義戦であり、敵にとっての不義の戦であろう。[166]

もう少し口語調に直せば、1998年の最大の話題書『新ゴーマニズム宣言SPECIAL 戦争論』で、小林よしのりさんがかました「ごーまん」だといっても通るでしょう。本当の著者は江藤淳で、1960年11月号の『文藝春秋』に載せた「〝戦後〟知識人の破産」の一節。

164 柴那典『ヒットの崩壊』講談社現代新書、2016年、35頁。宇野維正『1998年の宇多田ヒカル』新潮新書、2016年、74-75頁。なお後者の発言の初出は、14年のムック『小室哲哉ぴあ TK編』での秋元康との対談である。

165 前掲『1998年の宇多田ヒカル』、84-86・100-101・121頁。

166 江藤淳「〝戦後〟知識人の破産」前掲『一九四六年憲法 その拘束』、171-172頁。

この江藤という補助線を引くと、一般にはゴー宣の「右傾化」と呼ばれる『脱正義論』（96年）から『戦争論』への転回にも、かなり違った見方をすることができます。『脱正義論』は、92年の秋から薬害エイズ賠償訴訟に関わってきた小林さんの総括で、当初は純粋に個人として立ちあがった若者たちが、しだいに問題の解決よりも運動の快楽じたい（デモや街頭演説、同志のオルグ）を目的とし始め、左翼セクトにリクルートされ党派化する様子を批判的に描きました。

いわば小林さんの転向声明でしたが、実は江藤淳もまた1960年5月の強行採決に抗議していち早く声を上げ、しかし中途で運動の内実に失望し去っていった、安保闘争からの転向者。このとき行動をともにした石原慎太郎や曽野綾子（作家）は平成期に「保守文化人の大御所」となりますが、江藤の場合、もともと社会党に投票する程度には「進歩的」な人でした[167]。

江藤を落胆させたのは、一般には運動の頂点のように呼ばれる60年6月10日の「ハガチー事件」。新安保の批准《ひじゅん》に際して来日を予定していたアイゼンハワー大統領の先遣隊として、羽田空港から米国大使館に向かっていたハガチー秘書官の車をデモ隊が包囲して罵声と暴力を浴びせ、ついに米軍のヘリコプターで救出されるにいたったものです。これを江藤は国民的な運動に反米極左のイメージを与え、かつ国際問題を惹起《じゃっき》しかねない悪手だと批判し、「権力者の無責任を抵抗すべき側の指導者が知らずに真似したとき、退廃がはじまった[168]」として、傍観するのみだった社会党指導部を酷評しました。

要は、左翼は政治の担い手として「プロじゃない」ということですが、これは約35年後、薬害エイズの運動を離脱する際の小林さんの立場でもあります。『脱正義論』の山場で、運動を自己目的化している参加者に向けた訣別《けつべつ》の台詞は、「りっぱなごたく並べて批判だけしてりゃよかったヤングどもよ。今度はきみらが社会に出て責任を担う番だ……プロフェッショナルになれ！」。かつて「中沢新一や島田裕巳《ひろみ》〔宗教学〕が「オウム＝子供の宗教＝安全」のお墨《すみ》付きを与えたために若者が入信していったように…今度は〔運動を煽った〕わしが若者の道を踏みはずさせる恐れが出てきた」と回顧するように、それは「子どものままでいい」という80年代的な感性との絶縁であり、ここからは成熟をめざすという宣言でした。[169]

条約の自然承認と引き換えに岸信介首相が7月に退陣し、すっかり運動の高揚が退いた1960年の秋に執筆された「〝戦後〟知識人の破産」で、江藤は安保反対の理論的指導者だった丸山眞男と清水幾太郎《いくたろう》（社会学。のち江藤以上に右傾化し核武装論者に）を指弾します。彼らは「戦後」の日本に画期的な変化が起こり、美しい民主主義が生まれたとする歴史感覚で行動したが、それは仮構にすぎず「理想主義は占領下という温室に咲いた花であって」、無自覚でいるかぎり「「進歩的文化人」が、心情においてきわめて急進的でありながら、論理においては恒《つね》に復古派、ある

167　当時、江藤が『中央公論』1960年7月号に寄せた「〝声なきもの〟も起ちあがる」に、「私と私の妻が投票した……私どもの利害を代表している社会党の国会議員が」岸信介内閣に暴力で排除されての強行採決に憤って、運動を決意した旨が記されている（前掲『江藤淳1960』、29-30頁）。

168　江藤淳「ハガチー氏を迎えた羽田デモ　目的意識を失った集団」同書、43頁（初出『朝日ジャーナル』1960年6月19日号）。

169　小林よしのり『新ゴーマニズム宣言スペシャル　脱正義論』幻冬舎、1996年、94・71頁。

いは「復初派」だという自己矛盾がおこる[170]」。

戦後最大の政治運動が敗北に終わったいま、その失敗を内在的に反省し、「愚かな戦前と輝かしい戦後」といった歴史認識の刷り込みを疑うところから、健全な思考は始まるはずだと、江藤は説くわけです。

こうして見たとき、ゴー宣の『戦争論』に代表される「平成の右傾化」が提起した論点が、実は60年安保の時点でほぼ出尽《でつ》くしていたことがわかるでしょう。よきアマチュアリズムを発揮するはずだった市民運動が、そこで得られる非日常の体験を自己目的化することで有効性を失い、左派の政治家や知識人も心情倫理に溺れて堕落してゆく。

政治的な成果を勝ちとる「プロ」としての自律した国民を育てるには、「侵略戦争の反省」や「新憲法の理想主義」といった神話を解体し、あの美しかった戦後民主主義の原点に帰ればすべてうまく行くといった、甘えの根源となる歴史観を断ち切らねばならない。――小林よしのりさんが90年代の後半に示した転向とは、実は1960年の江藤淳の軌跡を、無意識になぞるものだったのです。

『戦争論』と極右化するゴー宣

それでは右傾化以降のゴー宣はたんに、江藤をはじめとする冷戦下の保守言説の焼きなおしにすぎないのでしょうか。答えは否。むしろ「小林・江藤」の違いを捉える上でこそ、先に「石原・江藤」についても指摘した身体という観点が活きてきます。

小林さんが主戦場とするマンガという技法が、江藤の表現手段だった文芸批評と比べて、ビジュアルに描かれる「身体」の存在感に依拠していることは、異論の余地のないところでしょう。ゴー宣は江藤的というより、あきらかに石原的なメディアでした。政治や性を描く際に、異常なほどマッチョさを誇示する点もそうですね。

しかし言語による自己の相対化という「分析医」を欠いた身体は、しばしば暴走を始めます。「〝戦後〟知識人の破産」で江藤は、清水幾太郎が安保闘争を「一つの戦争」と呼んだことに着目し、現実離れした理想主義を唱えて極論へと突き進んだ点で「知識人のなかで心理的には、八月十五日以後もそれ以前と同様に、戦争は継続している」、つまり戦後の進歩派の弊害は戦前にもあてはまるのだと論を進めて、そうした倒錯は「日本の近代における知識人の位置に由来する」[171]と結論します。

昭和初期の共産主義、戦時下の聖戦思想、戦後民主主義のいずれもがリアリズムの欠如ゆえに挫折して「転向」を招きよせ、しかし知識人たちはその責任を一部の離反者に帰すだけで、反省しない。江藤が「戦後」なる時期区分は虚構だと断じたのは、戦前をも貫く日本近代全体の構図を批判するためであって、戦争を肯定するためではありませんでした。

いっぽう『戦争論』の冒頭で、小林さんは『ＳＰＡ！』時代にゴー宣で批判したオウム真理教

170 前掲「〝戦後〟知識人の破産」、１７６・１７９頁。文中の「復初派」とは、丸山眞男が運動のなかで8月15日という戦後の原点へ「復初」せよと唱えたことを揶揄した表現。

171 同論文、１７７・１８１頁。

に命を狙われたことを、「オウムの頃日本は「混乱」していたが、わしは「戦争」していた……街を歩く時は常に武器を携帯していたし、襲ってくる奴を殺すシミュレーションを頭の中でしていた」と回想し、そこまでして守った戦後日本の「平和」な市民社会の、堕落ぶりに絶望を表明します。カルト教団との死闘から得た文字通りの身体感覚を媒介に、小林さんは大東亜戦争からの帰還兵に自らを同一化させ「戦争体験を語り継げと言うなら、痛快な話も新聞・テレビでやってみろ！」、開戦初頭に「ほぼ勝ちっぱなしで帰国した高村氏〔小林氏と知己の元陸軍将校〕の日記から、戦争の爽快感・戦争の充実感・戦争の感動を学ぼうではないか！」と呼びかけるにいたります。

より対照的なのは江藤が主に、無自覚に戦前の転向を反復する「知識人」や「理想家」を批判する裏面で「実際家」「生活者」を称揚したのに対し、小林さんはむしろオウム事件の体験から、（左派系の知識人は罵倒しつつも）戦時中は「だまされていた」という意識で戦後民主主義に群がっていった銃後の庶民にこそ、厳しい目線をむけていることです。

「私たちは教団にだまされていただけ！」と叫んで、「悪かったこと、自分たちにも責任があることは認めず、教祖や幹部だけを悪者にして、自分だけどこまでも純粋で善良な人間であろうとする」脱会信者への嫌悪感を、「国民は軍部にだまされていただけ」と主張してきた「敗戦後の日本人」へと投影する。[172] その意味では昭和の江藤より、平成の小林さんのほうが、眼前に広がる日本への失望が深かったとも言えるでしょう。

三島由紀夫の亡霊

こうなると、想起されるのはやはり三島由紀夫です。江藤と三島の複雑な関係は、平山周吉氏（文筆家）が評伝『江藤淳は甦える』で詳述していますが、興味深いのは江藤のエッセイ「最初の鎖」（『読売新聞』1965年1月3日）と、憂国作家・三島の代表作「英霊の聲《こえ》」（初出は『文藝』66年6月号）の対比でしょう。

江藤の文章は銀座の軍歌酒場で飲んだ際に、扉の外に戦死した兵士たちが物言わぬまま整列している幻覚に駆られたというもの。しかし三島は小説のなかで、青年将校や特攻兵の亡霊に「などてすめろぎ（＝昭和天皇）は人間《ひと》となりたまひし」と叫ばせ、自分が死者になりかわってしまっている。そうした死者への自己同一化を「不遜」「猥褻《わいせつ》」だと酷評されて、三島は江藤と絶交します。[173]

結果として、戦後という不自由な時代をなんとか生きぬこうとした江藤に対し、三島はもはや目下の日本に肯定する余地なしとして、1970年の決起と自害に突き進んでゆく。

文壇で最も三島と親しかった村松剛《たけし》（仏文学）は、その追悼文で、ボディビルと民兵の育成に

172 小林よしのり『新ゴーマニズム宣言SPECIAL　戦争論』幻冬舎、1998年、14・208-210・301-303頁。

173 平山周吉『江藤淳は甦える』新潮社、2019年、413-414頁。

江藤の「英霊の聲」批判は『朝日新聞』（1966年5月30日）紙上でのもので、『全文芸時評　上』（新潮社、1989年、348-349頁）に再録。

励みだした三島を「子供のときできなかったこと、禁じられていたことを、いまになってぜんぶやろうとしている」とからかったところ、平素なら笑ってくれるはずが「露骨にいやな顔」で叱責されたと述べています。[174] 言語よりも身体——本人が好んだ用語では「肉体」へと走り出していた三島にとっては、そうした分析医のようなまなざし自体が、不快極まるものだったのでしょう。

ところが約30年後の『戦争論』で小林さんは、あらかじめその種の批判を先回りするかのように、喘息《ぜんそく》と虚弱体質のためケンカや相撲大会で惨敗し、そうした自分を鼓舞するために「特攻精神」を心の支えにした少年時代を描いてしまう。[175] いわば患者自身に先に答えを言われているわけで、こうなると精神分析はますます機能しません。

見城徹氏率いる幻冬舎のバックアップもあり、小林さんが描く「身体としての日本」は、学者や評論家の批判を嘲笑《あざわら》うかのように部数を伸ばしていきました（ちなみに見城氏は年来の石原慎太郎ファンで、96年には『弟』をミリオンセラーに導いています）。それが呼び水となり、小林さんも属するつくる会の教科書のパイロット版とみなされた西尾幹二『国民の歴史』も、産経新聞ニュースサービスから翌99年の10月に刊行され大ヒット。[176]

西尾さんは1969年のデビュー作『ヨーロッパ像の転換』を三島に推してもらった恩もあり、まだ若手の評論家だった当時から江藤の三島批判に反論を挑み（後述）、三島事件後には「江藤淳は倶《とも》に天を戴くにあたわず、と思った」[177]とまで回想する人物。99年7月の江藤の死からわずか3か月、分析医を失った「帰還兵の身体」の反乱は、もはや言語では止められない領域にまで昂揚していったのです。

届かない郵便

『批評空間』の精神分析批判

政治を形作る表現から言語が退潮し、フロイト的な精神分析すらも無効になって、すべてが身体感覚を通じた同一化に埋没してゆく。最初にそうした転回を見抜いて危機意識をもったのは、おそらく『批評空間』を主宰していた柄谷行人氏でしょう。

そもそも柄谷さんは1969年、選考委員の江藤淳に読ませたくて漱石論を投稿し、群像新人賞を受賞してデビュー。しかし一般に名著とされる『成熟と喪失』にはむしろ「一つの図式に強引に推し込もうという意図」を感じ、「わりとシンプルに精神分析学を応用したと見られてしまう」として批判的に読んでいたと、江藤没後の福田和也氏（文芸評論）との対談で語っています。[178]

174 村松剛「赫々たる夕映えに死す　三島氏と「楯の会」」『諸君!』1971年2月号、29頁。大きく加筆した改稿版では、「「楯の會」と三島由紀夫」『三島由紀夫　その生と死』文藝春秋、同年（5月刊）、67-68頁。

175 前掲『新ゴーマニズム宣言SPECIAL　戦争論』、6-7・14章。

176 同社は藤岡信勝ら「自由主義史観研究会」による日本史シリーズを、96年から刊行しヒットさせていた。最初のつくる会の教科書を請け負ったのも、同じフジサンケイグループの扶桑社であった。

177 西尾幹二『三島由紀夫の死と私』、前掲『西尾幹二全集2』、480頁（原著2008年）。

178 柄谷行人・福田和也「江藤淳と死の欲動」前掲『江藤淳1960』、194・197頁（初出『文學界』1999年11月号）。

そうした柄谷さんの観点からすると、ベタなアイデンティティ論に寄りすぎてダメになってしまった「負の江藤淳」の後継者が、95年に評論「敗戦後論」で、護憲／改憲・戦前否定／肯定に引き裂かれた日本国民の自我の再統一をとなえた加藤典洋でした。成熟を拒否するスキゾ・キッズだった浅田彰氏も同調して『批評空間』は大バッシングを展開し、個人のものである人格概念を「日本人」の全体へと拡張して使う加藤の主張は、フロイトとは無縁で評論家の岸田秀をコピーしただけの「インチキ精神分析」だと罵倒します[179]。

東浩紀のデータベースモデル

しかし、それではいかにして身体化する政治に抗し、言語による批評が機能する場所を回復するのか。そうした問いを背景に『批評空間』グループからデビューしたのが、１９９８年に最初の著書『存在論的、郵便的』を刊行した東浩紀さんでした。

団塊ジュニア世代の言論人を代表する東さんは71年生まれ、当時は27歳で東大駒場の大学院に在学中。「私は『構造と力』がとうとう完全に過去のものとなったことを認めた」とする浅田氏の帯もあり、東さんは一躍時の人となります。個人的には翌99年に駒場（学部）である授業を聴講したとき、教員のほうが得意げに「このまま東浩紀に聞いたんだけど……」として『耳をすませば』の解説をしていたのが、当時の東さんの「権威」に接した最初でした。

東さんの本の副題は「ジャック・デリダについて」。デリダは（浅田さんが依拠してきた）ドゥルーズと並んで難解なフランス現代哲学の頂点として知られ、それを鮮やかに読み解く手つきが注目を集めたのですが、いまふり返るとむしろ、真に注目すべきは同書が「精神分析の刷新」を志向していたことのように思われます。デリダの頻繁なフロイトへの言及を指摘した上で、東さんはその意義をこう解説します。

〔フロイトの理論では〕まず最初に幼年期体験という「原版」がある。転移はそのうえで展開される「新版」「再印刷」である。欲動の痕跡がつぎつぎと重ね書きされるこのイメージにおいては、転移の出現は、その版下の単一性、つまり各人の固有性に規定され続ける。

しかしいま検討した無意識の郵便空間への接続は、このイメージの維持を決定的に不可能にするように思われる。デリダ的転移＝中継においてはむしろ、無意識は他者のエクリチュールに貫通されその固有性を脱臼される。[180]

転移とは一般には「ファザコンの女性患者が、男性の精神科医を好きになる」といった現象――本人自身の幼少期のトラウマゆえに、本当に欲するものとは違うところに欲求をむけてしまう営為として捉えられます。しかしデリダ―東の理論では、それは違うというわけですね。無意識を書籍の原版のような、「大昔に一度だけ作られて更新されない、その人に固有のもの」

179 高橋哲哉・西谷修・浅田彰・柄谷行人「責任と主体をめぐって」柄谷行人編『シンポジウム3』太田出版、1998年、276頁（初出『批評空間』第2期13号、1997年）。
180 東浩紀『存在論的、郵便的　ジャック・デリダについて』新潮社、1998年、320頁。

として捉えるのは、実は間違いではないか。むしろ周囲からの影響を受けて絶えず新しく書き込まれ、ユーザー相互のやりとりを通じてアップデートされてゆくデータベースのようなものとして、無意識はあるのではないか。

他には還元しえない「固有なもの」に迫ろうとする思考の形態を、東さんは存在論的と呼びます。ちょっとわかりにくい命名ですが「「存在」とはそもそもなにか？」を問い続けることで、「この概念こそが人間の本質を決定的に表している、哲学の究極のキーワードだ」というものを発見しようと試みたハイデガーと、その影響下に文芸評論を展開した柄谷さんの立場を指すといってよいでしょう。

逆に東さんがデリダに見出す「郵便的」な視座とは、そうした「これ以上は疑いえない絶対的なもの」を突きつめずに、あらゆるメッセージがつねに想定外の読まれ方をする（＝誤読・誤配される）状況を前提として、思考する態度のこと。「第二期デリダは後期ハイデガーより読みにくい。しかしその理由は、それがますます洗練された隠語＝キーワード操作に基づいているからではなく、単にそこにキーワードがないからである」[181]。

デビュー作の刊行を記念した東さんの講演では、そうした視座の転換の意義がヴィヴィッドに語られています。たとえば98年の当時、前年の酒鬼薔薇事件をモチーフにした文学と称して柳美《ユウミ》里《リ》氏の『ゴールドラッシュ』がヒットしていましたが、「あそこに描かれている環境は酒鬼薔薇少年の環境とは何の関係もありません。……主人公が、典型的なオイディプス・コンプレックスから父親を殴り殺す。これは、あらゆる状況が〔普通の郊外家庭の従順な子どもが起こした〕酒鬼薔薇事件とは正反対です[182]」。

ベタなフロイト型の精神分析ではもう説明できない時代が生まれているのに、既成の文壇や思想界の想像力が追いついていないというわけですね。「父殺し」は必要なのだが、それはたとえば昭和期に（柄谷行人の盟友で、江藤淳も高く評価した）中上健次が紀州熊野サーガで描いたような、「秩序の結節点に立つ一人の巨大な存在を打ち倒す」といった形ではなく、むしろ従来の精神分析の発想じたいを無化する、新たなシステムの開発を通じて行われる必要がある。

そう示唆する『存在論的、郵便的』は、いわば「デリダ―ハイデガー」の関係を「東―柄谷」のそれに重ねた、二重の父殺しの試みでした。しかし、その先に知性が働く環境を整備してゆくことは、どうすればできるのか。

福田和也と文壇の終焉

ある意味でその困難を予感させる事件は、2000年の4月に起きました。先に柄谷氏との対談を引いたように、当時の文壇で江藤淳の後継者と目されていた福田和也さんが『作家の値うち』なる書物を発表。

100点満点形式のワインガイドとして知られる評論家ロバート・パーカーの「徹底的かつ単

181　同書、306頁（傍点は原文）。
182　東浩紀「郵便的不安たち『存在論的、郵便的』からより遠くへ」『郵便的不安たちβ』河出文庫、2011年（単行本は00年）、75-76頁。初出は98年12月、書店イベントでの講演。

純明快なシステムを小説に適用して」[183]、純文学・大衆小説の書き手各50名の作品に点数をつける暴力的な企画で、当然ながら大ブーイングを招きます。平成の保守知識人として親しくしていた西部邁にまで、かつて「パーカー流は消費者向けの買い物ガイドという、いわば外圧的な枠組みの下での批評[184]」だと批判したのは福田本人ではないかと、きびしく追及されました。

ちょうど1年前の99年4月に活字化された『批評空間』誌のシンポジウムで、東さんらと壇上に並んだ福田さんは、前年末に亡くなった白洲《しらす》正子（随筆家。実業家の白洲次郎の妻）について「小林秀雄サークルの最後の生き残りが死んだ」と紹介。美意識の前提となる共通感覚を養う場が機能不全となった結果、エンタメ作家の花村萬月《まんげつ》（第119回）や京大在学中の執筆になる平野啓一郎（第120回。石原慎太郎と同じ23歳での受賞）など、常識はずれの芥川賞の選考が増えたとして、浅田彰さんと意気投合していました[185]。昭和の文壇のような集合知がもう価値の尺度にならない以上、なにか代わりが必要だという問題意識はあったのでしょう。

しかし重要と思われるのは、日本浪曼《ロマン》派の再評価をうたって平成初頭にデビューした福田さんが、このとき決定的に批評の原理としての「歴史」を葬り、ポイント形式という「情報化」に与《くみ》してしまったことです。そもそも1990～91年に『諸君！』に連載された論壇デビュー作「遥《はる》かなる日本ルネサンス」で、福田さんは戦後日本の情報社会論の元祖でもある梅棹《うめさお》忠夫（文化人類学）の機能主義を、こう批判していたはずでした。

「系譜論」から「機能論」へと転換することで、（明治以降の知識人が陥った）西欧へのコンプレックスを拭《ぬぐ》い去った梅棹氏は、同時に、日本論という日本への問いから、「日本にたいする特別の執心ぶり」を、つまりはアイデンティティの問いのもつ愛憎と葛藤を消してしまった。[186]

たとえば近代社会というとき、系譜（＝歴史）をたどって思考すると「西洋ではない日本は近代たりえない」という、重いジレンマが発生する。しかし機能主義で考えるなら、舶来の技術を輸入し、西洋近代と同様に日本の社会が動いている（＝機能している）なら、もうそれで十分であって、ルーツをたどって煩悶《はんもん》する必要なんてない。

「文明の生態史観」（1957年）に始まり『知的生産の技術』（69年）にいたる、梅棹流の――戦後の高度成長を肯定する――割りきった発想では「日本人であることの実存が抜け落ちる」と告発してきたはずの福田さんが、最も個々人の内奥《ないおう》に触れるはずの小説の批評に、米国のワイン評

183 福田和也『作家の値うち』飛鳥新社、2000年、5頁。

184 西部邁・福田和也「小説に点数はつけられるか」福田和也『「作家の値うち」の使い方』飛鳥新社、2000年、165-167頁（初出『文學界』同年8月号）。

なお西部が矛盾を指摘する福田の旧稿は、『新潮』1993年7月号が初出の「批評私観　石組みの下の哄笑」『甘美な人生』ちくま学芸文庫、2000年（原著95年）、14-17頁。

185 東浩紀・鎌田哲哉・福田和也・浅田彰・柄谷行人「いま批評の場所はどこにあるのか」『批評空間』第2期21号、1999年、21-22頁。シンポジウムの開催は同年1月。

186 福田和也『遥かなる日本ルネサンス』、『近代の拘束、日本の宿命』文春文庫、1998年（原著91年）、60頁。

論の技法を導入する。すべてが点数＝データ化されるシステムに、自分の本業のはずの文学を組みこんでしまったわけですね。

2ちゃんねる発足とAmazon上陸

『作家の値うち』を出したとき、福田さんは慶應ＳＦＣの助教授。実はこれは、晩年の江藤淳の斡旋《あっせん》でポストを受け継いだものでした。[187]

まさかキャンパスに飛びかう情報科学に影響されたわけでもなかったでしょうが、しかし同じ２０００年の11月には、「.co.jp」を附してAmazonの日本版がオープン。「１００人以上がレビューして平均が星４つ半なら、読もうかな」といった姿勢は徐々にあたりまえになり、やがて福田氏のような評論家＝「採点者」の存在じたいが、ビッグデータのアルゴリズム――ウェブで自動生成する新しい形の集合知へと溶けてゆくことになります。

東さんが郵便的と呼んだ、発したことばが誰に届くかも、どう読まれるかも事前にはわからず、発話者個人の内面というより「集団の空気」として無意識が共有される環境もまた、同様に可視化されつつありました。１９９９年2月のi-modeのサービス開始は、ネット上へのことばの発信を一挙に気軽なものにしましたが、より象徴的だったのは同年5月に、巨大匿名《とくめい》掲示板として発足した2ちゃんねる（現・5ちゃんねる）でしょう。

それらははたして、ＩＴ革命後の西洋と同様に「機能」するのか、それとも日本に独自の屈折を孕むのか。平成初頭の素朴な進歩の幻想がおわった世紀末以降の出版界や論壇は、そうした問いに直面してゆくことになります。

「脱冷戦」政治の終わり

新進党の挑戦と挫折

いわゆる右傾化から情報化まで、文化の面では巨大な変動のあった20世紀末の3年間ですが、政治的には華のない時代とみられがちです。この時期首相を務めた小渕《おぶち》恵三（1998年7月～2000年4月）は、昭和最後の竹下登以来の「旧田中派の派閥領袖」としての総理就任。後継の森喜朗《よしろう》（～01年4月）は、小渕の急逝により幹事長から昇格したもので、これまた福田赳夫の系譜を引く清和会のボス。

派閥どうしの合従連衡《がっしょうれんこう》で政権がたらいまわしにされた1970年代に戻ったかのようで、総じてマスメディアには不評でした。実は、小渕政権の発足時には衆参で多数派が異なる「ねじれ国会」だったため、参院では野党の結束により民主党代表の菅直人が首班に指名され、細川・羽田以来の非自民政権樹立へと追い風が吹くかに見えました。

国際的にも、当時はイギリスで労働党のトニー・ブレア（97年）、ドイツでは社会民主党のゲ

187 福田和也「江藤淳先生と私」『江藤淳という人』新潮社、2000年、191頁（初出『諸君!』1999年9月号）。

アハルト・シュレーダー（98年。緑の党との連立）、イタリアでは政党連合「オリーブの木」のロマーノ・プロディ（96年）と、「現実化した中道左派」による政権奪取が目立っており、米国でもリベラルと目された民主党のビル・クリントン大統領が二期目に入っています（97年[188]）。

より劇的だったのは東アジアです。軍事政権による拉致や死刑判決も体験し、国際的な民主化運動の象徴とされてきた金大中《キムデジュン》が1997年末、韓国大統領に当選（在任中の00年にノーベル平和賞）。2000年には台湾の総統選でも、弁護士としての人権活動で知られた民進党の陳水扁が勝利し、初めて国民党を下野させました。

こうしたなか、派閥の論理へと逆行したような自民党政権は、国民にはいかにも古くさく見え、「もっと新しいなにか」への欲求をくすぶらせてゆきました。

しかし注意深くみると、この時期にこそ二つの点で、平成政治の帰趨が決定されたともいえます。影響がより大きな方は、今日も続く公明党と自民党との連立（小渕内閣下、99年10月～）。小さな方は、独立路線の「最左派の野党」としての共産党の定着です。前者は選挙協力を通じて直接的に、後者は野党票を割ることで間接的に、小選挙区時代に自民党を延命させることになります。

政界における平成最大の「黒歴史」は、そもそも細川護熙政権に入閣して以来、公明党が当初は一貫して小沢一郎と提携し、1994～97年には新進党の実働部隊として反自民の側で二大政党化を担っていたことでしょう。新進党の結党大会（初代党首は元首相の海部俊樹）は横浜のみなとみらい21で、冒頭にオーケストラと合唱団によるベルリンの壁崩壊のテーマ曲「第九」の演奏を配し、ポスト冷戦政治の担い手たることを印象づける演出。

ちなみに、結果的に二大政党の地位を同党から奪う（旧）民主党の結党後最初の党大会は97年3月の日本青年館で、ボブ・ディランの「風に吹かれて」をカバーしながら高度成長期のモノクロ映像が流れる、むしろ懐古的なものでした[189]。

新進党に結集した非自民勢力のうち、細川率いる日本新党は完全な平成初頭の風任せで、新生党も自民党出身だった政治家たちの個人後援会頼み。全国的な集票組織たりえるのは民社党系の労働組合と、公明党の母体である創価学会のみでした。選挙のプロだった小沢氏が見落とすはずはなく、村山自社さ政権に挑んだ95年7月の参院選では学会の組織をフル稼働させ、比例区で自民党を150万票（議席では3議席）上回る完勝。来たるべき衆院選（小選挙区）にあてはめると、自民105議席に対し新進177議席となる計算で、政権交代は目前とも思われました[190]。

しかしこのときを頂点に、小沢さんと旧公明党の関係が悪化。詳しい経緯は薬師寺《やくしじ》克行さん（元『論座』編集長）の『公明党』にゆずりますが、①まず自民党が「政教分離違反」を楯に攻勢をかけ、②反応して小沢氏が旧公明党系を要職から外したために相互不信が生まれ、③96年10月

188　前田和男『民主党政権への伏流』ポット出版、2010年、395-397頁。同書によると、98年にクリントンの主催でこれら改革派の指導者が集まる「第三の道フォーラム」を開く企画があり、親交のあったプロディの仲介で菅直人にも声がかかったが、なぜか菅が断わったという。

189　後藤謙次、前掲『崩壊する55年体制』、305-307・385-386頁。

190　薬師寺克行『公明党　創価学会と50年の軌跡』中公新書、2016年、141-142頁。

の衆院選で、野党票を民主党と食いあって敗北すると求心力も消滅し、④旧公明党が分離独立を要求して、97年末に新進党は解党します。

公明党が与党に

もともと他の諸政党と異なり、公明党は衆院議員と改選の近い参院議員のみを新進党に合流させ、参院の残り半分と3000名近い地方議員は別団体の「公明」として残すことで、したたかに保険をかけていました。新進党の解体後、旧公明党系はその「公明」と再合併して公明党を再建する一方、小沢直系は少数政党として自由党を結成。

それ以外の旧日本新党や民社党・社民連などのグループは結局、大同団結を期して（新）民主党に合流します。こうして二大政党の旗は、オリジナルだったはずの小沢一郎氏からいったん離れてゆきました。

興味深いのは、自民・自由両党の連立（1999年1月～2000年4月）に加わることを決めた99年7月の臨時党大会で、公明党がそれまでの経緯をこう総括していることです。

新進党の壮大な実験が中途で失敗した要因としては、「生まれも育ちも異なる政党による寄り合い所帯」という軛《くびき》を乗り越えるだけの成熟がなかったことが指摘されていますが、より本質的に見るならば、「選挙制度改革を軸に、いわば人為的に二大政党制を作り出そうとした」ことに大きな要因があったといわざるを得ません。[191]

これはほとんど、小沢一郎の『日本改造計画』を端緒とした政治改革の全否定ですね。いわば主要政党の中で、公明党が最初に「平成」に見切りをつけた。

以降の同党は、連立を組む自民党とのバーター――創価学会の強みを活かして都市部で貴重な組織票を自民党に渡す見返りに、「選挙区は自民、比例は公明へ」と訴えてもらって学会が弱い農村部の比例票を獲得する手法で、昭和の農協や医師会に近い「自民党へのロビイング団体」に転生することで、生き残りをはかってゆくことになります。

逆に、公明党が与党入りするための踏み台に使われた格好で、自民党との短期の連立を解消して野党に戻った小沢さんは、「僕が理想とするもの〔政策〕が出来上がるならば、「自自公」だろうが、何だろうがいいんです[192]」という心境だったと回想します。大事なのはビジョンだから、担う母体の方はその都度《つど》組み替えていい。直前までは輝いて見えた、平成らしい「ユニット」の発想が一敗地にまみれ、早くも暗雲が兆《きざ》し始めていたのです。

日本共産党の独自路線

1996年の衆院選では、自社さ連立への失望から社民党とさきがけが凋落する裏面で、政権

191 同書、185頁。
192 五百旗頭真・伊藤元重・薬師寺克行編『90年代の証言　小沢一郎　政権奪取論』朝日新聞社、2006年、172頁。

批判票を吸収した共産党が躍進しました。小党が絶対不利といわれた小選挙区比例代表並立制での最初の選挙で、11議席増やしての26議席ですから、大善戦といえるでしょう。

よくも悪くも「妥協」をしない日本共産党の性格は戦前以来ですが、この体験もあり同党はしばらく、他党との野合を排して徹底的に保守政権と対峙し、政治不信が高まる国民のあいだで「左バネ」が働くのを待つ戦略をとってゆきます。共産主義者の党ならあたりまえだと思われるかもしれませんが、歴史的かつ世界的に見ると、これは自明ではありません。

日本でも1970年代の革新自治体の季節には、共産党は社会党に歩み寄って積極的に共同戦線を張りました。同じ時期の西欧ではユーロコミュニズム（ソ連共産党の指導を拒否し、自由民主主義を前提にした党活動）が高まり、81年のフランスでは社会党のミッテランを大統領に当選させ、共産党も入閣しています（84年に離脱）。そして党勢としてはフランスをも上回り、冷戦下の西側陣営で最強と呼ばれたイタリア共産党は、ベルリンの壁崩壊を見届けた91年2月に解党し、左翼民主党に改組して中道左派連合の一員となる道を選んでいきました。

そもそも日本共産党は1950年代初頭の朝鮮戦争下、スターリンの指導にしたがい暴力革命路線をとって自滅した経緯から、以降はソ連に対する自立を唱え、66年には「日本でも文革を」という毛沢東の要求を宮本顕治書記長が拒否して、中国共産党とも絶縁します（和解は冷戦終焉後の98年）。

その点ではヨーロッパ以上に率先して、他党と合流し冷戦以降の政治の担い手となっても不思議ではなかったのですが、それを阻んだのは「大東亜戦争」の歴史の重さでした。イタリア共産党が第二次大戦末期のパルチザン活動を通じて、サレルノの転換（44年）とよばれる広範な反ファシズム勢力との提携に踏み切ったのと対照的に、[193] 党幹部全員が投獄されていた日本共産党ではむしろ「獄中非転向」の神話が形成され、妥協の拒否こそがモラルとなっていったのです。

実らなかった「創共協定」

公明党が衆議院で達成した最多議席数は、1983年の総選挙（中曽根政権下。田中角栄の有罪判決をうけた第二次ロッキード選挙）で獲得した58。いっぽうの共産党は、大平正芳首相が一般消費税を提唱して自民党が苦戦した79年の39（追加公認で41に）。両党とも高度成長期以降、商店街（自民党支持）や労働組合（社会党・民社党支持）といった帰属先を持たない、都市部ニューカマーの中下層を組織してきた点で共通します。

そのぶんライバル意識も熾烈《しれつ》だったのですが、一度だけ提携が成立しかけたことがありました。作家の松本清張《せいちょう》の仲介で、創価学会の池田大作会長（当時）と共産党の宮本委員長とが共存を約束した「創共協定」です。74年末に締結され翌年夏に公表されますが、頭越しに調印された公明党の執行部が反発したため、実効性は乏しかったとされています。

薬師寺さんの著書には当時の『読売新聞』のスクープ紙面（75年7月8日夕刊）が掲載されてい

193　雨宮昭一『戦時戦後体制論』岩波書店、1997年、40頁。

読賣新聞
THE YOMIURI SHIMBUN EVENING EDITION
7月8日 火曜日 昭和50年(1975年) 第35520号
大事に活かそう 夏のボーナス
共産・公明が"歴史的和解"
宮本、池田両氏、昨年末に秘密会談
反ファッショで連携
今月中にも正式会談
革新戦線統一へ新しい芽
日台空路 新会社

創共協定を伝える『読売新聞』
（1975年7月8日夕刊）

ますが、「反ファッショで連携」という大きな見出しが目を惹《ひ》きます[194]。なにを大時代なといまなら呆《あき》れられるでしょうが、当時は必ずしも異常な形容ではありませんでした。

１９７１年にペルーのカトリック司祭だったグティエレスが、フランス共産党員の哲学者アルチュセールらの理論に影響されて『解放の神学』を発表。73年9月に左派与党（人民連合）とキリスト教民主党の不和から、チリで反共クーデターが起き軍事政権が生まれた経緯もあって、民主主義を守るために宗教者とマルクス主義者が提携を模索するのは、世界的な潮流となっていました。79年には中米のニカラグアで、左翼ゲリラと教会が連携して独裁者ソモサを追放するサンディニスタ革命が起きています。

創共協定の唯一の成果とされるのが、１９７５年４月、社会・共産・公明の共同推薦で美濃部亮吉の三選を達成した都知事選です。自民党が擁立した対立候補は――やがて平成の都政に君臨する石原慎太郎さんでした。

もっとも社共公三党の内実はバラバラで、創価学会の一部には離反して石原に票を回す動きもあったものの、その密約を中曽根康弘・自民党幹事長がマスコミに喋っておじゃんに。おまけに美濃部陣営の「ファシスト」呼ばわりに反論していたところ、やはり立候補していた赤尾敏《びん》(右翼活動家。戦時中は反東條の衆院議員)に「石原はなぜ言い訳などするんだ」、ファッショとはイタリア語で国民を束《たば》ねるというよい意味だと奇妙な応援(?)をされ、ありがた迷惑だったとはのちの石原さんの回想です。[195]

このとき石原陣営に張りついてルポを書いた沢木耕太郎さん(ノンフィクション作家)は、落選後の記者会見で石原氏が「必敗は覚悟のうえでした」と述べたことを批判し、そこに真の敗因を見ています。「「必敗を覚悟」することと、「必敗を覚悟だったと公言する」ことは、天と地ほどの開きがある。彼が『男の世界』というエッセイ集〔71年刊〕でリリカルに書いている彼自身の父親も、必敗は覚悟しても、それを口に出すような人物ではなかったはずだ」[196]。

そうした未成熟は、はたして克服されたのか――それこそが政界復帰後の石原さんと、彼に託された民意の軌跡を通じて、平成に問われてゆくでしょう。

「美濃部三選・石原落選」の1年半前、チリで倒れたのは社会主義者アジェンデの政権です。べ

194 前掲『公明党』、97頁。
195 前掲『国家なる幻影 上』、386-392頁。
196 沢木耕太郎「シジフォスの四十日」『馬車は走る』文春文庫、1989年(単行本は86年)、104-105頁(初出『文藝春秋』1975年6月号)。

1968年、参院全国区で初当選し波乱の政治家人生をスタートさせた
白スーツの石原慎太郎。握手する佐藤栄作首相、左は福田赳夫幹事長

トナム戦争で共産側が完勝した70年代半ばは（75年4月にサイゴン陥落）、「社会主義への移行こそが人類史の必然であり、それを止めようとする資本家の断末魔のあがきがファシズムだ」という歴史像が、説得力をもちえた最後の時代でした。

しかしチリでクーデター後に発足したピノチェト政権は、秘密警察による恐怖政治ではファシズム同様ながら、経済運営ではむしろ正反対のネオリベラリズムの走りだった――民族主義と共産主義の輝かしい同盟が実現するかにみえたさなかに、冷戦下左翼の歴史観はほころび始めていました。

そうした直近の過去を忘却したまま、つくる会との空中戦を繰り広げていた平成のリベラル派の前に、日本における異形《いぎょう》の「新自由主義の身体」が登場するまで、時間はあとわずかしか残されていなかったのです。

第7章 コラージュの新世紀 2001―2002

エキシビションだった改革

小沢一郎から小泉純一郎へ

元号が替わったいま、遠からず各種の入試でも平成史から出題される事例が増えてゆくのでしょう。それは同時代が「過去」になることの徴候ですが、せっかくですので本書でもひとつ、問題を出してみようと思います。

問い　以下のA・Bそれぞれについて、発言者である平成の政治家の名前と、いかなる状況での発言であったかを簡潔に答えよ。

【A】　もちろん改革には痛みがともなう。痛みのない改革は存在しない。しかし、人はなぜ痛みを覚悟で手術台に横たわるのであろうか。生きて、より充実した明日を迎えるためである。明日のために今日の痛みに耐え、豊かな社会をつくり、それを子や孫たちに残したいと思うのである。

【B】いままでの自民党の党内手順というのは、調査会とか部会でまず全会一致で了承を得る、政審も全会一致、そして総務会も全会一致、これで初めて正式の党議となったわけです。しかし、今度の……にかぎっては、どこでも了承を得られていない。それを「これには××内閣の命運がかかっている」と言って無理やり国会に出そうとしている。

多くの方が連想するのはやはり、Aは平成13年（2001年）4月に組閣し、5年半におよぶ長期政権をスタートさせた小泉純一郎首相。Bは05年の郵政政局で、彼に自民党を追われた亀井静香氏あたりでしょうか。たしかに「……」に郵政民営化、「××」に小泉と入れれば、それでも通ります。

しかし正解は、Aは小沢一郎で、細川非自民政権への引き鉄《がね》を引く直前だった1993年5月に刊行され、ベストセラーとなった『日本改造計画』の末尾の一節[197]。

むしろBが小泉純一郎で、「……」に入るのは小選挙区比例代表制、××はその小沢氏が（自民党幹事長時代に）担いでいた「海部〔俊樹〕内閣」です。91年9月の『文藝春秋』誌上、田原総

197　小沢一郎、前掲『日本改造計画』、258頁。

一朗さんの司会で小選挙区制導入の可否を論じる座談会での発言でした[198]。このとき反対で歩調を合わせたのが、ＹＫＫと呼ばれた加藤紘一・山崎拓（ともに、のち自民党幹事長）。逆に推進派を代表したのは、小沢の盟友でやがてともに新生党を創る羽田孜でした。

一般に小泉内閣は「親米保守による新自由主義の政権」と呼ばれ、そうした評価は大雑把には当を射ています。しかしそれを拡大して、「小泉純一郎の思想はネオリベラリズムとナショナリズムのイデオロギーであった」、さらには「小泉改革のおかげ（せい）で日本経済回復（戦後的な平等社会の解体）の第一歩がもたらされた」といった言い方になると、あきらかに過大評価と呼ばざるを得ません。

小泉政権の発足から20年を経たいま、私たちはむしろ、彼の言動に過剰な「一貫性・必然性」を読み込みすぎては来なかったかを、より広い視野で振り返るべきではないでしょうか。

橋本行革・小渕内閣・加藤の乱

小泉政権の最末期にはすでに指摘されていたことですが[199]、当時「変人宰相」と呼ばれた官邸主導のリーダーシップは、実は橋本龍太郎首相が行った霞《かすみ》が関《せき》再編と内閣機能の強化を引き継ぐものであり、その意味では平成の政治改革の系譜に忠実です。

発足当初は民間人だった竹中平蔵氏に重要閣僚を歴任させるなどの「サプライズ人事」も、もとは小渕恵三内閣が熱心に試みたことで、評論家の堺屋太一の入閣（経済企画庁長官）が話題となりましたが、それ以外にも緒方貞子（国際政治学。国連難民高等弁務官として知られる）・曽野綾子・

西澤潤一（電子工学。東北大・首都大で学長）などの著名人に声をかけ[200]、なんと晩年の江藤淳にまで文相をオファーしていました[201]（妻の入院のため固辞され、元東大総長だった有馬朗人《あきと》が就任）。

同内閣が野中広務官房長官のもとで運営した経済戦略会議が、小泉改革の舞台となる経済財政諮問会議への「道筋を用意した」ことは、両者に参加した竹中さんも認めています[202]。

小泉改革の旗振り役になった竹中氏や、やはり小泉政権下で国連大使（04〜06年）を務めた北岡伸一氏が、もとは小沢一郎の『日本改造計画』に協力していたことは前に触れました。その意味で小泉政権が採用した政策は、多分に平成初頭の細川護熙非自民政権がめざした路線を、むしろ自民党の再生のためにリサイクルしたものとも言えます。

もっとも盟友の山崎拓の証言では1993年、衆院選の結果を見て小泉はいち早く「自民党と日本新党の連立による細川擁立」を着想し、山崎に細川と協議するよう依頼していたそうですか

198　加藤紘一・小泉純一郎・羽田孜・山崎拓「自民党代議士座談会　悪いのは制度か政治家か」『文藝春秋』1991年9月号（司会＝田原総一朗）、147頁。
199　竹中治堅『首相支配　日本政治の変貌』中公新書、2006年。
200　御厨貴・牧原出編『聞き書　野中広務回顧録』岩波現代文庫、2018年（原著12年）、323-324頁。
201　平山周吉、前掲『江藤淳は甦える』、738-739頁。
202　竹中平蔵『平成の教訓　改革と愚策の30年』PHP新書、2019年、183-186頁。
　同書で竹中は小泉政権以前にも入閣の要請を受けたことを明かしているが（191頁）、これも小渕によるものだった可能性はあろう。

「加藤の乱」。内閣不信任案に一人で賛成票を投じようとする加藤紘一を泣きながら止める谷垣禎一（写真：毎日新聞）

ら、[203]小泉氏の目線からすれば「小沢に盗まれた改革の旗印を取り戻した」ということなのかもしれません。

そして発足時に8割を超す驚異的な支持率を記録し、以降もおおむね高い水準で推移する熱狂的な人気はどこから来たか。注目すべきは半年前の2000年11月、不人気だった森喜朗内閣への不信任案に加藤・山崎両派が同調して倒閣を策した「加藤の乱」が勃発するも、切り崩しにあい挫折していることです（後述）。

小泉は森派会長として鎮圧にあたる側でしたが、続く総裁選で元首相の橋本龍太郎が再登板をもくろむと、加藤・山崎と協議し、最大派閥を率いる「橋本に勝てないことはわかっているが、必ず立つ。……負ければ一人でも党を割る。もしYKK3人で離党すれば、自民党は終わりになる。その時は新党を結成しよう」[204]と息巻いての立候補。小泉の総裁選挑戦は結果的として、加藤の乱の顛末《てんまつ》に不満だった国民のマグマに火をつける形となったのです。

なにより最も重要なのは、小泉改革の主たる「成果」とされるものもまた、実際には彼自身の組閣以前に結論が出そろっていたことです。国民の記憶に残るのは政権序盤の道路公団民営化、そして終盤の郵政民営化でしょう。

しかし、霞が関への緻密な取材をもとに書かれた清水真人氏（日本経済新聞編集委員）の『財務省と政治』は、それら（直接には前者）は事実上「消化試合」だったとする、元財務次官の証言を聞きとっています。小泉氏は橋本内閣にも中途から厚生大臣として入閣するのですが、この時点で郵便貯金の財政投融資（財投。大蔵官僚による特殊法人等への融資・運用）への預託義務撤廃を約束させ、実際に２００１年度から廃止されていました[205]。

日本の政治経済の病は、非効率な「官から官へ」の財政資金の流れにあり、これを排して民間主導の競争社会を作らなくてはならない。しかし既得権を持つ勢力は当然抵抗するから、それを押し切るにはトップダウンの統治機構と、看板かつ知恵袋になる著名なブレーン、なにより世論

203　山崎拓・小沢一郎「知られざるＹＫＫとの攻防」山崎拓『ＹＫＫ秘録』講談社＋α文庫、２０１８年（単行本は16年だが、当該部は文庫版のみ）、11-12頁。ともに九州を地盤とする山崎と細川は以前から親交が深く、落選時代の細川の面倒を山崎がみたこともあった。

204　同書、２６９頁。

205　清水真人『財務省と政治　「最強官庁」の虚像と実像』中公新書、２０１５年、１３７-１３９頁。

の熱い支持が必要だ——。そうした1980年代の中曽根行革期に由来する新保守主義の構想は、平成ゼロ年代を通じて着実に整備され、かつ小泉氏本人も一枚噛《か》んで、財投という予算の「入口」の蛇口はすでに閉めてあった。

華々しく見えた「抵抗勢力」との死闘とはたんに、「出口」の運営形態を官営・民営どちらにするかという見栄えの問題にすぎず、いわば決勝が終わり順位がついた後のエキシビションに過ぎなかったのではないでしょうか。

地方への白色革命

公共事業派だった竹中平蔵

これは権力闘争なんだ。角福戦争以来、橋本派に至る田中派の系譜と一貫して戦ってきた政治家は俺くらいしかいない。連戦連敗だったが、今度は俺が権力を握ったんだから。[206]

先に引いた清水真人さんが財務官僚を通じて聞きとった、政権序盤の小泉氏の肉声です。角福戦争とは70年代を中心とする田中角栄と福田赳夫の自民党内での主導権争いですが、小泉の政治キャリアの出発点は福田の書生で、政権発足時の官房長官・福田康夫は赳夫の長男、副長官だった安倍晋三も、赳夫から派閥を譲られた安倍晋太郎の息子。[207]

小泉内閣時代の竹中平蔵

戦後、政権を独占してきたとされる自民党にあっても、むしろつねに抑圧され被害者意識をもってきたグループが、ついに国家の中枢を担う。そうした目で小泉政権の発足を見ていた人は、必ずしも多くないでしょう。

小泉氏は続けて「郵政、道路、厚生。既得権を守る族議員の力が最も強いこれら御三家を変えるんだ」とも獅子吼《ししく》したそうですが、天の配剤のようにそのパートナーとなって辣腕《らつわん》を振るったのが、経済学者の竹中平蔵さんです（民間人のままの大臣就任が批判を受け、04年から自民党参院議員。小泉退陣とほぼ同時に議員辞職）。ご存じのとおり彼もまた、一般には「市場の合理性を想定する近代経済学に基づく、ネオリベラリズムの信奉者」とされる存在ですが、本当にそうなのか。

206　同書、132頁。

207　厳密には、福田長官―安倍副長官は森内閣からの続投である。当時の森喜朗首相も福田―安倍派（清和会）の系譜をひくが、幹事長として自社さ連立を実現し、また旧田中派の小渕内閣も支える融通無碍《ゆうずうむげ》さが持ち味で、強い怨恨や敵意を抱くタイプではなかった。

明確に「竹中批判」の目的で記されている点には注意が必要ですが、佐々木実さん（ジャーナリスト）による『市場と権力』から竹中氏の軌跡をたどると、ある陰影に気づかされます。

竹中氏に寄せられる批判のうち冷静で、かつ最も有意味なものに、「時代ごとの風潮に乗って言うことを変えている」というものがあります。歳出カットで「小さな政府」をめざす小泉改革の司令塔として彼を知った世代には意外でしょうが、平成の冒頭、まだバブルの余韻が残っていたころの竹中さんは公共事業の大幅拡大（10年間で530兆円！）を提唱する「大きな政府」論者でした。対日赤字に悩むアメリカが日米構造協議（1989〜90年）で、日本に内需創出（＝輸出の抑制）を要求していたこととも軌を一にするもので[208]、「竹中は米国のエージェントだった」式の陰謀論が生じる淵源でもあります。

しかし当時の竹中氏が執筆した論説を読むと、彼自身にも独自の文脈があったことが見えてきます。繰り返しますがまだバブルの余波で、土地の高騰が問題になっていた90年、竹中氏は海外のエコノミストから「日本の国民はどうして革命を起こさないのか？」とまで聞かれると述べたうえで、土地価格が下がらない理由を以下のように解説しています。

土地価格の高騰にたいしては、宅地の供給を増やし土地利用の効率化を進めるために、資産税を引き上げることが必要である。しかしながら日本では、値上がりによる土地保有者の税負担を軽減するという名目で、固定資産評価額を下げ……今や都区内に中規模の一戸建てを保有していても、標準的ケースでは相続税がゼロになるような措置が取られている。[209]

要するに日本経済の癌は、はじめから資産を持ち一等地に家まで建てているような、土地持ちへの甘やかしだというわけです。彼らの既得権を過保護に守ったために、サラリーマンに代表されるホワイトカラーは都心に広い家を持てず、長時間の通勤で疲弊し、それが少子化の背景にもなっている。

こうしたボトルネックを打ち破る手法が、交通インフラの再設計をはじめとする公共資本の再整備であり、そのためには「合理的な増税プラン（及びその背景となるトータルな経済ビジョン）」を示し、これに対し国民が〝YES〟と応えるような政治環境」が必要だと、平成の開幕期に竹中さんは説いていました。

的中した『新中間大衆の時代』

社会科学の議論では、こうした利害対立をしばしば「中間層」の概念を使って表します。マルクス主義が「資本家」と「労働者」に階級を二分して捉えがちなのに対し、地主や伝統的な商工業者のように「近代産業とは無縁な形で、資産に恵まれている人」が、旧中間層。逆に公務員・

208 佐々木実『竹中平蔵 市場と権力 「改革」に憑かれた経済学者の肖像』講談社文庫、2020年（原著13年）、132-134頁。
209 竹中平蔵「日米経済を揺るがす「市場の逆襲」」『中央公論』1990年11月号、155-156・159頁。

（近代化された企業の）サラリーマン・教員などの「賃労働者ではあるが、一定以上の教養と生活水準を持ち、管理職的なポジションもこなす人」のことを、新中間層と呼ぶのが一般的です。

冷戦下の西側諸国で民主主義が安定し、繁栄へと向かったのは、経済成長が革命の担い手たる「労働者階級」よりも、むしろ新中間層を分厚く育てたからだと説明されることがありますね。大筋ではそれを踏まえつつ、戦後日本の文脈に則して繊細《せんさい》な修正を加えたのは、村上泰亮が1984年に刊行した『新中間大衆の時代』でした。村上がブレーンを務める中曽根康弘政権の裏目読みができるとして話題を呼んだ作品ですが、実は平成期の小泉―竹中路線を捉えるうえでも、予言的な示唆に満ちています。

村上が提起した重要なテーゼは、戦前であれば東京のいわゆる「山の手階級」が厳密な意味での「新中間層」（中流階級）に相当し、その割合は全人口の1割程度であった。しかし、戦後急速に成長して1960年代後半には国民の9割を占めるに至った、自身の世帯の生活程度を「中」くらいだと認識する人びとは、彼らとは質的に断絶しているという観点でした。

この「9割が中と自らを位置づける」意識は、一元的な階層尺度が溶解した結果として生じた消極的な自己規定であって、従来の中流意識が、一元的尺度の上で自らを中流と位置づけた積極的なものであったのとは異質とみなければならない。伝統的な意味での中流階級の輪郭は消え去りつつあって、階層的に構造化されない厖大《ぼうだい》な大衆が歴史の舞台に登場してきたようにみえる。今後の主役の役割を努《（ママ）》めるのは、おそらくこの厖大な大衆であろう。[210]（傍点は引用者）

一億総中流とも呼ばれた戦後の均質的な国民意識は、なにか特定の指標（たとえば戦前の中流階級のような、「われわれは洗練された近代化の担い手だ」といった意識）を共有することで生まれたのではなく、単に社会を支配する権威者でも貧困にあえぐ窮乏者でも「ない」という、ネガティヴな形で規定されるにすぎない。だからそこには、学歴が高いわりに所得は平均以下であったり、あるいはその逆だったりと、現実には多様なライフコースを送る人びとが混淆《こんこう》しており、首尾一貫したイデオロギーによって統合することはできない。

1970年前後には主要都市の首長を軒並《のきな》み押さえた社会党・共産党（革新自治体）がほどなく衰退し、逆に農村重視の政策から転向して包括政党化した自民党が80年代に復調した理由は、こうした新中間大衆の非一貫性との相性のよさにありました。

しかし村上は一方で、その先行きに懸念も示しています。こうしたあやふやで、互いに共有するところが実は少ない大衆たちは、「「保身性」と「批判性」という二つの相反する面をもっている」。つまり自身が享受する豊かさの維持を望む点で保守的だが、他人が得ている既得権益には厳しく、革新政党以上に改革を要求してやまない——。

93年夏の総選挙の直前に亡くなった村上は、平成政治の激動をほとんど見ていません。しかし

210　村上泰亮『新中間大衆の時代　戦後日本の解剖学』中公文庫、1987年、187-188・179・200・241頁。なお、当該部分の原型となった論考の初出は80年（『中央公論』12月号）である。

彼が描いた昭和日本の見取り図の先には、まさしく新中間大衆による革命と呼ぶにふさわしい、小泉改革の暴風が待っていました。

その小泉首相に定年を通告され、2003年の総選挙をもって国会の議席を去る中曽根康弘は、安定した帰属先を失いアトム化してゆく平成の有権者の総体を「今までは「粘土《ねんど》」だったものが「砂」になってしまった」と喩えつつ、こうこぼすことになります。

「小泉という変人が日本政治に出現したと〔メディアは〕いうけれども、その前に国民が変人になっていたんです[211]」、と。

りそな銀行の一時国有化

時計の針を戻します。2001年、その小泉政権に入閣した時点でも、竹中平蔵さんは首相の公約だった「国債30兆円枠」の堅持に懐疑的で、当初は〔バラマキ型の公共事業は不可としつつも〕財務省の財政健全化路線を批判していました。しかし7%への消費増税を構想して倒れた細川、5%に上げて退陣した橋本の両政権を見てきた小泉氏は、「増税の前に〔国民の理解を得るために〕まだやるべきことがある。それが俺の勘だ」として、任期中の消費増税封印を宣言[212]。

結果として竹中さんもかつての「合理的な増税プラン」を完全に葬ってゆくのですが、ここで重要なのは1990年の論考のもう一つの顔——土地持ち・家持ちのエスタブリッシュメントへの敵愾心《てきがいしん》のゆくえです。

佐々木実氏のノンフィクションは、「〔生まれ育った地元の〕商店街がひとつのコミュニティーなんですが、向かい側の三和銀行・南和歌山支店だけは別世界だった」とする竹中さん自身の回想（『週刊文春』２００７年８月２日号）を引きつつ、匿名の政界関係者による「彼は徹底した合理主義者と見られているけれども、実際には不合理なところがありますよ。「抵抗勢力」の人たちはそこを見誤った[213]」という証言を記しています。「弱者」に優しい政治として語られがちな田中角栄型の国土経営は、実際には都銀・地銀といった金《カネ》の動脈を通じて、地方ボス的な在来の富裕層を支えてきた。

そうした既得権益層への反発は――実は小泉氏自身も三世議員なのですが――１９６９年の衆院選で（父親の弔《とむら》い選挙にもかかわらず）地元の特定郵便局長たちの離反により落選した小泉首相とも共通する。[214]そこに二人のケミストリーのゆえんがあった、とする示唆ですね。

小泉―竹中路線の功績として広く認められているのは、バブル崩壊後の諸銀行に累積していた不良債権の強行処理で、剣が峰となったのは２００３年５月のりそな銀行危機です。ところが前年来、金融担当相としてメガバンクでさえ「「大きすぎて潰せない」とは思わない」と公言して

211 中曽根康弘「「考える政治」か「見る政治」か　安倍君は小泉君をまねてはならない」『論座』２００６年12月号（聞き手・薬師寺克行）、99頁。

212 前掲『財務省と政治』、１２８-１３２頁。

213 前掲『竹中平蔵　市場と権力』、２２９-２３１頁。

214 同書、２９７・３０１-３０３頁。典拠となっている町田徹『日本郵政　解き放たれた「巨人」』（日本経済新聞社、２００５年、86頁）には「郵政事務次官経験者」の証言も記されており、信憑性は高い。

きた竹中氏は、事前に「これなら公的資金を注入できるのだな」と確認ずみだった小泉首相と合意の上で、2兆円の公金投入と引き換えに、経営陣を入れ替える方式をとりました[215]。

「新自由主義」であれば本来なら破綻（倒産）させ、あとは市場の判断に委ねるべきところを、むしろ銀行業界全体を威圧して国策の支配下に置く道を選んだ——それは文字どおり、改革というよりも「権力闘争」であり、社会主義ではなく資本主義を掲げて、旧中間層への資金の流れを断ち切る「白色革命」だったのかもしれません。

しかし、属する政党が歴史のなかで積み上げてきた遺産に憎悪をむけ、中間層のうち安定性の高い部分を取り込まずに仮想敵とし、社会のアトム化を積極的に志向してゆく「保守政権の長」とは異例の存在です。いわば秩序の守護ではなく破壊に執念《しゅうねん》を燃やす、「異形の父」の出現だったともいえるでしょう。

それを象徴する光景を、当時共同通信の政治記者だった後藤謙次さんが描いています。01年5月、閣内で道路公団改革を担当するもぴりっとしない石原伸晃《のぶてる》（当時、行革担当相）を、首相公邸で実父・慎太郎と会食中だった小泉が呼びつけて、二人で叱咤した際にいわく——。

慎太郎：お前の仕事はものを壊すことだ。
小泉　：そうだ。壊せ[216]。

崩壊するアソシエーション

9・11テロと「つくる会」分裂

２００１年9月11日、イスラム原理主義のテロ組織がハイジャックした旅客機を世界貿易センター（ニューヨーク）とアメリカ国防総省（ワシントンＤＣ）に激突させた事件は、日米関係においても大きな転機となりました。報復として翌月からアフガニスタン空爆に踏み切ったアメリカを、小泉政権は全面的に支持、後方支援のためのテロ対策特措法を1か月で成立させます。

あえて軽薄にいうなら、目下の事態への対応という「イシュー・ドリヴン」なプロセスが、憲法に照らした際の整合性という原則論をすり抜けて、進行してゆく。自由や民主主義といった言葉で語られるビジョンが急速に色あせ、秩序をもたらすのは結局は力だという乾いた現実認識に座を譲ります。そこから03年末、（名目上は非戦闘地域に限っての）イラク戦争への自衛隊派遣までは一直線でした。

換言すると、それは「現在」の存在感を突出させることで、すでにやせ衰えて久しかった「歴

215　前掲『竹中平蔵　市場と権力』、２１５‐２１８・２８５‐２８６頁、『財務省と政治』１４３頁。両書がともに描くように、この竹中の急変（＝ソフトランディング）が破綻を予想していた市場にアピールし、株価の反転をもたらしたので、実は「小泉政権下の景気回復」は新自由主義によるものではない。

216　後藤謙次『ドキュメント平成政治史2　小泉劇場の時代』岩波書店、２０１４年、２２３‐２２４頁。

史」の形骸化を、確認する儀式だったとも言えます。大東亜戦争を肯定的にとらえ、欧米の植民地主義と戦った近代日本の挑戦を評価せよと唱えてきた「保守論客」が、次々と親米路線（対テロ戦争支持）を表明して現状追認に転じる姿に失望し、２００２年春に小林よしのり・西部邁の両氏が「つくる会」を去りました。

運動体が掲げた「新しい歴史教科書」が実際のところ、反左翼・反戦後を示す記号にすぎず、そこで語られている物語を本気で生きている人はほぼいなかった。[217]平成後半の西部・小林は、戦後を否定し憲法改正を唱えながらも、目下の自民党政権による対米従属（とその現れとしての立憲主義の空洞化）も批判する、ややこしい反米保守の隘路《あいろ》へと入ってゆきます。

ＮＡＭの急進化と自壊

そして小林氏の『ゴー宣』とほぼ同時に始まり、左派かつ高踏的な形で平成の新しい言論を担ってきた『批評空間』も、対《つい》をなすかのように現実の政治情勢のなかで翻弄《ほんろう》され、終焉を迎えてゆきました。きっかけは、柄谷行人が２０００年６月末に立ち上げた社会運動ＮＡＭ（New Associationist Movement）の失敗でしたが、物語論的には翌年頭の文芸誌での村上龍（作家）との対談で、同氏がこんな発言をしていることが目に留まります。

柄谷：台湾の侯孝賢《ホウシャオシエン》の『非情城市』〔１９８９年。日本公開翌年〕を見たときに、このひとははっきり主題をもっていて、この映画で台湾の運命を描いている〔のに……〕パンフレットみたいなのを見たら、蓮實重彥が、ここのアングルは小津〔安二郎。映画監督〕の引用だとか、そういうことしか書いていないんですよ。

村上：本当ですか。

柄谷：監督はあきらかに、そのような主題なしにこの映画をつくらなかっただろう。……しかし、蓮實重彥は主題などを見るのは素人だ、俺はそんなバカではないという感じで書いていた。[218]

仏文学が本業の蓮實重彥は映画評論の大家として知られ、『批評空間』等でなんども柄谷さんと共演した学者ですが、柄谷氏は続けて「あんなカスみたいな趣味的評論は全部否定しろ、主題をもつ以外に日本の映画は復活できない」と容赦がありません。作品内で語られる物語〔主題〕にベタに没入する態度を知的にナイーヴだと嗤い、むしろ純粋に形式的な部分での新発見に快楽を見出す1980年代の消費社会的な美学は、もう無効だというわけですね。

同じころ、思想史家2名とより直截《ちょくさい》に運動史上でのNAMの位置づけを論じた対話で、柄谷さんは自身が立ち上がることにした理由を、スターリニズムとアメリカ帝国主義の「両方を批判し

217　両者がつくる会と訣別するまでの経緯は、小林よしのり・西部邁『反米という作法』（小学館、2002年、第4章）に詳しい。
218　柄谷行人・村上龍「時代閉塞の突破口」柄谷行人ほか『NAM生成』太田出版、2001年、97頁（初出『群像』同年1月号）。

なければならないというのが、一応正統的な知識人のコースだった」時代が、ソ連崩壊によって終わってしまったからだと説明しています。[219] 鼎談《ていだん》の開催時期は森喜朗政権の末期で、むろん9・11もまだ起きていませんが、アメリカ＝資本主義の「ひとり勝ち」がはっきりしてしまった以上、形式論理を操作して他人の選択肢をあげつらっていてもダメで、みずから代替案を出さねば意味がないという趣旨でしょう。

平成初頭までは「バブルの空気を引きずるお洒落な趣味人」という体裁だった文学者が、急激に現実にコミットしてゆくのは当時広く見られた現象で、すでに経済評論家のようになっていた村上龍をはじめ、1997年に地下鉄サリン事件のルポ『アンダーグラウンド』を発表して社会派色を強める村上春樹、2000年10月に長野県知事に当選して政界入りした田中康夫などの例があります。しかし柄谷氏の場合に皮肉だったのは、「双方を批判して良識家ぶる時代は終わった。旗を立てて片方につけ」とするその口ぶりが、わずか1年強で対立陣営たるアメリカ帝国にコピーされ、批評性を失ってしまったことでした。

——すなわち「テロリストの側につくのか、われわれにつくのかだ」（ジョージ・ブッシュ（子）大統領）と。実際にくじ引きで代表を選ぶ分権的な運営を構想したNAMは、ほどなく柄谷のカリスマに依存した忖度《そんたく》政治に陥り、早くも02年末には解散します。[220]

小林よしのりや西部邁、あるいは柄谷行人の挫折自体は、いまや忘れられた論壇上の些事《さじ》かもしれません。しかしより大きな目で見るとき、それは社会運動という形をとった「子どもからの成熟」の試みが、初手から躓くという予見的な一幕でした。国民ひとりひとりを啓蒙して、言葉による説得で運動体に組織していこうとする試みは、この時点ですでにかぎりなくハードルの高い、普通の生活者には手の届かない様式に変わっていたのです。

友敵政治と「いま」の突出

しかし、それでは代わりになにが始まったのか。21世紀への転換期に「主題」（物語）に回帰して躓いたのが、つくる会とNAMというふたつのアソシエーション（結社）だとすれば、その陰画をなすのがエキシビションゆえに直近の成果をつまみ食いして、時流の波に乗った小泉・石原という「異形の父たち」だったといえます。

柄谷氏が2000年に運動に踏み切った理由には、もうひとつ「九九年の段階で、つまり、日本が、いつでも戦争ができる体制を法的に完成し……それに対する反対運動がほとんどなかった時点で」[221]、議会政治に期待する社会民主主義を見切ったという事情がありました。1999年、

219 王寺賢太・柄谷行人・三宅芳夫「二〇世紀・近代・社会主義」同書、123頁（初出『週刊読書人』2000年12月1日〜01年2月2日号）。
米ソの「双方を批判する」スタイルで世に問われた冷戦下の批評として柄谷が挙げるのは、サルトルの「第三の道」、デリダのディコンストラクション（脱構築）、そして吉本隆明の「自立」であった。

220 活動の目玉として協同組合を模して創立された批評空間社も、02年8月までの短命に終わり、雑誌『批評空間』も終刊した。柄谷自身の回想や関連資料は、『ニュー・アソシエーショニスト宣言』（作品社、2021年）に収められている。

221 前掲「二〇世紀・近代・社会主義」、127頁。

小渕内閣下の第145回通常国会では周辺事態法・国旗国歌法・通信傍受法・改正住民基本台帳法（国民総背番号制）・改正国会法（憲法調査会の設置）と、「戦後のどの政権も手を付けずにいた様々な案件が堰《せき》を切ったように」成立し、[222] 賛同した公明党も与党入りを決定。

逆にいうとこのとき法整備を終えていたので、自衛隊の後方支援にせよ（小泉政権）、教育現場での君が代強制にせよ（石原都政）、思想で相手を説得することなく「法律でそうなっているから」で押し切れてしまった。反・戦後といっても、存在するのは内心に秘めて身体化された怨念のみで、それを表立った価値観＝物語には練りあげずに、歴史的な文脈を捨象して使えるものはなんでも使う――そうした新たな保守政治のスタイルが、生まれつつあったのです。

あまりに象徴的で、個人的に忘れられないエピソードは、2004年1月の『文學界』に残っていました。往年の西部劇『真昼の決闘』（1952年。原題はHigh Noon）を、小泉首相がお気に入りとしてブッシュに紹介したのを批判して、蓮實重彥氏が作家の阿部和重さんと怪気炎を上げています。

蓮實：誰か小泉さんに忠告してあげる人が周りにいないんですかね。「首相、いくらなんでも『ハイ・ヌーン』はまずいですよ。あれは赤狩りに抗議する映画ですから」とか言う人が。……まずわが国の首相を教育することから始めねばならない。

阿部：それはもう蓮實さんにやっていただくしかないんじゃないでしょうか（笑）。実際、ある映画がどういうものであったかという背景が、知識としてあまり共有されていないんでしょうね。[223]

３年前には主題の軽視を柄谷氏に批判されていた蓮實さんが呆れるほどに、歴史や文脈の無効化は極限まで行きつこうとしていた。そして阿部氏が「ブッシュはブッシュでまた別の回路で理解しちゃって、それでやっていけている」と続けるように、西部劇が好きなら親米だろうといった程度の、完全に記号化した友／敵の二分法だけで動く世界が始まってゆく。

映画史的な教養の復権をかかげる両名の意図に反して、歴史に無頓着《むとんちゃく》で過去を軽視するからこそ、国際政治の潮流に適合できる時代が幕を開けつつありました。

１９７５年からの「昭和50年代」以来、幅広い日本人をゆるやかに統合してきた歴史イメージの共有が途絶えるのも、やはり２０００年代の初頭です。01年には老舗《しにせ》の大衆歴史雑誌（74年創刊）だった『歴史と旅』が休刊したほか、『プレジデント』からも歴史特集が姿を消し、成功ハウツーなどのライフハックものが主体に。[224]

222 前掲『小泉劇場の時代』、46-47頁。

223 蓮實重彥・阿部和重「アメリカ映画の知性を擁護する」『文學界』２００４年1月号、１９４頁。『真昼の決闘』は悪役への恐怖心から、住民が誰も保安官を助けようとしない負の同調圧力に陥った街を描き、進行中だったマッカーシーイズム（１９５０〜54年）への批判と呼ばれた。当時大統領だったアイゼンハワーと、赤狩りに狂奔したマッカーシー上院議員は、ともにブッシュと同じ共和党であった。

224 福間良明、前掲『「勤労青年」の教養文化史』、２５５頁。

呼応してＮＨＫの大河ドラマも２００２年の『利家とまつ～加賀百万石物語～』（唐沢寿明と松嶋菜々子のW主演）から、民放の現代ドラマと同様の配役で、「時代劇感」をむしろ薄めた演出にシフトしてゆくことになります[225]。

「ポスト昭和」に通用する歴史観のアップデートをそれぞれに狙っていた、左右の運動体が分裂し瓦解《がかい》してゆく一方で、人びとの感受性がいま、「これっていい！」「この人は味方だ！」と思えるかどうかに集約されてゆく。21世紀の訪れとともに私たちの前に広がったのは、そうした現在性（現前性）を突出させる歴史なき社会だったのです。

ＳＮＳなきインフルエンサー

保守化するサイバースペース？

小泉改革が巧みにピックアップした時代の流れとして、もうひとつ最大のものはインターネットでしょう。実は、この点でも先行したのは盟友かつライバルだった加藤紘一のほうで、２０００年秋の加藤の乱もネット世論に煽られた側面がありました。

ハト派どうしの情誼《じょうぎ》で慰留《いりゅう》に努めたが「私のホームページに入ってくる書き込みはすごいぞ。毎日、万を超える書き込みが入ってくる。……君は今の情報社会がわかってない」[226]と突き放されたとは、当時自民党幹事長だった野中広務の証言。逆に「加藤さんが悲劇のヒーローになるなら徹底的になればよかった」、たとえ1人でも不信任案に賛成し、仮に自民党を除名されてもたとえば新党を作れば「インターネット的世論という意味で、日本の政治がガラッと変わったかもしれない」[227]とは、民主党の幹部だった菅直人さんの回想です。

加藤は造反に際して、前年に開設されたばかりの2ちゃんねるも世論の観察に利用していたとされますが、1999年前半に沸騰した東芝クレーマー事件（購入者がサポート対応で受けた暴言をネット上に晒《さら》したもの。炎上騒動のはしり）での活躍もあり、当時は2ちゃんも含めたインターネットは「消費者の声で大企業を動かす、市民の味方」だとする捉え方が一般的でした。加藤の乱と同時期に滑りだしたNAMも、テーマ別に複数のメーリングリストを設けて、重層的に会員をつなぐ組織運営を実験しています。

先に見た鼎談で、スケールメリットを求めてIT産業でも巨大化が始まったとする指摘を、柄谷氏がLinuxなどのオープンソース・ソフトウェアを念頭に「マイクロソフトなどいつまで続くかわかりません」と一蹴したように[228]、ウェブは反独占と自由を志向する場所だというのが、2000年前後の時代感覚でした。

225 屋敷・與那覇、前掲「「太閤記」の夢よ、いまいずこに」『史論の復権』、207-208頁。
226 五百旗頭真・伊藤元重・薬師寺克行編『90年代の証言　野中広務　権力の興亡』朝日新聞社、2008年、256-257頁。
227 同編、前掲『菅直人』、226-228頁。
実際には加藤と山崎拓は責任をとるとして、2名のみで党除名が前提の賛成投票を試みたが、ハイヤー内での加藤の翻意により未達に終わった（前掲『YKK秘録』、256-259頁）。
228 前掲「二〇世紀・近代・社会主義」、138頁。

そうした空気を吸い上げるとともに、当初の想定とは異なる形態へと転生させていったのも小泉政権でした。01年6月14日、「小泉内閣メールマガジン」の創刊号が配信。本人の独特の髪形になぞらえた「らいおんはーと」と称する――前年のSMAPのヒット曲名（らいおんハート）をすかさず拾っています――小泉名義のコラムが読めるとあって、登録者は最大227万人に達します。

そして初代の編集長は、平成の最後に「フェイスブック総理」として有名になる安倍晋三・内閣官房副長官。毎週の編集後記に「さしさわりのない定型的な文章を書いたときは反応がほとんどなく、外交や〔北朝鮮による〕拉致問題などで思い切って自分の意見をにじませたときには賛否両論含めて大きな反響がありました[229]」とふり返るように、いわばSNSの誕生以前から「いいね！」の獲得法を学習する場として、小泉官邸は機能し始めていたのです。

国家権力の中枢がインターネットを通じて、民意と直結する。それは加藤紘一が試みて中途で挫折した挑戦を完成させた、「加藤の乱」の意図せざる続編でした。しかしそうした状態は、上意下達で人びとが政府の指令に従属するという以上に、政治家が世論の熱狂から逸脱できなくなってしまう点で危うい。

不信任案採決の国会中継を見るために「何百万人という人が早めに帰って……飲み屋が空《から》になったと言われた[230]」造反劇を投げ出した後、一転して世間が加藤に浴びせた罵声のすさまじさを知る小泉首相の脳裏に、二の舞を避けたいとの念はあったのではないでしょうか。歳出削減・郵政民営化・靖国神社参拝などの「公約貫徹」（および、対米公約としての自衛隊派遣）に燃やした小泉

『Koizumi　小泉純一郎写真集』
（鴨志田孝一、双葉社、2001年）

氏の異様な頑《かたく》なさは、かならずしも本人の性格のみに帰すべきではないと思われます。

「キャラと感情」が論理よりも優位に

90年代に政治改革のバイブルだった小沢一郎氏の『日本改造計画』では、統治機構の意思決定・政治資金の流れ・民間企業の日本的経営などの諸点で「透明化」への改革が連呼されており[231]、2000年に長野県知事となった田中康夫さんのように、執務室をガラス張りにまでして賛否を呼んだ例もあります。

首相本人がぶらさがり（＝移動中などに記者団に囲まれての会見）の達人として、当意即妙の応答を連発した小泉政権は、そうした平成の政治文化の正統な後継ぎでもありました。しかし宇野重規さん（政治思想）はのちに小泉氏の対応をふり返って、政策を問われた際も「「悲しいね」、「残

229　安倍晋三「「らいおんはーと」単行本発刊に寄せて」Cabiネット編集部『小泉純一郎です。「らいおんはーと」で読む、小泉政権の5年間』時事画報社、2006年、300頁。
230　前掲『菅直人』、228頁。
231　宇野常寛・與那覇潤「解釈改憲と「戦後」の終わり　『美しい国へ』と『日本改造計画』」前掲『歴史がおわるまえに』、221頁（初出『文學界』2014年9月号）。

念ですね」といった個人的感想」にすり替えて回答していることが多く、しかしそれがかえって「従来の政治家による公式的な発言と比べ、自分たちの一人ひとりに向けて語りかけているように」[232]感じさせたという逆説を指摘しています。

２００４年に米国で創業したFacebookの、日本語版がスタートするのは08年。06年に発足したTwitterの日本語化も同年です。いまこれらを使っていて、「バズっている事件・話題」への応答に苦慮している——言及しなくてはいけないという焦燥に駆られるものの、「いいね！」を押してよいのか、どちらの意見をリツイートするかに確信が持てない人は多いでしょう。そんな時代に先んじて、理性的に議論するよりも感情をオープンにすることで、「全人格を肯定させる形で、ファン層を取り込む」という必勝法を生み出したのが小泉首相でした。

実際、組閣から半年後の２００１年9月にはなんと個人写真集『Koizumi』が発売、また首相在任中にはファンを公言する往年の歌手エルヴィス・プレスリーや、映画音楽家エンニオ・モリコーネ（マカロニ・ウェスタンなど、殺伐とした西部劇のスコアが本業）のベストアルバムまでプロデュースしています。今日ならまちがいなく、「インフルエンサー総理」と呼ばれていたはずです。

個人のキャラクターを適度に演出することで、まずは感覚的に「なんとなくこの人は味方」という空気を作ることが第一であり、正当化する理屈はあとからつければいい。そうした思考法はいとも軽やかに、長年「戦後」の政治対立の構図を規定してきたはずの、憲法解釈にまで及びました。

９・11テロへの対応が問われた２００１年の秋、小泉氏は（改憲論の大家だったはずの）元首相・中曽根康弘に指南されて、憲法前文の「自国のことのみに専念して他国を無視してはならない」を対テロ戦争支援の根拠とし、保守論壇の識者も追随します。こうした事態への絶望も踏まえて、むしろ現行憲法の「新訳」を募る運動を論壇誌ではじめたのは護憲派を自任する大塚英志さんでしたが、[233] いま記憶する人は少ないでしょう。

小さな政府のアジェンダ、新鋭の学者によるブレーン政治、意思決定プロセスの公開、情報化社会への対応。平成の序盤には輝かしい未来を約束するものとして頻繁に説かれたこれらの要素を、あたかもコラージュするかのように集大成する異形の政権が出現したとき、実はピックアップされた諸要素はその来歴を無効化され、母体だったはずの論壇――言語による筋道で討議する空間は衰弱していった。

その意味で小泉政権は、「改革か保守か」・「新自由主義かコーポラティズムか」といった政策論の次元を超えて、歴史や一貫性を脱臼させる（＝踏まえないで無視する）行動様式こそが富や権力をもたらすという、今日につながる文明史的な転換こそを象徴していたのです。

232 宇野重規『〈私〉時代のデモクラシー』岩波新書、2010年、104頁。

233 大塚英志「なぜいま「憲法前文」を語らなくてはならないか」前掲『戦後民主主義のリハビリテーション』、548-550頁（初出『中央公論』2001年12月号）。

大塚が引用する同年9月23日の『朝日新聞』の報道によれば、中曽根の助言がなければ同じ前文の「国際社会において、名誉ある地位を占めたい」が根拠になるところだった。

第8章 進歩への退行 2003―2004

凪《なぎ》の2年間

イラク戦争と海賊ブーム

本書の折り返し地点にあたる平成15～16年（2003～04年）ほど、描きにくい時代もないかもしれません。いま振り返っても、この時期が「激動の時代」と「弛緩《しかん》した時代」のどちらだったのか、生きてきたはずなのにうまくつかめないのです。

たとえば、03年3月に米英豪などの有志連合が侵攻して開戦したイラク戦争への自衛隊派遣が、同年12月から始まります（撤収は09年2月）。憲法上の疑義もあり、国民の支持は薄かったのですが、都市部での反戦デモはいまひとつ盛り上がりに欠けました。70年安保以降の新左翼の系譜から完全に切れた、「〝デモ〟を〝ウォーク〟、〝ビラ〟を〝フライヤー〟などと言い換えたり」「〝既成運動用語〟を忌避《きひ》する」世代が街頭に出始めたのは、2015年のSEALDs《シールズ》（後述）などへと続く走りでしたが、原点となった01年の「9・11テロへの報復反対」渋谷デモの参加者は、わずか300名程度。[234]

地上戦が展開中の地域への海外派兵は「いいことだとは思わないけど、まあしかたないかな」――それくらいのゆるい空気が、平均的な世論だったように思います。

「小泉改革への熱狂」が国民に派兵を黙認させたというのも、同時代の体験に照らすとやや無理のある説明です。2003年の9月、小沢一郎氏の自由党を吸収して民主党が勢力を拡大（民由合併）。11月の衆院選では比例区の得票数で自民党に競り勝ち、翌04年7月の参院選ではわずか1つの差ながら獲得議席数でも同党を凌駕して、「小泉人気は過去のもの」とさえ言われていました。

このとき「衆参両院議員の任期を考えれば、二〇〇七年までは国政選挙をする必要がない。……しかし、それは自民党にとってつかの間の、そして最後の安定でしかあるまい[235]」と書いたのは、平成前半の政治改革論から社会民主主義に転じるも、ここから各種の運動を支援するごとに敗北を繰り返してゆくことになる山口二郎氏（政治学）です。

一方でこの小泉ブームの停滞を、「新自由主義への批判の高まり」と捉えることもできません。03・04年の衆参の選挙では民主党の躍進の裏で、正面から小泉改革を批判した社民・共産両党は

234 外山恒一『全共闘以後　改訂版』イースト・プレス、2018年（原著同年）、479頁。
235 石川真澄『戦後政治史　新版』岩波新書、2004年、212-213頁。初版（1995年）は元・朝日新聞政治部の石川の手になる名著だが、この改版では原著以降の過程を山口が補筆した。2010年刊の第三版では石川・山口の共著名義となるが、当該部分は修正されている（現在は第四版）。

大敗。当時の民主党はむしろ、自民党よりも「スマートで大胆な改革」を掲げており、ついに保守の対義語は冷戦下の「左翼」（革新）から、完全に「リベラル」へと移行した感がありました。

ディズニー製作の実写映画『パイレーツ・オブ・カリビアン』と、『週刊少年ジャンプ』の人気連載『ＯＮＥ ＰＩＥＣＥ』（尾田栄一郎の原作は97年から）の長編劇場版は、どちらも第一作が２００３年に公開。かつてならスキゾ・キッズ的と称されただろう「仲間どうしで勝手にやるから、国は余計なことをしなくていい」というネオリベラルな気風を、野放図《のほうず》な海賊の冒険譚の背後にみることもできるでしょう。[236]

一日のうち、海岸部で海風と陸風が入れ替わるあいだの無風状態を凪と呼びますが、小泉政権中盤にあたる２００３～04年とは「平成史の凪」だったのかもしれません。コラージュ的な原文脈の捨象によって成立した小泉改革のスタートにともない、「戦後」という歴史の重たさが薄らいでゆく平成前半の動向は、すでに極限まで行き着いていた。

しかし、過去からの系譜をもはや参照できない「歴史なき時代」には、いったいなにを頼りに「あるべき政治」や「公正な社会」をイメージすればよいのか。その答えが誰にとっても見えていないがゆえに、民意のありかたもふわっとして、いまひとつぼんやりした像しか結ばない。

養老孟司《たけし》『バカの壁』

そうした雰囲気を象徴するのは03年4月に刊行され、小説以外（評論やノンフィクション）では平成最大のベストセラーとなった、養老孟司さん（解剖学）の『バカの壁』でしょう。

新潮新書の創刊ラインナップの一冊でしたが、わずか2年半で400万部を超す記録的ヒットになり、養老氏も初めてだったという「語り下ろしを編集部がまとめる」形式が好評を博しました。以降、有名人や話題の人の「口述筆記」で本を作るのは、ベストセラーを仕掛けるうえで王道の手法になってゆきます。

しかしいま同書を読む人は、当時の読者がなにをそこまで支持したのか不思議に思うでしょう。一貫したストーリーを追いにくく、むしろ互いに食い違って見える要素が混在しているからです。すでに『唯脳論』(1989年)などの科学エッセイで知られていた養老氏は、まず「賢い人と賢くない人の脳は違うのか。外見〔重さやシワの数など〕はまったく変わりません」・「特殊な能力というのは脳を調べてもわかりません。……脳は人によってそんなに違うものではない」と断言します。ところが読み進めると「昨今問題になっている「キレる」という現象については」、脳の前頭葉に問題があることがわかっており、いっぽうで冷徹に警察を翻弄する連続殺人者は扁桃《へんとう》体《たい》が過活動で、無気力なオタクも前頭葉の問題かも――といった議論が続く。

タイトルの『バカの壁』とは、「結局われわれは、自分の脳に入ることしか理解できない。つ

236　ドゥルーズらのスキゾ概念も参照しつつ、文字どおりにカリブ海で海賊が活躍した近世期以来、「小説家たちが、海賊の掲げる価値観を、ユートピア幻想と結びつけて考えてきた」ことを指摘する評論に、ロドルフ・デュラン/ジャン゠フィリップ・ベルニュ『海賊と資本主義　国家の周縁から絶えず世界を刷新してきたものたち』永田千奈訳、阪急コミュニケーションズ、2014年(原著10年)、99頁。

まり学問が最終的に突き当たる壁は、自分の脳だ[237]」とする養老さんの信条から来たもので、ヒットの端緒となった帯文は「『話せばわかる』なんて大うそ!」。米同時多発テロ以降の原理主義が跋扈《ばっこ》する世相の中で、「脳に限界がある以上、わからないものはわからない」と対話を閉ざすことを正当化するお墨付きをくれる論調が、ベストセラーになった最大の要因だと思います。

大事なのはそういった「ムード」であって、厳密なロジックは気にかけなくていい。親しい仲で飲みながらわいわい盛り上がるタイプの空気感を、ゆるく掬い上げられる口述筆記のスタイルは、2007年末にサービスを開始するニコニコ生放送(ニコ生。ニコニコ動画自体は前年発足)のような動画配信の語り口を、先取りしたものとして読むこともできます。

「軽く右寄り」の昭和回帰

同書で著者の語りが冴《さ》えるのは、脳科学への断片的な言及よりも、都市とは人間を過剰に「脳化」=意識的な合理性の追求に偏らせる場で、自然界からの刺激を受け容れて暮らす農村部の「身体性」を失わせるといった文明論の部分です。「古くから都市化の歴史を持っている社会」として「中国やユダヤ人の文化」を並べるところから察して、養老氏の発想のルーツのひとつは——『日本人とユダヤ人』でデビューした——山本七平でしょう。

しかしフィリピン戦線での惨状の体験から、日本文化の限界を批判するために聖書や『論語』を参照した山本とは対照的に、養老さんは「都市宗教は必ず一元論化していく」から原理主義につながるのだと一神教文明を批判し、返す刀で「日本の場合は基本的にある」「人間皆同じという考え方」[238]を多文化共生の道だと高く評価する。脳を使いすぎて殺伐としてきたグローバル社会はうんざりだから、この際ひきこもろうといった鎖国寄りのトーンで『バカの壁』は締めくくられます。

１９２１年生まれの山本に対し、養老さんは37年生まれで、終戦時に7歳。脳（都市）より身体（農村）のほうが根源的に優位だとする自身の発想が、「私の世代は体験的にわかっている」「終戦直後の混乱期に、高い着物を（農家に）一反《たん》持っていって、米は少ししかくれない」といった経験から来ていることを、同書でも示唆しています。興味深いのは、「私は学園紛争当時から、彼ら（団塊の世代）の言い分を全然信用していなかった」と述べ、東大紛争時の活動家たちが編集した『知の技法』も直截にけなしていること。[239]

昭和の戦争で前線を体験した20年代生まれが鬼籍に入り、銃後のみを経験した30年代生まれが言論界の長老となるタイミングで発した「年寄りのお小言《こごと》」が、先鋭化の果てに機能不全に陥った平成論壇に、倦《う》んだ読者の心をとらえたともいえます。

実際、この時期のメディアでは奇妙な「お説教へのバックラッシュ」が起きていました。95年のオウム真理教事件以来、長らく宗教やオカルトはテレビで取り扱い注意とされてきたのですが、

237　養老孟司『バカの壁』新潮新書、２００３年、１２５・１２８-９・１４６・４頁。
238　同書、91・１９５・２０３頁。
239　同書、１９６・１６１・59頁。紛争時に養老は東大医学部助手だったため、全共闘の学生から標的にされたことへの批判を、しばしばエッセイ等に書いている。

『バカの壁』が出た2003年には占星術師の細木数子さん（1938年生）が「視聴率の女王」としてブレイク、翌年から『ズバリ言うわよ！』（～08年まで）など複数の冠《かんむり》番組が始まります。細木氏は保守政治家の知恵袋と呼ばれた安岡正篤《まさひろ》（陽明学者、1983年没）の晩年の愛人で、芸能人を中心とした若年世代の人生相談を「なってないわよ」「あなた結婚できない」などと叱り飛ばす様子が、視聴者にウケたのです。

養老さんも細木さんも、つくる会的な意味での右翼ではなく、「大東亜戦争を誇りに思う歴史観を持つべきだ」といった主張はしません――していたら、ここまで国民的な人気は得られなかったでしょう。しかし「大変な時代を生きてきた私に言わせると」、平成世代は口だけだ、甘えてる、だからこんな世の中なんだといった「歴史観なき昭和回帰」の担い手としては、明快に保守的なスタンスをとりました。

宇野常寛さんの言を借りれば「ライトなライト」[240]（軽く右寄り）ともいうべきこうした風潮は、一見静かだった凪の2年間を越えて、平成後半の日本社会に滲《にじ》み出てゆくことになります。

工学化される「心」

心理学から脳科学へ？

牧野智和さん（社会学）の『自己啓発の時代』という興味深い研究に、こうした時代像を裏づけるデータが載っています。戦後日本（～2010年まで）のベストセラーリストから自己啓発本

【図表2：戦後にヒットした自己啓発本の著者の職業】

職業	作家・評論家・思想家	医者・心理学者・脳科学者	コンサルタント	実業家・経営者	教育者・トレーナー	僧侶・仏教学者	霊能力者	その他学術研究者（文学・政治・経済・工学等）	その他
冊数	29	19	13	9	8	6	5	8	10
割合	27.9%	18.3%	12.5%	8.7%	7.7%	5.8%	4.8%	7.7%	9.6%
1945-1969	38.9%	16.7%	11.1%	16.7%	0.0%	0.0%	0.0%	0.0%	16.7%
1970-1994	30.0%	13.3%	3.3%	10.0%	3.3%	16.7%	3.3%	13.3%	6.7%
1995-2002	13.6%	**36.4%**	13.6%	9.1%	9.1%	**0.0%**	**0.0%**	9.1%	9.1%
2003-2010	29.4%	11.8%	20.6%	2.9%	14.7%	2.9%	11.8%	5.9%	8.8%

（出典：注241を参照。強調は引用者）

を抽出《ちゅうしゅつ》して行った調査によると、1995年のオウム真理教事件を転機として、その性格に明らかな変化が起きている。

95年から2002年にかけて、直前までは2割程度のシェアを占めてきた「僧侶・仏教学者・霊能力者」の手になる著作が、リストから姿を消して0％になる。逆に同じ時期、シェアを36％強にまで急伸させたのが、「医者・心理学者・脳科学者」を著者とする自己啓発本だった（前後の時期には1割強）[241]【図表2】。

すでに見たとおり、オカルトのタブー視は間もなく解除されてゆきますが、表立って宗教を説きにくかったポスト・オウムの

240　宇野・與那覇、前掲「解釈改憲と「戦後」の終わり」『歴史がおわるまえに』、215頁。

241　牧野智和『自己啓発の時代　「自己」の文化社会学的探究』勁草書房、2012年、37頁。

時期に「代替宗教」として影響力を拡大したのが、擬似科学も含めた広義の「脳科学・心理学」だったといえるでしょう。

エヴァ・ブームの箇所で触れたように、青少年の風俗紊乱の原因を「心の闇」に求める心理主義的な風潮は、平成の頭からありました。[242] 昭和末の1988年から臨床心理士の資格認定が始まり、91年にはハリウッド映画『羊たちの沈黙』が評判になって（アカデミー賞で主要5部門すべてを制覇）、サイコスリラーの大流行が起きます。「まず心を癒すことが、私たちの社会の課題だ」とする発想は、小泉政権下で文化庁長官となっていた河合隼雄さんの音頭《おんど》のもとで、2002年から教育現場に配布される『心のノート』に帰結します。

ところが第6章で「江藤淳と石原慎太郎」を対比したとおり、20世紀末から生じた「言語よりも身体優位」の風潮は、問題を起こす人の心を言語化して理解するというより、生理的な嫌悪感に基づき物理的に排除する方向へと帰着しつつありました。97年の酒鬼薔薇事件を皮切りに、99年の桶川《おけがわ》ストーカー事件・2000年の西鉄バスジャック事件（後述）・01年の附属池田小事件と、犯人の人間性を信じかねる凄惨《せいさん》な犯罪が続出。

「ああいう異常者は、そもそも脳がおかしい」「だから理解できないし、する必要もない」という雰囲気がちょうど社会的に広がる時期だったことも、『バカの壁』の記録的ヒットの背景にはあったと思われます。

斎藤環の操作主義批判

こうした転換を最初に見抜いて批判したのは、斎藤環さんでしょう。文壇では精神分析家ラカンの理論に基づくサブカル批評で知られていた斎藤氏は、1998年の『社会的ひきこもり』を機に、本業である精神科医としてのひきこもり治療でも注目を集めていました。

2003年の『心理学化する社会』ではしかし、平成ゼロ年代を通じた（通俗的な）心理学や脳科学の普及が、かえって想定外の副作用をもたらしたことに警鐘を鳴らしています。

社会全体の傾向として、もはや「心」を問うことなく、行動をいきなり脳で説明しようという欲望が高まりつつあるかのような、危険な徴候を感じずにはいられない。……「心」と「脳」という、見方によってはきわめて対照的な認識が、現実の問題を解釈するに際しては、ほとんど同じような使われ方をしているということ。ある意味で、ここにはもはや、心身二元論は存在しない。心も脳も、人間の機能、もっといえば「スペック」のひとつとして、ほぼ同次元で扱われてしまう。[243]

斎藤さんのいう心理学化とは、「「心という存在」を実体化しつつ操作しようという傾向」のこ

242　より詳しくは斎藤・與那覇、前掲『心を病んだらいけないの？』、第2章。
243　斎藤環『心理学化する社会　癒したいのは「トラウマ」か「脳」か』河出文庫、2009年、167-169・62・111頁。

とで、この観点からは90年代のカウンセリングの普及も、99年に日本でも解禁されたＳＳＲＩ（副作用が軽く、予防的にも摂取できる抗うつ薬）も、また脳科学を装った自己啓発本の流行も、「操作主義」として位置づけられます。

個々人の性格や内面を生物学的なメカニズムに還元して、マニュアル化された治療法や投薬で「望むままにコントロールし、最適な状態に持っていけるもの」のように扱う発想が高まり、結果として――養老氏が唱えた脳と身体の二元論というより――「すべては脳内物質の働きだ」と見なす、脳＝身体への一元化が起きていないか、ということですね。

そうした風潮に流されて優生学もどきを唱えだした学者の例は、同書を見ていただくとして、最も象徴的だったのは平成前半に「知の巨人」と呼ばれた、立花隆氏の失墜でした。１９９８年の『環境ホルモン入門』などの著作で、同性愛やセックスレス・子育てできない母親・キレる中学生など「理解できない若い世代」が増えた理由を化学物質の影響に求めた結果、２０００年以降に批判本が大量に刊行され、名声を失っています[244]。

逆にいえばそれくらい、「いまの日本は訳《わけ》がわからなくなっており、対話も理解も不可能な相手が増えている」という感覚が煮詰まっていた。そうしたフラストレーションはやがて、静かに見えた凪の季節が終わった後に、奔流《ほんりゅう》として噴き出してゆくことになります。

『マトリックス』と環境管理型権力

ここで見落とすべきでないのは、斎藤氏の指摘する操作主義の傾向は、必ずしも擬似科学的な

「トンデモ」に限られないということです。2001年に孫正義《そんまさよし》社長の率いるYahoo!JAPANがADSL（光ファイバー以前の高速通信）に参入して成功をおさめ、インターネットが家庭に普及して以来[245]、OSやブラウザといった技術の仕様《しよう》次第で「利用者の世界認識を操れる」とするテクノロジスト的な発想の当否が、読書界でも注目を集めていました。

代表的な思想書は、01～03年に邦訳されたローレンス・レッシグの『CODE』やキャス・サンスティーンの『インターネットは民主主義の敵か』[246]。前者は「アーキテクチャ型権力」、後者は「サイバーカスケード」の鍵概念を提出して、人間の意識をバイパスする形で事実上、ネット上のプラットフォームが人びとの行動を直接規定し始めた社会像を描き出しました。

ちょうど重なる時期に、「私たちは知らないうちに、情報技術を通じてコントロールされているのかも」という不安をヴィヴィッドに映像化して世界的にヒットしたのが、SF映画の『マトリックス』シリーズ（1999～2003年）です。

斎藤氏も言及するように、当時こうした問題を「環境管理型権力」と命名して積極的に論じた

244　同書、157-160頁。斎藤美奈子「立花隆　神話に化けたノンフィクション」『文壇アイドル論』文春文庫、2006年（単行本は02年）、214-225頁（初出『世界』2001年3月号）。
245　ちなみに01年は、固定電話と携帯電話（PHSを除く）の契約台数が逆転した年でもあった。佐藤優・片山杜秀『平成史』小学館文庫、2019年（原著18年）、85頁。
246　レッシグ（原著1999年）とサンスティーン（原著2001年）はともに米国の憲法学者。特に前者はフリーソフトウェアの熱心な推奨者として知られ、マイクロソフトに対する反トラスト法（独禁法違反）訴訟にも関わるなど、ネット社会初期の文化ヒーローだった。

のは、東浩紀さんでした。9・11テロを踏まえて出された大澤真幸氏との共著で、東さんはドゥルーズの管理社会論に依拠しつつ、「所与の環境そのものが制限されてしまったときには、人はそこで大義もなにも考えない〔ので〕……大義が不在であることすら意識しない[247]」ことを利用する人間のコントロール法が、社会に瀰漫《びまん》してきたと指摘します。

典型として挙げられるのは、あえて硬くすることで利用客の長居を防ぐ、マクドナルドの椅子。「なぜ長時間、席を占有してはいけないか」をお説教して、利用者に道徳心（大義）を持たせるよりも、たんに硬めの椅子を設置して、自然と短時間で離席させた方が手っとり早いし、席を立つ側にとっても――「命令された！」と感じない分――気持ちがいい。あるいはWindowsのPCにせよ、「これこれの点で便利だ」と説得されて使うというより、単に「現にみんなが使っているから」という事実性（ネットワーク外部性）によって普及している側面は否めない。

しかしそうしたメカニックに割り切る発想は、「患者の内面なんか気にかけなくても、薬で化学物質を足せばそのうち治る」・「凶悪犯の動機なんて考えても意味はない。脳の異常のせいにしよう」といった時代の気分とも、同一線上にある。斎藤さんはこうした事態に警戒的ですし、文芸批評の世界からデビューし「一九九〇年代は社会学と心理学の時代だった。……まさに、〔哲学的な〕理論の失墜と現場主義の台頭を苦々しく眺め続ける一〇年間だった[248]」と回顧する東さんも、この時点ではアーキテクチャ型の権力の当否に対して、評価を留保していました。

ところが2003年の凪の直後から、シリコンバレーを擁する米国ではFacebook（04年）・YouTube（05年）・Twitter（06年）・iPhone（07年）と、新サービスの発足ラッシュが発生。それらの大波に翻弄されて、平成後半の社会評論では哲学・思想系の知識人といえども、もはやテクノロジーがもたらす変化をナイーヴに拒絶することは不可能になってゆきます。

韓国化する日本？

最初の韓流ブーム来る

一言でいえば、×××××にあるのは、我々はみんな違うと思いたがっているが、日本は本当は韓国と同じだ、というメッセージである。

日本の文壇は、日本は韓国と同じだ、アメリカなしにはやっていけない、といわれて腹をたてたのである。[249]

この一節だけで出典を当てられる人は、かなりの読書家でしょう。季刊『文藝』の韓国文学特集（2019年秋号）が異例の大ヒットになるなど、目下の第三次韓流ブームがらみの記事にもあ

247 東浩紀・大澤真幸『自由を考える 9・11以降の現代思想』NHKブックス、2003年、45頁。
248 同書、7・10頁。
249 加藤典洋「「アメリカ」の影 高度成長下の文学」『アメリカの影』講談社文芸文庫、2009年（単行本は1985年）、39頁（初出『早稲田文学』82年8～11月号）。

バブル景気に向かう1984年
若者世代を代表した田中康夫

りそうな文面ですが、正解は加藤典洋の処女作『アメリカの影』で、当該部分の初出は1982年の夏。伏字に入るのは「田中〔康夫〕の小説」で、前年に単行本がベストセラーとなっていた『なんとなく、クリスタル』を指しています。

2000年代の前半は、日韓関係の大きな屈折点でした。01年春のつくる会教科書の検定通過と、同年夏以降「毎年」の小泉首相の靖国神社参拝の結果、政府間の関係が悪化の一途《いっと》をたどる反面、03年4月からNHK-BSで放送された韓国ドラマ『冬のソナタ』（本国での放送は前年）が爆発的な評判を呼び、地上波でも再放送が繰り返されるロングランに。

『冬ソナ』の主要視聴者は主婦層といわれましたが、05年には『宮廷女官チャングムの誓《ちか》い』（韓国では03年）が老若男女を問わないメガヒットになって、日本語に吹き替えた韓国産のTVドラマを各局が競って放映する、第一次韓流ブームに火がついてゆきます（ちなみに第二次ブームは2010年前後で、KARAや少女時代などのK-POPが中心）。

小室哲哉がニューヨークやロンドンのクラブシーンを紹介していた平成の前半までは、先進国といえば「欧米」と同義であり、進んだ国の先端的なカルチャーを追いかけるのがクールだとする価値観は自明のものでした。しかし、近代以来長らく「遅れた」国とみなされてきた韓国のドラマが大ヒットし、ロケ地へのツアーやファッションの模倣が流行するとは、どういう事態なのか。

同時代の解説の多くは、韓国の遅れゆえにこそ、一昔前の「日本のトレンディ・ドラマを彷彿《ほうふつ》とさせ」「懐旧の念を誘う」[250]からだといった説明に終始しましたが、ほんとうにそうなのでしょうか。

『冬のソナタ』の中の「反米」

先に引いた加藤さんの評論は、欧米のブランドで着飾りながら暮らす80年代初頭の日本のノンポリ学生を描く『なんとなく、クリスタル』を、よりにもよって文壇で唯一、このころからGHQ批判など反米保守的な論説を書き始める江藤淳が激賞した謎を解こうとして、同書が当時まだ軍政下だった韓国でも、数種類の海賊版が出回るヒットになったことに注目します。

家父長的なマッチョさとは無縁の恋人とのセックスを、女性主人公の視点であたかも相手に従属しない対等な関係のように描写する『なんクリ』は、「もし、米国とそのようにつきあえたら

250　守永直幹「サブカルチャーと新しい公共性　歴史の終わりに徳をもとめて」宮本久雄・金泰昌編『公共哲学15　文化と芸能から考える公共性』東京大学出版会、２００４年、３２７頁。

……」という、日韓に共通の淡《あわ》い希望こそを隠れた主題にしている。[251] そこが江藤の琴線《きんせん》に触れたのだ、とする解釈ですね。

　こうした目で『なんクリ』ブームから四半世紀ほど後の『冬ソナ』のヒットを眺めなおすと、驚くほど類似の構造を見出すことができます。「ヨン様」ことペ・ヨンジュン扮《ふん》する伏し目がちな男性主人公は、序盤でトラックに跳ねられて退場するも、まったく性格の異なる「米国育ちの社交的な実業家」として再登場。実は、母子家庭ゆえの影のある暮らしを悔やんでいた母親が、「父親のいる幸せな家庭で育った」人生を息子に与えてあげたくて、交通事故を機に、別の人格を刷り込んでいたのだった――。

　ヨン様一家の「不在の真の父親」に北朝鮮、母親が捏造した「記憶上の父親」にアメリカを読みこむことは、さほど難しくありません。

　大きなうねりにならなかったとはいえ、『冬のソナタ』の日本放映とほぼ同時に始まったイラク戦争によって、完全な不発に終わった「80年安保」以来、久しぶりに日本の民意にも「対米自立」への志向が芽生《めば》え始めていました。一方の韓国では２００２年末、反米と独立自主外交をうたって、人権派弁護士出身の盧武鉉《ノムヒョン》が大統領に選出。

　しかしイラクへの派兵を拒み通すことはできず、当初高かった期待は失望に変わってゆきました。盧が04年4月、みずからのシンパで固めた新党（開かれたウリ党）で与党内の守旧派を一掃した選挙戦術は1年半後の小泉郵政解散を、[252] いっぽうで対米外交での妥協を「裏切り」と目されて、凋落する過程は09～10年の鳩山民主党政権を先取りしたものともいえます。

日韓W杯とネット右翼

2003年以降の「平成史の凪」は、ある意味でかつてなく「日本は本当は韓国と同じだ」という地平に立つ条件が整った時期だった。しかし1980年代、バブル景気のもと「自動車と半導体で米国に勝てる」といった経済ナショナリズムが台頭して、『なんクリ』がファッション小説としてのみ享受されていったのと同様に、この平成なかばにほの見えた好機も押し流されてゆきました。

ただし景気はすっかり悪くなっていましたから、今回生じるのはもっと殺伐として攻撃的な排外主義――ネット右翼のナショナリズムになります。実は、当初は「誰でも発言できる、消費者や一般市民の味方」というポジティヴな印象だった匿名ネット掲示板の2ちゃんねるが、「ネトウヨの巣窟《そうくつ》」として定着したのがこの凪の時代でした。

2ちゃんイメージの悪化は2000年の西鉄バスジャック事件（ネオ麦茶事件）から始まっていましたが、[253]「嫌韓」が流行する契機は皮肉にも02年の初夏、サッカーの日韓ワールドカップで

251 前掲「「アメリカ」の影」『アメリカの影』、31-34頁。
252 木村幹『韓国現代史　大統領たちの栄光と蹉跌』中公新書、2008年、225-233頁。
253 2000年5月に17歳の少年が、牛刀で脅して佐賀～福岡間の高速バスをほぼ一日乗っ取り、乗客1名を殺害・2名を負傷させた事件。少年は「ネオむぎ茶」のハンドルネームで荒らし行為を繰り返す2ちゃんねるのヘビーユーザーで、掲示板上で犯行を煽られていたとも報道された。

した。日本の単独招致が土壇場で覆《くつがえ》って共催となった経緯に加えて、サポーターの熱気に支えられて韓国の方が予想外のベスト4に進んだことで、[254]「なんか面白くないよね」という気分がネットで発散されたのが始まりです。

凪が明けた2005年には、こうした空気が「つくる会」的な歴史修正主義と結びついて、『マンガ嫌韓流』シリーズ（山野車輪）のようなヘイト本が登場。CS放送で04年夏に開局した「日本文化チャンネル桜」（17年末に完全にインターネットに移行）などで顔を売った若い書き手が、平成後半には大量にそうしたビジネス保守の市場へ参入してゆくことになります。

ネット右翼がこの時期定着させたスラングに「ファビョ（火病）る」がありますね。自国（に代表される愛情の対象）を否定されたとき、「まるで韓国人のように」火がついて怒り狂う、といった意味ですが、興味深いのは四六時中「売国」にキレている当のネトウヨこそが、いちばんファビョった人たちだったことです。日本のみが「地域で唯一近代化できる国」だとする歴史意識が消え去りつつあった当時、対米関係以外の面でも「日本は本当は韓国と同じ」ことを示す地政学的な位相が、着実に浮上しつつありました。[255]

――もっともそう指摘されたところで、きっと彼らは「腹をたてる」だけだったでしょうが。

本格化する中国台頭

ネット右翼の仮想敵国といえば、むろん韓国と並んで中国ですが、主に経済面でのその台頭が可視化され出すのもこの時期でした。2003年の秋、米国金融大手のゴールドマン・サックス社がレポートの表題に用いた「BRICs《ブリックス》」（ブラジル・ロシア・インド・中国）は、有望新興国の総称としてあっという間に普及。

逆にいうとこの時点ではまだ「中国ひとり勝ち」ではなく、4か国のうちの1つという位置づけの過渡期でしたが、そのことはかえって、世界のIT化がもたらす構造転換の本質を伝えていたように思います。

そもそも冷戦下で注目されたのは奇跡の戦後復興を遂げた日本や、次いでNIEs《ニーズ》（韓国・台湾・香港・シンガポール）などの、国土が小さく住民の均質性が高い国家でした。対してBRICsはちょうど逆に、広大な土地に居住する数多くの民族を、ひと握りの国際的エリートがまとめている点が特徴です。かつては国民統合を困難にする「弱さ」だったものが、ITインフラの普及による経済のネットワーク化に伴って、むしろ「市場動向に通じたごく一部の勝ち組が、その他大勢の単純労働者を使役して、世界最安値での納品を請け負う」強みへと転じてゆく。[256]

――しかし、それは国家がグローバル化に適応するほど格差が広がり、人びとが共有できる連

254 対戦相手に恵まれた日本がベスト16に留まったのに対し、韓国はポルトガル・イタリア・スペインを下して準決勝に進出、準優勝国ドイツに1-0で敗れる善戦を演じた。特にイタリア戦でのジャッジは、主審が韓国応援一色だった会場（大田《テジョン》）の空気に呑まれたようにも見え、一部日本人の不興を招いた（伊藤昌亮、前掲『ネット右派の歴史社会学』、351-353頁）。

255 拙著、前掲『増補版　中国化する日本』、267頁。

256 小林英夫『BRICsの底力』ちくま新書、2008年、7・168-172頁。

帯感を失ってゆく、ディストピアへの道標《みちしるべ》かもしれません。

とりわけ中国は共産党による一党支配で政情が「安定」していたほか、極度の自立経済をめざした冷戦期の遺産で対外債務の問題がなく、あらゆる第二次産業をフルセットで揃《そろ》えていたことが、アジア通貨危機以降に新たな投資先を探していた国際資本を吸引する上で有利に働きました[257]。共産党首脳部もこの時期はしたたかで、まず2001年にはWTO（世界貿易機関）への加盟を実現。

02年には――冷戦下では東南アジアの反共連合だったはずの――ASEANと、将来的な貿易自由化に合意（15年に、加盟国すべてとの関税撤廃を達成）。前年に発足させていたロシアおよび中央アジア4か国との上海協力機構ともあいまって[258]、非西洋圏のリージョナリズム（地域主義）の中心へと名乗りを上げています。

空振りだった公共哲学

こうした近代以来の東アジアの構図を逆転させる変化に対して、平成の序盤には輝いてみえた「学際的でアクチュアルな学問」は、驚くほど無力でした。実は、この時期に学際研究のテーマとして最もホットだったのは「公共性」で、かつて『知の技法』をヒットさせた東京大学出版会は日韓双方から共編者を立てて、2001〜06年に全3期20巻におよぶ講座『公共哲学』を刊行しています。

これはなかば国策で、背景にあるのは2000年1月に小渕恵三内閣のブレーントラスト

（「21世紀日本の構想」懇談会）が答申した「新しい公共[259]」の提言でしょう。03年は平成の大学改革の第二波にあたる年でもあり、同年に制定された国立大学法人法と、施行された専門職大学院制度の影響で、以降多くの大学に「公共政策」を掲げる研究科が設置されてゆきました。

当時、公共哲学の基礎論として読まれた思想家はハンナ・アーレントですが、彼女の『人間の条件』（原著1958年）は古代ギリシャのポリスをモデルに、「衣食住の憂《うれ》いから解放された市民による、華麗な弁論術を通じた「美しい建前」の競いあい」が理想的な議論の空間を生むとする議論です[260]。つまり「人前で堂々と披露できる」主張でなければ、政治的に共有される理念たりえないという発想が前提なのに対して、同時代のわが国のインターネットは、むしろ「これまで（＝戦後社会では）表では言えなかった、どす黒い本音」を吐き出しあってこそ、同志を募れる場

257　みずほ総合研究所『BRICs　持続的成長の可能性と課題』東洋経済新報社、2006年、100-103頁。
258　田中仁・菊池一隆・加藤弘之・日野みどり・岡本隆司・梶谷懐『新図説　中国近現代史　日中新時代の見取図　改訂版』法律文化社、2020年（初版12年）、236頁。
259　河合隼雄監修『日本のフロンティアは日本の中にある　自立と協治で築く新世紀』（講談社、2000年、39頁）に登場する、「個人を基盤に力を合わせて共に生み出す新たな公《おおやけ》」の概念。単純にいうと、「公」を国家・政府の同義語と見なすのをやめ、98年に法制化されたNPOなどの民間組織を公的サービスの担い手として育てるとした、共和主義と新自由主義の折衷案（81-96頁）。
260　こうした当時の研究潮流に対する私なりの総括としては、以下がある。「中国化する公共圏？　東アジア史から見た市民社会論」『荒れ野の六十年　東アジア世界の歴史地政学』勉誠出版、2020年（初出・九州大学『法政研究』77巻1号、2010年）。

所として機能し始めていた。

ネトウヨの登場に代表される「日本の右傾化」は、いわばアーレントの死角を突くものであるのに、哲学の古典書を牧歌的にもてあそぶばかりでは、有効な対策をとれなかったのもむべなるかなでしょう。

カルスタ・ポスコロと文化左翼

より悲惨だったのは、そうした政府主導の学問再編に批判的だった左派の陣営です。２００３年6月、「グローバル化の中の文化表現と反グローバリズム」を共通テーマに、早稲田大学で第1回カルチュラル・タイフーンが開催。

分野を横断して「文化」を批判的に考察するカルチュラル・スタディーズ（カルスタ）のイベントで、当初は既存の大学や学会の枠組みを相対化する運動を志向していました。翌04年に琉球大学で開かれた第2回では、当時博士課程だった私も応募して報告しましたが、ネオリベ的な業績競争の圧力には抗しきれず、２０１２年にはついに学会化の道を選んでいます[261]。

「文化左翼」とも揶揄される彼らの思考の限界については、他にも多数の批判があるため詳論しませんが[262]、私が不思議だったのは「この人たちはなぜ、歴史がもう「終わっている」ことに気づかないのだろう?」ということでした。昭和の戦争から続く歴史の存在感が生きていれば、「日本の侵略の被害者に向きあえ」という主張が説得力を持つ、すなわち聞く者をしゅんとさせる効果がある。

しかしつくる会との論争の裏で進んだ歴史の衰弱と、２００２年９月に最初の小泉訪朝で北朝鮮が拉致問題を認めて以来の「実は日本人こそが被害者だ」とする世論の沸騰の後では、そうした言い方は「被害者はお前らでなく俺たちだ」と誇示しあう、マウンティングの道具にしかなりません。[263]

カルスタやポスコロ（ポストコロニアリズム。植民地化された側の視点を重視する研究動向）の識者たちは当時、戦争の反省が不徹底なままであった「戦後日本」を乗り越えることをうたっていました。その理想自体は正しかったといまも思いますが、しかし彼らにはその実、自分たちこそがそうした「戦後の雰囲気」を前提とし、衰えつつある歴史の存在感――昭和という「父」の遺産に依存して発言していることの自覚が、まるで欠けていました。

やがてそのつけは、平成後半の政治や社会に、重くのしかかってくることになります。

261 河野有理・大澤聡・與那覇潤「新しい思想史のあり方をめぐって」河野有理編『近代日本政治思想史　荻生徂徠から網野善彦まで』ナカニシヤ出版、２０１４年、３７５-３７６頁。

262 たとえば同時代に書かれて当時、（私も含めた）多くの若手研究者に影響力を持ったものに、仲正昌樹『ポスト・モダンの左旋回』情況出版、２００２年。現在は作品社から増補新版（17年）が出ている。

263 拙著『知性は死なない　平成の鬱をこえて』文藝春秋、２０１８年、30-32頁。

希望の居場所はどこに

誤読されたネグリ＝ハート『〈帝国〉』

公共性の刷新にせよ戦後の超克にせよ、「21世紀にふさわしい新たな日本社会を」と主張する識者ほど、情報化の進展や歴史の衰亡といった眼前の変化を見過ごし、実質的なアナクロニズムに陥ってゆく――こうした「進歩への退行」と呼ぶべき逆説を象徴したのは、２００３年初頭に邦訳された、アントニオ・ネグリとマイケル・ハートの共著『〈帝国〉』の受容のされ方でした。まもなくイラク戦争が開戦したこともあり、「ポスト９・11のアメリカ帝国を批判する理論書」として飛ぶように読まれたわけですが、同書の原著は２０００年ですから、そもそも解釈として成り立ちません。

実際にネグリ＝ハートが同書のなかで、「〈帝国〉的拡大は帝国主義とは何らの関係ももたず、征服や略奪、ジェノサイド、植民地化、奴隷制のために考案された国家装置とも無関係である」と明言するように、彼らの概念化する〈帝国〉とは米国をはじめとした「国家」のことではなく、今日ＧＡＦＡと呼ばれるようなメガ・プラットフォームが、国境を無化しつつ（ボーダーレスに）張り巡らしてゆく経済や情報のネットワークを指します。ネグリらが説いたのは、それを無定形な民意の昂《たか》ぶり（群衆性＝マルチチュード）でハックすることなので、正しく読めば「本書は決して反＝「帝国」の書でもない。……反弁証法的かつスピノザ的な「即」の論理を駆使する本書によれば、帝国は「即」マルチチュードの潜勢力を表現している[265]」。

そうした書物が「題名が反帝国主義っぽいから」といった理由だけで、正反対のメッセージとして流通してしまうところまで、日本の知的世界における文脈の喪失は行き着いていました。

基礎づけるのは「歴史」か「理論」か

平成の後半に向けた議論の転換を準備したのは、この袋小路《ふくろこうじ》に気づいたごく少数の人びとで、おおむね二つの座標軸があったように思います。ひとつは、①衰亡しつつあった歴史＝過去からの文脈の再生を目指すのか、もはやそれは無効と割り切るのか。もうひとつは、②社会を維持してゆく上でなんらかの「理念」（大義）を掲げる必要性を説くのか、むしろアーキテクチャのデザインを通じた即物的なコントロールを志向するのか、です。

たとえば①の問題系について、左派論壇で「戦後批判」が百花斉放《ひやっかせいほう》だったこの時期に、あえて輝ける戦後民主主義の形成史を復権させたのが、2002年10月に『〈民主〉と〈愛国〉戦後日本のナショナリズムと公共性』を刊行した小熊《おぐま》英二さん（社会学）でした。60年安保闘争の国民的な高揚を謳《うた》いあげるその筆致は、同じものを逆に憲法や安全保障についての本質的な議論を、

264 アントニオ・ネグリ＆マイケル・ハート『〈帝国〉 グローバル化の世界秩序とマルチチュードの可能性』水嶋一憲ほか訳、以文社、2003年、217頁。
265 絓秀実「なぜこれが「アメリカ批判」の書なのか」『論座』2003年5月号（書評欄）、314頁。

政治の争点から外す契機になったとネガティヴに捉える保守系の外交論壇[266]との、鋭い対立軸を形成してゆくことになります。

いっぽう同じ社会学者でも、北田暁大《あきひろ》さんが2003年に出した『責任と正義』は、カルチュラル・スタディーズが「歴史神学なき物象化論[267]」のもとで停滞している——たとえば「国民国家は作られた幻想だ」と主張するだけで、こうすれば乗り越えられるという歴史観を欠いている——と指摘した上で、過去からの系譜づけよりも、むしろ仮想的な思考実験を通じて「あるべき社会」のビジョンを描こうとします。

北田さんが依拠する英米型のリベラリズムには、ロールズが1971年に『正義論』で提案した「無知のヴェール[268]」を典型として、なるべく「少ない」物語の共有のみで社会的な合意を築こうとする傾きがありました。平成なかばに生じた左派政党の凋落と民主党の躍進とも平仄《ひょうそく》を合わせて、かくして現代思想の世界でも大陸系から英米系へと「旬《しゅん》な議論」のシフトが生じ、「凪」のあとしばらく言論の主流を占めてゆきます。

理想や価値観はもう不要?

いっぽう②の争点に関してひとつの極をなすのは、前章でふれたNAMの理論書として柄谷行人氏が著した『トランスクリティーク』(2001年10月刊)でした。同書で柄谷さんは、マルクスが歴史=物語(封建制から資本制を経てやがて共産制へいたるといった)に基づきヘーゲル主義的に「あるべき社会」を基礎づけたとする俗見は誤りであり、彼はむしろカントのように思考したのだと主張する。

カント的とは、「現実としてこういう流れがあるから」といった論法とは完全に切れたところで、ストレートに「全員が従うべき規範、価値観」を追求するスタイルのことですね。

共通感覚が歴史的に変わっていく社会的慣習であるなら、それは趣味判断の普遍性を保証するものではない。共通感覚は、歴史的にも現在的にも複数的である。もし普遍性があるなら、そのような多数の共通感覚を超えるものでなければならない。……〔だからこそ〕カントは趣味判断を快・不快あるいは快適から区別している。快適は個別的であるが、趣味判断は普遍的であることを「要求」される。つまり、他人がその判断を受け入れるようなものでなければならない。[269]

266 典型としては、北岡伸一『自民党　政権党の38年』中公文庫、2008年（原著1995年）、107－110頁。岸信介を「あまりにも完璧な構想」ゆえに「日本の政治文化の中」で挫折した指導者として描く同書は、やがて平成末期の安保政局で著者が演じる役割（後述）と照らしたとき、賛否をこえて掬《きく》すべき情趣をもたらす。

267 北田暁大『責任と正義　リベラリズムの居場所』勁草書房、2003年、108頁。

268 「自分自身が何者なのか」（男か女か、白人か黒人か、お金持ちか貧困層か……）を判別できなくなるヴェールを被《かぶ》せた上で、どのような社会であってほしいかを問えば、マルクス主義のような歴史神学なしでも「差別がなく格差の小さな社会」への合意を調達できるとする思考実験。

269 柄谷行人『トランスクリティーク　カントとマルクス』岩波現代文庫、2010年、193・62－64頁。

いま読むとあまりにベタでやや引いてしまいますが、ポストモダンの相対主義が原理主義どうしの衝突に行き着いたと感じられていた、9・11直後の世相では受けたわけです。

逆にこのころ『批評空間』と訣別していた東浩紀さんの『動物化するポストモダン』（柄谷著の翌月刊）は、個々の消費者は自身の快・不快のみで行動していても、首尾一貫した社会の文脈（大きな物語）が無効になった現在だからこそ、インターネット上の巨大データベース（＝今日でいうビッグデータ）が自動的に調整して、多様なマニアの共存が可能になっていると指摘する。[270] いわば、人間どうしが議論を通じて互いの価値観を「すり合わせ」ていた旧来の公共性よりも、アーキテクチャの設計を通じた「棲《す》み分け」の方に、自由で多元的な社会の可能性を見出すわけです。

読者によっては、自覚的に「共有可能な高い理想」を掲げる営為はゼロでいいともとれるメッセージで、当初は不真面目だと非難されましたが、その後の多様なオンライン・コミュニティの叢生《そうせい》もあり、あきらかに平成後期の潮流は東さん寄りのほうへと流れてゆきます。

網野善彦とデリダの死

この時期まで、小泉政権下の思想界は相対的に豊かであり、けっして「ネトウヨ的なナショナリズム」・「竹中平蔵氏が推《お》す市場メカニズム」・「左翼型の新自由主義批判」しかなかったわけではありません。しかし凪に前後して咲いたこれら平成の言論の良質な部分は、時代の後半期を生き延びてゆけるのだろうか。

その問いを考える上で示唆的な東西の思想家の訃報《ふほう》が、２００４年に飛び込んできました。２

網野善彦

月末に没した中世史家の網野善彦と、10月に亡くなったフランスの哲学者ジャック・デリダです。専門がまるで違うこの二人の思考法の、意外な共通点については別の場所で論じているので[271]、ここでは割愛します。

むしろこだわりたいのは、ともに本人の思想を拘束する出身国の文化的な系譜――網野はそもそも歴史家ですし、デリダも近代的ないし西洋的な認識の枠組みとの格闘で知られます――を掘り下げ、その外部に出る方途を模索した二人が、最晩年には正反対の境地に達していたことです。「日本」という国号の成立にこだわり続けた網野は、01年の著作で「一部の人〔ヤマト王権の支配層〕の決めた国名である以上、人の意志で変えられる、つまりわれわれ日本人の意志で変えることもできるのです」と断言する。[272]

270 東浩紀『動物化するポストモダン　オタクから見た日本社会』講談社現代新書、2001年、50-58・157-161頁。
271 前掲『荒れ野の六十年』、第2部を参照。
272 網野善彦『歴史を考えるヒント』新潮文庫、2012年、18頁。初出は1997年の連続講座。

いっぽう、「私たちヨーロッパ人」といった自己意識にきわめて批判的だったはずのデリダは、死を目前にしたインタビューでは逆に、そうした自らの呼称を（廃止するのではなく）ポジティヴに語りなおすことを説いています。

私がヨーロッパと言うのはそのことです。もう一つの世界を求めるヨーロッパ、主権と国際法の、概念と諸実践を変革するヨーロッパです。……私が〔みずから主張してきた〕「脱構築」と呼ぶものは、それがヨーロッパの何ものかに反対して向けられる場合でもヨーロッパ的です。それはヨーロッパの所産であり、ラディカルな他者性の経験としてのヨーロッパの自己への関係です。[273]

どちらが優れた態度か、を問うことに意味はありません。むしろ二人の対照から学ぶべきは、ヨーロッパという概念には単なる地理的な範囲のみではなく、「その名のもとに語られてきた（今後も語られるべき）理念」としての側面があるのに対し、「日本」にはそれがないという、端的な事実でしょう。

むろん護憲派の左翼なら「憲法9条の理想がある！」と言うのでしょうが、しかしそれは本来、外国人に書いてもらったものだという負い目がある。逆に右翼は「万世一系の天皇がいる！」といきり立ちそうですが、そちらはそちらで「その名のもとに戦争をして惨敗した」史実を隠しようがない――加藤典洋が1995年に「敗戦後論」で問うて以来、おなじみの問題こそが、網野とデリダの最期を別《わか》ったと考えなくてはなりません。

米国のブッシュ政権がイラク戦争に突き進む反面、仏大統領シラクと独首相シュレーダーとが結束してそれを批判していた2003〜04年は、「ヨーロッパという希望」が日本の、とくに対米自立を志向する人びとにもてはやされた最後の時期でもありました。99年に導入された共通通貨ユーロはまだほころびを見せていませんでしたし、04年には東欧を中心に、過去最大の10か国(バルト三国からキプロスまで)が一斉にEUに加盟する第五次拡大が起きています。戦前のアジア主義への再評価をはじめとして、「日本主導で米国を抑えるための東アジア共同体を」という夢が当時うたわれたことにも、[274] その点で一抹《いちまつ》のゆえんはあったのでしょう。

しかしデリダが同じ取材で慎重に「潜在的にはたくさんの内的戦争に脅かされた(この点では、私は終始、非常に悲観的です)ヨーロッパ共同体[275]」と呼んだように、凪を越えたゼロ年代の後半からは、欧州も含めて全世界的な「かつて語られた理念への幻滅」が世相を覆ってゆく。そのなかでいったい、なにに生きるよすがを求めるのか――。

それこそが、平成後期の社会を貫く、大きな主題となってゆきます。

273 ジャック・デリダ『生きることを学ぶ、終に』鵜飼哲訳、みすず書房、2005年(原著も同年)、48・51頁。
274 批判的な総括としては、拙稿「まえがき 廃墟に棲む人のために」前掲『荒れ野の六十年』、参照。
275 前掲『生きることを学ぶ、終に』、47-48頁。

第9章 保守という気分 2005—2006

リベラルと改革の離婚

郵政民営化と論壇の転換

時代の凪が明けた平成17〜18年（2005〜06年）は、ポスト55年体制の政治文化が大きく転換した2年間でした。小泉純一郎政権の最末期を象徴するふたつの事件——05年9月11日の衆院選（いわゆる郵政選挙）と06年8月15日の靖国神社参拝を経て、9月26日には後継の第一次安倍晋三内閣が発足します。

なにがどう変貌したのか。平成初頭の非自民連立政権による小選挙区制の導入以来、長らく続いてきたリベラルと「改革」の幸せな結婚が、このとき破綻した。むしろ昭和がおわり自民党が下野した際には、だれも予想だにしなかった「保守」こそが、時代のキーワードとして抗《あらが》いがたく浮上してくる。

「リベラルの凋落と国民の保守回帰」は、しばしば2012年末からの第二次安倍政権について指摘されますが、その原点はあきらかに、ゼロ年代なかばのこの時期にあったのです。

2004年から郵政民営化担当相を務めていた竹中平蔵さんは粘着質《ねんちゃくしつ》な人で、小泉退陣と同時に政界を退いたのちに公表した回想録（06年12月刊）では、入閣中にメディアから浴びた批判を抜粋して、逐一やり返しています。面白いのは、その方向性です。

03年に不良債権の強行処理にあたった際、竹中は過激すぎると批判したのは保守系の『読売新聞』で、逆に生ぬるいと正反対の方向から発破《はっぱ》をかけたのが、市場重視の『日本経済新聞』とリベラル派の『毎日新聞』。同年9月には小泉再選をかけた自民党総裁選（反改革派の3名が挑戦するも敗北）がありましたが、このとき構造改革路線を断固応援したのは『朝日新聞』で、むしろ『読売新聞』は景気回復優先に転換せよと唱えていた[276]。

ご存じのとおり平成の後半には、「市場競争での「負け組」は経済効率を悪化させるから退場しろという冷たい発想は、保守派のマッチョイズムから来るものだ。そうした「新自由主義」を批判し、福祉の充実や弱者との共生を唱えるのがリベラルだ」とするコンセンサスが、政界や論壇で広く共有されるようになります。しかしそれは小泉政権の中途までは、存在していなかった構図でした。

2005年の郵政政局の構図は、そのことの傍証です。このとき郵政民営化に反対して自民党

276 竹中平蔵『構造改革の真実 竹中平蔵大臣日誌』日本経済新聞出版社、2006年、103～107・124頁。

を追われた「造反組」の主流は、ナショナリストとして知られる亀井静香や平沼赳夫をはじめ、復党後に第二次安倍政権で重用される古屋圭司（国家公安委員長）や衛藤晟一《せいいち》（首相補佐官）など、同党でも折り紙つきの「保守派」たちでした。

新自由クラブの構図が反転

郵政解散とは、小泉首相の宿願だった郵政事業を民営化する法案が、自民党内から大量の造反（＝議場での反対）を出しながらも衆議院では可決されたのち、参議院で否決。このとき小泉氏が「国民の考えを聞きたい」としてまさかの衆院解散に踏み切り、しかも造反者を公認せず、刺客と呼ばれた対立候補を送り込んだものです。

党を追放された造反組の一部は、このとき国民新党（綿貫民輔《たみすけ》代表。代表代行に亀井静香）・新党日本（代表は長野県知事だった田中康夫）というミニ政党を結成しますが、これは1955年に始まる自民党史の、大きなエポックでした。

キャッチオール・パーティ（包括政党）と呼ばれた自民党をあえて「割って」、新党を作る流れの端緒は、1976年に河野洋平（平成には自社さ連立期に自民党総裁・外相。のち長く衆院議長）らが結成した新自由クラブです。ロッキード事件で金権政治が批判されるなか、政界浄化につながる「小さな政府」をうたって、自立志向の強い富裕層の集まる都心部で支持を広げました。平成の政治家でも、小泉～第一次安倍政権期にポスト竹中の経済政策を仕切った中川秀直（自民党幹事長）や、第二次政権で安倍首相の盟友となる甘利《あまり》明（経済財政相）らが、新自クで初当選を飾っています。

1993年に政権交代を起こした、新生党はどうか。こちらは最大派閥・竹下派の跡目争いが絡んで、羽田孜（長野）や小沢一郎（岩手）らの地方政治家が主導した点が若干異なりますが、「改革派が、都市部の新中間層の支持に期待して、党を割る」という構図では一貫しています。対して180度逆に「地方の暮らしの擁護を唱える、旧中間層に依拠した保守派が、党を追い出された」2005年の郵政選挙は、いわば自民党それ自体がまるごと「新党」へと性格を変えてしまったがゆえに生じた、平成政治のひとつの極点でした。——それを実現したのが、保守系ではあれど地方のボス政治への反感を濃厚に持っていた、小泉—竹中コンビの情念だったことはすでに述べました。

郵政解散の結果は、造反組と刺客候補に票が割れて不利だとする事前の予想を覆し、自民党が296議席を獲得、公明党（31議席）とあわせて衆院の3分の2を超える圧勝。皮肉にも小泉自身が導入時には反対していた、政党間での争点を明確にする小選挙区制の特色がフルに発揮された形で、逆に直前まで躍進著《いちじる》しかった民主党は、民営化への賛否をあいまいにして大敗。

総議席の3分の2を押さえる巨大与党が誕生した結果、「非公開の秘密会の開催」（57条）・「議員の除名」（58条）・「参院で否決された法案の再可決」（59条）・「憲法改正の発議」（96条。ただし参院でも3分の2が必要）といった、ほとんど空文と思われてきた日本国憲法の条文が現実味を帯びるとあって[277]、さすがに――長らく小泉改革に親和的だった――リベラル派は蒼白となったのです。

靖国問題と中曽根との対照

そこに油を注いだのが翌2006年8月15日、自民党総裁の任期満了（＝退陣）を前に小泉首相が行った靖国神社参拝でした（現職の総理が同日に行うのは、1985年の中曽根康弘以来）。小泉氏は01年の首相就任以降、毎年1回は参拝を行いつつも、外交上の配慮からさすがに「8月15日」だけは避けてきた。

1985年8月15日、総理として戦後初めて靖国神社に「公式参拝」する中曽根康弘（写真：共同通信）

それを強行したとあって、保守派は狂喜乱舞する反面、『朝日新聞』をはじめとするリベラルメディアは小泉改革への「批判・否定」へと舵を切ってゆく。結果として左派論壇で目立つようになったのが、「小泉政治とは弱者を切り捨てるネオリベであり、見捨てられた底辺層の不満が政府に向かわないように、敵愾心を外国に振り向けるナショナリズムを煽っている」とする論調です。

しかし、はたして小泉首相にそこまでの(よくも悪くも)「一貫した戦略、ビジョン」があったのかどうか。そもそも「終戦記念日に靖国神社参拝」の公約は、2001年4月の総裁選の際、最大のライバル候補・橋本龍太郎の票田だった日本遺族会を切り崩す方便という性格が強く、そのため同年は反発が予想される中国とも水面下で折衝の上で、8月15日を外して2日前の13日に参拝しました[278]。

さらに2か月後には、9・11テロ直後の情勢にもかかわらず予定通り訪中し、盧溝橋《ろこうきょう》にある抗日戦争紀念館を見学して「心からのお詫《わ》びと哀悼の気持ち」を表明。当時の国家主席・江沢民は対日強硬派とみられていましたが、この反応に満足してか、首脳会談で特に強く靖国参拝への牽《けん》制《せい》を述べませんでした[279]。

これは史料や証言に基づかない私の憶測《おくそく》ですが、おそらく中国共産党の指導部には、批判を受けいれて公式参拝を一度のみで打ち切った、冷戦体制下の中曽根政権の記憶があったのではないでしょうか。そうした過去の先例を参照して「手打ち」したつもりが、歴史の文脈など関係ない

277 佐藤優「民族の罠(5)ファシズムの誘惑」『世界』2005年11月号、131頁。
厳密に言うと、57~59条は「出席議員」、96条のみは「総議員」の3分の2が要件となる。07年参院選以降のねじれ国会では、実際に59条に基づく再可決が頻発した。
278 後藤謙次、前掲『小泉劇場の時代』、176・202-203頁。
279 宮城大蔵、前掲『現代日本外交史』、125-130頁。

小泉氏は翌年も平然と参拝。

この時点で信頼関係は壊れ、2003年に発足した穏健派の胡《こ》錦濤《きんとう》政権の下での、問題解決のチャンスも結局棒に振ります。結果として、BRICsと呼ばれて新たな経済圏を作り始めていた中国市場を、日本企業に有利な形で取り込む機会も流れ去ってゆきました。

小泉政権下の靖国問題に見るべきは、むしろいまなお「歴史を生きる社会」（中国、ないし韓国）とそうでない社会（日本）との、巨大なコミュニケーション・ギャップではなかったか。平成を終えたいま、それが最もアクチュアルな総括に思えます。

A級戦犯を祀《まつ》ることで国際問題を惹起している神社に参拝しながら、彼らについて問われると「戦争犯罪人だと思っている」と即答する小泉氏の言動は矛盾していましたが、そうした歴史を無化した態度が日本ではかえって「別に極端な人じゃない」「キレる中国のほうが大人げない」といった印象を醸《かも》し、高い支持率を維持したままの退陣となりました。[280]

三木おろしに学んだ郵政解散

そんな小泉氏がおそらく唯一、歴史から学んでいたのが郵政解散で、三木武夫首相が党内抗争で解散を阻まれた1976年の事例を参照した節があります。[281] ロッキード事件を追及していた三木には、反対する（非主流派の）閣僚を罷免すれば有利なタイミングで解散する選択肢がありましたが、断念して衆院の任期切れでの総選挙に追い込まれ、敗北・退陣。

これに学んで小泉首相の場合は、当初は大臣3名が公然と反対、積極的な賛成は竹中平蔵ほか

3人のみという状況から、[282]最後まで譲らない1名（島村宜伸農水相）を罷免しての解散に踏み切って勝利したのです。

三木退陣につながった76年12月の衆院選は、初陣《ういじん》となった新自由クラブが野党の票も奪って躍進、逆に革新自治体を主導して攻勢をかけていた共産党が大敗した、やがて平成へと続く時代の転機でした。都市部の無党派層にアピールし、左翼的な組合主義ではなく市場合理性に則した改革をうたうことで、地方ボスが支配する旧来の保守政治への「対抗馬」になってゆく。[283]

しかしそうした年来の中道リベラルの夢が、こともあろうに自民党の宰相によって実現した結果あきらかになったのは、かつての派閥均衡による掣肘《せいちゅう》すらもはねのける、無制約な権力の姿だった――。ここから平成の政界はむしろ、ある種の「保守ノスタルジア」に覆われてゆくことになります。

280　拙著、前掲『増補版　中国化する日本』、288頁。
281　御厨貴『ニヒリズムの宰相 小泉純一郎論』PHP新書、2006年、151-152頁。三木時代の解散政局の詳細は、北岡伸一、前掲『自民党』、193-196頁。
282　前掲『構造改革の真実』、223-224頁。
283　翌77年には自民党支持率の回復基調が定着したほか、78年までには「支持政党なし」層の消極的な支持対象としても、保守が革新を初めて大きく上回った。予見的なことに、彼ら支持なし層は社会党・共産党の支持層以上に「反伝統志向」であった（村上泰亮、前掲『新中間大衆の時代』、249-252・261頁）。

「あえて」の罠

「新自由主義批判」の始まり

> 小泉政権成立後、日本は本格的な構造転換を遂げようとしています。内政的には、ケインズ型公平配分政策からハイエク型傾斜配分、新自由主義への転換です。外交的には、ナショナリズムの強化です。……
>
> 国策捜査が行われる場合には、その歴史的必然性があります。当事者である検察官も被告人もその歴史的必然性にはなかなか気付かずに、歴史の駒としての役割を果たしているのでしょう。[284]

こちらは平成期のどの話題書からの引用か、すぐわかる方も多いのではないでしょうか。元外交官の作家・佐藤優《まさる》氏が２００５年3月に刊行したデビュー作『国家の罠』の最後に引かれた、著者自身による法廷での「被告人最終陳述」（前年11月）の一部です。

佐藤さんは02年5月、小泉自民党内で抵抗勢力とみなされた鈴木宗男衆院議員の汚職疑惑に連座して逮捕、法廷闘争の渦中でした。同書でも冤罪《えんざい》を強く主張し、政治の流れをつくるために行われる検察の作為的な摘発を指す「国策捜査」は、一躍流行語になってゆきます。

【図表3：国会図書館雑誌記事検索索引による頻出用語の推移】

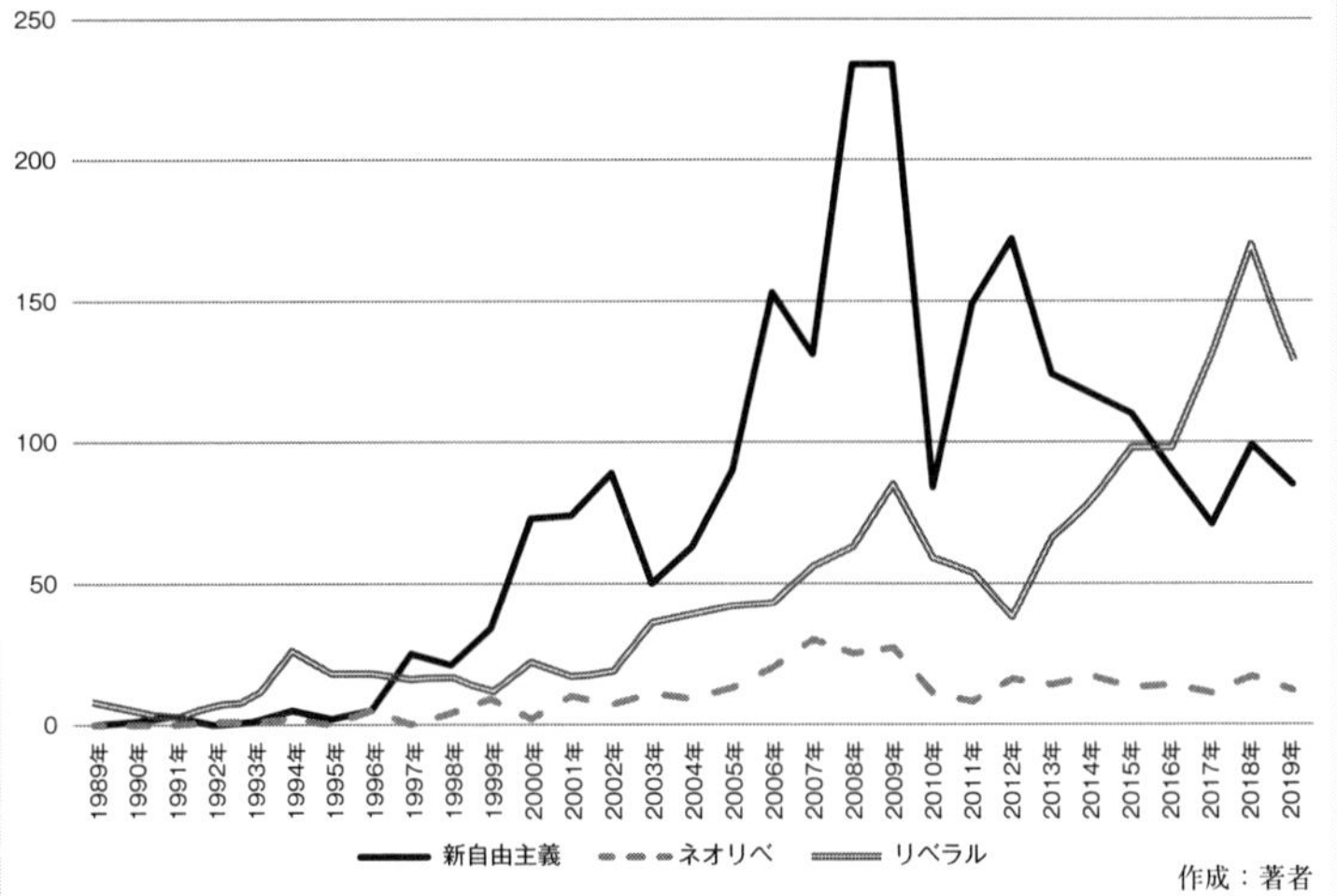

作成：著者

ここで注目すべきは、①小泉改革の方向性を「新自由主義」と規定し、②それと排外主義的なナショナリズムの煽動はワンセットであるとする認識の、端緒がこのベストセラーにあったことです。

たとえば国会図書館の雑誌記事索引で調べると、小泉政権下でも2005年までは、タイトルに「新自由主義」の語を含む記事は2ケタ台の後半でしたが、06年には153件に急伸して3ケタに乗り、民主党への政権交代にむけて追い風が吹いた08〜09年にはともに234件でピークをつけています。以後、それを追うように「リベラル」の使用例も増え、市場主導の「ネオリベラル」の対義語として福祉重視のリベラルを

284 佐藤優『国家の罠　外務省のラスプーチンと呼ばれて』新潮文庫、2007年、494頁。

位置づける、米国風の用語法がジャーナリズムにも定着してゆきました【図表3】。

海外での基本書であるデヴィッド・ハーヴェイの *A Brief History of Neoliberalism* が05年に刊行されたのもあるでしょうが[285]、国内では佐藤さんの本の影響が大きかったのは間違いありません。

私というサンプルがあてになるかはわかりませんが、記憶では2002年ごろには院生どうしの勉強会で「新自由主義」なる語を聞いても、耳慣れない社会科学の専門用語という印象でした。それが04年に文化左翼系のイベントに出た際には（前章）、「ネオリベ」への糾弾が連呼されすっかり月並みなものになっていた。こうした学界の動向がマスメディアにも溢《あふ》れ出す契機が、05年春の『国家の罠』のヒットと半年後の郵政解散でした。

佐藤優のマルクス復権

もうひとつ見落とせないのは、「歴史的必然性」を強調する先の引用の後半部です。当事者自身は気づいていないが、しかしいまやっていることは「歴史の必然だ」とするこの語り方は、『資本論』のうち最も著名な「なすところを知らざればなり」――「彼らはそのことを知らないが、彼らは実際にそのように行動している」[286]という一節を踏まえたものでしょう。

1960年生まれの佐藤さんは、85年まで同志社大学でプロテスタント神学を研究したのち、外務省に入ってロシア・東欧（当時でいうソ連圏）を担当した変わり種。キリスト教やマルクス主義のような「体系性」のある思想との格闘を重視し、逆に学生時代に大流行だったポストモダニズムについては「浅田彰さんの『構造と力』を誰より喜んで読んだのは、大手広告代理店の連中でしたよ。手っ取り早く金になる考え方なんだから」[287]と、きわめて冷淡なのが特色です。

こうした佐藤氏の異質さがよくわかるのが、たとえばオウム真理教についての見方でしょう。平成の最末期になってからの回想ですが、「ロシアにはいまだに麻原彰晃を信じるカルトのコミューンがある」ことに言及しつつ、オウムの終末論やポア（殺害による救済）の教義は16世紀のルターや19世紀のフョードロフ（露。ドストエフスキーへの影響で知られる）らの宗教思想家に近いと位置づけて、「オウム真理教とイスラム原理主義、あるいはキリスト教の違いは単なる数に過ぎない」[288]と断ずる。

つまり、日本の社会学系の評論で一般的だった「オウムのような「フェイク」がなぜ」という問いの立て方ではなく、世界の他地域のテロと同種の「ガチ」なカルトの暴力として見る。そうしたスタンスは、2001年の9・11から14年以降のイスラム国にいたる暗いグローバル化の世相のもとで、新たなリアリティを獲得してゆくことになります。

そもそも1980年代に全盛だったポストモダンとは、「ほんもの」なんて存在しない（のだ

285 邦訳はデヴィッド・ハーヴェイ『新自由主義　その歴史的展開と現在』渡辺治監訳、作品社、2007年。
286 『マルクス・コレクション4　資本論　第一巻　上』今村仁司・三島憲一・鈴木直訳、筑摩書房、2005年（原著1867年）、113-114頁。
287 佐藤優・與那覇潤「〈歴史〉日本には「物語の復権」が必要である」佐藤優『秩序なき時代の知性』ポプラ新書、2016年、195頁（対談は14年に収録）。
288 佐藤・片山、前掲『平成史』、73～77頁。

から、気にせず消費社会を楽しめばいい）とする時代の空気を反映した思想です。しかしそれは耐えがたい空虚さを人びとにもたらし、やがて「嘘でもいいから、「ほんもの」らしい信仰の対象がほしい」といった欲求を目覚めさせる――というのが、95年のオウム真理教事件を読み解くさいにも、長く流布してきた枠組みでした。

しかし、ありあまる自由さゆえの虚無感ではなく、「最初からなにもない」「だから、形あるものしか信じない」といった絶望が社会に広がると、こうした立論はどこか、高尚な言葉遊びのように聞こえてきます。

行き詰まるポストモダニズム

たとえば2005年に東浩紀さんが刊行した鼎談集には、10年の時をへて、そうしたバブル期からの系譜をひく思想がまさに同じ時期、ちょうど煮詰まりつつあった様子が記されています。

同書では、小泉政権＝イラク戦争下で急速に、ネオリベラリズムへの対抗原理として「尊皇」や「亜細亜《アジア》主義」をうたいはじめ、いわば宗教がかり出していた宮台真司氏の当否をめぐって議論が進みます。「宮台さんとか福田和也とかがよく使う「それは戦略です」という発言は、結局「あと出しジャンケン」くさい」（北田暁大）、「いまの宮台氏の行動は、僕の印象からすると、アイロニカルな没入そのものに見える。〔オウムを分析し批判していたはずの〕ミイラ取りがミイラになった」（大澤真幸）と、他の識者にはおおむね不評でした。

もっとも、時代背景に照らして興味深いのは宮台さん側の言い分と、それを踏まえた東氏の発言です。

宮台：一九九七－九八年ごろ、岐阜県のテレクラ規制条例や青少年条例、児童買春・児童ポルノ禁止法がらみで政治家にロビイングしたり、反対運動をしている人たちと話したときに受けたショックが、〈自分が政治化した〉直接の契機です。……推進派も反対派も、もっといろいろと考えて法律を作ったり運動をしていると思っていたのに、まるでそうではなかった。

東：僕はいま情報通信論壇に少し関わっていますが、そこでも同じことが言えます。たとえば、「オープンソースは理念としては大切だ」は説得力をもたない。実効力があるのは「オープンソースは経済合理的だ」という主張です。[289]

小泉―竹中コンビが権力闘争を挑んでいた旧来の自民党的な地方政界では、それこそ戦前の日本主義めいたベタな右翼のボキャブラリーを使わないと、メッセージが届かない絶望的な状況がある。いっぽう新技術で彼らを一掃すると称するネオリベ陣営の側でも、やはり知的にはナイー

289　東浩紀編『波状言論S改　社会学・メタゲーム・自由』青土社、2005年、246・297・27・61頁。GLOCOM勤務当時の東と鈴木謙介（社会学）が聞き手となって、04年にメールマガジンで配信した鼎談を集めたもの。

ヴな「効率よく儲《もう》かります」以外に、響くロジックがない。
しかたがないので「あえて」戦略的に、（インテリである自分には）信じきれない価値観を掲げてみるが、しかしそれ自体が「狙ってやっているんだからいいじゃないか」という、無限の自己弁護と化してしまう――。当時、無名の歴史学の院生として論争を横目で見ていた私に言わせると、こうした議論が「知識人の自意識トーク」で終わらないために必要だったのは、やはり過去からの反復を見出す視点ではなかったでしょうか。

たとえば、宮台・大澤の両氏がアイロニー（＝わかっていて「あえて」虚構を演じること）の象徴としてしばしば言及する三島由紀夫については、存命中から親友の村松剛が「物語を無邪気に、「子供のように」信じようとしたドン・キホーテとはちがって、彼ら（＝『午後の曳航《えいこう》』の登場人物）は自分たちの夢が、夢にすぎないことを知りぬいている。……三島の美の世界は、すべての美を虚妄とする意識のうえに、人工的に構築される」[290]と記していました。「嘘だと自覚しているから、俺は子どもじゃない」というのは、平成の思想と呼ぶにはあまりにも古すぎる美学でした。

すでに見たとおり、三島自決の年にあたる１９７０年の初頭、江藤淳は楯の会こそ米軍の抑止力に依存した上での「国軍ごっこ」にすぎないと冷笑しますが、これに対し「空虚にふくれ上った今の日本の相対的な現実の中で、〔社会的に〕公認された実生活上の「私」を殺すためには」、「三島氏のきらびやかな行動が広く日本の生活人一般の目に「〇〇ごっこ」に見えてしまうことは氏にとってはむしろ必要なこと」[291]だと弁護に立ったのは、若き保守論客（当時34歳）だった西尾幹二氏でした。これまた、高度成長下ですべてがフェイクになってしまった戦後日本の現状に

村松剛

埋没しないために、三島さんは「わかった上でやっているのだ」ということですね。

即物化するリアリティ

こうしたふわふわした時代感覚——相手の言論を批判しても（ゼロ年代の2ちゃんで流行したスラングでいうと）「釣りだバカ」「ネタにマジレスＷ《笑》」としか返ってこない状況では、それこそ三島が本気で腹を切ったように「実際に実行」することだけが、思想の信頼性を担保するという逆転が生じます。国策捜査で投獄された実体験を記した佐藤優氏が一躍、平成の言論人として最大の影響力を確立したのもその証左でした。

290 村松剛「自我をこえるもの（最終回）風車と巨人」『文學界』1964年9月号、138頁。
291 西尾幹二「文学の宿命　現代日本文学にみる終末意識」前掲『西尾幹二全集2』、189頁（初出『新潮』1970年2月号）。
なお、同論説を最初に収めた単行本『悲劇人の姿勢』（新潮社、71年）は、保守の大学人による眼前の学園紛争への応答としても読みごたえがある（全集版では、そうした時評の類がほぼ削除されている）。

これはやや視野を広げると、乙武洋匡《おとたけひろただ》『五体不満足』（1998年）・大平光代『だから、あなたも生きぬいて』（2000年）のような壮絶人生ルポや、実話に基づくという建前を売りにしたYoshi『Deep Love』（商業出版化は02〜03年）などのケータイ小説が、軒並みベストセラーとなっていった前世紀末以来の潮流が、ついに論壇におよんだとも言えます。

こうした言論界におけるリアリティの変容は、「ほんもの」かどうかを問わずに廉価《れんか》な代替品で効率化すればよいと説く点では、ポストモダニズムとも親和的だった新自由主義の論理が、いちど終極に行き着いたことの帰結でもありました。ひるがえって「ではなにが、譲渡不可能な政治の役割として残るのか」を問いなおすとき、佐藤さんの『国家の罠』のほか、ウェーバー的な暴力装置論を再興した萱野《かやの》稔人《としひと》さん（哲学）の『国家とはなにか』（05年）、そうした身もふたもない権力を奪取して使いこなすことを説く白井聡さん（政治思想）の『未完のレーニン』（07年）など、理屈による正統化を超える「むき出しの治安機構」として国家を捉える論客が、ゼロ年代なかばにいっせいに台頭した背景がみえてきます。[292]

ポスト冷戦の軽やかさとともに始まったはずの平成の論壇は、逆にスターリニズムの時代を思わせる「重くて暗い」論調へと、ここからトーンを変えてゆくのです。[293]

ノスタルジアの外部

中沢新一の日本回帰

いまの世界の支配者は押しつけがましい西欧育ちの資本主義経済で、この支配者は自分の原理にしたがわないアジール〔避難所〕を、どんどんつぶしてきた。それに対抗できる原理が、天皇制にはあるかもしれないのである。

もしも天皇制がグローバリズムに対抗するアジールとして、自分の存在をはっきりと意識するとき、この国は変われるかもしれない。そのとき天皇は、この列島に生きる人間の抱いている、グローバリズムにたいする否定の気持ちを表現する、真実の「国民の象徴」となるのではないだろうか。[294]

292　白井聡氏からの個人的な教示に基づく。

293　東浩紀が平成末期に刊行する『観光客の哲学』（ゲンロン、2017年）の構成は、こうした転換の縮図としても興味深い。題名どおり、観光客のような「まじめ」と「ふまじめ」の境界」（39頁）にある存在の考察から始まる同書は、しかしそうした状態でテロ行為が行われる世界情勢を契機として、シュミット、コジェーヴ、アーレントといった戦間期の（＝まじめな）思想家との対峙へと転調し（109-110頁）、ドストエフスキー論で閉じられている。

294　中沢新一『アースダイバー』講談社、2005年、237-238頁。

主張の中身はこのころの宮台真司氏とほぼ同じですが、文体の柔らかさからわかるように、著者は宮台さんではありません。中沢新一さんが前年来の『週刊現代』での連載をまとめた『アースダイバー』（2005年）の結論部で、同作は好評を博しシリーズ化。

浅田彰と並ぶポストモダンのスターだった中沢氏は、宗教学者としてオウム真理教を持ち上げた過去が事件後に批判され、しばらく不遇だったのですが、04年の『僕の叔父さん　網野善彦』（同年に死去した網野をめぐる回想記）、06年の『憲法九条を世界遺産に』（爆笑問題の太田光との対談）などヒットを連発し、バブル期に比肩する人気を取り戻しています。

『アースダイバー』という表題は、アメリカ先住民の世界創造の神話からとられたもので、同書は縄文時代の海岸線を記した地図を片手に中沢さんが東京を歩き、民俗学・国文学的な知見も交えて「いま居る場所の意味」を探究してゆく紀行エッセイです。さすがにご本人も、これを学術論文とは思っていないでしょう。

驚くのは、2003年にトム・クルーズが渡辺謙（アカデミー賞候補となり、ハリウッドでの地位を確立）や小雪と共演して話題になった『ラスト サムライ』について、「言われてみれば、サムライの生き方や死に方の理想は、たしかにインディアンの戦士の伝統として伝えられているものと、そっくり」だと素朴に受けとり、なぜなら東日本のサムライは縄文の狩猟文化の系譜をひくからだと解説するところ。[295]「あえて」ですらなく、完全にベタなのです。

テロとの戦争にせよ、過酷な市場競争にせよ、とにかく眼前に展開する米国主導のグローバル化が耐えられない。そうではない居場所を提供してくれる原理なら、かつて「右翼的」と批判された天皇でも、「封建的」なサムライでも、「未開」と呼ばれてきた先住民でもかまわない。そうした追いつめられた切迫感を秘めつつも前面には出さず、あくまで「こんな風に街を歩くと、日々の風景が豊かになりますよ」とほんわかしたタッチで進むのは中沢節の力でしょう。

単行本の巻末には、中沢さんの手許《てもと》にあったのと同じ「アースダイビング・マップ」も封入されて、読者が実際に追体験できるようになっていますが、こうした虚実ないまぜで「演出された過去」を楽しむノスタルジア・ツーリズムは、この時期いっせいに多分野で開花していました。

昭和ブームが映像文化を席巻

実際、ゼロ年代なかばに生じた「昭和回帰」は、ちょっと驚くほどの規模でした。映画では50年代末の高度成長初期を描く『ALWAYS 三丁目の夕日』と、70年安保時の青春群像に託して在日問題をとりあげた『パッチギ！』が、ともに2005年。

宇野常寛さんが批判的に触れていますが[296]、興味深いのは「同時代」を描いて成功した作家やモチーフすら、すぐこの傾向に吸い込まれることです。たとえば宮藤官九郎《くどう》の脚本でヒットした、

295 同書、23-24頁。『ラスト サムライ』は米国の西部開拓で先住民を虐殺したトラウマに悩む主人公（クルーズ）が、お雇い外国人として訪れた明治日本で、西郷隆盛を思わせる「反近代」のサムライ（渡辺）とともに新政府と戦う物語。

296 宇野常寛、前掲『ゼロ年代の想像力』、179・315・337頁。

TVドラマ『タイガー&ドラゴン』も05年。長瀬智也と岡田准一という、旧来のクドカン作品では「ポジティヴな意味で子どもっぽい、いまどきの街のチンピラ」を好演したジャニーズのスター二人が、なんと江戸落語に入門して成熟する筋立てでした。映画『ウォーターボーイズ』（01年。男子シンクロが素材）が端緒になった「冴《さ》えない若者どうしが、奇矯《ききょう》なプロジェクトで自己実現を果たす」という語り口を、60年代に衰亡する炭鉱地帯を救った常磐《じょうばん》ハワイアンセンター（福島県いわき市）の実話に応用した『フラガール』は06年です。

重なる時期に山崎豊子や松本清張ら、昭和の社会派サスペンスもリバイバルして多数映像化されたほか、津島佑子（作家。太宰治の娘）の旧作を原案に激動の昭和史を描いた『純情きらり』（2006年度前半期。ヒロインは宮崎あおい）の成功を機に、NHKの朝ドラの「時代劇化」が進展。[297]出版界でも宮台・中沢より明白に「右」を志向する形で、武士道道徳の復権をうたう藤原正彦『国家の品格』（05年）がベストセラーになっています。

迷走した愛知万博の「成功」

養老孟司『バカの壁』が先鞭《せんべん》をつけた、「日本的な多神教」に帰依《きえ》して9・11以降の原理主義化した国際社会に背をむける風潮が、分野を問わず浸透していったともいえますが、しかしグローバルな資本主義は立ちどまってくれません。そうした葛藤を決定的に――ただし「彼らはそのことを知らない」かたちで露出させたのは、2005年の3～9月に愛知県で開催された万国博覧会「愛・地球博」でした。

目標1500万人に対して2200万人強の来場者を獲得したため、一般には「成功した」と見なされていますが、裏方にも関わった吉見俊哉さん（社会学。57年生）が開会式と同月に刊行した『万博幻想』（のち改題『万博と戦後日本』）にまとめているように、一時は破綻が確実視されるほど、実現までのプロセスは曲折に満ちていました。

そもそもの発端は1981年、7年後の夏季五輪をめぐる招致合戦で、名古屋がソウルに敗れたことでした。前章で『なんとなく、クリスタル』ブームを論じた際にも触れたように、当時まだ韓国は軍政下の途上国でしたから、「まさか」の敗北だったといえるでしょう。

バブル景気の到来もあり、その後の愛知県は代償としての万博誘致に驀進しますが、当初のブレーンは中曽根政権に高校での世界史必修化を実現させた木村尚三郎（西洋史。30年生）。91年に発表された最初の基本テーマは「技術・文化・交流」で、高度成長下の大阪万博から進歩のない重工業時代の発想が批判を招きます。

このころバブルが弾けてしまった上に、地元では環境保護を訴える住民運動が台頭。さらに誘致のライバルとなるカルガリー（カナダ）が「自然」をテーマに打ち出したことで、危機感を抱いた通産省（当時）は1995年に「Beyond Development（開発を超えて）」を掲げてコンセプトを見直し、吉見氏や中沢新一氏（50年生）らの若手識者をくわえて「環境重視の万博」に転換します。なお、この時点で2500万人に引き下げられるまでは、愛知県の構想では4000万人

297　屋敷・與那覇、前掲「「太閤記」の夢よ、いまいずこに」『史論の復権』、215・221-222頁。

（！）が入場者数の目標となっていました（ちなみに、70年の大阪万博での実績が6400万人）。

国と県の主導権争いや、楽しめてお金が落ちる「お祭り」を欲する産業界と「自然との調和」を求める住民グループの綱引《つなひ》きが長引くなか、キーマンとして活躍したのは社会党の老政治家だった岩垂寿喜男《いわたれすきお》です。政治家を退いた後は日本野鳥の会の副会長を務め、会場予定地でみつかったオオタカの営巣を守る活動に関わっていました。

岩垂はもともと、60年安保の際に総評事務局次長として反対運動を指導し、公害問題と革新自治体ブームに沸いていた72年に衆院議員に当選。細川非自民連立下でも、小選挙区制導入に反対を貫いた左派の闘士でしたが、自社さ政権で環境庁長官（橋本内閣）を務めた際のパイプを活かして、万博問題では賛否両派をつなぐ折衝役を担いました。

「岩垂さんに、最良の意味での戦後政治とは何であったのかを垣間《かいま》みた[298]」と吉見氏が回想するとおり、ここまでは古きよき55年体制下の美風の遺産で、まさしく昭和ノスタルジアのような「ちょっといい話」でした。

企業のグローバル化とAR（拡張現実）

しかし、ほんとうにそうなのか。運動が一定の成果をあげ、里山《さとやま》との交流を行う瀬戸と、通常のお祭りとしての万博を楽しむ長久手の二会場方式に帰結したにもかかわらず、吉見さんは暗い筆致で考察を閉じています。

「愛知の産業界は同じ頃、「モノづくり」の拠点としての愛知のアイデンティティを強調し、産業観光に力を入れはじめていた。……いまや愛知万博は、こうした広域展開するトヨタの文化施設のひとつのアネックスにすぎなくなりつつあるかのようにすら見える」[299]。博覧会は「国家のものか、市民のものか」を争ってきたつもりが、おいしいところは「グローバル企業」にさらわれて終わりだったのではないか、とする諦観ですね。

昭和の後半期、自然や環境をうたって開発にストップをかけるのは、資本の暴走に対する住民運動の成果として誇れることでした。でも、平成ではどうか。

実は平成の幕が開いた1989年は、トヨタが海外高級車ブランド「レクサス」の北米展開を始めたのと同年です。あえてトヨタのイメージを抑えたPR戦略で、「日本製＝エコノミック・アニマル」との偏見をかわし、97年発売のハイブリッド車「プリウス」ではむしろ、エコに優しい企業という印象を確立。そして愛知万博と同じ2005年、凱旋《がいせん》するかのようにレクサスが、いまやサブマーケットに転落した日本国内で展開を開始する——。

資本主義への「抵抗」にみえることが、実際には最も効率よく象徴的な価値を作りだし、ポストモダンな手法で儲けるツールになっているのかもしれない。そのもとで、国家や地域といったトポスは幻影としてのみ搾取され、バーチャルな世界観の下で営利化されてゆく。

298 吉見俊哉『万博と戦後日本』講談社学術文庫、2011年、329頁。なお筆者は前章で触れた04年夏のカルチュラル・タイフーンで、愛知万博は「失敗すると言われてます」というコメントとともに、同書の原型となる吉見の発表を聞いた。

299 同書、284-285頁。

実は中沢さんの『アースダイバー』も、エピローグでは「いわば〈先住民的な〉「野生の思考」と資本主義的な「現代の思考」とがひとつのループ状に結び合って、東京の興味深い景観をつくりなしている」[300]として、幻視した白日夢のようにみえる「縄文地形図越しの東京」が、現実には資本主義の論理と絡みあっていることを認めていました。

実際、虚構のアニメ作品をもとにその「舞台」を訪れるコンテンツ・ツーリズムの流れが生まれたのがこのころで、はしりとなった『らき☆すた』（美水かがみ・作。埼玉県東部がモデル）はマンガの連載開始が２００４年、アニメ化が07年。[301]そうした営為を初めて「聖地巡礼」と呼んだ柿崎俊道『聖地巡礼　アニメ・マンガ12ヶ所めぐり』が出たのは、愛知万博開幕と同じ05年3月でした。

こうした流れの先にはむろん、約10年後の２０１６年夏にサービスがスタートする「Ｐｏｋéｍｏｎ ＧＯ」が控えています。もはや風景の見え方を変え、居心地のよいトポスを作り出すために、現実の過去の歴史や由緒ある伝承はいらないし、中沢氏のような博覧強記の教養を身につける必要もない。

あたかも先史社会の信仰のように地元の空間を意味づけるかにみえながら、実際にはグローバル化した巨大プラットフォームの経済活動に組み込まれている、ユートピアともディストピアともつかぬ時代の入り口に、気づかぬまま私たちは立っていたのです。

子どもたちの運命が分かれる

ホリエモンと安倍晋三

昭和天皇（戦前の影）とソヴィエト連邦（社会主義）という「ふたりの父」の死とともに幕を開けた平成を、子どもたちの時代として捉えるところから本書は始まっています。しかし社会の保守回帰につれて、いかなる子どもが活躍できるかもまた、冷酷に選別されてゆく――２００６年は、それがあきらかになった年でした。

団塊ジュニア世代の代表で、「風雲児」「時代の寵児《ちょうじ》」の名をほしいままにしていたライブドア社長の堀江貴文（１９７２年生、当時33歳）が、1月に逮捕。いっぽうで9月には戦後生まれとしてはじめて、保守派のプリンス・安倍晋三（54年生、当時52歳）が首相の座を手にします。この二人を並べて比較することは普通しませんが、それぞれ小泉政権下の「ネオリベラリズム」と「ナ

300　前掲『アースダイバー』、２４２頁。
なお、同書は平成の最末期に改版されるが、そちらでは終章が「神道とユダヤ教の共通性が暗示するもの」から「日本人の土台を形成した倭人系海人の精神史」を探る本質主義的な内容に差し替えられ、この一節はない（中沢新一『増補改訂　アースダイバー』講談社、２０１９年、３６９・３７８頁）。

301　これによって活性化した鷲宮《わしのみや》神社の事例は、岡本亮輔『聖地巡礼　世界遺産からアニメの舞台まで』（中公新書、２０１５年、１９１-１９８頁）に詳しい。

ショナリズム」の二つの潮流を代表し、急速に台頭した点では好一対です。

堀江さんとライブドアの名前は、2004年にプロ野球の近鉄バファローズの買収を申し入れて広く知られ、翌05年にはフジサンケイグループの持株会社だったニッポン放送を支配下に置こうとして攻防戦になり、世間を騒然とさせました。小泉内閣発足時には官房副長官だった安倍さんは、02年に北朝鮮が拉致問題を認めた際に強硬策を進言したとして一躍、タカ派のホープにしてポスト小泉の筆頭となり、自民党幹事長や官房長官への異例の抜擢を続けて、後継の座を射止めています。

前者はその後、「永遠の3歳児たれ」と説く自己啓発作家として再度のブレイクをはたし、後者もまた2012年末に総理に返り咲いて史上最長の政権を築きながら、子どもっぽいヤジを国会で飛ばし続けました。

戦後に逆張りした「解放区」

第一次安倍政権（2006〜07年）については次章で扱うため、ここでは堀江さんに注目しましょう。いまふり返るとき、06年の逮捕までに彼が築いたライブドア王国は、いわば平成前期の特色を集大成した「子どもたちの解放区」だったと言うことができます。

会社のナンバー2で、公判では堀江氏と対決する宮内亮治氏の回想によると、当時のライブドアは服装自由でフレックスタイム制、定期採用もなくいつ入社しても、辞めてもOK。自分で仕事を見つけて業績を上げるほど昇給され、何もしなければアルバイトと変わらない年収220万円。

「会社」というよりは個人事業主の連合体のようなスタイルで、経費等の「役得」もほぼゼロの厳しい社風ながら、「満員電車はムダ」という堀江哲学により、住宅手当だけは月7万円まで出て都心部（会社のそば）に住めたそうです。[302] 戦後日本的な「終身雇用・定期昇給・郊外の自宅から通勤」という働き方の、徹底的な逆張りを行ったといえるでしょう。

堀江さんは東大在学中に勃興《ぼっこう》期のインターネットにはまり、1996年にホームページ製作会社「オン・ザ・エッヂ」を起業して中退。宮内さんは商業高校を出たのち、苦学して税理士資格を取得。

こうした二人が率いただけあって、最盛時のライブドアはエリートからヤンキーまで、多様なライフコースを歩んできた社員がひしめく梁山泊《りょうざんぱく》の様相を呈しました。事件時に最も密着したルポを書いた大鹿《おおしか》靖明さん（当時は『AERA』誌記者）は、彼らを「ガキ帝国」と呼ぶなど同社に厳しい筆致ながらも、「堀江は、学歴や性別、職歴で差別しなかった。六本木ヒルズ森タワー38階は、ありえないほど自由な空間だった[303]」という側面があったことを認めています。

ライブドアは異端児だったか？

もっとも、同社のビジネスの内実については評価が分かれます。そもそもライブドアとは、メ

302　宮内亮治『虚構　堀江と私とライブドア』講談社、2007年、136-140頁。
303　大鹿靖明『ヒルズ黙示録・最終章』朝日新書、2006年、202-3頁。

ールアドレスのみでなく接続も無料で提供するフリープロバイダー事業者（2000年前後、私の大学在学時にはそれなりに利用者がいました）が、経営破綻したのを堀江氏が買い取ったもので、それだけでは儲からない。

堀江さんは当時、「中核事業はありません。というか、あえて持たないようにしている。ネットの領域は無限です。ウェブ上であらゆる事業を展開できる」[304]と豪語したそうですが、この発想は1980年代前半に浅田彰さんが以下のように説いたポストモダニズムが、インターネットの普及を通じて、ビジネスの世界に実装されたものともいえます。

> 最近の子どもたちの表現力には驚くべきものがある。自分自身を含むありとあらゆるものをやすやすとパロディー化してしまう軽やかさ。パラノ的な問いをあざやかにはぐらかし、総合から逃れ続けるフットワークのよさ。……そうした能力はメディアさえ与えられればいくらでも伸びていく可能性を秘めていると言ったら、いささかほめすぎになるだろうか。[305]

さてライブドアの場合、これは「ほめすぎ」だったかどうか。批判的な見方では、時価総額8000億円を記録しIT長者と呼ばれたホリエモンの全盛期でも、ポータルサイト事業の利益は3億円のみ。それもファイナンス部門から年8億円回した結果で、実はウェブのみでは赤字だったハリボテの投資会社だと非難されます。

いっぽう、中途まで同社がコアとなる事業を本気で獲《と》りにいっていたのは事実で、堀江さんはニッポン放送に買収をしかけるねらいを、マスメディアが持つ「一般の人に影響力のある巨大なリーチが〔まだ〕ある間に、なぜネットを活用して、物販や金融などほかのビジネスにつなげないのか。ライブドア単独では、なかなかインターネットのポータルサイトのユーザーを拡大できないので、もし両者が組めば、ウィン・ウィンの関係になれる」[306]と説明。

たとえばいま、PCでAmazonのPrime Video（日本でのサービス開始は2015年）が見られれば十分だから、テレビは見ない・自宅に置かない暮らし方は、とくに珍しくない。それをライブドアが先に提供できた可能性も、まったくなかったとは言えないでしょう。

Tシャツにジーンズの「無礼」なスタイルで買収劇を誇る堀江さんのスタイルも、財界の鼻つまみ者だったとされますが、そもそも株式交換（＝現金なし）でのM＆Aや、純資産の裏づけなしでの株式分割といった手法は、経団連が1999～2000年の大不況下に強く要望して、商法・証券取引法の改正に盛り込ませたものでした。キャッシュなしでも企業救済ができるように設けられたしくみを、ライブドアは新興企業の成り上がりに逆用したにすぎず、事実グローバル・プレイヤーだったトヨタの奥田碩《ひろし》会長（1998～2006年に経団連会長）は愛知万博直前

304　前掲『虚構』、26頁。
305　浅田彰、前掲「スキゾ・カルチャーの到来」『逃走論』、38-39頁。
306　大鹿靖明『ヒルズ黙示録　検証・ライブドア』朝日文庫、2008年（原著06年）、140-141頁。同書が続けて記すように、前年の2004年には日本で初めて、年間の広告費でインターネットがラジオを抜いていた。

2006年6月、東京地検特捜部による逮捕直前の村上世彰（中央）

の時期に堀江氏と密会、フジテレビとの折衝も支援しています。[307]

村上ファンドとともに挫折

株式交換を有利なレートで進めるには、ライブドアの株価は高くないといけないので、無理をしてでも「大幅黒字」に見せないといけない。さらに創業者の堀江氏自身が大株主ですから、その株を流用して交換に絡めれば、錬金術のようにキャッシュが湧いてくる。

そうしたグレーな取引が――ある種の国策捜査として[308]――摘発され同社は没落しますが、興味深いのは堀江氏らに企業買収の魔力を教えた村上世彰《よしあき》氏（投資家。ライブドアの意向を知った上でニッポン放送株を買ったとして、インサイダー取引で06年逮捕）の前歴です。村上さんは元通産官僚で、在職中に1989年参院選での自民党大敗に遭遇。社会党政権下で日本の資本主義が崩壊するというSF小説『滅びゆく日本』を執筆するも、上司に出版を止められ、そうした憤懣《ふんまん》から99年に離職していました。

いわば彼らは、冷戦体制の崩壊が生んだ「落とし子」だった。実際にホリエモンはフジテレビ、村上氏は阪神と、それぞれ20世紀型の国土開発を支えた産業（新聞社を中核とする放送／鉄道会社）による デベロッパー）の買収をもくろんで賛否を呼び、結局前者はフジから1440億円をせしめたものの、経営権の取得には絡めず完敗。この蹉跌以降、堀江氏は会社への興味を失い、逮捕前にはまっていたのはロシアの軍産複合体から旧ソ連製の技術を買って宇宙を開発するという、かなり怪しい話だったといいます[309]。

しかしポスト冷戦期の経済史の狂奔《きょうほん》を凝縮《ぎょうしゅく》した軌跡のなかで、一度だけふっと「正気」が戻る瞬間がありました。堀江さんが自民党系の無所属で出馬し、反小泉の闘将だった亀井静香氏（衆院広島6区）に挑んだ2005年の郵政選挙です。

正直、当時の私の目には、あきらかに本人が意味を理解していなそうな「改革」の白文字を、黒字のTシャツに刷り込んで集まった堀江支援のボランティアは、ファシスタのようで不気味に映りました。しかし堀江さんは「オン・ザ・エッヂの創業期のことを思い出す」とつぶやいて、

307　同書、151-155・199-201頁。
308　真っ先に指摘したのはこの語の造語者で、本人は「新自由主義」に批判的だった佐藤優であった（「民族の罠（最終回）ライブドア事件　ファシズムへの露払い」『世界』2006年4月号）。
309　前掲『ヒルズ黙示録』、73-74・22-25頁。

周囲に頭を下げるようになり、後年にも私利私欲を超える価値を知った瞬間として回想していま す。[310]

もっとも、亀井氏のお膝元《ひざもと》（庄原）では駐車場すら貸し手がおらず、演説も監視人に見張られて聴衆なしという地域社会の壁に阻まれて、2万6000票の大差で敗北。社長業の離職を拒否して公認を得ていなかったため、比例復活もならず、小泉内閣の閣僚を経て総理へという野望は潰《つい》えました。

「富田《とみた》メモ」と天皇の影

地方ボスを核として地域に根を張った「古い日本」の大人たちの伝統は、平成前半には時代遅れだと散々に言われようとも、意外なほどしたたかでしぶとい。そうした「父の帰還」を象徴するもうひとつの事件は、翌06年の夏に起きました。

7月20日付の『日本経済新聞』がスクープとして、晩年の昭和天皇が靖国神社へのA級戦犯合《ごう》祀《し》（1978年）に不快感を示していたとする「富田メモ」の発見を公表。その直後にもかかわらず参拝を強行できたのは、文脈無視を徹底していた「変人宰相」小泉純一郎ならではのことで、[311]はるかに右寄りと見られた後継の安倍晋三は結局、第一次政権では参拝できずに終わります。

よく考えるとこれは妙な話で、「先帝の御心《みこころ》を忖度するなら、首相は参拝すべきでない」という発想は、民主主義というより権威主義の論理なのですが、2年前の2004年10月の園遊会では天皇（現上皇）が、日の丸・君が代が「強制にならないように」として石原都政下の教育委員

日本経済新聞
7月20日
木曜日
A級戦犯 靖国合祀
昭和天皇が不快感
参拝中止「それが私の心だ」
元宮内庁長官 88年、発言をメモ
一般歳出 上限46兆8000億円
9年ぶり47兆円割れ
川本ポンプ
離散家族再会
北朝鮮が中止

「富田メモ」を報じる
『日本経済新聞』（2006年7月20日付）

（米長邦雄）をたしなめる一幕も報じられています。[312] 平成の最末期にリベラル派のメディアを席巻する、「護憲の最後の砦《とりで》」へとリニューアルしての、天皇信仰復権の狼煙《のろし》が上がっていたのです。

幼年期から恢復《かいふく》期へ

２００６年の秋に刊行された、かつてスキゾ・キッズを礼賛する「子ども」の指導者だった浅田彰さんとの対談で、岡崎乾二郎《けんじろう》氏（美術家）がボードレールを引きつつ、滋味のあることを言っています。「歴史に拘束されない知覚を得るための〔正しい〕モデル」、すなわち「老衰期に対抗する概念は、子供、幼年期で

310　堀江貴文『ゼロ　なにもない自分に小さなイチを足していく』ダイヤモンド社、２０１３年、１８２-３頁。

311　前掲『小泉劇場の時代』、４２８-９頁。御厨貴「富田メモ」同編『近現代日本を史料で読む　「大久利通日記」から「富田メモ」まで』（中公新書、２０１１年）も参照。

312　「国旗・国家「強制でないのが望ましい」天皇陛下が園遊会で」『朝日新聞』２００４年10月28日。

はなく、〔死病からの〕恢復期である」。

これはあきらかに、柄谷行人氏のNAMに関わった浅田さんの挫折を意識した表現ですが、浅田氏自身も会場との質疑応答の中で、湾岸戦争への不参加のトラウマをイラク戦争で晴らそうとするような、「日本を一人前の男として世界に認めさせよう」とするエディプス的な発想こそが、いちばん悪い意味で子どもっぽい、ナイーヴな思考だと退けていました[313]。

軽やかに冷戦以降を駆けてゆくと思われた子どもたちは、みな傷つき、あるものは社会的に抹殺され、別のものは行きどまりに立ちすくんでいた。その裏面で着実に、もはや息絶えて退場したはずの「父」の影が、ふたたび差しはじめる――。

表層的なネトウヨの跳梁《ちょうりょう》跋扈とはまったく異なる、そうした深い次元での「保守回帰」を進行させながら、平成後半の日本は浮遊してゆくことになります。

313　浅田彰・岡崎乾二郎「「現在」を考える　こどもたちに語るモダン／ポストモダン」『InterCommunication』58号、2006年、13・26-7頁。04年5月の京都大学での新入生歓迎イベントを再録したもの。

第10章 消えゆく中道 2007―2008

今日の鏡のような

短命の第一次安倍内閣

平成19～20年（2007～08年）ほど、いま私にとって懐かしく、また多くの人には「理解しがたい」時代も珍しいに違いありません。平成の最末期からの安倍長期政権下、多くの有権者が「安倍さんを好きでもないけど、野党がダメすぎるから支持せざるを得ない」と感じていたことは、記憶に新しいところでしょう。

しかし07年夏から09年秋までの2年間は、ちょうど鏡像のように正反対の「野党（民主党）を信じるわけではないが、自民党がオワコンなので期待するしかない」という気分が、国民のあいだに満ちていました。

すべては、安倍晋三という宰相の「子どもっぽさ」が招いたつけでした。前任の小泉政権の5年半にスキャンダルで去った大臣は2名のみでしたが、第一次安倍内閣（2006年9月～07年9

1986年、父・晋太郎の秘書時代の安倍晋三。
右は翌年に結婚する昭恵夫人

月）では約1年で5名が交代（うち1名は改造後）。それも現職閣僚として史上2人目の自殺となった松岡利勝農相、「原爆投下はしょうがなかった」の失言で引責した久間章《きゅうまふみ》生《お》防衛相など、[314]あぜんとさせる体たらくは学級崩壊にたとえられたほどでした。

直後に行われた07年7月の参院選で、自民党は27議席減の大敗を喫し、公明党（3議席減）と足してもなお過半数を割る「ねじれ国会」に追い込まれます。おまけに安倍氏が当初続投を表明し、内閣を改造した後に「官房長官（与謝野馨《かおる》）すら会見で初めて知る」前代未聞の投げ出し辞任を行ったことで、[315]政権政党としての信頼は地に堕《お》ちました。

なにがまちがっていたのか。小泉自身の後継指名も受けて順風満帆に船出したはずの安倍政権を躓かせたのは、直接には争点形成の失敗でした。憲法改正につながる国民投票法の制定や、戦後初めての教育基本法の改正は、コアな保守層にはアピー

314　ちなみに1人目の自殺者は、1945年の終戦時に自決した鈴木貫太郎内閣の阿南惟幾《あなみこれちか》陸相（なお2012年、民主党政権の野田内閣でも松下忠洋金融相が自殺し3例目となる）。久間は被爆地である長崎県選出にもかかわらずの発言だったことが、有権者の憤激を買った。

315　後藤謙次『ドキュメント平成政治史3　幻滅の政権交代』岩波書店、2014年、78頁。

ルしても国民全体の関心とはズレていた。

くわえて親しい保守系議員の多かった「郵政造反組」の大部分を自民党に復党させたことで、民営化を応援してきた小泉改革の支持層が離反。「小泉はかつて革新と呼ばれていたような「野党的」な層を多く惹きつけていたが、これらの人々は安倍政権の方針や政策とは相容《あいい》れなかった[316]」というのが、鋭いデータ分析で知られる菅原琢《たく》さん（政治学）の総括です。

福田赳夫以来の情念

しかしその小泉氏の郵政民営化への執念も、合理的な政策というよりは多分に私怨だとみられる以上、安倍さんについてだけ「幼さ」を嗤うのはフェアではないでしょう。小泉・安倍の両氏が属した自民党の派閥である清和会（現・細田派）の前身は、佐藤栄作の後継となることを期して、福田赳夫が１９７０年に旗揚げした紀尾井《きおい》会。

しかし72年の総裁選で田中角栄に敗れ、角福戦争と呼ばれた熾烈な抗争に突入するのですが、平成前半の１９９５年に福田が著した回顧録を読むと、その独自の思想は派閥の後継者にも影響していることに気づきます。


東京中のあちこちがオリンピック施設や道路建設のため取り壊され……代わりに補償金がころがりこんだ「にわか成金」たちが、そこら中に誕生した。セックス映画が氾濫《はんらん》し、朝から晩まで「お座敷小唄」など浮かれ調子の流行歌が流れている。どこもかしこも物と金の風潮に覆われて、「謙譲の美徳」や「勿体《もったい》ない」という倹約の心掛けといった古来からの日本人の心が失われかけていた。[317]

福田は主計局長まで務めた大蔵省（現・財務省）の大物ＯＢですが、こうした描写に見られるのは「よき戦後」のシンボルとされる高度経済成長の否定（！）です。省の先輩にあたる当時の池田勇人首相を、「池田氏の消費美徳論は、私に言わせればまさに暴論」・「池田さんの「物と金優先」の考え方は、私には到底《とうてい》受け入れ難いもの」と酷評している点からみても、単なるレトリック上の詠嘆《えいたん》ではありません。

安倍さんは最初の首相への就任直前、流行中だった『ＡＬＷＡＹＳ　三丁目の夕日』を「東京タワーが戦後復興と物質的豊かさの象徴だとすれば、まぼろしの指輪はお金で買えない価値の象徴である」[318]と、中学生の感想文のように評論してインテリの嘲笑を浴びますが、実はそれは、戦後史の裏面で脈々と流れてきた情念だったのです。

全党をあげて嫌われた三木武夫内閣を襲って、１９７６年末から2年間執政を担った福田赳夫

316　菅原琢『世論の曲解　なぜ自民党は大敗したのか』光文社新書、２００9年、１１４頁。
317　福田赳夫『回顧九十年』岩波書店、１９９5年、１４5-１４6頁。
318　安倍晋三『新しい国へ　美しい国へ完全版』文春新書、２０１３年（原著06年）、２２２頁。「まぼろしの指輪」とは、貧しさゆえに指輪の「箱」しか買えなかったカップル（吉岡秀隆と小雪）が、指にはめるふりだけをする作中のベタなシーンを指すもの。

内閣を例外として、角福戦争はほぼ福田派の全敗に終わりますが、こうした体験は同派の末裔にあたる小泉や安倍にも、大きな刻印を残したはずです。とくに赳夫は（ライバルの角栄と同様に）再登板への意欲が強く、なかなか派閥を安倍晋太郎に譲らず中川一郎（平成期の政治家・昭一の父）と競わせたりしたため、晋太郎は福田派を割ろうかと思い詰めるところまで行っていたと「息子の安倍晋三経由で聞いた」[319]とは、安倍派にも籍を置いた石原慎太郎氏の回想。

この時点で恩讐《おんしゅう》が何重になっているのかわかりませんが、晋三さんの場合はここに、代議士一期生として「かくいうわたしも、首班指名のとき、社会党の村山富市氏に一票をいれたひとりである」[320]という屈辱が重なるので、子どもっぽい反動が自身の総理在職時に出るのも、やむをえないといえばそうなのでしょう。

「大連立」のノスタルジア

いっぽう昭和の福田赳夫と、平成の小泉純一郎や安倍晋三とで好対照なのは、対立党派とのつきあい方でした。すでに見たとおり福田にはどこか反・消費社会（本人のことばでは「安定成長論」ですが）の気味があったためか、社会主義者とも妙に馬が合い、大蔵省時代には社会党首班の片山哲《てつ》内閣（1947〜48年）を熱心に支え、60年安保の直後には民社党委員長の西尾末広《すえひろ》を担ぐ救国連立の構想を、岸信介首相に献策して動いています。[321]

また戦時下で汪兆銘《おうちょうめい》政権の財政顧問を務めた福田は、1967年から都知事として革新自治体の雄となる美濃部亮吉とも、彼を庇護した大陸浪人出身の福家《ふけ》俊一《としいち》（自民党衆院議員）を通じてコネがあり、国交正常化以前に周恩来首相とのパイプ役を依頼したほか、79年の都政奪還時にも暗黙の合意を得ていました。[322]

こちらの遺伝子を継いでいたのは、第一次安倍内閣の後継として首相になった赳夫の長男・福田康夫で、組閣からまもない2007年11月の頭には、ねじれ国会を乗り切るための「大連立」を民主党に持ちかけています。読売新聞主筆の渡邉恒雄氏が仲介し、夏の参院選での大勝を指揮した小沢一郎・民主党代表も乗り気になったものの、[323]いまや政権交代への予兆に湧く国民には不評でした。

結局、民主党内からの激しい反発で構想は白紙となり、康夫もまた08年9月に、内閣改造からわずか1か月での不可解な辞任。不信感をぶつけた記者への「あなたとは違うんです」との返答

319 石原慎太郎、前掲『国家なる幻影 下』、150-151頁。
320 前掲『新しい国へ』、42頁。
321 前掲『回顧九十年』、84・141頁。佐藤信『鈴木茂三郎 統一日本社会党初代委員長の生涯』藤原書店、2011年、127頁。民社党創設者の西尾は、片山内閣時の官房長官だった。
322 労農派のマルクス主義者だった美濃部は戦時中、人民戦線事件で検挙されたが、福家が経営する上海紙の在東京記者に雇うことで、徴兵を免れさせた。後継者を選ぶ1979年の都知事選で美濃部が中立を表明し、事実上保守都政（鈴木俊一知事）への回帰を助けた背景に、このときの「借り」の存在をみる議論がある（ローラ・ハイン『理性ある人びと 力ある言葉 大内兵衛グループの思想と行動』大島かおり訳、岩波書店、2007年（原著04年）、206-207頁）。
323 ただし関係者の証言が食い違い、「誰が主導して持ちかけたか」など経緯の仔細は不明な点が多い（前掲『幻滅の政権交代』、96-107頁）。

は、大連立の挫折でリリーフ役の使命を失った自身の限界を見すえての発言でしたが、「またも政権投げ出し」の印象は拭えず、安倍氏と同様の幼児的なふるまいとして批判を集めます。

もっとも「若すぎて失敗した」安倍内閣の反省も踏まえて、福田康夫総裁（1936年生。組閣時に71歳）の下の自民党は、幹事長に伊吹文明《ぶんめい》（38年生。のち衆院議長）、総務会長に二階俊博（39年生。安倍改造内閣から続投）などいっせいに再高齢化。実際には安倍政権下での参院選大敗は、都市部を中心とする「小泉ファン」の離反が大きかったのですが、地方の県が多い一人区の戦績（6勝23敗）が勝負を決めた結果、新自由主義による農村部の切り捨てへの反発が主因だとする分析が、メディアでは定説化していきました。[324]

結果として、政界と論壇の双方が歩調をあわせて、ここから平成の日本は改革よりもむしろ、あの懐かしい戦後への「回帰」をよしとする空気に覆われてゆくことになります。

ひき裂かれた言論空間

中道論壇誌の消滅

大連立構想の挫折じたいは、いまや忘れられた政治史上の些事にすぎませんが、もう少し視野を広げるとその背景には、二大政党化にともなう「中間派の消滅」という大きな課題が横たわっていたことに気づきます。

まさに福田康夫の退陣と同時期に発売された2008年10月号を最後に、朝日新聞系の論壇誌

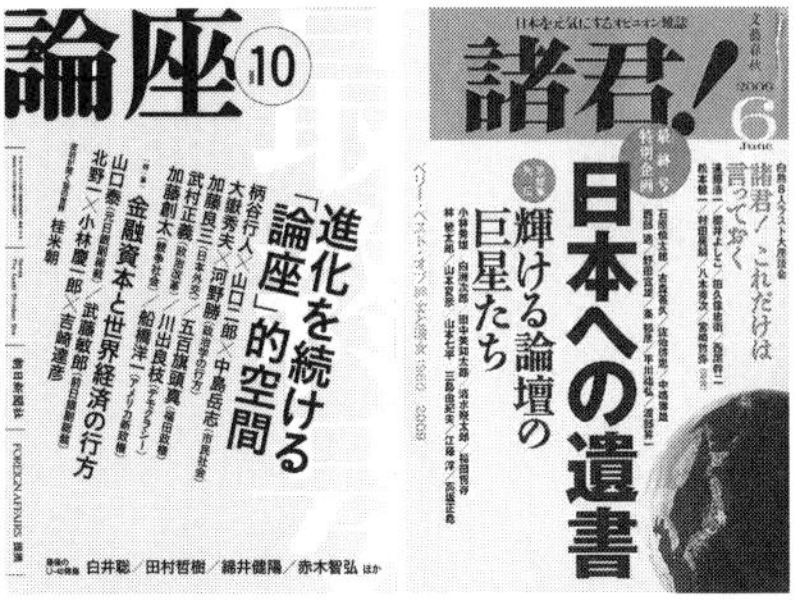

『論座』『諸君！』それぞれの最終号

『論座』が終刊。さらに同年末には、講談社の『月刊現代』が後を追います。両誌は左派系とみられることが多かったので、当初は日本社会の「右傾化」ゆえと報じられましたが、翌年には文藝春秋が刊行していた保守系論壇誌の元祖である『諸君！』も、09年6月号で休刊となっています。

『月刊現代』は1966年から続いてきた伝統ある総合誌で、左右のオピニオンからは一歩距離を置いたルポ、ノンフィクションを発表する場として機能していました。逆に『論座』（当初の誌名は『Ｒｏｎｚａ』）は自社さ連立の発足をへて、国内政治でも冷戦体制が完全に融解した95年の創刊。『朝日新聞』の本紙ではむずかしい、保守系の識者や業界人を迎えての誌上討論が売りのひとつで、06年2月号では『読売新聞』と連携して小泉首相の靖国参拝を批判する特集「渡辺《ママ》恒雄氏が朝日と「共闘」宣言」を組み、即完売を達成したこともあります[325]。

『諸君！』はいまだ全共闘運動が続いていた1969年春の創刊で、当時はほかに大手の右派論

324 前掲『世論の曲解』、第2章。同書によれば、もともと人口（＝票数）の少ない農村部の動向が与えた影響は誤差程度にとどまり、一人区の勝敗を決したのは野党間協力（のち政権交代をなしとげる、民主・社民・国民新の三党）による候補者の統一だった。

325 薬師寺克行「元『論座』編集長が語る論壇史」『中央公論』2018年12月号、122頁。

壇誌がなく（たとえば産経新聞社の『正論』は73年から）、登場する論客にはむしろ「左翼から押されている」がゆえにこそ、反駁するという意識があった[326]。結果としてこれら3誌は、左右に分かれても相対的には中道寄りのポジションにあったのですが、そうした路線では刊行が続かなくなってしまう。

小泉政権で防衛庁長官として初入閣し、安倍退陣のころから政界で存在感を高める石破《いしば》茂さん（のち自民党幹事長）は、高校のころから『諸君！』『正論』の愛読者だったそうですが、平成に入ってから感じてきた変化を、その『論座』の取材に吐露《とろ》しています。

世の中にはなかなか受け入れられないけれど、これが本当なんじゃないですか、という静かな、そして深い主張が〔昭和期の両誌には〕あった。……最近、「正論」「諸君！」に何となく違和感を覚えるようになってきたのは、その静かさがなくなってきたせいなのかもしれない。〔いまの両誌は〕「靖国に行くのがなぜいけない」「東京裁判は誤った裁判である」「A級戦犯が祀られていて何が悪い」的な[327]。

「極論」が売れる時代へ

同じ現象の裏面で進行したのが、既存の左右の両極端よりも「さらに先」に駒を張ることで、刺激に飢えた読者の渇望を満たすビジネスの台頭です。

嚆矢《こうし》は2004年秋に創刊した『月刊WiLL』の成功で、マルコポーロ事件で文藝春秋を去って以降しばらく不遇だった、花田紀凱編集長の久々のヒットとなりました（16年春に内紛で分裂し、現在は出版社を移って『月刊Ｈａｎａｄａ』を刊行）。中国・韓国、また民主党や『朝日新聞』など国内左派との妥協を拒否し「断固、靖国参拝支持」を掲げるタカ派の強硬論が特徴で、07年の政権投げ出し後も一貫して、安倍晋三氏を支えています[328]。

もっとも対立党派との対話を欠くがゆえの過激化を、右派論壇についてだけ指摘するのはフェアではありません。政権を批判すれどなす術《すべ》なしだった小泉改革の時代を経て、左派ないしリベラルの側でも「最初から味方にしか訴えない」傾向は、着実に定着していました。

たとえば１９７３年に創刊され、昭和末期のポストモダン・ブームも支えた青土社の月刊誌『現代思想』の目次を10年前と比較すれば、いったん問題を抽象化して把握する理論的な視座が退潮し、むしろベタに「いま、批判すべきこと」を直接とりあげる姿勢が前景に出てきていたことを見てとれます【次頁・図表４】。

326 仲正昌樹「『保守』と『革新』には入れ子構造がある」『理戦』86号、２００６年、40-41頁。
327 石破茂「生粋の愛読者が抱く『正論』『諸君！』への違和感」『論座』２００６年８月号、51-52頁。
この号の『論座』では山崎拓も登場し、自民党時代の石原慎太郎と行動を共にした「昭和政界のタカ派」の視点から、平成の右傾化を憂えていた。
328 『月刊ＷｉＬＬ』は小泉〜麻生政権下で３回、安倍晋三を登場させたが、続く民主党政権下の約３年間では、なんと座談会等も含めて計10回起用している。

【図表4：『現代思想』通常号の特集名】

1997年		2007年
クレオール	1月号	岸信介
アフォーダンスの視座	2月号	北朝鮮と向きあう
フーコーからフーコーへ	3月号	笙野頼子
ロシアはどこへ行く	4月号	教育の未来
ストリート・カルチャー	5月号	発達障害
多様性の生物学	6月号	隣の外国人
ハンナ・アーレント	7月号	ポスト・フォーディズム
二〇世紀の数学	8月号	東京裁判とは何か
教科書問題	9月号	社会の貧困／貧困の社会
ブラック・カルチャー	10月号	温暖化の真実
発達とは何か	11月号	偽装の時代
「女」とは誰か	12月号	量子力学の最前線

作成：著者

1975～85年にかけて同誌の名編集長と呼ばれた三浦雅士《まさし》さん（評論家）は、平成期には新書館に移って、学界の大家の寄稿を中心とする雑誌『大航海　歴史・文学・思想』を運営していましたが、こちらは2009年夏に休刊。示唆的にも最後の特集は「ニヒリズムの現在」でした。

入れ替わるように、若手の執筆者を中心に「ネオリベ批判」を正面から掲げる思想誌が勃興したのがこのころで、哲学者の高橋哲哉氏らによる『季刊前夜』（04年創刊）を皮切りに、萱野稔人氏らを同人とした『Ｖｏｌ』（06年）、さらに『フリーターズフリー』（07年）や『ロスジェネ』（08年）が続きました。しかし、それぞれ全12号・5号・3号・4号と、いずれも短命に終わっています。

既成論壇誌の「より右」に張り出した『ＷｉＬＬ』『Ｈａｎａｄａ』の両誌が現在も売れゆき好調とされる一方で、「より左」を標榜する左派系の媒体は、なぜ長続きしないのか。最大の要因は、

「左右」以上にこの時期問題視されるにいたった「老若」の分裂——いわゆる世代間格差の存在でしょう。

右派論壇誌の場合、反共やGHQ批判など「昭和のお家芸」を通じて、ネトウヨと高齢者の双方にアピールすることが容易です。いっぽう、バブル崩壊以降の就職氷河期に社会に出た世代を中心とする、「フリーターにも真の自由を」といったメッセージは、年長者に理解されにくい。

団塊世代の引退と『おひとりさま』

実際、この時期に「リベラルな識者」が刊行したベストセラーを読みかえすと、そこにはむしろ絶望的なまでの、現状認識の断絶が姿を見せています。

たとえば団塊の世代が定年（当時は一般に60歳）を迎え人手不足になるとする「2007年問題」が世論をにぎわす中、同年にフェミニストの上野千鶴子さんが出した『おひとりさまの老後』は、単行本のみで75万部という、予想を超える大ヒットになりました。

独身者のみならず、やがて夫に先立たれて単身で生活するだろう老年の女性を対象に、それでも生きやすいライフスタイルを説くエッセイですが、自身がその世代である上野さんいわく、「団塊世代には、（高度成長期に）大都市圏に移住してきた次男坊や三男坊とその妻がつくりあげた核家族が多い。（地元に残った長男と異なり）親からなにも受け継がなかった代わりに、自分一代で築いたものを自分一代で使いつぶすのは勝手だ。団塊ジュニアはあてがはずれるだろうが、そこは自己責任と思ってもらおう」。

家族社会学の泰斗だけあって歴史的な経緯の説明は正確ですが、第二次ベビーブーム生まれを中核とする団塊ジュニア（狭義には１９７１～74年生。広義には70年代生まれ全般）は成人する際に、バブル崩壊が直撃した世代です。しかし親離れさせるためにも彼らの苦境は見放して、定年後は自分のことだけ考えようというのでは、若者に「ふざけるな」と思われてもしかたないでしょう。

さらに驚くのは、彼女が読者として「お茶やお花の先生をするとか、毎週、公民館で俳句教室の講師をつとめるとか、近所の子どもの勉強をみるとか、（定年後の）週末ビジネスでも月に数万円は入る」[329]層を想定していること。圧倒的なまでの「高齢強者」のロジックには、いったいどれだけの人が参考にできる話だろうかと、絶句せざるを得ません。

『悩む力』と成功者ハウツー

続く２００８年には上野さんより2歳年下（１９５０年生）で、『朝まで生テレビ！』ほかへの積極的なＴＶ出演を通じて平成期の「マイノリティ論客」の象徴になっていた、姜尚中《カンサンジュン》さん（政治思想）の『悩む力』が90万部のベストセラーに。マックス・ウェーバー研究から出発した姜さんは96年の『オリエンタリズムの彼方へ』以降、日本のポストコロニアリズムを牽引した学者で、端正なルックスと穏やかな語り口は主婦層にも人気を博し、２００９年には「韓流」をもじって『姜流』なるＤＶＤつきムックまで出るほどでした。

しかし『悩む力』はそのウェーバーと夏目漱石について、専門的な分析はおろか生涯を概観することもなく（巻末に年表がつく程度）、各章のタイトルにある「世の中すべて「金」なのか」・

「「変わらぬ愛」はあるか」といったトピックごとにつまみ読みする内容で、現役を退いた成功者が語る人生訓にすぎません——文体からみてもおそらくは語りおろしで、養老孟司『バカの壁』以来の系譜を汲む編集法だと思われます。

終章の題名は「老いて「最強」たれ」で、なんと姜氏の夢はハーレー・ダビッドソンのバイクで日本を縦断旅行すること。もちろんルーツにあたる朝鮮半島でも楽しみたいので、「そのころに南北統一が実現していれば言うことはありません」、「髑髏《どくろ》のアイコンのついた革ジャンを着て、横着にハーレーにまたがって、横着な態度で金正日《キムジョンイル》の頭でもコツンと叩いてみせる。そのくらいのことを考えたっていい」[330]。いったいこの人のどこが、戦前の日本／戦後の米国の二重帝国に抗うポストコロニアリストだったのかと、目を疑います。

安倍自民党の参院選大敗を受け、政界でも竹中平蔵的なネオリベラリズムへの「見直し」が主流になった当時、岩波書店や『朝日新聞』などの左派論壇は文字どおり「格差社会」への批判一色でした。しかし看板スターだった上野・姜の両氏がこのふるまいでは、「年長の論客が集まる既成メディアはダメだ。若い世代だけで独立しないと」といった、急進化が起きるのもやむを得ないでしょう。

329　上野千鶴子『おひとりさまの老後』文春文庫、2011年、167・159-160頁。いちおう後にスキルなしでの働き方も挙げてフォローしてはいるが、「たいがいのおひとりさまは、他人に教えることのできる特技のひとつやふたつはもっている」とまで明記する楽観的な認識には恐れ入る。

330　姜尚中『悩む力』集英社新書、2008年、174・177頁。

「社会」の消滅と自己啓発ブーム

冷静に考えれば団塊世代が大量に退職する以上、適切な雇用改革――新卒時の失敗やキャリア中途でのリストラが、再就職を阻害しないような――さえなされるなら、この時期にはもう少し明るい見通しも語りえたはずでした。事実、たとえば２００６年夏に出たシンクタンクの分析には、団塊世代の定年を受けて「今後数年間は各社の新卒採用枠が拡大し、その結果として若年層の就業率や正社員比率も改善に向かうものと予想され」、「マクロの完全失業率は……２００９年時点で２％台後半へ低下する見通し」[331]と述べていたものもあります。

そうならなかった理由としては大学を含めた多くの企業が、すでにポストを得ている世代の雇用期間を「再雇用」その他の手法で65歳へと事実上延長し、退職のピークを２０１２年へと先送りして、ロスジェネ世代の不信感を煽ったこともあったでしょう。しかしここではむしろ、そうしたマクロな「全体像」自体を見えなくさせるあの厚い濃霧こそが、このとき社会を塗り込め始めていた点を特記しておきたいと思います。

実は、一億総中流と呼ばれた戦後社会の解体を指摘する潮流は、小泉以前の森喜朗政権下でヒットした佐藤俊樹さん（社会学）の『不平等社会日本』（２０００年）のころから始まっていました。そして、たとえば同書の以下のような結論部と見比べるとき、その後のゼロ年代の論壇がなにを見失っていったのかが、痛切に浮かび上がります。

一つの〔ポスト戦後の〕途《みち》は、意外に思えるかもしれないが、西ヨーロッパ型の階級社会を意識的にめざすというものである。エリートはエリートらしく、中流階級は中流階級らしく、労働者階級は労働者階級らしく、というわけだ。高度成長期以降の日本では、これは「そうなってはいけない」反面教師とされてきたが……中等教育のエリート型／非エリート型の分化、少数の移民労働力のゆっくりした導入、二大政党制への願望など、一九九〇年代の日本で起きた変化の多くは、実はアメリカ化というより、西ヨーロッパ化の途とも考えられる。[332]

この直後に佐藤さんは、しかし明治期以来と同様に西洋の後追いをするのはしゃくなので、日本独自の「オリジナルな途」を模索しようと議論を転じますが、問題はそこではありません。少なくとも20世紀末ぎりぎりの時点では、機会不平等の拡大や国民の一体感の喪失といった危機に対して、あるべき「社会」の全体像を提示することで応える気風が、いまだアカデミズムや出版界に残っていた。

しかしその後の小泉旋風のなかで、競争社会のサバイバルは「個人」でするものだという発想

331　日本総合研究所『「団塊」退職で変わる経済　伸びるビジネス　人口動態から読むこれからの10年』東洋経済新報社、２００６年、24-25頁。

実際には08年のリーマンショックにより、09年の完全失業率は5・1％へと再上昇した後、11年から下降トレンドを辿って17年に2・8％を達成した。なお平成期のピークは、02年に記録した5・4％。

332　佐藤俊樹『不平等社会日本　さよなら総中流』中公新書、２０００年、１３９-１４０頁。

二大政党制を「西ヨーロッパ化」とみる視点はイギリスや、左右ふたつの「政党連合」のあいだで政権の継受や大統領選の決選投票が行われるようになっていた、イタリア・フランスを意識したものであろう。

が徐々に浸透し、フェミニズムやポストコロニアリズムといった文化左翼の論客までもが後を追う。もともと市場競争に親和的な自己啓発業界では、これはより一層のことで、２００７年には『お金は銀行に預けるな』『自分をグーグル化する方法』など一挙に5冊の自己啓発本を刊行した、勝間和代さん（経済評論）のブレイクが起きています。

論壇誌が「左右」の中道で踏みとどまることが困難になる一方、延長前であれば定年間近だったはずの団塊世代の学者たちも、感性がすっかり新社会人とはかけ離れて、年齢の「上下」でも言論空間はひき裂かれていった。その先には「自民支持か民主支持か」・「ネオリベか社民か」といった志向の如何《いかん》にかかわらず、もはや個体としての自分の周囲にしか関心をもてず、世の中はバラバラで誰も助けてはくれないとするドライな認識が広がってゆく。

社会科学の専門家ですら「社会」の存在を感受しえなくなるほどの、全体性の解体はこのとき、極限に達しようとしていたのです。

セカイから遠く離れて

格差社会論の反知性主義

いよいよ、世の中が本格的に壊れてきたなぁ……。

２００７年７月、ちょうど安倍退陣をもたらす参院選のころに博士号をとり、10月から准教授として地方の公立大学に赴任した私は、ずっとそんな風にひとりうめいていました。

『論座』の同年1月号に載って話題を席巻したのは、当時フリーターだった赤木智弘さん（１９７５年生）の「「丸山眞男」をひっぱたきたい　31歳フリーター。希望は、戦争。」。特集「現代の貧困」の一環をなすもので、掲載号では表紙にタイトルの入らない地味な扱いでしたが、あまりの反響の大きさに4月号には福島瑞穂《みずほ》（社民党首）、若松孝二・森達也（ともに映画監督）、佐高信（評論家）など錚々たる左派論客による反論が掲載。赤木氏が6月号で応答した際には「続「『丸山眞男』をひっぱたきたい」」と堂々表紙に刷られたあたりに、同時代の空気が表れています。

さらに翌08年6月には、元派遣工の青年（１９８２年生）が通り魔で7名を殺害、10名を負傷させる秋葉原事件が発生。これがなんと「格差社会に対する怒りの叫び」として奇妙な共感を呼び、岩波書店は3か月後、大澤真幸氏を編者とする論集まで緊急出版するほどでした。[333]

ここから見ていくように、これらの出来事にはそれぞれ、論ずるべき意味や価値があるものです。しかし歴史学という専攻も災《わざわ》いしてか、博士号をとり常勤の研究職となってもなにひとつ社会的に発言する機会が訪れず、教室では「高校までの日本史の内容と違うから、あの先生はオカシイ」と噂われていた当時の私（79年生）にとって、レトリックで戦争待望を叫んだり、実際に人を殺したりする営為の方が「メッセージ」として機能するメディアの状況は、異様そのものに

333　大澤真幸編『アキハバラ発〈00年代〉への問い』岩波書店、２００８年。

映っていました。

私がいまリベラル派の諸氏の反知性主義批判に冷淡なのは、彼らがこのとき示した、格差社会を叩くためなら「反知性主義でもなんでもありだ」とする態度を、ずっと覚えているからです。

赤木智弘とロスジェネ

赤木さんの論旨はシンプルです。新卒採用と長期の正規雇用を中軸に置く日本型雇用は、大学を卒業した時期が「好況か、不況か」でその後の人生が決まってしまう点で公正でない。

彼のような就職氷河期世代——文中の表現では「ポストバブル世代」——は最初から、非正規の道しか選べないハンデを背負わされていたのに、目下の論壇で展開される「格差社会論」はそうした世代の違いを無視して、「リストラで失業した人はかわいそうだが、ずっとフリーターなのは自助努力の不足だ」といった扱いさえしてくる。佐藤俊樹『不平等社会日本』なども引用されて、中途までの論の運びはむしろ理性的です。

もっとも反響を呼んだ最大の理由は、苅部直《かるべただし》『丸山眞男　リベラリストの肖像』（２００６年）で知ったという、戦時下で徴兵された丸山が農村出身の兵卒に殴打された挿話に対して、「中学にも進んでいない一等兵にとっては、東大のエリートをイジメることができる機会など、戦争が起こらない限りはありえなかった」[334]とコメントし、世代間の不平等が放置される現状が続くなら、自分はむしろ新たな戦争を望むとする結論でしょう。丸山眞男といえば「戦後知識人の頂点」だとする感覚が通用した最後のタイミングで[335]、偶像破壊を——それもリベラルな朝日新聞系の媒体で——行ったことが、衝撃を与えたわけですね。

しかし今日再読したとき印象に残るのは、むしろ左派論客からの批判に応答した続編の末尾にある、以下の一節です。

戦争は、それ自体が不幸を生み出すものの、硬直化した社会を再び円滑に流動させるための「必要悪」ではないのか。……成功した人や、生活の安定を望む人は、社会が硬直化することを望んでいる。そうした勢力に対抗し、流動性を必須のものとして人類全体で支えていくような社会づくりは本当に可能だろうか？[336]

もういちど戦争を始めて丸山を殴ってやりたいという「反・戦後」的な煽りとは異なり、ここで表明されているのは、①「戦争か平和か」は実際には擬似的な命題にすぎず、本当の対立軸は②「硬直化か流動性か」にあるのだとする価値観でしょう。つまり社会の硬直性を解きほぐすこ

334　赤木智弘「「丸山眞男」をひっぱたきたい　31歳フリーター。希望は、戦争。」『論座』2007年1月号、59頁。

335　偶像破壊の前提となる「教養主義の残滓」がいつまであったのかは決めがたいが、ひとつの目安は自己啓発本に改竄《かいざん》された『超訳　ニーチェの言葉』（白取春彦編訳）がヒットした2010年だろう（拙著、前掲『知性は死なない』、149〜152頁）。

336　赤木智弘「けっきょく、「自己責任」ですか　続「『丸山眞男』をひっぱたきたい」」『論座』2007年6月号、121頁。

とさえ可能なら、もちろん平和なままでいいし、逆に戦争のようなカタストロフへの待望が生まれる理由は、いまの日本が硬直化しきって身動きできないからだというわけです。

日本独自のネット社会を？

翌2008年は宇野常寛さん（78年生）が『ゼロ年代の想像力』、濱野智史《さとし》さん（80年生）が『アーキテクチャの生態系』でデビューした年ですが、これらはともに期せずして、上記した赤木さんの「真意」のほうを引きとって、発展させる内容を持っていました。

前者は、2000年代初頭にマンガやアニメを席巻したセカイ系――「凡庸な主人公に無条件でイノセントな愛情を捧《ささ》げる少女（たいてい世界の運命を背負っている）がいて、彼女は世界の存在と引き換えに主人公への愛を貫く[337]」タイプの、自己承認を引き立たせるために世界《セカイ》の崩落を描く諸作品を内向きのナルシシズムだと批判し、別個の想像力を対置する評論。後者は、04年のFacebookから07年のiPhone（ともに日本版は08年から）にいたるソーシャルメディアの台頭を総括しつつ、日本独自のIT環境がもたらした新しい「人とのつながり」の形を探る研究です。

言い換えれば、宇野さんの本は「もう①の問題系に引きずられるのはやめよう」と主張し、濱野さんの方は「②の命題をテクノロジーで解決しよう」と呼びかけている。

今日ではカリフォルニアン・イデオロギーと称される「IT分野のイノベーションが既存の社会規範を打破し、人間を自由にする」という新技術礼賛の発想を日本で広めた端緒は、シリコンバレーの起業家からブログ運営サービス「はてな」の取締役に転じた梅田望夫《もちお》さんが、2006

年に出した『ウェブ進化論』です。同書はベストセラーとなり、キーフレーズだった「Web 2.0」は今日もなお続く、名詞に2.0（または3.0、4.0、……）をつけて新しさを売り込むビジネスの原点になりました。

きちんと読むと、梅田さんも「米国は米国流、日本は日本流で、それぞれのブログ空間が進化していけばいい」[338]と記しており、必ずしもすべてをシリコンバレーに合わせろという議論ではなかったのですが、濱野さんの『アーキテクチャの生態系』はよりもっと、初音《はつね》ミク（07年発表）が起こしたボーカロイド・ブームなどの「日本独自」の現象に舵を切っているのが特徴です。

当時の日本ではコメント機能付きのニコニコ動画（06年末に発足）のほうが、動画プラットフォームの元祖にあたるYouTube（前年設立）よりも親しまれており、そうした視座の変更には一定の説得力がありました。そのため会員による招待制でクローズドだったmixi《ミクシィ》（04年発足）の定着を理由に、日本語版の公開を済ませたFacebookが成功する可能性を「九九パーセント以上の

337　宇野常寛、前掲『ゼロ年代の想像力』、97頁。セカイ系として具体的に列挙されるのは2000～03年の、高橋しん『最終兵器彼女』・新海誠《しんかい》『ほしのこえ』・秋山瑞人『イリヤの空、UFOの夏』。

338　梅田望夫『ウェブ進化論　本当の大変化はこれから始まる』ちくま新書、2006年、144頁。ちなみに梅田がこの時点で着目していた（ポジティヴな）日本の個性は「教養ある中間層の厚み」であり、しかしそれが機能しなかった経緯については、宇野常寛・與那覇潤「ベストセラーで読む平成史2　『ウェブ進化論』と『電車男』」（『文學界』2014年10月号、245-249頁）を参照。

確信度で「否」と断言するなど、のちに本人も認めるミスがありましたが、[339] 後出しで批判することに意味はないでしょう。

ケータイ小説の皮膚感覚

むしろ、いま読んだときにふっと怖くなるのは、結論部で展開されるケータイ小説論です。長らく大人たちには存在自体が認知されないか、稚拙な内容が単に冷笑されるかというジャンルでしたが、代表作『恋空《こいぞら》』（美嘉・作。連載開始は05年）が２００７年に映画化され、主演の新垣結衣《あらがきゆい》と三浦春馬がお茶の間でもスターになるなど存在感を高めていました。

濱野さん自身が説くように、同作は「ことばによる描写を通じて、登場人物の内面を追体験させてゆく」という近代文学の特性から見れば、リアリティが絶無の幼稚きわまりない駄文にしかみえません。しかし逆にいうとそれは、ケータイ小説の講読層のあいだで、従来とはまったく異なる新たなリアリティの水準が、生じ始めていることを示してはいないでしょうか。

冒頭の十数ページを「ケータイ」の操作に着目して読み進めるならば……『恋空』という作品は、そのときケータイをどのような「判断」や「選択」に基づいて使ったのかに関する「操作ログ」の集積としてみなせるのではないか。そして読者の側は、そうした「操作ログ」を追跡《トレース》することを通じて、その場その場での登場人物たちの心理や行動を「リアル」だと感じることができるのではないか。[340]

言うまでもなくケータイ小説は本来、携帯電話をいじりながらディスプレイで読むものです。書籍版で読むとあまりに幼い「カレから即レスでメール！」的な表現でも、しかし通信機器を手にした状態の読者にとっては、さまざまなデバイス上の差異を前提とした意味（ショートメールではなく正式なメールであること、「即」届いたものであること）が生じ、むしろ身体的に「しっくりくる」感覚が生じるのではないか。

いわば、日本のウェブ上で創成した言語文化を「近代小説の堕落形態」としてではなく、ある種の「ヴァーチャル・リアリティへの初歩」として捉えかえす提案ですね。実際、もともとは胃部不快感などの身体症状を指していた「むかつく」が、若年層で苛立った内面の表現に転用され出すのは1980年代でしたが[341]、平成期には「刺さる」のように、文字どおりの皮膚感覚――身体の表層部を用いた比喩で情動が表現されるようになってゆきます。

宇野さんや濱野さんがこの時期、ユニークな発展を遂げつつあった日本のインターネットをポ

339　濱野智史『アーキテクチャの生態系　情報環境はいかに設計されてきたか』ちくま文庫、2015年、157・358頁。
340　同書、294-295頁。
341　土井隆義『友だち地獄　「空気を読む」世代のサバイバル』ちくま新書、2008年、43-46・116-118頁。同書によれば『現代用語の基礎知識』は1985年版ではじめて、「むかつく」の同種の語義を掲載した。

2008年6月8日　東京・秋葉原で起きた連続殺傷事件の現場。
画面下部では確保された容疑者も治療を受けている（写真：毎日新聞）

ジティヴに語ったのは、そうした個々の身体〔抽象的な意味ではない、文字どおり一人ごとにばらばらな本人の身体〕がネットワークを通じてつながることに、新しい可能性を見ていたからでしょう。それは身体を国家〔あるいはセカイ〕と二重写しにしてイメージし、全体主義的に人びとを動員してゆく石原慎太郎的なポピュリズムや、つくる会の教科書が代表する20世紀的な「大きな物語」とはまったく異なる、リベラルな集合性へと育ちうるのではないか。

やがて彼らがその担い手として見出すのは、２００５年末に結成されたＡＫＢ48でした。彼女たちの最初の紅白出場が07年、初のオリコン1位〔「ＲＩＶＥＲ」〕は09年です。

拡散する秋葉原事件

しかしそうした路線は、すこやかに伸びてゆくことができるのだろうか。２００８年の通り魔大量殺人は、官邸や経団連といった権力者に対する「テロ」としてではなく、電気街からオタクの街に転じて久しいアキバで起こりました。

濱野さんは先に言及した大澤真幸編の論集で、犯人が2ちゃんねるでは自己承認を得られなかった理由を、「そうした〔2ちゃんやニコ動の〕自虐的なネタで満足できてしまう人々こそが、Ｋ〔=犯人〕にとっては、ある種「リア充」たちよりもさらに羨望《せんぼう》の的でもあり、憎しみの対象になったのかもしれない」[342]と分析します。サブカルでごまかせる程度の軽微な劣等感を、ネット上で開陳して生ぬるくつながっているやつらが、真剣に思い詰めている自分にはいちばん憎いということですね。

そして、オフ会に行っても「なんで他人から知り合いになれないか／不細工だからだよ」などと、ポエムのように彼が携帯から書きこんだ言葉ならざる断片が、かえって「自分と同じだ！」として犯行に同情する倒錯を、孤絶と分断の煮詰まる社会に喚起してゆく。たまたまタイミングさえ合えば、成熟や洗練ぬきでも「バズって」、一瞬だけはネットヒーローとして君臨できる不安定な時代の先駆けを、極限の形で示したのが秋葉原事件でした。

同じ論集で速水健朗さんが、事件の翌月に開かれたニコ動初の大規模イベント（ニコニコ大会議２００８）で、前年末にスタートしたニコニコ生放送に、リアルタイムでコメントをつける実験が行われたことに触れています。テレビや新聞に犯行声明を送りつける昭和の劇場型の犯罪者が、右往左往するメディアを遠くから眺める快楽に酔っていたのに対し、平成のそれは最初から逮捕（ないし自殺）は覚悟のうえで、とにかく「いま・ここ」にいる自分の身体へと社会の注目を集める、別種の欲求に根ざしている。[343]

やがて来る一億総ＳＮＳ時代とは、だれもが・どこでも「薄められた秋葉原事件」を起こし続ける異様な空間——いわば「日常化した非日常」なのかもしれない。そうした不安との綱引きをしながら、日本のインターネット論壇は海図なき航海に乗り出してゆきます。

リブートされる平成

麻生《あそう》政権とリーマンショック

2008年9月、福田康夫の後継として組閣したのは麻生太郎首相でした。同じタカ派でも神経質で生《き》まじめな安倍さんと異なり、失言交じりで始終放言する豪快さがネットで人気だと報じられ、「選挙の顔」を期待されての就任です。

しかし実際には、福田に敗れた1年前の総裁選で起きた支持者による麻生コールは、陣営の議員がブログで呼びかけて約300名を動員した程度のもの。そのとき盛り上がった2ちゃんねるの麻生スレも、書き込んだのは最大700人程度で、3回以上発言したのは（アンチの側も含めて）300名弱[344]。

実体の伴わないネット上の虚像を過大評価したツケは、高くつきました。福田政権発足時は57・8％まで上がった支持率は、「麻生人気」にもかかわらずの48・6％（共同通信調べ[345]）。もし

342 濱野智史「なぜKは「2ちゃんねる」ではなく「Mega-View」に書き込んだのか？　二〇〇〇年代のネット文化の変遷と臨界点をめぐって」前掲『アキハバラ発』、183頁。
343 速水健朗「劇場型犯罪の果て」同書、127-129頁。
344 前掲『世論の曲解』、139・219-222頁。
345 前掲『幻滅の政権交代』、168頁。以降、共同通信調べの支持率表記は同書による。

このときすでにSNSが普及し、ファンを囲い込めていれば多少違ったかもしれませんが、国民が自民党じたいを見限りつつあることを示唆する数字でした。

あてにした麻生旋風は吹かず、これでは総選挙に打って出られないと解散をためらったことが致命傷になります。そもそも福田政権の最末期だった9月15日、米国証券大手のリーマン・ブラザーズが経営破綻。世界的な巨大金融危機（リーマンショック）の影響は日本にもおよび、野党が政権の無策を攻撃するなかで、内閣支持率はより急降下してゆきました。

さらには所轄外にもかかわらず「日教組をぶっ壊す」など意味不明な失言をした中山成彬《なりあき》国交相、泥酔状態で記者会見を開いた中川昭一財務相、郵政民営化の後処理（かんぽの宿の売却問題）で閣内不一致を起こした鳩山邦夫総務相と、重要閣僚の辞任が続出。その上（郵政選挙の際に総務相だった）麻生氏自身が「民営化は賛成ではなかった」と発言して失笑を買うなど、もはや2〜3年前との一貫性すら保てない状態へ、「ポスト小泉」の自公政権は堕ちていきました。

私が当時あきれたのは自民党総裁や首相への就任後、麻生さんが口癖《くちぐせ》のように繰り返した「日本経済は全治三年」。本人も認めていますが、これはもともと1973年末、オイルショックへの対応のために一時休戦して田中角栄内閣を支えた福田赳夫が、最重要閣僚である蔵相に転じて述べた発言からの流用です[346]。

自作自演めいた「ネット人気」で総理の座を手にした政治家が、歴史の文脈を無視した「コピペ」で政策を語る惨状はもはやジョークのようでしたが、いまふり返ると意外に、その後の時代を先取りしていたのかもしれません。

『ダークナイト』と近代の闇

リーマンショック直前の2008年7月に全米で公開され、混迷を極める世界の映し絵として瞬《また》く間に歴史的な大ヒットになったのは、クリストファー・ノーラン監督による「新バットマン・シリーズ」の第二作『ダークナイト』でした。

ジョージ・ルーカスが16年ぶりに製作した、1999年の『スター・ウォーズ　エピソード1／ファントム・メナス』以来、往年の名作の番外編や前日譚はありふれていましたが、ノーランの新バットマンが定着させたのは、既存の作品からキャラと世界観だけを借りつつ、ストーリーは完全な別物にして新たな解釈を提示する「リブート」の手法です。すでに名前が通っているヒーローやヴィラン（悪役）を活かしつつ、しかし演者は最新の人気俳優に置きかえ、メッセージも同時代向けにアレンジしなおせるのですから、当たるならこれほど便利な方法論はないでしょう。

とくに『ダークナイト』では、従来はコミカルさも伴うマフィアの王様として描かれたジョーカー（1989年にジャック・ニコルソンが演じたそれ）を、なにも信じない一匹狼のテロリストと

346　麻生太郎「強い日本を！　私の国家再建計画」『文藝春秋』2008年11月号、99頁。前掲『回顧九十年』、211～212頁。後者にもある通り、福田蔵相時の難題は狂乱物価と呼ばれた高インフレであり、総需要の抑制に協力するよう、期間を区切って国民に自重を求めたのが「全治三年」の本来の語義なので、平成期の長期不況やリーマンショックとはなんの関係もない。

してヒース・レジャーが怪演したことが、9・11以降の「正義の自明性が崩壊した国際社会」の隠喩として絶賛されました（本人の急逝後に、アカデミー助演男優賞）。宇野常寛さんが形容したように、このヒース版ジョーカーを「金銭や権力の奪取、システムの破壊などは考えもしない」「あくまで悪の行使そのものを自己目的化している」[347]存在——既存の物語による意味づけを拒む「純粋な悪」として捉えるのが、同作の基本的な見方と言えるでしょう。

しかし視点を少しずらすなら、微妙かつ重大な差異を孕む解釈をとることもできます。

ノーラン作品とそれ以前とを問わず、街の平和を守るバットマンの正体は大富豪のブルース・ウェインで、自ら経営するハイテク企業に開発させた最新装備で悪に立ちむかう。アメリカン・コミックが原作なのだから当然ではありますが、バットマンこそは「近代史しか持たない」米国の資本主義が生んだ、「純粋な近代」を体現するヒーローでした。

対して『ダークナイト』のジョーカーは、バットマン本人と、人質にとった市民の乗る船舶にむけての計2回、印象的な台詞で挑発します。

You choose.（お前らが選ぶんだ）

近代とはいわずもがな、宗教の戒律《かいりつ》や伝統的な慣習に従うのではなく、人間が自分自身の判断で「選ぶ」ことをよしとし、そうできる範囲を拡大し続けた時代です[348]。国家への忠誠じたいを、世界のあらゆる地域から自由の理念に共鳴して集った移民たちが、自覚的に「選ぶ」ことで営まれてきたアメリカという社会は、その理念図だったともいえるでしょう。

事実、『ダークナイト』の快進撃が続いていた2008年11月、米国民はバラク・オバマを初の黒人大統領に「選び」、その建国理念を新しく更新してみせるのですが、はたしてすべてが選択可能であるのは、そんなにも心地よいことだろうか。それは「そうではない可能性もあった」という事実を本人に突きつけ、永遠に自分の選択を後悔させる残酷さと、表裏一体ではないのか。

実際、クラウドファンディングで選挙資金を集めての勝利が「草の根民主主義」の象徴とされたオバマ当選ですが、そうしたリベラルなインターネットの輝きは一瞬でした。翌09年には、電子決済システムPayPalの創業者ピーター・ティールが「自由と民主主義はもはや両立しない」と宣言して波紋を呼び、10年にはネット肯定論のベストセラーで知られたクリス・アンダーソン(編集者)が「ウェブは死んだ」と述べることになります。[349]

ヒース・レジャーが演じきったのは、(日本には欠けており)西洋文明の発展の源泉だとされて

347 宇野常寛、前掲『リトル・ピープルの時代』、485頁。

348 拙著『日本人はなぜ存在するか』集英社文庫、2018年(原著13年)、168-170頁。同書では頁数の関係で言及していないが、元になった大学での講義を『ダークナイト』のDVDも用いつつ私が担当し始めるのは、09年の冬であった。

349 木澤佐登志『ダークウェブ・アンダーグラウンド　社会秩序を逸脱するネット暗部の住人たち』イースト・プレス、2019年、197・13頁。同書が述べるとおり、ティールはシリコンバレーでは例外的な「極右」として、後にトランプ政権を積極的に支持してゆくことになる。アンダーソンは06〜09年に『ロングテール』『フリー』を日米でヒットさせ、オンライン・ビジネスの可能性を主張していた。

きた「近代」の、最も深いダークサイドだった。科学と経済の両面で先端に立つブルース・ウェイン＝バットマンに託した米国讃歌を、換骨奪胎《かんこつだったい》して正反対の近代批判へと仕立ててしまったところに、この後濫造《らんぞう》させるリブートものが到達し得ない『ダークナイト』の栄光があったのです。

反グローバリズムのベストセラー

ひるがえって同時期のわが国を見るとき、往年のパロディのようなフレーズを連呼する首相の背後でも、奇妙な形でそれまでの物語を組み替える「平成のリブート」が動き出していたことに気づきます。

２００８年の10月、平成の前半には『私小説 from left to right』（１９９５年）のようなポストモダン小説で知られた作家の水村美苗《みなえ》さんが、唐突に反グローバリズムをうたう『日本語が亡《ほろ》びるとき』を刊行して反響を呼びます。インターネットの普及にともない、世界文化のアーカイブになにが入るのかをGoogleが決めてしまういま、日本語で書かれた文学の価値を守るには「学校教育を通じて多くの人が英語をできるようになればなるほどいいという前提を完璧に否定し切らなくてはならない」。

それを通じて日本語が亡びない未来を「選び直す」とする提言は、意外にも梅田望夫氏がブログで強く推したこともあり、Amazon.co.jpで1位になる想定外のヒットに[350]。アメリカ由来のテクノロジーを売りにしながらも、必ずしもグローバル化の「推進一辺倒」にはならない（あるいは、なれない）あたりに、当時のネット論壇の不思議な立ち位置がありました。

さらに影響が大きかったのは、同年末に出るやベストセラーとなった中谷巌《いわお》『資本主義はなぜ自壊したのか』。第1章の「なぜ、私は「転向」したのか」でも綴られるように、中谷さんはもともと細川護熙政権の諮問機関で規制緩和の旗を振り、小渕恵三内閣では堺屋太一・経済企画庁長官に乞《こ》われて「経済戦略会議」の議長代理を務め、竹中平蔵氏とも机を並べた経済学者。

しかしリーマンショックの破局にまで至った米国型の「自由競争・金融主導」の資本主義の限界を知った以上、もはやかつてのネオリベ路線を続けることはできない。小泉的な構造改革への支持を撤回する、と宣言して時代を画しています。

同書でも解説されますが、眼前に展開中だったリーマン危機の引き鉄を引いたのは、サブプライム・ローンによって膨《ふく》れ上がった米国の住宅バブルの破綻で、[351] その点では平成初頭の日本に重なる点があります。ただしお金が余った富裕層が「必ず値上がりするから」として土地投機に手を出した1980年代のわが国に比べて、「困ったら借り換えるか、家を返上すればいい」とする形式のローンで貧困層まで巻き込んでいたあたりが、「自分は結局この階級だから、このへん

350 水村美苗『増補 日本語が亡びるとき 英語の世紀の中で』ちくま文庫、2015年、357・404-405・409頁。

水村はプリンストンやスタンフォードで日本文学を講じたこともある国際派で、『私小説……』は1992〜94年に『批評空間』に連載された。夫はやはり同誌への寄稿者として知られた岩井克人《かつひと》（経済学）。

351 中谷巌『資本主義はなぜ自壊したのか 「日本」再生への提言』集英社インターナショナル、2008年、56-58・80-83頁。サブプライムとは本来「プライムより下の」、つまり一流の資産家ではない（＝返済能力に乏しい）融資相手向けに組むローンという意味。

の暮らしで満足しよう」という西ヨーロッパ型の伝統の枷《かせ》が機能しない、純粋近代国家アメリカの怖さでした。

経済弱者を食い物にする「貧困ビジネス」という用語が流行するのもこのころで、08年初頭には造語者である湯浅誠さん（NPO運営者）の『反貧困』や、堤《つつみ》未果『ルポ貧困大国アメリカ』など左派系のベストセラー（ともに岩波新書）が出ています。

日本型資本主義の復権？

マネーゲームの幻想から覚めた後の「どうしてこうなった」とする世論と、国際社会の劇的な変動（ベルリンの壁崩壊／黒人大統領の誕生）を背景に政権交代を迫る構図では、麻生政権下の日本で高まる民意は、平成の冒頭を思い起こさせるものがありました。代表として民主党を率いる小沢一郎はいわずもがな、1993年の細川非自民連立の最大の立役者で、幹事長の鳩山由紀夫は同内閣の官房副長官（当時は新党さきがけ）。

しかし、日本型資本主義の閉鎖性をアメリカ型の市場社会に「開く」ことが叫ばれた往時とは対照的に、メディアではむしろ米国型のネオリベラリズムへの幻滅と、穏やかだった戦後社会への回帰がうたわれていた。まさしく原文脈を正反対の方向へと組み替えた、文字通りの「平成のリブート」として走り出したのが、2009年夏からの民主党政権だったともいえます。

それはまさにリブートであるがゆえに、同時代の風潮には適合し得ても、強固な必然性を感じさせる歴史の文脈は持ちえない。そもそも小沢氏自身が直前には福田康夫内閣との大連立交渉に応じ、「(民主党に)政権担当能力があるかどうか、あらゆる面で今一歩という感じ[352]」とまで述べていたように、交代後に円滑な政権運営をする実力が野党に備わっているかは、正直、未知数と言わざるを得ませんでした。

先の中谷さんの著書にせよ、米国型ではなく日本にふさわしい独自の資本主義をと唱えるものの、論拠は「西洋の一神教においては「自然とは征服・管理するものである」という思想が基本にあると述べたが……日本の伝統文化はどこを見ても、そこには縄文時代以来の自然尊重の考えが染みこんでいる」・「「真のエリートは自ら(働いて)手を汚したりしないものである」という思想が、洋の東西を問わずに古くから存在していた中で、日本人だけは「労働は神事である」という独特の労働観を持っていた[353]」といった、ざっくりした文明論。参考文献に挙がっているとおり、これらは高度消費社会への日本の適合性を語るために、かつて河合隼雄や松岡正剛《せいごう》(編集者・評論家)らの識者が説いた議論で、いわばバブル期の「ポストモダン右派」の復権でした。

小泉退陣後の自公政権の混乱と、米国主導だったはずの世界秩序の狂奔を前に、もういちど「平成」をやり直さなければいけないことは、はっきりしている。しかしそれがいかなる方向に向かうのかは、もはや眼前のショッキングな事象に左右されるばかりで、誰も安定した羅針盤を

352 前掲『幻滅の政権交代』、103頁。
353 前掲『資本主義はなぜ自壊したのか』、242-244・287頁。
そもそも中谷は、山崎正和『柔らかい個人主義の誕生』が1987年に文庫化された際にも解説を担当するなど、昭和期から「日本は脱近代への適性が高い」とする議論に親和的であった。

持つことができない。

　そうした情勢のなかで２００５年９月11日の郵政選挙以来の、衆議院議員の任期が迫りつつありました。いかに遅くとも09年の秋には、総選挙をしなくてはならない。

　支持率低下が止まらない自民党に対し、民主党は07年参院選以来の社民党・国民新党との連携を維持したほか、このときは共産党も軟化して、（野党票を割ることになる）小選挙区での候補者擁立を大幅に減らしていました。[354]つまり平成初期の政治改革で夢見られた完全な二大政党制に近い形での、与野党の「直接対決」となることが確実な情勢です。

　――そのとき日本人は、近代社会の深くて暗い闇から発せられる、あの声を聴くことになるでしょう。

You choose.（お前らが選ぶんだ）、と。

354　前掲『世論の曲解』（２５８-２６２頁）によると、野党票の完全な統一によって民主党の側に「勝つ候補」のイメージが移り、従来は勝ち馬効果で自民党に入れていた票も流れるなど、共産党の小選挙区撤退の影響は大きかった。平成末期以降、「共産党を含めた野党協力」への賛否が政治論壇をにぎわすようになるが、実質的には２００９年にも「隠れた形」で、連携が成立していたと見ることもできる。

第11章 遅すぎた祝祭 2009—2010

市民参加の果てに

民主党政権の乱高下

双極性障害の最重度の病態に、ラピッドサイクラー（急速交代型）と呼ばれるものがあります。躁とうつのサイクルを1年間に4回以上繰り返す症例を指す概念ですが、平成21〜22年（2009〜10年）の日本政治は、ほとんどこれに近かったかもしれません。

ポスト小泉期の信用失墜とリーマンショックの直撃もあり、自民党の麻生太郎政権の支持率は09年8月時にわずか22%（『東京新聞』）。同月の衆院選を経て9月に発足した民主党首班の鳩山由紀夫内閣（社民党・国民新党との連立）は、自民党寄りの講読者の多い『読売新聞』の調査ですら、当初75%の圧倒的支持率を記録します。[355]

これが翌10年5月には19%まで降下するものの、しかし首相を菅直人に交代するや64%に回復。ところが菅氏の唐突な消費増税発言を受け、7月の参院選で民主党は大敗。

とはいえ9月に同党の代表選で菅が小沢一郎を破ると、世論は好感して再び支持率が66%に戻り、しかしその後の政局で、11月にはリベラル派の『朝日新聞』の調査でも27%に再降下……。短命政権の多さで知られる平成の政治史でも、ここまで極端な民意のぶれ方は空前のものでした。

なぜ、発足時には国民に歓迎された2度目の――小選挙区制による「直接対決」を経て生まれた点では最初の、非自民政権はかくも不安定だったのか。平成冒頭からの歩みをふり返ってきたいま、ひとことでその理由をまとめるなら、この2009年の政権交代が何重もの意味で「遅すぎた」からだと、言うほかはありません。

「反自民」だけが共通点の寄せ集めと揶揄された民主党ですが、しかし鳩山由紀夫・菅直人・小沢一郎らはいずれも1993年に細川非自民連立を作ったメンバーで、実際にこの連立を「第一次民主党政権」とする見方もあります（09年の相違点は、公明党が自民側へと抜けていたこと）[356]。93年の当時、小沢氏がビジョンとして掲げていた『日本改造計画』は、北岡伸一や竹中平蔵など後に自民党の下での改革を支えるブレーンも動員して作られており、その点で「非自民」の側に政権のボールが返ってきたとしても、ある程度の安定性を持った政策の遂行は可能なはずでした。

355　小林良彰『政権交代　民主党政権とは何であったのか』中公新書、2012年、25・34-35頁。以降、共同通信以外の支持率や世論調査の数字は、同書による。

356　宮城大蔵、前掲『現代日本外交史』、258頁。

2009年9月、民主党政権発足時の（右から）鳩山由紀夫、小沢一郎、菅直人
（写真：毎日新聞）

小沢一郎の誤算

最初の躓きは、麻生政権の意外な不人気と経済危機で衆院解散が引き延ばされていた09年3月、民主党代表だった小沢一郎の資金管理団体「陸山会」に検察のメスが入ったことでした。

建設会社から裏金を受領したとするのが主な嫌疑で、仮に事実としても小沢本人の責任をどこまで問えるかなど、疑問点の多い事件ですが、同月の世論調査でも66・6％が「代表を辞めるべき」と答えるなど厳しい声が相次ぎ（共同通信調べ）、秋の政権交代時には同党代表＝首相は鳩山由紀夫に替わっていたのです。総選挙の遅れによるこのボタンの掛け違いは、やがてハレーションのように民主党政権の不安定要因となっていきます。

そもそも自民党政権の不透明な政策決定を批判してきた民主党のビジョンは、「党と内閣の一元化」でした。内閣の方針が（族議員の多い）党の政務調査会で揉まれるうちに、首尾一貫しない内容となって国会に提出される自民党型の手法を改めて、政策調査会長を入閣（国家戦略担当相を想定）させて責任の所在を明確にするはずだったのです。ところが鳩山政権下で民主党幹事長に就任した小沢氏は、自身と並ぶ有力者に政調会長が育つのを嫌って、なんと党の政調会自体を廃止。[357]

その代償は高くつきました。政策を主導できない鳩山首相を「小沢幹事長の傀儡《かいらい》だ」とする世論の批判が日々に高まる半面、政策の論議に関与する機会を失った民主党の一般議員は反・小沢に傾き、かつて猛獣ぞろいの自民党すら自在に操ったはずの小沢氏はこの後、党内抗争で連戦連敗に陥ってゆきます。

より深刻な「遅れ」は、その小沢氏の権力掌握の時期についても言えることでした。そもそも自民党時代の小沢さんの全盛期は、やはり幹事長を務めた1989年8月～91年4月。しかしこれはバブル景気がピークアウトしつつも、まだ「崩壊」とは見なされていなかった日本経済の絶頂期で、「九〇年度は税収が史上最高の六〇兆円超で、この年度を目標としてきた赤字国債脱却も達成し……これが〔政治家が陳情すれば〕「財務省が何とかする」記憶を小沢に残し

357　鳩山内閣で外相、民主党政権後半期には幹事長や副総理を務める岡田克也は、自身と菅直人が唱えた「政調会長入閣」の構想を、鳩山・小沢と輿石東《こしいしあずま》（参院議員会長）に押し切られたと回想している（山口二郎・中北浩爾編『民主党政権とは何だったのか　キーパーソンたちの証言』岩波書店、2014年、59-60頁。取材日は12年9月）。なお菅は鳩山退陣後に首相となった際、政調会を復活させた。

た」[358]。その意識のまま再びの「与党幹事長」として、しかし経済情勢のまるで異なる20年後に復権を遂げた小沢氏は、財源の裏付けを欠くマニフェスト（政権公約）の完全実施に固執し[359]、民主党政権を丸ごと巻き込んで国民の信望を失ってゆくことになります。

鳩山由紀夫と普天間問題

「かつてはそれなりに合理的だった」発想を、しかし適切な時期が過ぎ去った後に実行した結果、事前の想定を超える壊滅的な結果を招いてしまう。これは鳩山政権失速の最大の原因として悪名高い、「米軍普天間基地の県外移設」にも当てはまることでした。成算のない鳩山の迷言として人口に膾炙した「最低でも県外」は、本来２００９年の衆院選マニフェストからは慎重に外してあった内容を、沖縄での演説会で個人的に述べたもの。

実はこの問題の初期にあたる１９９８年、鳩山氏は自身の選挙区がある北海道・苫小牧《とまこまい》の遊休地に基地機能を移転することを提案し、翌年には政府系のシンクタンク（ＮＩＲＡ）もそれを可能とする報告を出していました[360]。小泉政権末期の05年には、いまはむしろ「沖縄批判」の論者となっているロバート・エルドリッヂ（当時、ハワイ海兵隊客員研究員）も、勝連《かつれん》半島沖に人工島を作る案を日米両政府に説いており[361]――むろんこれは県内移設ですが――「辺野古《へのこ》案は無理筋だ」とする感覚には、一定の地歩がありました。

しかし06年5月に、事実上は辺野古案を確定する形で在日米軍再編協議が妥結しており、世界最強の国家であるアメリカに翻意を迫るには、なまなかでない力量が必要となるはずでした。たとえば2010年夏の参院選にも勝利して政権基盤を安定させ、米国側に「日本には二大政党制が定着し、自民党だけでなく民主党も侮《あなど》れない」との印象を作り出してから、長期政権の最後の総仕上げに挑戦すべきテーマに対して、なぜ鳩山首相は真っ先に突貫し自滅していったのか。

　これだけが私には長年、理解できない謎でしたが、どうやら実態はつまらない「過去の誤学習」だったようです。

　かつて鳩山政権より1か月早い、8月に発足した「第一次民主党政権」こと細川非自民内閣は、政治改革法案（選挙制度改革）にもたついて予算編成を越年させたため、審議スケジュールを野党（自民党）に人質にとられて翌年春に崩壊。[362] この経緯を知る岡田克也外相（細川政権時は新生党）は就任早々、関連予算をつければ移設容認と同義になるとして、09年の内に結論を出すべく「一

358　清水真人、前掲『財務省と政治』、191頁。

359　菅直人政権下だった2010年8月の『読売新聞』の調査でも、民主党はマニフェストを「修正すべき」が79%を占め、小沢路線は支持基盤に乏しかった。

360　宮城・渡辺、前掲『普天間・辺野古　歪められた二〇年』、122-125頁。

361　ロバート・D・エルドリッヂ『オキナワ論　在沖縄海兵隊元幹部の告白』新潮新書、2016年、57-63頁。エルドリッヂは元々、五百旗頭《いおきべ》真（政治学）の下で博士号を取得した外交史研究者。しかし15年に基地反対運動を無断で撮影・公開したことで沖縄海兵隊を解雇され、以降はヘイト本に近い執筆活動も行っている。

362　前掲『財務省と政治』、26-28・41-42頁。

○○日間で解決しなければならない問題[363]」と日米に明言。かつての失敗を避けようとした判断が、逆に致命傷となったと位置づけるのが妥当と思われます。

ネット政治のジレンマ

そして民主党に代表される平成のリベラルが追求してきた社会の透明化――情報公開にも、賞味期限が迫っていました。たとえば、結果的に鳩山政権の最大の遺産となる「寄付金の税額控除」の決定過程について、官房副長官だった松井孝治《こうじ》氏（当時は民主党参院議員）は牧歌的に回想します。

「新しい公共」円卓会議では……財務政務官がやや慎重な発言をすると、総理からただちに反論をしていただくというような様子がリアルタイムでユーストリームの中継を通じて伝えられたのです。駒崎〔弘樹。NPO経営者〕君なども非常勤のスタッフで任用したのですが、彼などは円卓会議の模様《もよう》を全部ツイートするのですよ。実は私自身もツイートする（笑）[364]。

ここまでオープンな政策決定は戦後以来例がなく、09年12月には鳩山首相自身がTwitterを開設、史上初の「SNS総理」となります。しかしそれは、政治家が国民全員を傍聴席に見立てて喝采を煽るような、究極のインターネット・ポピュリズムに道を開くものでもありました。

税額控除の目的は、国民のひとりひとりが「税金の送り先」を決められる＝選択できる幅を広げることでしたが、結果的に以降、被支援団体どうしのPR合戦が過熱。元は税金の運営費を使って「NPOがネットのバナー広告で寄付を募る」ような、ちょっと異様な状況が出現しているのは周知のとおりです。

そして、よくも悪くも公開性を徹底した民主党の体質は、確実に鳩山政権の死期を早めました。そもそも内閣発足の翌日から、看板政策となっていた普天間の県外移設に関して「あまりに手足を縛ってしまうと結局身動きがとれない」(岡田外相)・「限られた日数で解決することは難しい道のり」(北澤俊美防衛相)と、[365]関係閣僚が個別に慎重論を表明。

自由に喋るほど閣内不一致が露呈する状態で支持率が下降するなか、2010年4月に検察審査会が「市民目線からは許し難い」とする理由で、陸山会事件における小沢一郎を起訴相当と議決。[366]

363 前掲『現代日本外交史』、202頁。事実、不満を示した鳩山が期限を延ばして翌年5月に再設定したことを、岡田は社民党の協力が必要な「来年度予算関連法案」の成立をめどとしたものと回想している(薬師寺克行『証言 民主党政権』講談社、2012年、38頁)。

364 前掲『民主党政権とは何だったのか』、83頁(取材日は2012年6月)。

税額控除とは単純にいうと、寄付した額を所得から差し引いて間接的に税金を安くする所得控除ではなく、寄付額の約半分を税金から還付することで、事実上「官民共同」の財源で寄付先に資金を送るしくみ。

365 前掲『政権交代』、42頁。

366 この後再捜査を行った東京地検特捜部は再度不起訴の判断を下すが、検察審査会は折れず2011年1月に小沢は強制起訴される。無罪の確定(ただし秘書3名は有罪)は12年11月であり、翌月の総選挙で民主党政権は崩壊した。

一貫して市民参加を是《ぜ》としてきた民主党としては反論の余地に乏しく、6月には鳩山代表（首相）と小沢幹事長がダブル辞任。「平成のリブート」の第一幕は、まさに再起動の遅れゆえに、あっけなく幕を閉じたのです。

あきらめの倫理学？

核密約は暴かれたが

政治家も官僚もメディアも、みんな核兵器が「持ち込まれていること」を知っていて、知らないふりをした。……ふつう、こんなことはしません（というより、できません）。仮にも一独立国が「他国に騙《だま》されているのがわかっていながら、騙されたふりをしていることで、もっと面倒な事態を先送りする」というような込み入った技は。でも、日本人にはできる。

民主党政権の数少ない功績として認められているものに、戦後史の情報公開があります。真《ま》正直な岡田克也外相はこちらでは成果を出し、外交史家による解明作業（座長に北岡伸一・同代理に波多野澄雄）を経て2010年3月、早々と「核持ち込み」をはじめとする密約の存在を公表。[367]前年には山崎豊子の長期連載『運命の人』（密約解明に挑んだ記者が告発された「西山事件」に基づくモデル小説）が単行本化されるなど、世論の関心も高く、「戦後の負債」がようやくひとつ終わるのかと感慨深かったことを思い出します。

しかしその渦中（09年11月）に刊行されたベストセラーで、右記のとおり「そんなことは、みんな知った上でやっていた」と、冷や水を浴びせた有識者は誰でしょうか。

正解は内田樹《たつる》さん（倫理学）で、雑誌の『中央公論』が2008年から始めた「新書大賞」も受賞した、『日本辺境論』からの一節です。[368] 同氏のデビュー作は01年の『ためらいの倫理学』で、同書自体は少部数の刊行でしたが読書界で話題となり、翌年の『「おじさん」的思考』でエッセイストとしてブレイク。

1999年にホームページを開設するなど、世代（ほぼ団塊の50年生まれ）を考えるとかなり早くからインターネットで発信しており、処女作も主にオンラインの文章を再構成したものでした。様々な意味で、「平成後期」の雰囲気を代表する論客と言えるでしょう。

内田樹の脱力主義

内田さんのスタイルは、ひとことで言えば「脱力」です。4部構成をとる『ためらいの倫理学』の1〜3部の表題は、それぞれ「なぜ私は戦争について語らないか」・「なぜ私は性について

367 前掲『現代日本外交史』、196-197頁。
ただし日本への核持ち込みについては明白に密約を認めたものの、返還後の沖縄への「再持ち込み」に関しては日本政府に対する拘束力が低いとして、「必ずしも密約とは言えない」と結論した。

368 内田樹『日本辺境論』新潮新書、2009年、69頁。

語らないか」・「なぜ私は審問の語法で語らないか」。みんながムキになり、異論を許さない姿勢で衝突しあう話題をいったん突き放して、距離をとった視点から「それはそもそも問題なのか」を考えなおす。

平成初期の論客たちに対しても、「宮台（真司）は「私には全部分かっている」という実に頼もしい断定をしてくれる」が「それが彼に共感できなかった理由だったのである」。「上野（千鶴子）をいちばん痛烈に批判している……人のクリアカットなロジックは、かつて上野が論敵にむけたものと酷似している。上野はいわば自分で鍛《きた》えた武器で攻められているわけだ[369]」と、足払いをかけるように冷やかしています（内田氏は合気道の道場主としても知られます）。

逆に同書が高く評価するのは、加藤典洋の『敗戦後論』と村上春樹の『アンダーグラウンド』（ともに、単行本は1997年）。それぞれ太平洋戦争、オウム真理教事件という「正邪・善悪」を断定した上で語られがちな素材を取りあげつつ、しかしそうした論ずる側の一方的な価値観に基づく意味づけ（＝断罪）を避け、「無意味な死を無意味なままに物語る[370]」ことで鎮魂《ちんこん》する。

それは平成のなかばまでは日和《ひよ》った、眼前の（カルトや右傾化の）危機と戦わない「いつまでもバブル気分」のダメな態度だと軽んじられてきたのですが、ここで価値観の逆転が起きたと言えるでしょう。2009年の『日本辺境論』の末尾で内田さんは、加藤の『敗戦後論』と同様に、岸田秀による「日本の……「内的自己」と「外的自己」への人格分裂」というざっくりした（擬似）精神分析の知見を持ち出しますが、それはもう批判されることはありませんでした。

いかにインテリが日本の後進性を暴き立て、あるいはナショナリズムに通じる発想を叩こうとも、「まあ、どうせ日本ってこんな感じだよね」といった状態は厳然として存在し、変わりようがないものとして現にある。その事実を否認したり、カッカして怒るのではなく、「よくも悪くもこれが日本」という存在を、飼いならしてゆくことに徹すればよいのだ。

こうした観点から内田氏は「日本を「ふつうの国」にしようと空《むな》しく努力するより（どうせ無理なんですから）、こんな変わった国の人間にしかできないことがあるとしたら、それは何かを考える方がいい」[371]と提案しますが、「ふつうの国」とはおそらく、眼前で政権交代を主導していた小沢一郎氏の旧著（『日本改造計画』の、流行語になったフレーズが「普通の国」）も意識した表現でしょう。いまやこうした「ゆるい」姿勢が論壇の主流をなしていたという面でも、鳩山―小沢民主党によるラディカルな挑戦は、遅すぎた祝祭だったのです。

平成論客の「ご近所」回帰

見落とすべきでないのは、実はこのとき内田さんが批判する当の識者たちも、なかば「日本にできるのはここまで」とする諦観に達していたこと。上野千鶴子さんが事実上、若年層はケアせ

369　内田樹『ためらいの倫理学　戦争・性・物語』角川文庫、2003年、211・222頁。
なお、ここで上野への批判者として挙がっているのは、ひと回り世代が下のフェミニストである岡真理（1960年生、アラブ文学）。

370　同書、90-110頁（とくに109頁）。

371　前掲『日本辺境論』、243・100頁（傍点は原文）。

ず「団塊世代だけで逃げ切ればいい」と説き出していたことは前章で触れましたが、個人的に当時驚愕したのは、宮台真司さんが２００８年にヒットさせた『14歳からの社会学』でした。

かつては援交女子高生の主体性を熱く擁護した宮台氏が、同書で「ぼくから見て「いい感じ」で仕事をとらえている人々」として中高生に推すのは、なんと中年のアイドルファン。学業があり土日にイベントを入れるアイドルの追っかけをするには、自分も週末きっちり休めることが第一なので、「どんな仕事がいいか考えた結果が地方公務員」という生き方のほうが、「仕事のやりがい」を求めて意識の高い職種をめざす若者よりも、健全だと主張します。[372]

正確な年は思い出せませんが、私は同書を研究合宿から帰る新幹線の中で読み、比喩でなく泣きました。当時の私の肩書は「公立大学の正規の教員」で、その点に関しては宮台氏と同じでしたが、こんなにも見える景色が違うのか。

地方の公立大では、将来をあれこれ考えるより「とりあえず地元の公務員を目指そう」などというのは、社会学者に説かれるまでもなく自明の前提です。20世紀末には都市的な感性を武器に、あらゆる常識を相対化してやまなかった宮台さんが、いま説くのが「田舎ではずっとあたりまえ」な人生訓だとするなら、ここまでの平成の20年間はいったいなんだったのか。

平成思想のローカル回帰は、そこで止まりませんでした。２０１０年の7月、どちらもすでにお子さんが生まれていた宮台氏と東浩紀氏の二人が、対談本『父として考える』を出しています。鋭い指摘は多々あるものの、当時盛んだった「結婚して子どもを作れる時点で恵まれた勝ち組だ」とするロスジェネからの批判に対し、「子どもがいなければ、そもそも社会が存在しない」

（東）・「社会がうまく回ることで恩恵を被《こうむ》る以上、そうした社会を助ける国家の事業に〔独身者も税金を〕支払って当然」[373]（宮台）と切り捨てる態度は、あまり上品とはいえないでしょう。

また東さんは筑波大学附属駒場、宮台さんは麻布という都内エリート校の出身ですが、いざ親となってみると、公立の小学校の学区（地元）の方が隣人に多様性があって、子育て上よい気がするという。しかし日本社会の「ご近所づきあい」にダイバーシティがあるというなら、そもそも西洋的なリベラリズムを標榜する意味も消えてしまいます。

そもそも宮台さんが結婚したのは、2005年のこと。お披露目《ひろめ》の帰路に東さんと交わした会話だとして、中森明夫さん（評論家）が印象深い回想を記しています。

八〇年代は押井守監督の『うる星やつら／ビューティフル・ドリーマー』〔84年の劇場アニメ映画〕に象徴されるだろう。主人公たちは学園祭の前夜の時間の内に閉じこめられてしまう。いつまでたっても学園祭の当日はやってこない。永遠に終わらない前夜祭――。覚醒することのない美しい夢（ビューティフル・ドリーム）。それが八〇年代精神である。

372　宮台真司『14歳からの社会学　これからの社会を生きる君に』ちくま文庫、2013年、121-124頁。

373　東浩紀・宮台真司『父として考える』NHK生活人新書、2010年、102・63・43-47頁。なお単身者にここまで公的な子育て支援への負担を強く求めるのは、当時の民主党政権の看板政策が「子ども手当」だったことに対応したもの。

もっともよくその精神を受け継いだ宮台真司は、過酷な九〇年代を闘い抜き、今日へと至った。まるで今夜の宮台の結婚パーティーこそは、その後夜祭のように見えると。〝前夜祭〟から〝後夜祭〟へ。そして……。

「結局、〝学園祭〟はなかったんだよ」

そんなふうに私は呟《つぶや》いていた。[374]

宮台・東と内田の三氏はいずれも、ここではないどこかを求めてもたどり着けないので、いわば「しかたなく」日本らしい状態のままで妥協しようという筆致をとっており、その点で西洋近代と比較しても「日本の伝統の方が優れている」と説くポストモダン右派とは、一線を画しています（なかでも内田さんは護憲論者という点では、むしろ左派に近い面もあります）。しかし、平成の言論界で最も成功したといえる識者たちが、ようやく成就した政権交代の季節には、すでにポスト・フェストゥム――祭りのあとの心境に陥っていた。

結局は現状を前提とし、あきらめてゆくしかない。そうした「うつ」的とも見える保守の気分は、続いてもう一度訪れる政治的な熱狂の季節を理解する上でも、重要な伏線となってゆきます。

軽躁《けいそう》化する地方自治

タレント首長と革新自治体

わたしを次期総裁候補として、次の衆院選を戦う覚悟があるのか。

時計を政権交代前の2009年6月に戻します。目玉候補として口説《くど》くため、わざわざ会談に訪れた自民党の政治家にこう言い放った地方首長をご記憶でしょうか。言われた相手は当時、選対委員長を務めていた古賀誠。党内派閥・宏池会《こうち》(現在は岸田派)の会長にして、短期間ながら森喜朗政権の後半(2000~01年)に幹事長も務めた大物です。

正解は、宮崎県知事だった東国原《ひがしこくばる》英夫。元々は芸名を「そのまんま東」というビートたけし門下のタレントでしたが、第一次安倍政権下の07年1月に無所属で知事に当選。往年の人脈も活かして積極的なTV出演をこなし、地域おこしのシンボルとして人気を博していました。もっとも自民党の側はさすがに冷静で、当日のうちに細田博之幹事長が「知事が総裁候補を条件にしたの

374 中森明夫「解説　宮台真司の〝転向〟」宮台真司、前掲『制服少女たちの選択　After 10 Years』、392-393頁。傍点は原文。

は、（出馬打診を）断るための冗談だろう」と一蹴します。[375]

私と同様の有権者が他にいたのかはともかく、これはある昭和の挿話を思い出させ、哀愁をそそる光景でした。1977年の12月、現職の横浜市長のままで飛鳥田《あすかた》一雄《いちを》が社会党委員長に就任（翌年3月に市長辞職）。都市部のニューカマーの票を共産党や公明党に食われ、退潮傾向が続く社会党が、革新自治体のエースとして声望の高かった飛鳥田を担いだものです。

もともと60年安保に前後して同党の衆院議員だったこともある飛鳥田は、市長時代には政令に基づきベトナム戦争を支える米軍車両の通行を阻止するなど、精力的な活動で左派系市民の共感を得ていました。逆にいえば、名物首長にすがる2009年の自民党は、往時の社会党にも通ずる凋落過程に入ったとも見えたわけです。

このころ私がよく、仕事でつきあう人に口にしていたジョークは、「革新自治体とネオリベ自治体は順番がだいたい同じ」。前者は飛鳥田一雄・横浜市長（初当選は1963年）→美濃部亮吉・東京都知事（67年）→黒田了一・大阪府知事（71年）→本山政雄・名古屋市長（73年）。後者は石原慎太郎・東京都知事（1999年）→中田《なかだ》宏・横浜市長（2002年）→橋下徹・大阪府知事（08年）→河村たかし・名古屋市長（09年）。

要は首都圏から始まった「なんだか新しそうな」動向に少し遅れて関西が食いつき、一番最後に東海地方が乗っかるというオチですが、ゼロ年代末のタレント首長ブームは国政での二大政党化が行き止まりを迎える中で、誰も予想しなかった風雲の震源地となっていきます。

橋下徹の「大阪維新」旋風

なかでも台風の目となったのは、元々２００８年に自公の府連の支援（ただし公明は「核武装容認」など過去の問題発言を危惧し、推薦でなく支持のみ）で当選しながら、10年４月に「大阪維新の会」を結成、やがてそれを国政政党に育てる橋下徹さんでした。団塊ジュニアより若干上の１９６９年生まれで、政治家デビュー時はわずか38歳。

小学校高学年で80年代を迎え、平成の訪れとともに新成人になった世代ですから、地方政治といえば「オール与党」が当たり前で、革新自治体の記憶はほぼないでしょう。[376] 橋下現象にいたる地域史を長い視野で捉えた、砂原庸介さん（政治学）の『大阪』を参照すると、そのことが持つ大きな意味が見えてきます。

２０１１年に橋下氏が大阪市長に転じた後の刊行ということもあって、砂原さんが注目するのは意外にも、ＧＨＱによる占領下に行われて戦後日本の税制を規定した「シャウプ勧告」（１９４９〜50年）です。そもそも戦時体制下ですでに、戦後の地方交付税交付金の原型となる「都市の富を農村に回す」制度は作られていましたが、シャウプ勧告はそれを追認したほか、事業税・入場税・遊興飲食税など都心部から得られる税収を（市町村ではなく）道府県に割り当てたため、

375　「混迷政局２００９　東国原氏に衆院選出馬要請」時事ドットコム、２００９年６月23日。

376　一般には美濃部都知事が引退・黒田府知事が選挙に敗れてともに保守系にその座を譲った１９７９年が、革新自治体の季節の終わりと呼ばれる。81年に三選を果たす本山市長や、80年代を通じて神奈川県知事を務めた長洲一二らは、「保革相乗り」と呼ばれたオール与党体制に切り替えていった。

大阪府知事時代の橋下徹

いわば大都市は国と上部自治体（県）から二重に「搾取」される構造が生まれました。

70年代に都市部で勃興した革新自治体は、そうした状況への異議申し立てでしたが、当時はまだ霞が関に比して地元の権限が弱く、また担い手の左派政党が反・資本主義のイデオロギーに固執して柔軟性を欠いたこともあり、やがて住民は「支持政党なし」に陥るか、自民党に回帰してゆきました。[377]

大阪に今日も続く「維新王国」を築くことになる橋下さんは、こうした戦後体制の下での「見えざる被害者」の代表として政界に登場した、平成の申し子でした。90年代を通じた衆議院への小選挙区制の導入と、2000年代に進展した「平成の大合併」（＝中小自治体の統合・再編）によって、地方政治家が地元選出の国会議員を通じて中央省庁に陳情する、昭和の自民党システムの人脈は随所で寸断されていた。そこに「新党結成」と「単一争点（大阪都構想）での選挙」という、小沢一郎―小泉純一郎が国政を急変させた手法を引っ提《さ》げて乗り込むことで、巨大なうねりを起こしたのが橋下現象でした。[378]

橋下さんは元々タレント弁護士で、出馬に背中を押したのは関西の視聴率王と呼ばれたやしきたかじん（歌手）。東京のテレビ番組ではきわどくて言えない、戦後民主主義のタテマエが抑制してきたホンネをぶっちゃける「たかじん」司会のトークショーは、第一次内閣退陣後の安倍晋三氏が復活する基盤にもなったとされます。[379] さらに社内に政治部を設け、大物政治家や霞が関官僚との接触が日常的に多い東京の新聞社・放送局と異なり、すべてを社会部が「既成の権威への挑戦」の角度で扱う在阪メディアの特色も、庶民感覚で公務員をこき下ろす橋下流へのシンパシーを生みました。

戦後日本の言論空間では「伏流」でしかありえなかった主張を、一気に表舞台へ噴き出させる蟻の一穴となった橋下氏にとっての幸運は、政界入りの時期が日本社会の総ＳＮＳ化と軌を一《いっ》にしていたことです。２０１１年２月にアカウントを開設したTwitterは、自身を批判したメディアに逆襲する罵倒ぶりが支持者の快哉《かいさい》を呼んで、12年４月に国内の政治家としてフォロワー数で首位に立ち（2位は鳩山由紀夫、3位が東国原英夫）、１年後には１００万人を突破。[380]

往年の革新自治体の時代、横浜市長の飛鳥田一雄は「一万人集会」をうたって住民とのミニ会

377 砂原庸介『大阪　大都市は国家を超えるか』中公新書、２０１２年、32-35・62-64・73-75頁。
378 同書、１１２-１１６・１６２頁。
379 後藤謙次、前掲『幻滅の政権交代』、１１１-１１２・５２０-５２３頁。
380 松本創『誰が「橋下徹」をつくったか　大阪都構想とメディアの迷走』１４０B、２０１５年、20-22・75-80頁。

合を重ねましたが、[381]そうした直接民主制への志向をバーチャルな形で、より効率的に吸い上げる情報環境をフル活用できたのが橋下旋風の秘密でした。

社民党の政権離脱

逆にいえば、こうした「躁的」とも見える地方政治の急激な活性化を取り込めなかった点に、かつての革新勢力も内部に含む民主党政権が挫折した遠因を見ることもできます。

2010年5月、普天間基地県外移設の断念を不服として、福島瑞穂委員長（消費者相として入閣していたが、鳩山により罷免）率いる社民党が連立を離脱。このとき残留を主張し、まもなく離党して民主党の会派に移った辻元清美さん（現在は立憲民主党）は、そのころを悔やんでこうふり返ります。

「政権に入ったら村山政権時代の再来だ。党のさらなる弱体化につながる」という意見が、地方議員や地方組織では（連立参加の前から）強かったのです。……社民党の場合は地方組織が強いでしょう。ところが、大半の地方組織には国会議員がいないのです。だから国政での「妥協」は一切許さないという傾向が強かった。[382]

もっともこれは少し酷な見方で、当時の社民党の小選挙区当選者3名のうち、1人が沖縄選出。参院の比例区選出議員も、4名中1名が大田昌秀の枠を事実上継いだ、沖縄県の革新村長（読谷《よみたん》村《そん》。1974年から連続6選）出身の山内徳信《とくしん》でした。否応なく「戦後」を引きずらざるを得ない地域＝沖縄を過剰に代表する同党にとって、大阪維新のように軽やかな「中央・地方関係のアップデート」ができないのは、宿命でもありました。

それ以外の地域でなら、自治体の首長職を握れば派手に振る舞っていくらでも目立てる。国政に対しても大きくものが言える——東国原氏に自覚があったかは不明ながら、実は宮崎県庁で古賀選対委員長をあしらった6月23日は、1945年に日本軍司令部が玉砕し地上戦が終結した「沖縄慰霊の日」。

父親をレイテ戦で失っている古賀誠さんは02年から日本遺族会の会長で、毎年糸満《いとまん》市で開かれる追悼式を今回にかぎり、欠席しての説得でしたが[383]、結果は先に述べたとおり。政権交代への幻滅に先んじて、歴史の影がまたひとつ、この国から消えました。

381　岡田一郎『革新自治体　熱狂と挫折に何を学ぶか』中公新書、2016年、70-71頁。
同書が続けて指摘するように（74頁）、こうした飛鳥田の手法には同時代から「市民を行政に参加させることで、「みんなで決めたことだから」と少数の反対派を弾圧するための方便」だとする批判もあったことは、橋下徹が政治家時代に連発した「嫌なら落とせばいいじゃないか」の台詞と並べたとき印象深い。

382　前掲『民主党政権とは何だったのか』、61-62頁（取材日は2012年7月）。

383　前掲『幻滅の政権交代』、194-195頁。

「後期戦後」の終焉

菅直人と社民連の思想

最初の選挙で、ポスターには「革新無所属」と印刷しました。……あのときの選挙戦略はただ1つ、「田中角栄対×××」でした。（同じ選挙区の）対立候補がだれかということに関係なく、徹底して「田中角栄対×××」でやったんです。……10万票以上とらないと通らないんですけど、（支持者の）名簿はたったの１００人ですよ。（笑い）[384]

１９７６年の衆院選をふり返ってこう語る回想の主は、「×××」に入る菅直人。２０１０年6月に鳩山由紀夫の後を継ぐ、民主党政権の二代目の首相です。無名時代からの圧倒的な気迫というか自信ですが、翌年には社会党を離党した江田三郎・元書記長とともに社会市民連合（後の社民連）を創設。80年に4度目の国政挑戦で衆院議員となりました。社民連は最盛期も衆参で数名のみのミニ政党でしたが、楢崎弥之助や田《でん》英夫（元ＴＢＳキャスター）などタレント性のある議員を擁して影響力を発揮。こうした政界の「個人商店」で身につけた行動様式は、当否は別にして菅さんの執政のあり方を特徴づけてゆきます。

革新自治体の全貌を概観した岡田一郎氏（日本政治史）は、共産党との共闘が円滑さを欠いた

1980年、社民連から初当選した菅直人

後も、社会党が中道勢力（公明党・民社党）の取り込みを十分にできなかったことを、衰退の原因に挙げています。印象的に描かれる転機は、74年の京都府知事選。

１９５０年という早期に社会党公認で当選した蜷川虎三知事は、徐々に軸足を組織（民主商工会）の強い共産党に移し、自身の語録の携帯・学習を職員に義務づける（！）など、専横が目立ち始めていました。江田三郎には改革派のエースとして、この選挙で反・蜷川の側に立ち、社会党を割って公民両党との中道新党を作る選択肢がありましたが、決断できず蜷川は七選します。

結局江田は党内で孤立し、77年にたった１人で離党するも急逝、遺児にあたる五月《さつき》（新進党・民主党を経て、平成期に参院議長）が菅らとともに受け継いだのが社民連です。「米国の生活水準・ソ連の社会保障・英国の議会政治・日本の平和憲法」を並置した62年の江田ビジョンなど、イタリア共産党にも影響された柔軟な三郎の発想は――小泉改革より40年近く前の――当時「構造改革論」と呼ばれ、暴力革命を放

384　五百旗頭・伊藤・薬師寺編、前掲『菅直人』、29-30頁。ここまで「田中角栄」を意識しているのは、角栄の逮捕を受けて最初の第一次ロッキード選挙であったため。

棄した新しい左派の理論として一定の支持を得ていました。[385]

菅内閣で当初、官房長官を務めた仙谷由人（社会党右派の出身。鳩山内閣では行政刷新相）は、もともと全共闘時代にこの構改派の学生。司法試験に合格して東大法学部を中退、人権派弁護士として活躍したキャリアの持ち主です。

「後期戦後」の限界

1970年の三島由紀夫自決、そして72年のあさま山荘事件で「左右」がともに行きつくところまで行き、「結局は現状のままゆくしかない」とする没理想的なあきらめが残った70年代以降を指して、私は「後期戦後」と呼んでいます。[386]

国際的にいえば「冷戦後期」ですが、ソ連型社会主義やチェ・ゲバラ、毛沢東型の革命が続々と限界を露呈する一方、ベトナム戦争の完敗でアメリカも威信を失い、拠《よ》って立つ価値観や物語は「どこにもない」ことが前提となった時代。[387]あまり注目されませんが、菅首相—仙谷長官が取り仕切った民主党政権中期は、そうした時代に出された「答え」としてのニューレフトがようやく、国の中枢に到達した瞬間でもありました。[388]

しかしそれは、たどり着くと同時に限界に直面します。高度成長は終われどもそれなりに資本主義が機能し、後はその枠内で適度に予算を分けあえばよかった往時から、経済情勢は激変。鳩山内閣の後半に財務相（副総理と兼担）を体験した菅氏は2010年2月、リーマンショックから飛び火したユーロ危機さなかのG7会合に出席しますが、問題の焦点となっていたギリシャよりも日本の財政状況（債務残高GDP比）がより悪いことにショックを受け、消費増税路線に転じて7月の参院選を迎えます。

そもそも政権交代の直前には、自公政権の麻生内閣が税制改正法の附則で「消費税を含む税制の抜本的な改革を行うため、二〇一一年度までに必要な法制上の措置を講ずる」と定めており、かつ下野後の自民党は財政規律派の雄・谷垣禎一《さだかず》（小泉政権で財務相）を総裁に選んで、5％から「当面10％」への消費税引き上げを公約中。[389] それに合わせれば争点にはならないとの読みでした。

しかしこれが裏目に出ます。比例での獲得議席数は民主16・自民12でいまだ民主党が優位ながらも、一人区で8勝21敗と、ちょうど前回（2007年）とは裏返しの大敗。今度は民主党の側が参院で過半数を失う「ねじれ国会」となりました。

385 前掲『革新自治体』、181-184・128-131・35-47頁。

なお神奈川県知事を五期（1975〜95年）務めた長洲一二も、元は構改派の経済学者で、江田三郎の死去後、後述する「殿様連合構想」に至るまで中道結集のシンボルに担がれている（173-174頁）。

386 拙著、前掲『歴史がおわるまえに』、272頁。

387 森政稔、前掲『戦後「社会科学」の思想』、160-161頁。

388 こうした観点で、かつ著名政治家ではない裏方の人びとの群像から政権交代を描いた珍しい業績は、前田和男、前掲『民主党政権への伏流』である。

389 前掲『財務省と政治』、196-200・183頁。

同書が関係者に取材して描くように、菅は自身の意思でむしろ官僚の慎重論を叱咤しながら増税路線に転換しており、「財務省が洗脳して政策を変更させた」とする俗説は正しくない。

注目すべきは初の参院への挑戦となった「みんなの党」が、増税反対を訴えて比例でいきなり7議席を獲ったこと。小泉改革路線の継承を唱える渡辺喜美《よしみ》（第一次安倍内閣で行革担当相）が、自民党を離れて結成した新党でしたが、東急田園都市線的な「お洒落な郊外」の富裕層――賃貸ではなく分譲マンションか、一戸建てを持てる階層の「小さな政府」志向を汲みあげた点では、かつての新自由クラブの後継者でした。[390]

新自クと社民連はそれぞれ、自民党・社会党から中道へ飛び出た政党として仲がよく、1983年の参院選には統一名簿で臨んだこともあったのですが、イデオロギーが死滅し「税率」がすべてとなった2010年には、同種の提携は起きえなかったのです。

このとき驚かされたのは、平成初頭には小沢一郎氏を担いで（衆院への）小選挙区制導入の原動力となった、北岡伸一さんの転向です。参院選直後の『中央公論』2010年9月号への寄稿では、こうしたねじれの常態化を、55年体制の解体により「有権者および主要政党間において意見の差異が小さくなった結果、有権者の政党支持は〔そのとき旬な党に入れるため〕流動的と」なったことの帰結だと位置づけ、二大政党間の不毛な泥仕《どろじ》合《あい》を緩和するためには「定数三の中選挙区を導入することも検討に値する」[391]と表明しています。

戦前に普通選挙法（1925年）を実現した護憲三派連立内閣の先例にならって、小選挙区から中選挙区へと制度を変更し、連立を組み得る各党の共存を期そうというのですが、さすがに説得される人は乏しかったのではないでしょうか。

のんびりした文化評論で知られる内田樹氏のみならず、かつてカミソリのような改革論で政界を刷新した北岡氏のような「団塊の世代」の論客もまた、平成期の祝祭が露呈させたあまりの「子どもっぽさ」に疲れ、部分的に昭和へと帰ってゆく。散らかすだけ散らかしたけど、祭りはもう、終わったのだ。そうした空気はこのとき、広く社会を覆いつつあったのです。

「アジアの最先進国」の終焉

もっとも10年9月に菅が小沢一郎を民主党代表選で破り、続投を決めるとあっさり内閣支持率が回復したように、参院選の結果はあくまでも「増税表明へのお灸《きゅう》」で、この時点で国民が民主党政権を見切ったわけではありません。決定的な転機は、その代表選のさなかに尖閣《せんかく》諸島沖で発生した中国漁船の衝突問題でした。

このとき、強制送還ではなく逮捕・送検の手順をとったことで外交問題となり、[392] しかし最後は那覇地検が中国人船長を処分保留で釈放したため「弱腰外交」との批判が噴出。渦中には海上保安官が独断・匿名で、中国船が日本側の巡視船にぶつかる動画をYouTubeに投稿し、ここでも

390　原・與那覇、前掲「ソ連化した団地とアメリカ化する郊外」『史論の復権』、85・89-91頁。もっとも、平成期に拡大した「都心部の高級賃貸に住み、持ち家志向はない」層のみんなの党支持については、別個の分析が必要であろう。

391　北岡伸一「菅民主党の可能性はどこにあるのか」『日本政治の崩壊　第三の敗戦をどう乗り越えるか』中央公論新社、2012年、221・229頁。

392　小泉政権下の2004年にも中国人活動家が尖閣諸島に集団上陸する事件があったが、このときは沖縄県警が逮捕し、送検せずに即、強制送還したため問題化しなかった。

「市民への情報公開」が持つジレンマを見せつけています。

冷戦が終焉し「反共」がさほど問題ではなくなっても、国境が残るかぎり隣国との諍《いさか》いは消えない。むしろ中ソ紛争を背景に「日米中」で友好関係を結ぶことのできた、後期戦後の外交秩序こそが崩れ去っていたのです。

海上保安庁を所管し（保安官による）逮捕に責任を負う前原誠司国交相は、内閣改造により外相に転じた９月末、ヒラリー・クリントン米国務長官から日米安保が「尖閣にも適用される」との言質を取ったものの、クリントンは「日中関係は地域の安定に極めて重要」として対話での解決を強く要望[393]。前原が京大で師事した高坂正堯の時代のような、東西対立の枠組みで国際紛争を解くことが「リアリズム」として機能した環境は、もう存在しませんでした。

「田中角栄対菅直人」で挑んだ初陣以来、琴線に響く「テーマがあればそれをバネに動く〔が〕……何もないと困るわけです[394]」と自認する菅首相の性格も、内閣の針路を混乱させました。２０１０年10月、改造内閣の所信表明演説で、菅氏は看板政策にＴＰＰ（環太平洋経済連携協定）への参加の検討を突如掲げます。ＴＰＰはもともと、シンガポール・ニュージーランド・チリ・ブルネイという貿易中心の小国４か国が06年に発足させた関税撤廃協定ですが、09年11月にオバマ政権のアメリカが加盟の意向を表明し、世界経済の焦点となっていました。

しかし実はこのころ、韓国はすでに米国およびＥＵとＦＴＡ（自由貿易協定）を結び、09年にはサムスン電子が売上高ベースで世界最大のＩＴ・家電メーカーに躍進。さらに（判明するのは11年頭ですが）翌２０１０年には、ついにＧＤＰで中国が日本を追い抜きます。東アジアで「最も欧米に近い国」という近代日本の自画像にも、終焉が迫っていました。

　鳩山政権が沖縄問題で招いた米国の対日不信の払拭に振り回され、リベラル色を出せなかったとされる菅政権ですが、２０１０年８月には韓国併合１００周年に首相談話を出し、（１９６５年の国交正常化時の協定と両立させるため）善意の形での文化財の返却を決めるなど、独自の成果を上げています。一方でこのとき、元首相・安倍晋三が「禍根《かこん》を残す。愚かで軽率な談話だ」と指弾するなど、[395]下野後の自民党は――自社さ政権下の新進党と同様――顕著に閉鎖的なナショナリズムへと傾斜してゆきました。

　同年11月にねじれた参院で野党提出の問責決議が可決、実質的に尖閣問題での引責となって年明けに閣外に去った仙谷由人官房長官は、13年5月の取材で自身の歩みを、こう回想します。


　私自身も韓国との関係が長くて、一九七四年の日立就職差別裁判から始まっているのです。提訴した朴鐘碩《パクチョンソク》氏は私が官房長官を辞めるころに六〇歳で定年退職しました。だから、私には四〇年くらい在日問題にかかわってきた歴史があるのです。

　かつて差別的な用語で呼んでいた時代が、……〔韓流ブームなどもあって〕非常にいい時代に

393　前掲『現代日本外交史』、２１５頁。
394　前掲『菅直人』、44頁。
395　前掲『幻滅の政権交代』、３１６-３１７頁。『現代日本外交史』、２１９-２２０頁。

なったと、この十数年間を総括しています[396]。

＊＊＊

――2011年の1月、私は副査として読むことになった学生の卒論を手に、天を仰いでいました。菅政権の歴史認識は「謝罪と反省が足りない」旨の序文で始まるのですが、正直、内閣名に「鳩山政権」「麻生政権」そのほか、なにを入れようと変更点の生じないテンプレートのような文章[397]。

おそらく昭和の記憶を持たないその子にとっては、自民党でも民主党でも、誰が首相や官房長官の政権でも、「理想の歴史認識」ではない点で同じだったのでしょう。かくして歴史もまた過去から続く、ひとりひとりの人生が折り重なる場所のことではなく、眼前に「いま」存在する相手を論破して、自意識を満足させるためのゲームになってゆくのでしょう。

空しいな。すべてが。

挫折におわることがすでにほぼはっきりしていた、政権交代の顚末を目にそう嘆息する私もまた、「しかたないから日本のままで」の境地の手前まで来ていたのかもしれません。しかしわずか2か月後、誰も予知しえなかった事態のために、平成末期の日本はその相貌《そうぼう》を大きく変えてゆくのです。

396　前掲『民主党政権とは何だったのか』、202頁。
就職差別裁判とは、在日韓国人二世の青年が1970年に通名（日本名）で会社を受験・採用の後、虚偽記載として内定を取り消されたことの当否が争われたもの。74年に地裁で青年が勝訴、判決が確定した。

397　浜崎洋介・與那覇潤「平成文化論　「言葉の耐えられない軽さ」を見つめて」拙著『歴史なき時代に私たちが失ったもの　取り戻すもの』朝日新書、2021年、352頁（初出『表現者クライテリオン』19年3月号）。

2011年6月、100万人の行進を掲げた脱原発デモで、ゴールの新宿駅前に集う人々

第Ⅲ部
成熟は受苦のかなたに

第12章 「近代」の秋 2011―2012

デモへと砕けた政治

3・11と「戦後初期」への回帰

まさか、こんな日本を目にする日が来るとは。

「戦後日本」の平和と安定に親しんできた多くの人びとがそう感じた機会は、平成のあいだ、必ずしも少なくはありませんでした。1993年と2009年の非自民政権への交代、95年のオウム真理教によるテロ、03年のイラク戦争への自衛隊派遣。しかしそれらすべての衝撃を合わせても、平成23年（2011年）の3月11日に及ぶことはないでしょう。

14時46分18秒、宮城県沖で地震とそれに伴う津波が発生。モーメントマグニチュードは9・0Mwで観測史上空前、記録された最大震度はもちろん（95年の阪神・淡路大震災で初めて適用された）

震度7。しかも波高10メートルに及ぶ巨大津波の襲来のため、被害の広範さは阪神大震災とは比較になりませんでした。この東日本大震災から10年の節目となった、2021年3月の警察庁の統計では、死者1万5899名、行方不明者2526名。

混乱に輪をかけたのは、翌12日に原子炉建屋《たてや》が爆発して全国民に知られる福島第一原発事故です。地震に伴い原子炉自体は緊急停止したものの、停電時に用いる非常発電機が津波で浸水し、全電源を喪失。核燃料が冷却できなくなりました。前日から近郊に出ていた避難指示は、収束の展望が見えない中で徐々に拡大し、かつ電力不足から首都圏でも計画停電が実施されるなど、直接は被災しなかった地域にも甚大な影響が及びました。

宗教的な黙示録《もくしろく》か、ほとんどSF作品を思わせる光景があらゆる国民を絶句させたのですが、私にとっての「こんな日本」の感じ方は、周囲とだいぶ違っていたようです。

震災発生から1か月後の4月10日、都内で初めて1万人を超える反原発デモが発生。実は、もともとはサブカル的な軽いテーマを想定して事前に申請していた企画を、震災を受け急遽《きゅうきょ》看板を掛けかえただけだったらしいのですが[398]、火のついた民意は止まらず、ピークとなった翌12年には（主催者発表で）最大時に20万人とも呼ばれる群衆が、毎週金曜に首相官邸を取り巻く事態となっていきました。

398 外山恒一、前掲『改訂版　全共闘以後』、576頁。

――ああ、原点に返るんだ。戦後の。

2008年度からずっと、大学で日本通史を講じていた私の目に当時浮かんだのは、ニュースフィルムの抜粋を教室で上映していた1947年1月、2・1ゼネストに向けた皇居前広場での大会でした[399]。30万とも報じられた労働者が赤旗を振るなか、司会は戦前、人民戦線事件で投獄されても反戦を貫いた加藤勘十《かんじゅう》（社会党左派）、演説はモスクワ・延安に亡命して祖国の軍国主義と戦った野坂参三（共産党）。

そんなものを見せても、ふだんは誰もなにも感じないのが歴史なき社会ですが、ポスト3・11の「眼前に似た風景があった季節」には、学生が息をのむような表情を浮かべていたのを思い出します。

福島第一原発事故の衝撃

震災の年を代表する話題書になった開沼《かいぬま》博さん（社会学）の『「フクシマ」論』が指摘するように、ほぼすべての原発は、1960年代の高度成長の下で誘致が始まっています[400]。都心部への労働力の流出によって過疎化が進むなか、原子力政策への協力によって（補助金で）地域を維持する体制は、田中角栄首相―中曽根康弘通産相の主導で74年に整備された、電源三法交付金制度に結実しました[401]。

実は、当初は原発導入に積極的だった社会党ほかの革新勢力が、「反核」を掲げて反対に転じるのも70年代初頭になってからで、[402]以来長らく――86年のチェルノブイリ事故直後の反原発ブームを除くと――憲法論争その他と同様に、左右の「いつものプロレス」として聞き流されてきた。その意味で過酷事故の発生による原発問題の顕在化は、不可視の場所で作られるエネルギーに支えられてきた、穏和で生ぬるい「後期戦後」の終焉を象徴するものでもありました。

いつまでも55年体制下の自社対立という「おなじみの構図」では、もはや対応できない政治の課題が陸続と広がってゆく。その問題意識は細川非自民政権に先んじて、金丸信による自社連立の構想から存在していたことに以前触れましたが（第4章）、中道政党出身の菅直人が率いた震災時の民主党政権は、そうした平成の宿命を継ぐものとも言えました。

震災直前の2011年1月、もともと自民党の重鎮だった与謝野馨が（たちあがれ日本を経て）経済財政相として電撃入閣し批判を浴びますが、与謝野は日本原子力発電の出身で、政界入りは1968年に中曽根の秘書として（初当選は76年）。消費増税から逃げない社会保障財源の安定化

399 当時使用したのは、『昭和ニッポン　一億二千万人の映像　第2巻　マッカーサーと婦人参政権』講談社DVD BOOK、2005年。より入手しやすいところでは、1983年に小林正樹が監督した映画『東京裁判』でも、ほぼ同じ映像が見られる。

400 開沼博『「フクシマ」論　原子力ムラはなぜ生まれたのか』青土社、2011年、299頁。

401 武田徹『私たちはこうして「原発大国」を選んだ　増補版「核」論』中公新書ラクレ、2011年（原著02年）、156-159頁。

402 本田宏『脱原子力の運動と政治　日本のエネルギー政策の転換は可能か』北海道大学図書刊行会、2005年、83-89・95頁。

を持論とし、前年夏には参院選敗北後の菅首相にも、自民党との大連立を説いていました。[403]

変節の誹《そし》りを覚悟で入閣を決めた理由は1938年に生まれ、当時72歳という年齢。下咽頭癌《かいんとう》の後遺症に悩まされ、政策実現に残された時間は長くないと覚悟してのことで、[404]大臣退任後の12年には一時発声不能に陥り、17年に亡くなります。

しかしそうした後期戦後以来の問題意識を嘲笑うかのように、福島事故はコントロール不能に陥ります。震災から一夜明けた3月12日の朝、東工大卒で一定の知識を持つ菅首相はヘリコプターで直接事故現場に飛び、情報の掌握を図りますが、私は「スリーマイルだ」[405]とすぐにわかりました。ところが帰京後に、起きるはずのなかった建屋の爆発が発生して菅氏は激昂、以降の東京電力に対する敵対的な姿勢については、いまも評価が分かれています。

またも流産した「大連立」

相当数の国民が期待したように、このとき危機対応のための「挙国一致内閣」として、民主・自民で連立を組む可能性はある程度あったようです。民主党きっての実務家として急遽、官房副長官に復帰した仙谷由人が自民党副総裁・大島理森《ただもり》（現衆院議長）と、また「加藤の乱」以来の加藤紘一の仲介をへて菅自身が谷垣禎一総裁と、それぞれに大連立の構想を協議（3月16〜19日）。

しかし二つのラインは調整がついておらず、不信感を抱いた自民党側は申し入れを拒否。[406]前年の官房長官更迭以来、菅・仙谷の二人は関係が微妙だったようで、当初は仙谷氏が就くと見られた復興相（6月末に新設）は結局、松本龍防災相の兼務となりますが、「九州の人間だから東北の何市がどこの県か分からない」など信じがたい暴言を吐き、わずか9日間で辞任。もはやむちゃくちゃと評するほかはない国政の惨状でした。

1973年の石油危機に際しては「角福戦争」すら休戦となった昭和の派閥抗争と比しても、あまりにみじめな政党政治の崩壊はついに、平成の改革の神話をも失墜させてゆきました。6月1日、自民・公明・たちあがれ日本の三党が内閣不信任案を提出。菅政権下で中枢から排除されてきた、民主党内の小沢一郎・鳩山由紀夫のグループ全員が同調すれば倒閣となり、小沢氏にとっては93年の自民党離党と同じ局面に達します。

往時の盟友・羽田孜の制止も振り切って前のめりとなる小沢でしたが、しかし、土壇場《どたんば》で菅と会談した鳩山が翻意して空振りに。直後の同月3・4日の『読売新聞』の調査でも、菅に早期退陣を求める声と不要とする意見とでは、40％対53％でなお後者が優勢。民主党内からの不信任案同調については73％が「理解できない」と回答しており、輝かしかった平成初頭の改革者の偶像はこのとき、地に墜《お》ちたのです。[407]

403　清水真人、前掲『財務省と政治』、201頁。

404　後藤謙次、前掲『幻滅の政権交代』、359頁。

405　1979年の米国での原発事故。当時大統領のジミー・カーターは工科大出身で原子力潜水艦の開発にあたった経験があり、現地を視察して民心の安定に努めた。

406　前掲『幻滅の政権交代』、379-382頁。

407　当時、菅内閣自体の評価は低かったが（支持31％・不支持59％）、これは震災前に「下がり済み」だった数字と大差なく、危機状況下で政変を求める大義にはなり得なかった。

「アラブの春」とネット民主主義論

平成に何度か模索された大連立もだめ、かつては国民の歓呼を集めた造反での政権交代もありえない。こうした国会の体たらくでは、やりきれない思いを街頭での直接行動に向ける人びとの出現にも一理ありました。

　奇しくも２０１０年12月、チュニジアで始まったジャスミン革命は「アラブの春」へと発展し、11年１月に同国のベン・アリ政権、２月にはエジプトのムバラク政権、８月には壮絶な内戦を経てリビアのカダフィ政権と、20～40年に及んだ独裁者の統治が崩壊。９月からはリーマンショック以降の不況の責任を問うウォール街占拠運動《オキュパイ》が米国で高揚するなど、あたかも冷戦終焉期（東欧革命）以来久々の「デモの時代」が再来したかのような空気が、世界で生まれていました。

　Facebook や Twitter などのＳＮＳが、よき民主主義を支援するツールとして最大の名声を博したのもこの時期でした。たとえば東浩紀さんは11年の11月、Twitter のタイムラインやニコニコ動画のコメントといった非人称的な民意の「流れ」を、選ばれた政治家どうしの熟議と併用する新たな民主政を説く『一般意志2.0』を刊行して話題を呼んでいます。ネットメディアの伝道師的な役割を務めてきた津田大介さん（アクティビスト）が、新しいタイプの言論人として広く知られたのも同じころです。

　しかしこれは見方を変えると、すでに鳩山内閣期に限界まで行きついていた「透明化による市民参加」の潮流が、加速しすぎて既存の意味での「政治」の領域を破裂させてしまったともいえます。路上に出て群衆とともに政府の退陣や原発政策の転換を叫ぶのは、お互いの表情が見渡せる点でたしかに透明であり、なにより全身で運動に参加している感覚を味わえる。しかし、その先に具体的な成果を勝ち取る展望はあったのでしょうか。

奇妙なのはこのとき「原子力村対菅直人」のテーマを手にして、市民運動家に戻ったかのように動き回る菅首相に対し、続投への支持を掲げるデモがほぼ見られなかったこと。もし本気で脱原発をめざすなら、（よくも悪くも）憲政史上最も「使える」はずの宰相を擁したタイミングで、ただただ現状否定の感情だけをまき散らす運動のあり方は、子どもを通り越して幼稚と呼ばれてもやむを得ません。

浜岡原発停止への賛否

毀誉褒貶《きよほうへん》の激しい菅内閣の危機対応のなかで、最大の争点となったのは事故から約2か月後、5月6日に突如発表された浜岡原発（静岡県）への停止要請でした。菅氏自身が会見で認めたとおり、法的には（原子炉に欠陥が見つかった場合等を除き）国に停止を命じる権限がないため、あくまでも「要請」。

これは本来、国民の信頼を取り戻すための一種の儀式として企画され、予測される東海地震との兼ね合いでかねて世論の不安が高かった浜岡だけを、「例外」として停める構想だったようです。[408] 実際、原発導入に最も熱心だった政治家で、左翼嫌いでは並ぶ者のいなかった中曽根康弘は、「政治的に国民に対する安定感を与える。政治家の配慮を示す[409]」必要があったとして、意外にも菅の決断を支持しています。

ところが想定以上に「子ども」だった脱原発デモの民意は収まらず、政府を信用するどころか、全原発の停止へと要求をエスカレート。そうなると乗ってしまうのが菅氏の個性で、6月30日には目前まで行っていた玄海原発（佐賀県）の再稼働を阻止。

被災地復興のめどすら立たないまま、2005年の郵政解散を模した「脱原発解散」がありうるとの憶測まで広がる不穏な状況下、首相と対立した海江田万里経産相は辞意をほのめかし、解散詔書に署名しないと宣言。野党側に辞任の覚悟を追及されて号泣する姿（7月29日）は、危機の下でも結束できない平成政治の末路を示す光景となりました。

永遠に続くかに見えた「後期戦後」の気《け》だるい日常を残酷にひき裂き、あたかも敗戦直後のカオスへと日本をひきずり戻すかのようだった震災。自民党をもはや批判できない人材のミスマッチを抱えていた民主党政権にとって、唯一の僥倖《ぎょうこう》はこのとき、前例なき10万人体制での自衛隊動員の指揮をとる防衛相が「大人」だったことでした。

鳩山内閣から留任していた北澤俊美さんは、自民党時代からの羽田孜の側近で、1938年生

408 池田信夫『「空気」の構造　日本人はなぜ決められないのか』白水社、2013年、14-18頁。
409 前掲『幻滅の政権交代』、396頁。

2011年3月27日、宮城県石巻市。
火葬場が不足し土葬される遺体に敬礼する自衛隊員

まれ・震災時に73歳。戦時下の記憶を持つ最後の世代で、大学生の折（60年安保の前夜か）には当時の常で反米を叫んだこともありました。3月14日、災害救助にあたる統合任務部隊の編成式で述べた訓示には、かつての焦土とそれ以降の歩みを知る人だけが持つ実感がこもっています。

日米で連携し、最大限の努力をしてほしい。いま国民と自衛隊の距離がもっとも近づいた瞬間であろうと思う。……不幸にしてご遺体を収容することになった場合は、ご家族に引き渡すまでは生存者だと思って、生存者と同じように丁重に扱ってほしい。[410]

「知識人」は再生したか

震災後の若手論壇

私にとっては嬉しくて、珍しくコピーを残してある2012年2月の記事があります。「異彩活字だけ装丁」と銘《めい》打ち、「あえて文字だけの表紙で勝負する本が売れている」とする『朝日新聞』のコラム[411]。

紹介されるのは、10年5月に出て65万部と異例の売れゆきだったマイケル・サンデル『これからの「正義」の話をしよう』に加えて、震災の年に刊行された瀧本哲史《てつふみ》さん（投資家。京大准教授も兼務）の『僕は君たちに武器を配りたい』（11年9月）と、國分功一郎さんの『暇《ひま》と退屈の倫理学』（同年10月）。それに、私がやはり11年の11月に出した『中国化する日本　日中「文明の衝突」

一千年史』です。

コラムの論旨は、内容に自信があるからこそ奇策を弄《ろう》さず、「文字だけ」で読者に訴えて奏功したというものですが、もうひとつの共通点は「安易に答えを出さない」書籍だったところでしょう。サンデルの著書はハーバード大での哲学講義を再構成したもので、ベストセラーになったのは元の授業がNHKで全話放映されたためですが、彼自身が掲げるコミュニタリアニズム（共同体主義）も含めた多様な正義論を各回紹介しつつも、「この立場が正解だ」とは最後まで断定しない。

手っ取り早い「正解」に飛びつくのではなく、自分の頭で納得がいくまで、答えがないかもしれない問題をじっくり考えたい。瀧本さんの本はジャンルとしては自己啓発になりますが、「これで儲かる」式のハウツーではなく、むしろそうしたマニュアルに依存しないための知的訓練の必要性を説いており、國分さんの作品はバブル期に消費社会論として読み捨てられたボードリヤールを、ハイデガーらの重厚な哲学者と対照しつつ再読し、資本主義に流されもしないが、単に

410　北澤俊美『日本に自衛隊が必要な理由』角川oneテーマ21、2012年、7-10・33-34頁。普天間問題で鳩山政権と対峙したゲーツ国防長官（当時はオバマ政権だが、前任者ブッシュによる任命）に、会談で「私も学生時代はベトナム反戦だった」と返された挿話も感慨をそそる。

411　「異彩　活字だけ装丁　「内容に自信」の表れか」『朝日新聞』2012年2月22日。

それを否定するのでもない生の条件を探る内容[412]。

私の本は私の本で、平成のあいだには「やるのが当然。この道しかない」と思われてきた政治経済面での諸改革を、中世以来の日本史上に位置づけなおして再考する提言でした。そうした「めんどうくさい」書物が一定の影響を持ちえたところに、巨大事故と政治の機能不全を眼前にした体験から来る、文化面での３・11のインパクトがありました。

瀧本さんは70年代初頭の生まれで（年齢非公表）、國分さんも74年生まれの団塊ジュニア。戦後の経済発展を支えてきた原発行政と、平成の改革の所産だったはずの政権交代がともに破綻したいま、より若い世代の声を取り入れて、新しい議論をしよう。そうした空気はこのころ、「若手論客ブーム」などと呼ばれました。

２００７～08年がピークだったロスジェネ論壇が、既存の（＝正社員を中心とする）日本型雇用の世界から「こぼれた」若者の声を掬うという性格が強かったのに対し、そもそもそうした「日本的なるもの」自体を根底から再考しようとしたのが、震災後の議論の大きな特徴です。そうでなければ日本史研究のような「役に立たない」ジャンルの書物が、哲学書やビジネスマンのバイブルと並んで「時代を象徴する本」として紹介されるのは、ありえないことでした。

——だけど、いつまで続くかな。

私が初めて地上波のＴＶに出たのは、２０１２年３月末に放映された『新世代が解く！　ニッポンのジレンマ』（NHK-Eテレ）の第2回で、瀧本さんや宇野常寛さんと同席。当時は若年層を中心に熱心なファンがおり、内容を踏まえた自主的な討論会に来てほしいと頼まれて、荻上《おぎうえ》チキさん（評論家、81年生）と一緒に参加したりもしました。そのせいでいまも「ポスト震災の若手知識人と呼ばれた」と紹介されることがあり、光栄ですが、私のなかでは「活躍した」期間はたった半年、これから述べるように12年の8月までです。

吉本隆明の「反・反核」

2012年3月16日、詩人で評論家の吉本隆明が亡くなります。60年安保を指導した丸山眞男の権威に挑み、70年安保の際には学生運動の支持を完全に奪っていた、戦後思想の巨人。しかし1982年の『「反核」異論』のころから左派論壇との亀裂が顕著になり、11年の年末に発売された『週刊新潮』（12年1月5・12日号）では「「反原発」で猿になる！」と題する過激なインタビューに登場。人びとを戸惑わせた直後の急逝でした。

私が衝撃を受けたのは3月27日、『朝日新聞』に寄せた姜尚中氏の追悼文です。吉本が「乗り越えた」とされてきた丸山眞男と対比し、実は丸山の方が優れていたとする論旨は、本人がそう

412　力点は「否定するのでもない」の方にある。浅田彰・東浩紀と読み継がれたコジェーヴ式の「本来の人間が消費社会の中で、動物へと劣化してゆく」とする議論を、そうした発想こそが「本来的」な生への渇望を煽って、テロや原理主義をもたらすと再批判する國分の筆致は、9・11以降の世界情勢なくしては生まれ得なかったろう（前掲『暇と退屈の倫理学　増補新版』、330-335頁）。

吉本隆明

思うなら書くのは自由でしょう。しかし、政治思想史を専門とする著者とは思えない以下の一節は、目を疑うとしか言いようがありません。

空前の〔福島第一〕原発事故を目撃しても、科学によって科学の限界を超えられると嘯《うそぶ》いた吉本に、かつての〔全共闘運動の〕教祖の面影はどこにもなかった。ヒロシマでの被爆体験をもち、被爆者手帳の交付を拒み続けた丸山が生きていたならば、断腸《だんちょう》の思いで原発の廃止を訴えたはずだ。[413]

「はずだ」とはなにを根拠に言っているのか⁉ 平成なかばにはポストコロニアルの論客として、「新しい歴史教科書をつくる会」の歴史修正主義を果敢に批判した姜氏なら、後世の思い入れを一方的に投影して、都合よく過去を切り取ることの危険性は先刻承知でしょう。

それにもかかわらず、「いまは脱原発が自明の正義だから」という感覚で、一時代を築いた往年の大思想家でもあっさり切り捨ててゆく。そこまでこの国における歴史や知識人の扱いは、軽くなっていた。そのことに愕然《がくぜん》としたのです。

ちなみに吉本はその「反核批判」の原点となった1982年の文章で、自身の主張を有利にするために「ヒロシマ・ナガサキの三十万の死者」の名を語る（騙《かた》る）営為に対して、「いつ誰の許可を得て……代弁者の資格を獲得したのか」、「お前はお前しか代弁することはできやしない。そのことが〈文学〉の意味であり〈民衆〉ということの意味である」[414]と喝破《かつぱ》していました。

重要な問いはひょっとすると、戦後にもう出尽くしていたのかもしれない。その限界を超えると称して平成に登場した諸言説こそが、実は夜郎自大な虚像だったのではないか——。そうした疑いはここから、私のなかで大きく膨れてゆくことになります。

迷走する脱原発思想

論壇プロレスめいた「世代間闘争」に溺れるつもりは、少なくとも私にはありませんでしたし、いまになってからの後出しじゃんけんで「俺の立場が正しかった」と誇る気持ちもありません。しかし戦後ないしは「近代」の先へ進むことを唱えてきた、旧来の平成知識人の多くが、このと

413 姜尚中「大衆に寄り添うがゆえの変貌　丸山よりも「近代主義者」吉本隆明を悼む」『朝日新聞』2012年3月27日夕刊。
414 吉本隆明「「反核」運動の思想批判」『「反核」異論』深夜叢書社、1982年、30頁（初出『週刊読書人』同年8月16日～9月6日号）。文学者の反核アピールに疑念を呈する中上健次の随想「鴉《からす》」（『群像』同年3月）を政治的に糾弾した、栗原貞子（詩人。広島での被爆者でもあった）に反駁した文面。

き安易な形で「脱原発」の潮流に埋没し、視界不良に陥っていたことは事実だと思います。

そうした躓き方には、一見対照的に見える両極端のパターンがありました。ひとつめは、①原子力発電の放棄を「人類史的な科学文明の転換」のように壮大な形で弁証する結果、それに足る技術の有無や、喫緊《きっきん》の電力不足への対応策といった個別の争点が見えなくなるもの。ふたつめは逆に、②自身の生活圏を中心とした「小さな共同体」からエコロジーのモデルを立ち上げようとして、広く国民全体に通用する語り口を失ったケースです。

①を代表したのは中沢新一さんで、2011年8月刊の『日本の大転換』では、「一神教が思考の生態圏に「外部」〔＝アニミズム的に人間の五感では触れられないもの〕を持ち込んだやり方は、原子核技術が物質的現実の生態圏にほんらいそこに所属しない太陽圏の現象〔＝核融合〕を持ち込んだやり方と、きわめてよく似ている」[415]から、多神教の日本文明は原発を放棄して、一神教的な西洋近代を乗り越えてゆくべきだと説く。

そこまで極度に抽象化されれば、正直どんなアナロジーでも成り立ってしまいそう（たとえば、核融合こそ神と人とを二元的に捉えない日本思想に則した技術だ、ともいえる）に思えます。運動を鼓舞する文化ナショナリズムのレトリックに、留まるというべきでしょう。

逆に②を実践したのは、震災以前から共同体主義への回帰を進めていた宮台真司さんでした。やはり11年に収録された対談では、まずは経済的に豊かで教養市民層の多い地域から、市民のひとりひとりが高い意識を持つ共同体自治の「実践が可能なことを世田谷で証明したい」、だから福島事故の危険性を「近隣のママたち」に伝えて、彼女たちに子どもを疎開させた、と語る。

さすがにこれは対話相手だった大塚英志さんの、それは単に恵まれた家庭のエゴで、公共精神の発現とは別物だとする批判が妥当でしょう。

大塚：そこに成熟した個人ができあがっていれば、それこそ他者〔＝貧困層〕への想像力が働く姿が見ることができて、きちんと近代があると立証できたはずですけど、やはり、ないんだということがあからさまに実証されたような気がしますよね。

宮台：周りのお母さんたちについて少しだけ弁護すると、ヨソの子を連れて行くことを思いつかなかっただけ〔で……〕誰かが「ヨソの子たちはどうなるの？」といえば、「そうか」となって疎開先にヨソの子も連れて行ったでしょう。

大塚：それは、絶対にないと思う。

宮台：そうかなぁ……。[416]

格差社会論の流行以降、もはや日本の全体を単一の共同体として語ることは難しく、かつ有識者ですら「社会」を実感できなくなったいま、眼前の問題に適切なスケールでの処方箋《しょほうせん》を書くこ

415　中沢新一『日本の大転換』集英社新書、2011年、36-37頁。
416　大塚英志・宮台真司『愚民社会』太田出版、2012年、106・126-130頁（末尾の「……」は原文）。世田谷区は西部山の手と呼ばれた平成前半の人気地区で、震災翌月には社民党出身の保坂展人《のぶと》が区長に当選、脱原発をうたい注目されていた（54頁）。

とができない。そうした震災以前からの煮詰まった袋小路が、脱原発の思想や運動を挫折させたと捉えるのが、今日最も意味のある総括のように思います。

そもそも民主党への政権交代の手前に、中間的な論壇誌が軒並み休刊となる状況では、思想の内容以前に安定した議論の「場」を提供し続けること自体も、難しくなっていました。ニコニコ動画が当時オンラインで発足させた「ニコ論壇」が、震災後の社会を問いなおす熱気と軌を一にして短命に終わったのを最後に、[417] オンラインでの言論の発信は、著名人による「個人メディア」の形が中心となってゆきます。

しかし映像配信を通じてファンコミュニティを作る点では、より楽しむハードルの低い、娯楽系のコンテンツの方に長がある。遠からず「ネット有名人」の座は、メインチャンネル（HikakinTV）を２０１１年７月に開設したＨＩＫＡＫＩＮさんのような、YouTuberたちの手に渡ってゆくことになります。

ついに左派も「歴史修正主義」に

思想家や論壇がブームだと言われても、本当にその先に展望はあるのか。結局は誰もが、単なる時代の徒花《あだばな》ではないのか。当時、吉本隆明の一件で悲観的になっていた私をさらに追い込んだのは、12年８月に刊行されるやたちまちベストセラーとなった、孫崎享《まごさきうける》氏（外交評論）の『戦後史の正体』でした。

同書の内容が陰謀史観といってよい「左派版の歴史修正主義」だったことは、他の場所で何度も指摘したので省略します。むしろここで注目したいのは、歴史上の人物を単なる「キャラ」として扱う平成晩期の風潮への第一歩が、このとき踏み出されていた事実です。

高坂正堯以来、名宰相として評価されてきた吉田茂を「対米追随路線」だと批判する同書が、逆に「「対米自主路線」の代表的存在」・「米国に対して自主路線をもっとも強く主張した人物」として絶賛したのは、鳩山一郎内閣で外相を務めた重光葵《しげみつまもる》でした。とくに孫崎氏が称揚するのは1955年7月、重光がアリソン米駐日大使に対し、将来的な米軍の「全面撤退」への構想を打ち出したというエピソード。

この挿話を以下のような、直近の政治情勢への不満を吸い上げる筆致で紹介したところが、『戦後史の正体』がヒットした最大の理由でしょう。

> まだ本当に弱小国だった一九五五年の日本が、米国に対して「一二年以内の米軍完全撤退」を主張しているのです。普天間基地ひとつ動かすことさえ「非現実的だ」としてまったく検討しない現在の官僚や評論家たちは、こういう歴史を知っているのでしょうか。[418]

417 当時の空気の一端は、東浩紀『ゲンロン戦記　「知の観客」をつくる』（中公新書ラクレ、2020年、97-98頁）を参照。

418 孫崎享『戦後史の正体　1945-2012』創元社、2012年、45・29・167・161頁。
同書の引用部に続く節の見出し（163頁）は、重光がこの提案を米本国のダレス国務長官の前でも切り出したかのように誤解させるが、正確さを欠く。後述の坂元論文、46-47頁を参照のこと。

しかし孫崎氏が自説の根拠として再三引用する、高坂門下の坂元一哉《かずや》さん（外交史）の論文「重光訪米と安保改定構想の挫折」にあたると、こうした「対米自主」なる重光像はほぼフィクションであることがわかります。重光に――1960年の岸信介に先んじて――安保条約を改正する意向があったのは事実ですが、55年8月に訪米した重光が米国務省に示した提案は、吉田茂政権の時期には「優勢であった憲法解釈」を変更し、「アメリカがオーストラリア、ニュージーランド、フィリッピン、韓国、中国［台湾］や他の国々と結んでいる条約に似た型の[419]」相互防衛条約を、日本も結びなおせないかとするもの。

つまりよくも悪くも、重光の提案は冷戦下でアメリカ反共帝国を構成する「他の従属国と同様の待遇」を求めたもので、それを対米自主とは普通言わないでしょう。

さらに問題なのは、重光がこうした構想を「憲法解釈」の変更、すなわち解釈改憲で実現できるとしていたことです。坂元氏の論文には、その無理をむしろ米国（ダレス国務長官）の側から指摘されたほか、共同声明の発表時に安保改定は自衛隊の「海外派兵義務」が条件となるかのような説明が米側からなされ、日本国内で強く批判された旨も記されています。

それらの文脈をすべてオミットし、目下の民主党政権への失望を背景に「昔は、アメリカにガツンともものが言える政治家がいた」として重光を持ち上げるのは、もはや歴史が単なる「ヒーローキャラの素材を見つけるデータベース」に、変じたことの証左でした。

驚くべきなのは、この孫崎氏が外務省出身で、国際情報局長や防衛大学校教授まで務めていたことです。それなら気づかぬはずはないのですが、彼が礼賛する重光提案の行きつく先は、どう考えても「解釈改憲による集団的自衛権の容認[420]」。

実際、元になる論文を書いた坂元一哉氏は第一次安倍政権以来、政府の安保法制懇（2007年発足）のメンバーで、来たる第二次政権下でその使命を達成してゆくことになります。孫崎さん本人をはじめ、『戦後史の正体』のファン層の多くは「安倍外交は対米従属」と猛抗議しますが、後の祭りでした。

思想史上の巨星も、政治史上の重要人物も、目下の「気分」に合致《がっち》するようデフォルメされた形でのみ消費され、使い捨てられてゆく。そんな時代に「知識人」などとおだてられたところで、なにができるのだろう――。私が感じた不安は徐々に、この後の世相のなかで的中してゆくことになります。

419　坂元一哉「重光訪米と安保改定構想の挫折」『法経論叢』（三重大学）10巻2号、1992年、32・34頁。なお近日改版された坂元の主著では、後に日本の外務省が公開した関連資料も補足された形で、右記の論考の最新版を読むことができる（『日米同盟の絆　安保条約と相互性の模索　増補版』有斐閣、2020年（初版00年）、第3章）。

420　これは「後出し」の批判ではなく、池田信夫氏と対談した以下の動画ですでに同じ指摘をしている。YouTubeに残っているので確認されたい。「戦後の日本を支配したアメリカという物語」（2014年3月11日放送・翌日公開。最終閲覧日21年4月15日）。

機動戦の蹉跌

大阪に集う平成論客

２０１２年の４月、研究室で献本の封筒を開けた私は、文字通り椅子から転げ落ちました。入っていたのはＰＨＰ研究所の論壇誌『Ｖｏｉｃｅ』で、特集名はなんと「橋下徹に日本の改革を委ねよ！」。橋下氏の盟友である松井一郎氏（当時、大阪府知事）や、かつて「平成維新の会」を組織した大前研一氏はいかにもな人選ですが、前月放映のテレビでご一緒したばかりの意外な名前が混じっていました。

宮崎哲弥さん（評論家）を司会役にした鼎談で、萱野稔人さんは行財政のスリム化のためには「「ポピュリズム」以外に有効な手法があるかといえば、疑問」。当時、大阪維新の会が国政進出に向けて検討中の公約案（維新八策）でうたったフラットタックスについては、飯田泰之《やすゆき》さん（経済学）いわく「経済学者は全員、賛成でしょう（笑）[421]」。全体を通読すると、手放しの礼賛ではなく懸念の指摘も見られるとはいえ、挫折した民主党政権に替わる「新たな改革」の担い手として、橋下維新に期待する基調があることは拭えません。

もっとも世の中には上手《うわて》がいるもので、同誌が再度同様の特集を組んだ同年11月号には竹中平蔵氏が登場。いわく、取締役会がＣＥＯを解任できるように「独裁を制御する仕組みさえあれば、強いリーダーの登場を期待しても、まったく問題はないはず」で、バラマキ政策ではなく国民の自立を促しているから、「小泉〔純一郎〕さんも橋下さんも、ポピュラーですが、ポピュリズムではありません」[422]。さすがにこれは本人も恥ずかしい論法ではと思いますが、それだけ橋下氏を通じた小泉路線の再生に期するところがあったのでしょう。

やはり12年の9月9日、国政進出に向けた維新の公開討論会には北岡伸一氏が出席。「一部の教科書には自衛隊や安保条約には（憲法問題で）問題が多いとゆがんだ例をあげている」[423]と戦後教育を批判し、まるでつくる会のような口吻《こうふん》だと歴史学者の界隈で波紋を呼びますが、個人的には少子化問題を「ナショナリズムで解決する」・「日独伊で少子化が深刻なのは敗戦国で、国のプライドが未回復だから」なる発言の方に[424]、これが一流の政治学者の構想かと哀しくなります。

わずか2年前、菅直人の民主党政権が参院選で敗北した際には、北岡さんは（直接に維新の会を批判する文脈ではないものの）幕末維新のメタファーで政治を語る風潮を「時代がまったく違う」・「幕末維新の指導者より、明治憲法以後の議会政治の中で、政治家はいかにして二院制の壁を越

421 宮崎哲弥・萱野稔人・飯田泰之「「小泉改革」第二幕の幕開けか」『Voice』2012年5月号、67・70頁。フラットタックスとは、累進課税を廃止して所得の多寡《たか》を問わず同一の税率とする「定率税」のこと。富裕層の脱税を防止するという賛成論と、貧困層への増税になり再分配を弱めるとする反対論がある。

422 竹中平蔵・冨山和彦「甦る自民「守旧政治」、来れ小泉流「独裁」」『Voice』2012年11月号、53-54頁。ちなみにこの号の特集名は「「維新の会」は信じられるか」。

423 「「大阪維新の会」公開討論会 「八策」に賛成の模範解答ばかり」『しんぶん赤旗』2012年9月11日。

424 当時の動画がYouTubeに残っている。「9・09大阪維新の会・公開討論会-2」（2012年9月10日、当該の発言は1:26:40前後から。最終閲覧日21年4月15日）。

えていったかを復習してもらったほうがいい」[425]とたしなめていました。逆にいえば、そうした政治史のプロにさえ歴史感覚をくるりと反転させるほど、震災後の衝撃の中で維新の会が巻き起こした渦《うず》は、巨大なものがあったのです。

グラムシとホイジンガ

しかしなぜこうまでして、学者が「時の政治家」に近づきたがるのか。ヒントになる視点をくれる思想家に、イタリアの社会主義者だったアントニオ・グラムシがいます。

ロシア革命のみが成功して西欧の共産化は挫折し続けた戦前、グラムシは「東方では国家がすべてであり、市民社会は原初的でゼラチン状であった」から、機動戦で中央政府の権力を奪取するレーニン主義が成功したが、「国家が揺らぐとただちに市民社会の堅固な構造が姿を現」す西ヨーロッパでは、むしろ持続性のある左派系の中間団体を長期的に育成し、文化や価値観の面でも支持を調達していく陣地戦が必要だったと反省しました。[426]この発想は戦後、イタリア共産党のユーロコミュニズムに受け継がれ、日本でも革新自治体を支える理論になっています。

ところが平成期には、1993年の――北岡・竹中氏らが支えた――小沢一郎氏のクーデター、2001年からの小泉純一郎政権という形で、「一気に首相官邸を握って、上から改革を進める」手法こそが有効に見えてしまった。ロシア革命に比せるかはともかく、結果として国民の政治意識も「非・西洋民主主義的」な方向へと、大きく傾いていたのでしょう。

12年10月に刊行した池田信夫さんとの対談本では、当時邦訳書が刊行され注目の集まっていたダニエル・カーネマン（02年のノーベル経済学賞受賞者）の概念を踏まえて、こうした政治情勢を論じました。

與那覇：橋下さんは政治というものを徹底して「勝つか、負けるか」のモデルで捉えているわけじゃないですか。

池田　：やっぱり彼はそういう庶民のシステム1のところを捉える本能的なマーケティングを知っているんですよ。

與那覇：逆に、橋下さんがツイッターで連日罵倒している、リベラルと呼ばれる人々が考えてきた政治は、まさしくシステム2だったわけです。[427]

システム1・2とは、心理学者でもあるカーネマンが命名した人間の脳機能の二層構造を指す概念です。システム1は、意識を経由しない「直観」による判断で、反射神経や動物的な本能に近いスピーディな決定を下すもの。

425　北岡伸一、前掲「菅民主党の可能性はどこにあるのか」『日本政治の崩壊』、230頁。
426　片桐薫編『グラムシ・セレクション』平凡社ライブラリー、2001年、51-52頁。初出は1930年の獄中ノートで、グラムシはムッソリーニ政権下で26年から収監されており、仮釈放後の37年に病死した。
427　池田信夫・與那覇潤『「日本史」の終わり　変わる世界、変われない日本人』PHP文庫、2015年（原著12年）、71・59頁。

対してシステム2は自覚的に行う「推論」による思考法で、幅広い情報を対照することで先入見を抑制し、合理的な結論を出そうとするもの。「西洋近代のすごかったところは、条件反射的なシステム1の作動を「抑制する機構」をかなりがっちりと作って、それがいわば社会的なシステム2なのではないか」とも発言しているとおり、橋下旋風の下で起きているのは日本における「西洋化の終焉」だというのが、当時の私の判断でした。

——「近代」の秋、だな。

三島由紀夫の盟友と呼ばれた批評家の村松剛が、三島の自死にまで連なる日本人の死生観を探究した『死の日本文学史』（1975年）に、「「中世」の秋」と題する章があります。歴史家ホイジンガの名著として知られる『中世の秋』（1919年）を意識しつつ、「中世ということばには、ヨオロッパの時代区分のにおいがしみついていて、室町時代を中世の後期と呼ぶことには多少のためらいが感じられる」[428]ので、応仁の乱を描く際にはカギカッコをつけて「中世」の秋。

そのひそみにならえば、そもそも日本史上に十全な近代化があったかといえば怪しいが、それでも一応は西洋近代を範《はん》としてきた時代がおわるという意味では、いまはカッコつきの「近代」の秋なのだろう。

ホイジンガの著書はルネサンス期を扱うフランス／オランダの文化史ですが、タイトルが『近代の春』ではないことがポイントです。新しい何かが始まろうとするポジティヴな時代としてではなく、むしろ既存の体制が爛熟《らんじゅく》するとともに煮詰まり、限界に直面し、滅びの予感に包まれてゆく。

脱原発デモの高揚や個性派首長の挑戦に「日本が変わる」との期待が託されていた時期、こうしたメランコリック（鬱的）な視点で同時代を描く識者はほぼいませんでしたが、その兆しはむしろ「近代」の本場でこそ、色濃さを増していたようです。

２０１１年、冷戦後期には『ジャパン・アズ・ナンバーワン』で日本の台頭に学ぶことを訴えたエズラ・ヴォーゲルが、新たな大著『現代中国の父　鄧小平』（邦訳は13年）を刊行。米国の覇権を脅かす異形の近代――ないし近代ならざるもののモデルは、確実に日本から中国へと移っていました。

わが国の識者や政治家が国内の政局に狂奔したポスト３・11の裏面で、はるかに巨大な、世界史上の長期波動が進行していたのです。

橋下・石原の合流と敗北

２０１２年の10月、前月の自民党総裁選（後述）で本命とされた長男・伸晃が敗れたこともあり、石原慎太郎が都知事辞職を表明。翌11月13日にはもともと支援していた「たちあがれ日本」に加わり太陽の党を結成します。メンバーは平沼赳夫や藤井孝男（元運輸相）らの郵政造反組で、

428　村松剛『死の日本文学史』中公文庫、１９９４年、２４０・３２１頁。

合流を決めて握手を交わす、石原慎太郎（左）と橋下徹

小泉―竹中式の競争主義の徹底を唱える橋下さんの政策とは正反対でした。

ところがわずか4日後の11月17日、前日の衆院解散を受けて、日本維新の会は太陽の党と合流。当時から寄せられた「一貫性がない」との疑問に対し、後年、橋下氏はこう反論しています。

> 政治家を束ねたことのない自称インテリがそのような批判をしていたね。彼らは政治家どころか組織をマネジメントした経験などない連中ばかり。……石原さんだからこそ、維新の国会議員の中で最高の漬物《つけもの》石になってくれるだろうと確信した。維新の国会議員の中に石原さんが、デーンと存在する。僕は石原さんとの個人的な人間関係だけを築いておけばいい。何十人もの国会議員と個別に人間関係を築くことは不可能

でも、石原さんとだけなら僕でもできる。[429]

批判者に罵り返す口汚さは往時と同様ですが、彼は自分の発言内容を理解しているのでしょうか。政策は問わず「人間力」のある大物に党運営を委ねて、私はやりたい政務に専念しますというのは、昭和の自民党でおなじみの二重権力構造――幹事長（党本部）と総裁（首相官邸）が役割を分担して、責任を曖昧化する「党と内閣の二元化」です。

擬似的な直接民主制に近い「ワンマン」スタイルで、首長の専決だからこそ無責任体制を変えられると叫び続けた風雲児は、このときすでに「日本的なるもの」の一部になっていました。[430]

この際一挙に総理の座を取りに行くという、石原・橋下両氏の焦《あせ》りこそが躓きを生んだのでしょう。1993年の政変では総選挙後に単独過半数を得る政党が出ず、わずか35議席だった日本新党の細川護熙が首班に。自民・民主の両党を過半数割れに追い込めば、「維新首班」の連立で石原首相を実現する可能性は、決してないとは言えませんでした。

平成初頭の亡霊ともいうべき機動戦の幻想にとり憑《つ》かれていたのは、学者のみならず政治家自身だった。維新の会はこの後も次々に、首をかしげる判断を続けます。

429　橋下徹「「彼らに足りないのは石原さんだ」　優等生や学級委員にはできないこと」プレジデント・オンライン（メルマガ「問題解決の授業」抜粋版）、2017年11月29日。

430　拙稿「橋下徹　淋しき「戦後民主主義」の自画像」前掲『歴史がおわるまえに』、174頁（初出『マグナカルタ』2号、2013年）。

11月15日、名古屋の河村たかし市長の地域政党「減税日本」が太陽の党との合流を発表していましたが、橋下氏の強硬な反対により一転、維新の会は彼らをシャットアウト。東京・大阪・名古屋の名物首長で「国政に挑む」という看板を失った後には[431]、政策が近く友党関係と呼ばれたみんなの党と競合する選挙区に候補者を立て、なんと調整は——当時人気絶頂だったＡＫＢ48のイベントを意識してか——「ジャンケンで決めたらいい」と橋下が放言。みんなの党代表の渡辺喜美は激怒し、選挙協力は不可能になりました[432]。

謎を解くカギはおそらく、「連立後」の想定だと思います。渡辺氏の演説は財務省の悪口だらけで、河村氏は党名のとおり、『復興増税の罠』(11年12月)なる本まで出していた筋金入りの減税派。

彼らを仲間にしては選挙の後で、消費増税で一致している主要政党(自公民)と組む余地がない。なんとか組んでも(悲願の消費税上げを達成した)官僚たちを敵に回し、遠からず閣内不一致も生じて、鳩山政権下の社民党のように離脱騒ぎが起きるだけですよ——。ブレーンの「誰か」がそう橋下氏に耳打ちしたのだろうというのが、私の推測です。

２０１２年12月、ついに運命の総選挙が実施(後述)。維新の会は54議席で第三党に躍進するも、自民党が大勝したため連立に絡む余地はなく、陣営には敗北感が漂います。彼らにふられた減税日本は、増税に反対して民主党政権を離れた小沢一郎・亀井静香らと合流し「日本未来の党」(脱原発を掲げたリベラル新党。党首は滋賀県知事だった嘉田《かだ》由紀子)に加わりますが、同党はその小沢・亀井しか小選挙区を勝ち残れず、９議席のみと壊滅。

みんなの党も議席を倍増させたものの、わずか18議席。「一躍、政権入りを」との戦術に目がくらんで、第三極と呼ばれた平成最後の新党ブームは、だれも勝者になれぬまま幕を閉じたのです。

残り火が消えるように

消費増税と原子力賠償

平成の停滞を打破できない自民党を、鋭く批判して政権を獲得したはずの民主党。しかしリブートに喩えたように、あたかも改元直後に戻ったかのような難題は、震災により格段にその困難を増して立ちはだかっていました。マニフェストの公約達成はおろか、被災地の復興のためにも国民の負担増は避けられず、さらにバブル崩壊後の不良債権処理にも比すべき、福島原発事故の賠償を抱えて事実上破綻した東京電力の後始末が横たわります。

431　「減税日本、維新への合流断念　河村氏「残念」」『日本経済新聞』2012年11月21日。実は1993年5月にも、連合の初代会長・山岸章が改革派の有力知事に書簡を送り、地方自治体から積み上げての政権奪取を目指す「殿様連合構想」があったが、翌月の衆院解散を経てにわかに細川非自民政権が成立したため、画餅《がべい》に終わったことがあった（前田和男、前掲『民主党政権への伏流』、252-261・305-307頁）。見方によっては、維新の会はちょうど逆の方向で失敗したともいえよう。

432　前掲『幻滅の政権交代』、561頁。

異様な粘《ねば》り腰を発揮して内閣不信任の危機を乗り切った２０１１年６月２日、与謝野馨がとりまとめてきた10％への消費増税案が「官邸案」に結実。あっさり退陣して「積み上げてきた社会保障・税一体改革もご破算」になっては、「命懸けで努力してくれた与謝野さんに申しわけない」との菅首相の執念の産物で、恒久的な財源とするため増税分は復興事業ではなく、社会保障の強化に充《あ》てることで決着しました[433]。

しかし東電問題では、原子力損害賠償法に基づき免責（＝政府による直接賠償）を主張する与謝野と、同社への不信感から会社更生法による破綻処理も検討した枝野《えだの》幸男官房長官（現在は立憲民主党代表）が衝突。すでに経産省がメガバンクから２兆円もの緊急融資を引き出しており、東電を倒産させれば金融危機が起きかねない状況下、半官半民で出資する支援機構が監視して営業を続けさせる、バブル後に破綻した金融機関を延命したのと同様の体制に帰結します[434]。

本来、原賠法による免責は「東電に甘い」わけではなく、国策として原発を推進してきた以上「国が責任をとる」という意味なのですが、波状的に脱原発デモの熱狂が湧きおこり途切れない状況では、そうした「政権が泥をかぶる」決断はほぼ不可能になっていました。

野田佳彦《よしひこ》と「最後の中道政権」

11年の８月10日、ついに菅首相が退陣表明。小沢・鳩山派が推す海江田万里ら４名との乱戦を制して、民主党代表に就任した野田佳彦が翌月、新内閣を発足させます。『読売新聞』の調査で内閣支持率は65％に回復、政党支持率でも民主党（28％）が自民党（23％）を逆転しており、このときもなお、2年前の政権交代に託した国民の期待は消えていませんでした。

野田氏は改造が相次いだ菅内閣で、一貫して財務相（鳩山内閣では財務副大臣）。急旋回して消費増税を決めた前政権を受け継ぐうえでは、最適任者といえましたが、このリレーにはもうひとつの歴史の綾がありました。東工大での学生運動時代、高坂正堯や同大教授の永井陽之助（国際政治学）など保守系の識者との対話を積極的に進めた菅さんは、「私に言わせれば前原（誠司）君は現実的というより原理主義的で……私なんかのほうがよっぽど現実主義なんです」と自称するリアリスト[435]。

一方の野田さんは、松下幸之助が1979年に私財を投じて設立した「松下政経塾」の第1期生。党代表となるや塾の後輩にあたる前原さん（8期）を政調会長に就けたほか、内閣でも玄葉《げんば》光一郎外相（8期）・長浜博行官房副長官（2期）と、要職を出身者で固めています。その点で菅〜野田内閣は、「左」が現実主義を取り入れ、「右」は単なる現状追認ではない思想性を持って歩

433　前掲『財務省と政治』、211-213頁。増税分5%のうち3%を高齢化にともなう支出の自然増、1%ずつを年金の国庫負担率の引き上げと、制度の改善（低年金者の支援など）に回すとされた。しかしこの約束は後に第二次安倍政権のもとで修正され、教育無償化に転用されている。

434　池田信夫『失敗の法則　日本人はなぜ同じ間違いを繰り返すのか』ＫＡＤＯＫＡＷＡ、2017年、101-104頁。

435　五百旗頭・伊藤・薬師寺編、前掲『菅直人』、12・16・280頁。
思い込みの強さが批判される菅だが、この観察を自身の執政下で起きた尖閣沖漁船問題の顚末と対照すると、意外なほど的中しているのは興味深い。

み寄ることが、新たな時代を切り開くと信じられた戦後後期の潮流の残り火でした。

しかし状況は、あまりに過酷でした。衆議院の任期は4年ですから、組閣からちょうど2年後の2013年夏までには総選挙をする必要があり、もし同年の参院選とのダブル選挙となれば、衆参両院での大敗も想定しえる。さらに鳩山政権末期の社民党の連立離脱以降、民主党と国民新党のみでは参院で過半数を割っており、衆院にもいつでも造反しえる「小沢グループ」の爆弾を党内に抱えた状態。菅政権の置き土産《みやげ》である「消費増税」は国民には不評で、一方で人気の「原発ゼロ」を突き進めば電力不足のリスクがある。

増税法案に自民党の賛成を取りつけ、見えないところで野田を救ったのは、意外な名前です。当時、たちあがれ日本幹事長の園田博之は、政治改革時代の1993～98年には新党さきがけの幹部。96年の最初の小選挙区制での衆院選では、「若手は新党へ行け」と号令して前原誠司や枝野幸男らに（旧）民主党への移籍を促し、彼らの政治生命を救っています[436]。自民党に復党してからは与謝野馨の盟友で、財政再建派として谷垣禎一とも親しく、野田・谷垣の双方に直接対話を促すパイプ役を務めました[437]。

谷垣の側も自民党総裁の任期が翌12年の9月に迫り、成果を出せなければ退任は確実な情勢。平成初頭の「政策本位の政界再編」の記憶が、甦った瞬間だったかもしれません。

大平正芳と谷垣自民党

親子二代で自民党の閣僚を務めた谷垣と、無所属の千葉県議から出発し日本新党・新進党と叩きあげた野田をつないだもうひとつの縁は、「後期戦後」の盛期にあたる１９７８〜80年に首相を務めた大平正芳でした。大平は75年に蔵相（三木武夫内閣）として赤字国債を解禁した負い目から、79年の総選挙では大型間接税の導入を掲げた「消費税の父」といえる政治家。国民に負担増を要請するに足る哲学を練り上げようと、保守の側から積極的に知識人に接近したことでも知られます（第2章）。

実は、消費増税をやり遂げると公約していた野田は組閣にあたり、遺族に提供された大平の断章を精読し、派閥（宏池会）の後継者にあたる谷垣にもコピーを届けていました。[438] 第一次安倍政権が掲げた「戦後レジームからの脱却」が自壊して以降、２００８年末には平成の劇場型政治（典型は小泉改革）との対照を意識して綴られた福永文夫さん（日本政治史）の『大平正芳』が刊行

436 同書、１４９-１５０頁。この選挙は自民・新進の直接対決と目され、船出したばかりの民主党は結党時の52議席を維持するのがやっとだった。後に同党の政権で中枢を担う枝野・前原・玄葉らは、壊滅が確実なさきがけから民主に移籍し、比例で復活当選した。

437 前掲『財務省と政治』、２２１-２２２頁。

438 同書、２１９頁。高度成長を担った池田勇人の系譜をひく宏池会は、宮澤喜一の跡目争いから、まず河野洋平グループが分離（現在の麻生派）。続いて加藤の乱で分裂していた（一時的な再統一を経て、現在は岸田派）。谷垣はこのとき最後まで加藤紘一の側近として残り、「一人で突撃なんてダメですよ」の台詞で国民に知られた（本書２１２頁写真）。

され話題を呼ぶなど、[439]「古きよき」昭和保守のシンボルとして大平の名はこの間流布しており、それに乗った面もあったのでしょう。

近年ではより明白に「反自民」の側が、「リベラルな保守」の模範として大平を担ぐ例もありますが、[440]消費増税への反対は絶対に大平とは一致せず、またカーター政権下のアメリカを戦後初めて公式に「同盟国」と呼び、自民党右派を懐柔《かいじゅう》するため靖国参拝も行った史実（首相在任中に3回）を捨象するのは、歴史の利用として適切さを欠いています。あくまで現時点での外交・内政の環境を前提にしつつ、しかし財源論から逃げずに持続可能な社会保障を構築する。そうした「リアリズム」としての大平政治に与野党の主流を収斂《しゅうれん》させることが、ポスト高度成長期以来の政治改革の悲願だったとみるべきです。

大平の霊に導かれたわけではないでしょうが、実際に自民と非自民、（前任者の菅直人も含めれば）保守と左翼とが折りあっての消費増税法案は、２０１２年６月に衆院・８月に参院で可決成立。大蔵省出身で同郷（京都府）の谷垣を補佐する自民党の伊吹文明が、野党を指揮してスピード採決に協力する一方、小沢派との融和に腐心する輿石東・民主党幹事長が審議を遅らせるなど、もはや所属政党と敵味方とが食い違う「裏連立」とも呼ぶべき状態の下、衆院本会議で反対票を投じた小沢一郎らは7月、ついに離党し49名（参院を含む）で新党を結成します。

本当は解散をもっと早くやりたかった。近いうちにって言うのは本当に近いうちに、谷垣さんと勝負がしたかったですね。[441]

後藤謙次氏の取材に答えた野田さんの回想です。ついに参院で法案が成立したのは、正確には12年の8月10日。維新の会がまだ国政に進出していなかったこの時点で、遅滞なく衆議院が解散されていれば、おそらくは単独過半数を得る政党が出ず、正式に「自公民」三党での大連立となったでしょう。

谷垣と野田とで比較第一党をとったほうが首相で、もう片方が副総理。そうした中道政権に帰着して「後期戦後」が完結する可能性は、まだかすかに残っていました。

竹島・尖閣問題がピークに

なぜ、それは実らなかったのか。構想を打ち砕いたのは菅内閣の際と同じく、冷戦体制の完全な終焉にともなう東アジアの変動でした。

まさに増税法案の成立と同日に、史上初めて韓国大統領として李明博《イミョンバク》が竹島（独島《ドクト》）に上陸。

439 福永文夫『大平正芳 「戦後保守」とは何か』中公新書、2008年、iii頁。後述する「同盟国」発言と靖国参拝の背景は、それぞれ243・241頁を参照。

440 中島岳志・枝野幸男「リベラルな現実主義」中島岳志『保守と立憲 世界によって私が変えられないために』スタンド・ブックス、2018年、103-104・108頁。対談は17年12月の収録で、枝野は同年10月に結党された（旧）立憲民主党の代表を務めていた。

441 前掲『幻滅の政権交代』、491・504・519頁。「近いうちに」とは2012年8月8日に、自公民の三党党首会談で増税法案成立後の衆院解散を約した際の文言。

示しあわせたかのように15日には香港の活動家が尖閣諸島に上陸し（逮捕・強制送還）、報復で19日には逆に日本の地方議員が同地に殺到する外交危機に発展します。直前までは対日外交に積極的だった李ですが、同年末に大統領選挙を控えてレームダックとなるなか（韓国は憲法により再選できず、退任が確定）、7月には実兄が政治汚職で逮捕されており、挽回を図ったものとみられました。

8月14日には日本中を激昂させた「天皇に謝罪要求」の発言まで飛び出し、しかも「「痛惜《つうせき》の念」などという言葉一つを見つけて来るくらいなら、（韓国に）来る必要はない」との一節にある「痛惜の念」とは、1990年の盧泰愚大統領の訪日に際して天皇が述べた言葉[442]。平成期に両国首脳が苦心して進めた関係改善自体が「ムダだ」とばかりの妄言で、ついに嫌韓のボルテージはネット右翼から溢れ、日本の一般市民にまで及びました。

困ったのは李明博と同様の、歴史の積み重ねを軽視し「自分を抑えない」政治家が、日本にもいたことでした。このころ国政への再挑戦との間で揺れていた、都知事の石原慎太郎さんです。

領土問題への執念では人後《じんご》に落ちない石原氏は、母親どうしの縁を通じて尖閣諸島の地権者（民間人）とかねて縁があり[443]、都が買い上げて港湾整備を行うと公言、ナショナリズムを煽って14億円を超す寄付金を集めていました。そうなれば中国との全面衝突は必至の情勢下、2012年8月19日、官邸で野田首相は石原と会談します。

私が五五歳、石原さんは八〇歳で、この違いは決定的でした。私は国有化して当面いろいろなことがあっても、虎視眈々《こしたんたん》と実効支配を二〇年、三〇年かけてじわじわと強めていくという路線です。彼は電光石火なのです。一気に勝負だということで、あらゆることをやろうとしていますので、その違いでおそらく妥協点がなかったと思うのです。[444]

老いてなお『太陽の季節』を地で行く子どもぶりは、石原人気の源泉でもありましたが、戦争の危機を直感した野田政権によって9月11日、(現状維持を前提に)尖閣諸島は国有化されます。しかしそうした国内事情は相手国には通じず、翌日から中国全土で激しい排日暴動が発生。

一方ですでに6月、夏季の電力逼迫《ひっぱく》を乗り切るため大飯《おおい》原発(福井県)の再稼働に踏み切って以来、国内の反原発デモは野田退陣を叫んでおり、いまや民主党政権は左右の極論に挟撃される状態でした。

442 宮城大蔵、前掲『現代日本外交史』、227頁。
443 石原慎太郎、前掲『国家なる幻影 下』、32-33頁。
444 山口・中北編、前掲『民主党政権とは何だったのか』、238頁(取材日は2013年3月13日)。後藤謙次の聞き取りによると、会談のなかばから石原が「不測の事態(軍事衝突)についてシミュレーションの話」を始めたことで、野田は国有化を決意したという(前掲『幻滅の政権交代』、512-513頁)。皮肉にもこれは、石原自身が参院議員時代(1969年か)に苦笑してあしらったことのある、晩年の三島由紀夫の振るまいに似ていた(前掲『国家なる幻影 上』、254-256頁)。

安倍自民党と「保守」の復活

外交上の国難で衆院解散が打てないなか、「増税成立だけを食い逃げされた」として谷垣禎一は自民党内の支持を失い、総裁選不出馬に追い込まれます。5名の候補が乱立しての開票となった2012年9月26日、地方票（党員票）では300票中165票と1人で過半数を制した石破茂が優位に立ちますが、国会議員のみでの決選投票（108対89）で安倍晋三が逆転、自民党史上初の劇的な「カムバック」となりました。

石破さんは野党時代に長く政調会長を務めて政策を発信し、国民受けは抜群でしたが、平成前半に離党して新進党などを渡り歩いた過去が、最後に仇《あだ》になったのです。

当初想定した「野田対谷垣」の構図が崩れ、はるかに民主党に敵対的な安倍自民党を相手に11月16日、ついに衆議院が解散。抜き打ちで解散の覚悟を通告した国会での党首討論で、安倍氏を圧倒した野田首相は再度の勝負を申し込みますが、安倍さんはしたたかにもファン層の多いニコニコ動画での10党首討論会を指定。[445] インターネットはこのときすでに、すっかり保守的な「世間」の空気を反映する媒体へと変わっていました。

2012年12月16日の選挙結果は、自民党が単独で294議席の圧勝、民主党はなんと57議席のみの記録的な惨敗で、第三党の日本維新の会との議席差はわずか3。当然ながら安倍さんは手慣れた「自公連立」を選び、左右連携の残り火はついに消えました。

——あのときと一緒だ。

前年秋に出した『中国化する日本』で私はすでに、民主党政権を敗戦直後の片山・芦田《あしだ》連立（1947年5月～48年10月）に喩えていました。[446] 前半は社会党右派の片山哲が首班で、後半の首相は中道保守の芦田均《ひとし》。しかし政権崩壊後の49年1月の選挙では、吉田茂の民主自由党（のち自由党）が想定以上の大勝で長期単独政権の基盤を築き、社会党は48議席にまで凋落します。

それでも敗北後の彼らが、なにもできなかったわけではない。たしかそうTwitterでつぶやいたことを覚えています。しかし平成の実験の失敗は、そうした戦後初期の蹉跌よりも沈鬱でみじめな姿を、この後露わにしてゆく。それは私にとって、想像を超えるものでした。

445　前掲『幻滅の政権交代』、557頁。
446　拙著、前掲『増補版　中国化する日本』、241-243頁。

第13章 転向の季節 2013—2014

知性の経済的帰結

アベノミクス初期の熱狂

民主党政権の顚末が「平成の政治改革」の破綻を象徴したとする評価は、今日めずらしくないでしょう。しかし後を襲った第二次安倍晋三政権の初期にあたる平成25〜26年（2013〜14年）が、それ以上に平成という時代の達成が根底から崩れ去ってゆく季節だったことに気づいている人は、いまも少ないのではないでしょうか。

この時期、政権奪還の直前から安倍氏が掲げていた「アベノミクス」は国民に好評で、株価の急騰や大幅な円安をもたらし、画期的な成果をあげつつあると見なされていました。長期不況のデフレ思考にさよなら、ここからはすべてが好循環する明るい時代が来る——。

13年8月、指原莉乃《さしはらりの》さんが初めてセンターを務めた「恋するフォーチュンクッキー」でAKBブームが頂点に達し、無数のアマチュアグループが笑顔のダンス動画をYouTubeに投稿。翌14年

バブル期を彷彿とさせたAKB48の「恋するフォーチュンクッキー」

の日本レコード大賞は、印象的な振りつけを揃えて横一列でキメるパフォーマンスがバカ受けした、三代目J Soul Brothersの「R.Y.U.S.E.I.」。前向きにあらずば人にあらず、といった空気を感じるほど、異様な「ポジティヴ推し」の風潮が世に溢れたのがこの2年間です[447]。

かつて自民党からの政権奪取をリードした知識人たちは、なにをしていたのか。圧倒的多数は、いっしょに踊っていたというほかありません。この熱狂をもたらした最大の要因は、アベノミクスが看板政策に「リフレ」（リフレーション。中央銀行による人為的なインフレ誘導）を採用したことでしょう。経済論壇で執筆する狭義のリフレ派のみならず、平成世代の書き手にファンの多い政策が日の目を見たことは、市場の反響も相まって「なにはともあれ、民主党時代よりはましだ」とするムードを、世相に浸透させていきました。

447　先崎彰容・與那覇潤「「成熟なき喪失」の時代　批評の復権にむけて」前掲『歴史なき時代に』、389-390頁（初出『ひらく』3号、2020年）。

実際には内閣府の発表する景気動向指数は、早くも２０１４年の４月には「改善」から「足踏み」に変わり、経済指標が明快にポジティヴだった時期は１年半で一度途絶えています。その間にも賃金による所得はあまり増えず、消費の拡大は資産を増やした株式保有者に依存しており、かつ消費税率アップ（14年4月から8％）を見越した駆け込み需要をもたらしたのはむしろ民主党政権による増税の決定で、リフレは関係ありません。[448]

当時は「もう一度バブル期並みの、イケイケの世の中が来る」かのように語られた、あの熱狂はなんだったのか。冷静にいま耳を澄ますとき、私にはむしろ華々しい外見の裏でその内実を失っていった、平成という時代の哀歌が聞こえる気がします。

「第三の道」の模索？

ポスト冷戦政治の国際比較として眺めると、このアベノミクス初期のリフレ・ブームは、二つの参照軸で位置づけることができます。１９９７年に成立した英国のブレア政権（〜２００７年）から15年ほど遅れた日本版の「第三の道」としての性格と、２０１７年に発足する米国のトランプ政権に先行した「反知性主義」の突出という側面です。

第三の道とは、18年ぶりに保守党を破って労働党の単独政権を築いたアントニー・ブレア首相が掲げたスローガンで、①経済を停滞させた産業国有化など古い労働党の社会主義（第一の道）は放棄するが、②人びとの紐帯《ちゅうたい》を破壊したサッチャリズムの新自由主義（第二の道）も採らない、という趣旨です。

市場競争の弊害を矯《た》める場として、保守的な旧来の共同体（家族や教会）ではなくNGOなど自由参加型の組織を伸ばす志向が特徴で、日本では2000年代を通じた「新しい公共」の議論に影響を与えました。しかしこの可能性は、民主党政権の人気凋落によって潰えてゆきます。

一方、小泉政権以降に平成の思想界でリフレ派が台頭していった過程も、「一見すると」似ています。①古い自民党、すなわち田中角栄型のバラマキ政治は維持不可能なのでやめるべきだが、②小泉純一郎（というよりも竹中平蔵）式の「痛みを伴う構造改革」も、弱肉強食のネオリベで好ましくない[449]。

こうした両すくみを打開する手法として、政府の予算を用いる財政政策には歯止めをかけつつ、日本銀行の金融政策で景気を好転させるリフレの発想が注目を浴びました。具体的には、日銀に「前年比2％のインフレをめざす」といった目標を宣言させ、達成するまで市中の銀行が持つ国債を買い上げさせることで、マーケットに資金を供給する大幅緩和を行えという提案で、これが主に野党時代（民主党政権下）の安倍さんに影響を与え、アベノミクスの骨格となったのです。

もしそのとおりにいくなら、「国の借金」を増やさずに人為的な好景気を作れるのですから、よいことずくめでしょう。しかし日銀の金融緩和だけでインフレを起こすには、そもそも「デフ

448　小峰隆夫、前掲『平成の経済』、233-235頁。なおこの「足踏み」の評価は16年9月まで続いた。

449　岩田規久男・八田達夫『日本再生に「痛み」はいらない』東洋経済新報社、2003年、176-178・232-237頁。

レは貨幣的な現象である」[450]——中央銀行による貨幣の供給不足以外には、目下の日本経済にそう大きな問題点はないという前提が必要です。

外需依存だった平成経済

第二次安倍政権の発足とほぼ同時（2013年1月）に刊行された吉川洋《ひろし》『デフレーション』を中心に、当時の経済論争を再訪すると、株価の復活で国民を大興奮させたアベノミクスが、実際には出発点から限界に突き当たっていたことに気づきます。

今日では改元直後のバブル崩壊からずっと、漫然と「平成不況」が続いていたように思われがちですが、経済学者として定評のある吉川氏が論証するとおり、国民の生活実感に影響を及ぼし始めたのは、1997年のアジア通貨危機による輸出減少が響いた98年からです。

来年は今年より物価が上がると答える（＝インフレを予想する）消費者の割合が、75％から25％へと急落。さらに同じ時期、欧米と異なり日本でだけ名目賃金の下落が始まったことが、デフレの最大の要因だとするのが吉川さんの分析です。[451]

よく知られるように、解雇が稀なかわりに業務の質と量とが随時変更され、残業手当の増減を通じて事実上の賃金調節（＝景気変動への対応）が行われているのが、昭和以来の日本型正規雇用の特徴です。[452] 石油危機と高インフレを特徴とする1970年代の不況の際には、それが緩衝壁《かんしょうへき》として巧みに機能したのですが、平成にはちょうど同じものが仇となって、むしろデフレを招き寄せた。そう捉えることもできるかもしれません。

アベノミクスには「官製春闘」と呼ばれた、首相自身による経済団体への賃上げ要請も含まれるので、それならやはり良策ではと思われそうですが、問題はそこではありません。同書に沿って平成の経済史をふり返ると、不況が底を打ちインフレ期待が戻ってくる2003年以降の景気回復も、逆にリーマンショックの影響で再びデフレマインドに陥る08年以降の景気悪化も、ともにその内実は「輸出主導[453]」。

輸出が牽引したイメージのある1960年代の高度成長が、現実には人口の移動・増加(上京による世帯形成)と耐久消費財(主に家電)の普及を中心とする「内需主導」だったのに対し[454]、平成期を通じたグローバル市場の一体化は、日本経済をかつてない「外需依存」の体質に変えていたのです。

450 同書、54-55・58頁。単純にいえば、デフレ下では国民が現金志向を強め、支出しなくなるので(=流動性の罠)、それを打ち砕くほどに貨幣を超過供給すれば「貯金するより(インフレで値上がりする前に)消費する」動きが生まれるとする議論。

451 吉川洋『デフレーション "日本の慢性病"の全貌を解明する』日本経済新聞出版社、2013年、51-53・174-178頁。同書によると一般の通念とは異なり、①中小企業よりも大企業で賃金の抑制傾向が強く、②非正規以上にフルタイムの正規雇用者の賃金が削減された。

452 武田晴人『仕事と日本人』ちくま新書、2008年、182-189頁。

453 前掲『デフレーション』、31-33頁。

454 吉川洋『高度成長 日本を変えた六〇〇〇日』中公文庫、2012年(原著1997年)、140-141・149頁。同書によれば高度成長期の「純輸出」の寄与率はわずか1%だったが、小泉政権後半の景気回復への「輸出」の寄与率は60%に達した(前注参照)。

世界市場が完全に近いほど一体のものとなった環境では、（海外で生産する）ユニクロの衣類やファーウェイ（華為。05年に日本法人設立）のスマートフォンのように、国外から「良質かつ低価格」の製品が流入することで物価は下落し、それを国ごとの政府や中央銀行の力で止めたり、まして反転させることはできません。[455] それを「できる」と無理に言い張れば、昭和の体育会系のしごきにも似た「できていないのは、当事者の気合が足りないからだ」式のロジックになってゆく。もしくはその国に覇権国家的な地位がある場合は、後のトランプ政権のアメリカのように「力ずくでも輸入品を締め出せ」とする、狂信的な保護主義になるわけです。

これは過言ではなく、当時の経済論壇で観察されたことでした。たとえば若手リフレ派のエースだった飯田泰之さんは、アメリカの連邦準備制度理事会（FRB。金融政策を担当）が「米国経済を背負って立つ気概《きがい》を持っているのと対照的」に、日銀はなにもする気がないと批判し、対談相手の小幡績《せき》氏（経済学。反リフレ派）に「日銀が日本経済がどうなってもいいと思っているとか〔は〕……明らかな誤解です」とたしなめられても、「そう誤解されても仕方がない行動をこれまで取ってきた[456]」。

遅れてリフレ支持に合流した竹中平蔵氏となると、インフレを国民に予想させれば本当にインフレが起きると主張すべく、なんと「われわれが忘れてはならないのは、「期待は自己実現する」という事実である。……日本全体が「日本は一〇％成長できる」と考えているならば、消費も投資も積極的に行ない、結果、一〇％成長を達成できる[457]」。ここまで来ると正直、経済言説が自己啓発本に近づいてきたと言わざるを得ません。

「日銀批判」の原点から

そもそも日銀およびその背後にいる財務省のあり方が、「日本経済の桎梏になっている」とする議論の嚆矢は、第1章でも引用した1977年、榊原英資と野口悠紀雄による「大蔵省・日銀王朝」への批判でした。しかしその論旨は、戦時下の総力戦体制の残滓である金融統制——日銀や長期信用銀行など少数のエスタブリッシュメントが「陰の参謀本部」となって資金の流れを差配し、官主導でパイを拡大させる高度成長期の経済モデルは限界に達したと説くものです。

すなわち1970年代末の時点でも、内には自前で海外の金融市場から調達できるトヨタ等のグローバル企業が出現し、外からは「日本は国策でダンピング輸出をしている」とする非難が高

455 実際に安倍政権期の「円安誘導による輸出の改善」も、単に円建てに換算した際の輸出額が増えた（為替《かわせ》差益）のみで、輸出される数量はアベノミクスの下でむしろ低迷した（明石順平『アベノミクスによろしく』インターナショナル新書、2017年、143-145頁）。

456 小幡績・飯田泰之「アベノミクスの金融政策は正しいか」『エコノミスト』2013年4月2日号、34頁。

457 竹中平蔵「「日銀との連携強化」は景気回復の必須条件」文藝春秋編『アベノミクス大論争』文春新書、2013年、106頁（初出『Voice』同年2月号）。
なお竹中は小泉政権期の安倍との人脈を糧《かて》に政権への影響力を回復するが、往時以来の麻生太郎（第二次安倍政権下で副総理兼財務相）らとの確執により、最大の舞台となる経済財政諮問会議入りは阻まれた。

まっていた[458]。ある意味では、後にアベノミクスの障壁となる諸条件が発生する瞬間を、捉えていた論考とも言えるでしょう。

榊原・野口の両氏はこうした金融面での擬似戦時体制が崩壊してこそ、はじめて「日本にとって真の戦後が始まる」と宣言して論を結びます。90年代の行政機構改革までは論壇の主流だったこうした発想は、しかしその後のデフレ不況の下で180度逆転。

2013年初頭のアベノミクスの発足時には、すっかり「強力な首相が日銀総裁に命令して、人為的に好景気を作る」とする正反対の潮流にお株を奪われたばかりか、同年9月には二度目となる東京オリンピックの招致（当初は20年開催を予定）が決定し、むしろ「高度成長期への回帰」を彷彿とさせるリーダーシップが国民の快哉を呼びました。

平成という時代は結局、それぞれのやり方で自立してゆく個人を育てるよりも、子どもじみた「全能の国家」への集団的な帰依に終わるのか――。そう感じて、空しかったことを覚えています。

今日ではその帰結は、はっきりしています。安倍首相の肝いりで任命された黒田東彦《はるひこ》・日銀総裁は13年4月、マネタリーベース（通貨供給量）を「2年間で2倍にし、2%のインフレを達成する」との目標をパネルを使い、コンサルのプレゼンのように表明。株価を急騰させますが、これは主に外国人投資家が乗ったことによるもので、6月に（成長戦略の乏しさから）急落して以降はGPIF（年金積立金管理運用独立行政法人）による、国民の年金を賭金《かけきん》とした株価の買い支えが常態化[459]。

なにより、政権の最大のブレーンと呼ばれた内閣官房参与の浜田宏一氏（経済学）が2016年秋に、財政政策ぬきの金融緩和のみではデフレ脱却は不可能と認め[460]、リフレ理論は崩壊しました。結局、前年比2％のインフレ率は今日にいたるまで実現せず、またアベノミクスの成果と呼ばれるGDPの増加も、多分に算出基準の改変によって嵩上《かさあ》げされていたことが明らかになっています[461]。

ポスト震災論壇の終焉

そもそも第二次安倍政権の成立をもたらした2012年12月の総選挙をふり返って、当時の野田佳彦首相は「原発は争点になると思って、われわれはかなり街頭などで訴えたのですが……聴

458　榊原英資・野口悠紀雄、前掲「大蔵省・日銀王朝の分析」『中央公論』1977年8月号、117・113・132-133頁。

459　軽部謙介『官僚たちのアベノミクス　異形の経済政策はいかに作られたか』岩波新書、2018年、237・218・223-224頁。

460　「アベノミクス4年　減税含む財政拡大必要　浜田宏一氏」『日本経済新聞』2016年11月15日。浜田はその後自身による寄稿「「アベノミクス」私は考え直した」（『文藝春秋』17年1月号）で右の記事の含意を詳述しているが、唐突に「仁徳天皇が賦役《ふえき》を免除した故事」を基に減税を説くくだり（130頁）の、経済学と無縁の通俗史観は涙をそそる。

461　前掲『アベノミクスによろしく』、第4章。

衆の反応で、優先順位が変わったのです。経済が一番になった」[462]と回想しています。それほど野党時代から安倍さんが掲げてきた金融緩和への期待は大きく、ポスト3・11の論客と呼ばれた識者の多くも、「リフレをやってくれるなら安倍支持」に傾いていました。

たとえば飯田泰之さんとともにネットメディア「シノドス」（2009年に会社設立）の運営を通じて、平成世代にリフレへの期待を広めた荻上チキさんは、アベノミクスの開始から1年が経った後にも「これ〔=デフレマインドの払拭〕は本来、政権を問わず、もっと早期に行われるべきものでした」[463]として、ほぼ全面支持の立場をとっています。荻上編集長時代（〜18年）のシノドスに集った若手学者の多くはリベラル派で、年長世代のカルチュラル・スタディーズが「もっぱら道徳的な観点ばかりで自身の進歩性を誇る」文化左翼に陥ったことに飽きたらず、政策科学として現実に実践しえる議論を志向していました。

それ自体はまちがいなく高い理想でしたが、しかし当の「政策」のほころびが明らかになっても見解を改めないようでは、有効な政権への批判はなしえません。結果として安倍政権の経済運営を否定できない平成リベラルは、憲法解釈・歴史認識・教育論・ジェンダー観……といった「保守対革新」の時代からおなじみの争点へと傾斜し、かつて反面教師としたはずのポリティカル・コレクトネス（PC。ポリコレ）的な論調に転じてゆきます。

そもそも「日本銀行はやるべき仕事（インフレ誘導）をさぼっている」と、激しく官僚機構を攻撃して国民を沸かせたリフレの議論は、エスタブリッシュメントなエリート層への敵意という点で、原義通りの「反知性主義」に立っていました。[464]しかもその手段として、とにかく国民が未来の成長を信じてアクションを起こせというのでは、もはや「気合で乗り切れ」的なマッチョイズムと同じ意味でも、反知性的な経済論というほかはない。

EXILEグループの人気を読み解くなど、いわゆるヤンキー文化論のブームが起きたのもこのころですが、結果として「社会評論も〔平成前半の〕〝おたくに注目すれば日本がわかる〟から〝ヤンキーに注目すれば日本がわかる〟に変わっていた」[465]。平成の序盤には政治改革をリードし、2011年の震災後にふたたび芽吹《めぶ》くかと思われた知識人たちへの期待は、アベノミクス初期の狂奔のなかで、その基盤を失っていったのです。

失われた「マジ」を求めて

リフレ政策と「歴史の誤用」

第二次安倍政権によるリフレの採用と失敗は、それ自体としては経済学理論の問題ですが、

462　山口・中北編、前掲『民主党政権とは何だったのか』、263頁。
463　荻上チキ「新たな再分配が必要だ」『文藝春秋』2013年12月号、130頁。
464　「反知性主義」の正しい含意と当時の誤用については、拙著、前掲『知性は死なない』、137-144頁を参照。
465　斎藤環・與那覇潤「補助輪付きだった戦後民主主義　ヤンキーと国家」前掲『歴史がおわるまえに』、239頁（発言者は與那覇。初出は2014年、当時ヤンキー論を主導していた斎藤の対談集『ヤンキー化する日本』角川oneテーマ21）。

「歴史の誤用」としての側面にも大きなものがあります。実は、リフレ派の著作で最も高い評価を得たのは、2004年に刊行された論集『昭和恐慌の研究』。同書は戦前、1930年の年頭に実施された「金《きん》解禁」が世界恐慌を日本に波及させた過程を分析する歴史研究で、その年の優れた経済書に贈られる日経・経済図書文化賞を受賞しました。

戦前の金本位制の下では、金と各国通貨との交換比率が為替レートを決め、それが国際競争力も規定します。[466] 1930年の濱口雄《はまぐちお》幸《さち》内閣は、あえて強気のレートで金本位制への復帰を行って人為的な「円高」（＝輸出に不利で、強い企業しか生き残れない）に設定し、恐慌を招きよせた。正しい政策判断は後の犬養毅《つよし》内閣下で、蔵相の高橋是清《これきよ》が採った金本位制からの再離脱（＝円安誘導）と国債の日銀引き受け（＝金融緩和）だったと位置づけるもので、[467] これ自体は昭和史の評価としても、むしろオーソドックスなものでした。

問題はそれが平成の政策論争と結びついて、安易な「反グローバリズムの旗印《はたじるし》としてのリフレ」という記号を成立させたことです。国際協調を優先して金本位制への復帰を急いだ濱口内閣に、今日でいえば「グローバリスト」に近い側面があるのは事実ですが、当然ながら現在は金本位制ではないので、前提条件がまるで異なる。

ところがその違いをスキップすると「リフレこそが戦前以来、一貫して愛国の政策」とする単純化――是清のような往時の偉人をキャラクター化する「歴史のつまみ食い」が起きる。その線に沿って政治家を愛国派と売国派に分類し、「リフレで日本を取り戻す自民党」をひたすら礼賛するといった、つくる会とはやや出自が異なる新たなネトウヨ史観の触媒としてリフレ派が機能した事実は[468]、残念ながら指摘せざるを得ないでしょう。

『昭和恐慌の研究』が出た2004年は小泉―竹中路線の只中で、小泉首相が濱口雄幸に倣って「ライオン宰相」を自称し、竹中氏も「厳しい国際標準についていけない日本企業は、潰れてもいい」とする姿勢を見せていましたから、昭和恐慌期との類比にも一抹《いちまつ》の妥当性はありました。ところがこれが小泉退陣後のグローバリズム疲れや、左派までが「歴史修正主義」を唱え始めたポスト3・11の風潮に合流すると、「もう外国基準のごり押しはうんざりだ。日本発の希望があるという話が聞きたい」とする空気が生まれてゆきます。

466 野口旭・若田部昌澄「国際金本位制の足かせ」岩田規久男編『昭和恐慌の研究』東洋経済新報社、2004年、27-29頁。

467 岡田靖・安達誠司・岩田規久男「昭和恐慌に見る政策レジームの大転換」同書、172-176頁。高橋財政のうち金融緩和の効果を特に重視し、公共事業的な財政支出については評価の低い点(181頁)に、同書の特色がある。そのバランスの取れた書評は、板谷敏彦「リフレ派の原点『昭和恐慌の研究』を読み解く」(『エコノミスト』2013年3月5日号)を参照。

468 まともな人が読むものではないが、「藁《わら》人形叩き」と言われないよう例示すると、倉山満『検証 財務省の近現代史』光文社新書、2012年、50・62・248-255頁。上念司『経済で読み解く大東亜戦争』KKベストセラーズ、2015年、169-177・251頁。三橋貴明監修『コレキヨの恋文』(PHP文庫、2015年。原著12年)は、高橋是清がタイムワープして平成日本を救う珍作小説である。

ＡＫＢブームの文化ナショナリズム

震災と同月に出た後、ロングセラーになっていた中野剛志《たけし》『ＴＰＰ亡国論』（２０１１年）が代表する「保護貿易立国論」は一例ですが、重なる気分は第二次安倍政権への転換期にかけて、経済論壇を超えて文化の領域にも広がっていきました。

たとえば「恋チュン」が国民歌謡となって人気がピークアウトする直前、ＡＫＢグループはジャカルタ（ＪＫＴ、11年）・上海（ＳＮＨ、12年）と海外展開に乗り出しますが、当時は久々の日本モデルの成功例として、文化評論でも注目を集めました。２０１２年８月刊の『ＡＫＢ48白熱論争』では、社会現象となったブームを「そこに何か戦後の日本人が失ったものがあるからかもしれない」（中森明夫）、「三島由紀夫がＡＫＢを見たら、天皇よりこっちのほうがいいと言ったかも」（濱野智史）、「〔人気投票という〕勝負の厳しさがあるし、ハングリー精神もある。ほとんど『巨人の星』の時代〔連載は１９６６年、アニメは68年から〕ぐらいに回帰してる感じだよ」（小林よしのり）と、錚々たる識者が全面的に礼賛。

最も精緻な形で、こうした時代の気分を分析しているのは、以下の宇野常寛さんの発言でしょう。

今はどの先進国でも「あえて」じゃないと何かを信じることができなくなっていると思うんですよ。日本の場合、とくに戦後社会がそうだった。でもＡＫＢは……〔ＳＮＳとリンクしたメンバー選抜等の〕システムを洗練させることでファンの自意識のレベルでは「推せばいいじゃん」「単純に投票すればいいじゃん」と自然に感じられるようにしてしまった。そこが素晴らしいと思うんですよね。[469]

なにを主張しても「所詮《しょせん》はこれこれの前提があってなりたつ議論だ」といった限定が附されてしまう、先進国病とも言うべきアイロニーの宿痾《しゅくあ》に対して、ようやく「アツい盛り上がりをマジに信じる！」ことで世の中を動かせる、新しい情報環境が出現した。それが嬉しい、ということですね。実際、個別バラバラに好きな子を応援しているだけであればこそ、集団的な熱狂を出現させたＡＫＢシステムは、いまふり返ると、メディアにおける「視覚」（⫽コンテンツ）と「音声」（⫽参加感覚）のバランスの変容を象徴していたのかもしれません。

映像研究者の長谷《はせ》正人さんは、テレビ局が流すヘリコプターからの俯瞰《ふかん》ショットよりも、被災者自身がスマホで撮影した轟音《ごうおん》や悲鳴交じりの津波の映像の方が「リアル」に感じられた3・11以来、「パーソナル」な切り口での体験こそが、広範な共感を呼ぶ環境が出現したことを指摘しています。たとえば２０１３年末から世界的な大ヒットとなるディズニー映画『アナと雪の女王』（日本公開は翌春）は、代表曲「Let It Go」をはじめとした挿入歌を観客もめいめいに口ずさ

469　小林よしのり・中森明夫・宇野常寛・濱野智史『ＡＫＢ48白熱論争』幻冬舎新書、２０１２年、46・１０８-１０９・１８０・１１０-１１１頁。

みながら鑑賞できる、「応援上映」の形式を普及させていきました。[470]

12年の夏、つまりいまだ民主党政権下の時期に出た『AKB48白熱論争』の後半では、小林氏がAKBのアジア進出を「大東亜共栄圏」、宇野氏がその競争システムを「多神教的な世界観」に喩えて、欧米に対抗するオルタナティヴとなる可能性を論じています。[471] 政治がイマイチでも文化はアツいんだから、日本人、元気出そうよ、というメッセージでしょう。

しかし、誰もが認めるナショナリスト・安倍晋三の政権が本格始動した13年以降、同時代の空気はよりベタに政治的な、過去の再構成へと流れ込んでゆきました。

百田《ひゃくた》尚樹『永遠の0《ゼロ》』

2013年の末に映画版(『ALWAYS 三丁目の夕日』と同じ山崎貴《たかし》監督)が公開されて翌年の邦画興収1位を記録し、原作が500万部を突破して平成最大のベストセラーになった『永遠の0』は、まさにその象徴でしょう。

ご存じのとおり、作家の百田尚樹さんのデビュー作ですが、実は単行本が出たのは2006年。書店で話題の本となるのは主に09年の文庫化以降で、震災と原発事故後の「泣ける話」を求めるムードの中で、12年にミリオンセラーとなりました。

当初は定番の「特攻兵の純粋さを描く反戦小説」として享受されたものの、百田氏が10年に開設したTwitterで激しいタカ派の言論を展開、それに目をつけた花田紀凱編集長の手引きで安倍晋三氏と対談するにおよび(『WiLL』2012年10月号)、「右傾化エンタメ」の代表格ともみなされています。[472]震災以降の「ニッポン人、元気出そうよ」的な風潮は他にも、ビジネス保守と呼ばれるサプリメント的な「実は日本はスゴイ」本のブームを呼んでおり、[473]それらは日本社会の前提を根底的に疑おうとしたインテリ論客たちと対をなす、いわば「もうひとつのポスト3・11」でした。

『永遠の0』がよきにつけ悪しきにつけ、平成日本のメディアに生じた変化を集約したスタイルで書かれていることは広く知られます。無気力なイマドキの若者が祖父の戦友を訪ね歩いて「本物」の価値を見つける、聖地巡礼を思わせるRPGゲーム的な筋立て。[474]容貌や表情の描写に乏しく、イラスト頼みのライトノベルのように淡白な文体。あたかもウィキペディア（日本語版は01年から）の項目を読むかのごとく、饒舌《じょうぜつ》に戦史絡みの「情報」を提供し続ける作中の証言者たち

470　長谷正人「津波映像と『アナ雪』　視覚文化における「音声化」の諸問題」『群像』2020年6月号、311-312頁。
471　前掲『AKB48白熱論争』、200・225-229頁。
472　石戸諭、前掲『ルポ百田尚樹現象』、46-47・55-58頁。
473　これらの現象には平成前期以来の「つくる会」の運動ともつながる、自覚的な仕掛け人が出版・実業界にいた場合も多い（安田峰俊「出版界を席巻するケント・ギルバート現象」『Newsweek』日本版2018年10月30日号、20頁）。
474　成熟の比喩として百田が好むこのモチーフが、平成期に（世界の）文学界を席巻し、むしろ思想的には正反対の位置に立つ村上春樹にも共通することを指摘した点で、大塚英志の批判はとりわけ興味深い（『感情化する社会』太田出版、2016年、258-260頁）。

など。

　しかしいま最も重要なのは、２０１４年末の講演で加藤典洋が述べた、同作のプロローグ・エピローグが「アメリカ人」の視点で書かれている事態の読解です。

> この小説は、特攻をめぐって誰もが感情移入でき、感動を受けとる物語を作るとすれば、どのような物語にすれば一番よいか、ということを第一義の目標に書かれている。……この小説がいつ、掩蔽幕《えんぺいまく》〔＝序章と結章〕をかなぐり捨て、「アメリカから」日本を取り戻す物語として新たに生まれ変わるかは、わからない。しかし、いったんその気になれば、この物語はすぐにその性格を変えることができる。本体の小説と無関係な、プロローグ、エピローグを取り外しさえすればよいのだからである。[475]

　小説版『永遠の０』は日本人の巡礼物語である本編をはさんで、主人公・宮部久蔵が操る零戦《ゼロ》と死闘を演じた米海軍兵士の回想が前後に置かれ、サブカルチャー作品のライバル描写に頻出する――アムロとシャアのような――「好敵手として心を通わせあった関係」が、日米戦争下でも存在したかのような印象を醸していきます。加藤が指摘するように、それはアメリカ人の独白《どくはく》の中で「終戦直前」なる表現を用いるほどに稚拙な捏造なのですが[476]、しかし読者にとっては問題にならない。

　日米同盟を捨てるわけにいかない現時点では、「われわれの先祖は、米国にさえ男らしさを認められた」とするフィクションをたっぷり楽しみ、いざ本気を出してガチの反米に転じた場合は、本編部分だけを抽出して「英霊の目線での物語」を回復すればよい。そうした二段構えこそが、百田氏のマーケティングの本質だということですね。

左右の急進化の極限

2013年は政治的に対峙する側でも、3月に出た白井聡『永続敗戦論』が評論としては異例のヒット。気分としての「反米」が、左右問わず頂点に達した年となりました。

助走にあたる前年刊の孫崎享『戦後史の正体』について、白井氏は内容面での批判には留保しつつも、「「戦後」というわれわれの歴史感覚・現実に対する感覚を強力に規定する時代区分への見方を根本的に変更したい、変更しなければならない、という気運の強烈な高まり」の表れだとして肯定し、「三・一一以降のわれわれが、「各人が自らの命をかけても護《まも》るべきもの」を真に見出」すことで、いまこそ対米従属から脱すべきだと説きます。[477]

明示的に引用される通り、『永続敗戦論』のフレームワークはかつて加藤典洋が「敗戦後論」

475 加藤典洋「災後と戦後 33年後の『アメリカの影』」『日の沈む国から 政治・社会論集』岩波書店、2016年、26・29-30頁。

476 本来は歴史小説の地の文としても、ドイツを降伏させたVE Dayと対になる「VJ Day」(対日戦勝記念日、1945年9月2日)の一歩手前、と記すのが正しい表記となる。

477 白井聡『永続敗戦論 戦後日本の核心』講談社+α文庫、2016年、60・230頁。

で用いたのと同じフロイト主義ですが、１９９５年の加藤が猛烈なバッシングを左派論壇で浴びたのに対し、はるかにマッチョな筆致で綴られる白井さんの主張が「危険なナショナリズムの再来だ」と非難されることは、もうなかった。そうした原理主義的な突きつめによる先鋭化もまた、たしかに平成という時代の極限でした。

震災直後の反原発デモが火をつけた街頭政治の流行は、このころ極右のレイシズム団体にも模倣されてカオス状態にあり、[478] 一度は放逐された安倍晋三首相の返り咲きや、禁じ手だったはずのリフレ政策の解禁も重なって、「本気でやるなら、歴史上嵌《は》められてきたタガを取っ払って、なんでもあり」ともいうべきアナーキーな雰囲気が生まれていました。第二次安倍政権下の政治史は、そうしたエネルギーをもう一度、しかし不可逆的な形で押し込めてゆくプロセスとして、展開してゆくことになります。

歴史の墓地

『風立ちぬ』の歴史修正主義

アベノミクス相場と連動するかのように、社会や文化の全体にデモーニッシュな熱量が走った２０１３年、平成を駆け抜けてきた映像史上のプロジェクトが終わりを迎えました。

9月、公開中の『風立ちぬ』を最後に長編アニメの世界から退くことを、宮崎駿監督が表明。引退宣言自体は『もののけ姫』から数えて実に4度目（！）でしたが、『風立ちぬ』の内容が宮崎氏のプライベートと重なる「零戦設計者の葛藤」だったことから、今度こそは本当だと多くのファンが受けとめました。

11月には、高畑勲監督の『かぐや姫の物語』が公開。当初は1988年の『となりのトトロ／火垂るの墓』以来、四半世紀ぶりの同時公開を狙ったのが、例によって高畑さんの納期遅れでずれ込んだもので、こちらも最終作になるのは確実と目されました。そして2014年夏の『思い出のマーニー』（米林宏昌監督）を最後に、ついにスタジオジブリの制作部門は解散します。

『風立ちぬ』をひとことで要約するなら、皮肉ではなく平成が生んだ「最良の歴史修正主義」と呼ぶべき作品でしょう。主人公は零戦を設計した航空技師・堀越《ほりこし》二郎と、結核を病み内向的な作風で知られた同時代の作家・堀辰雄《たつお》（療養体験に基づく代表作が、1938年刊の『風立ちぬ』）をミックスした設定で、未来の戦闘機を設計しながらも時局から距離をとり、軍国主義を肯《がえ》んじない繊細な魂を保ち続ける。

彼を支えながら病に倒れてゆくヒロインの菜穂子（堀のまた別の代表作と同名）が終幕、敗戦で事業が灰燼《かいじん》に帰した二郎に「生きて」と呼びかけるラストが――百田尚樹氏を含む[479]――多くの観客を涙させましたが、実在の堀越二郎は1965～69年にかけて、防衛大学校の教授。国民感情

478 当時話題を呼んだ以下のルポを参照されたい。安田浩一『ネットと愛国』講談社＋α文庫、2015年（原著12年）。北原みのり・朴順梨『奥さまは愛国』河出文庫、2020年（原著14年）。

479 加藤典洋「復元話体のなかで　大震災と柴崎友香『わたしがいなかった街で』」『世界をわからないものに育てること　文学・思想論集』岩波書店、2016年（初出『シンフォニカ』20号、同年）、33頁。

としても自衛隊違憲論が強く、左派勢力が「軍靴《ぐんか》の音がまた聞こえる」と糾弾していた時期のことです。宮崎作品が描く二郎とは、だいぶ違う人物だったことはまちがいありません。

アニメの中の二郎はヘビースモーカーですが、結核を治療中の菜穂子の隣でさえ（仕事に必要だとして）喫煙するシーンは、表層的なポリコレ違反を超えた「女性に対する無責任な甘え」の象徴だとして、公開時から一部で疑問視されました。ストーリーの全体としても、そもそも二郎はサナトリウムに入院中だった彼女を手紙で招き寄せ、「愛情ではなくエゴイズムじゃないのか」と叱る上司を押し切って結婚に踏み切ったのですから、女は男の活躍を支えるものだといった保守的な固定観念を、宮崎監督の世界観に見出す批判が生じるのも当然ではあります。[480]

江藤淳の堀辰雄批判

しかし今日、同作をふり返って興味深いのは、まさしく同様の批評を平成の開幕期、昭和的なジェンダー観の権化《ごんげ》というべき江藤淳が——宮崎作品の主人公の半身である——堀辰雄に加えていた事実との関係です。

江藤は１９８５年から連載を始め、昭和の終焉を見届けて89年＝平成元年に完結・刊行した『昭和の文人』で、純情な自伝的作家と見なされてきた堀辰雄が、いかに自らの出自を偽ってきたかを暴露し、そうした書き手が「劃然《かくぜん》と昭和文学の到来を告げる」存在となったことの意味を問いました。江藤は堀の出世作『聖家族』（初出１９３０年）が、本人と芥川龍之介の親交を素材にしながら現実感を欠く仮名《かめい》を用い、軽井沢と本郷以外は地名も記されない抽象化された空間で物語を展開することを、こう指弾します。

かかる架空の時空間の内部で展開される「心理」とは、必然的に始終擬似的な架空の心理以上のものにはなり得ず、人生上の真実とも文学上の発見とも程《ほど》遠いものでしかあり得ないのではないだろうか。要するにてっとり早くいえば、ここに「嘘」以外のいったい何があるのだろうか？……そこに僅《わず》かに「夢」が存在し、辛《かろ》うじて小説の「嘘」を減殺《げんさい》しているとするなら、その「夢」の核心を成す衝動こそは、単に出自の抹殺にとどまらず、むしろ日本からの離脱の願望そのものといわなければならない。[481]

読者はこの批判が、宮崎駿の『風立ちぬ』にも一見、そのままあてはまることに気づくでしょう。戦闘機の設計者の「出自を抹殺」し、死の影を背負う文学者にすりかえることで、みんな内心では戦争は嫌だったとする虚構の歴史を作り上げる。

480 代表的なものは、宇野常寛「鳥は重力に抗って飛ぶのではない」『楽器と武器だけが人を殺すことができる』KADOKAWA、2014年、27〜32頁（初出『ダ・ヴィンチ』13年9月号。改稿版が前掲『母性のディストピアⅠ　接触篇』、第3章にも再録）。

481 江藤淳『昭和の文人』新潮文庫、2000年、304-305頁。堀は妾腹《しょうふく》の子で、母親の死後も実父の親族からの援助で裕福に暮らしていたが、その事実を長年知らなかったかのように装い、母の再婚相手（義父）を本当の父と思って育ったとする虚構の人生を小説等に書いていた。

特高警察の横暴さを聞いた二郎が「近代国家にあるまじきことだ」と口にし、周囲から「日本が近代国家と思ってたのか」と哄笑《こうしょう》される映画内のシーンに表れているように、そうした繊細さに託されているのは、作り手の「日本からの離脱の願望」である。しかしその副産物として、自己犠牲のために命を失いながら笑って二郎を許す菜穂子といった、男性目線に都合のよいファンタジー、すなわち「嘘」が生まれてしまう――。

2013年の夏に『風立ちぬ』を劇場で見たとき、私は発病まであと1年を残した「日本近代史の研究者」でした。もしそのままずっと大学で歴史を講じていたら、ここまでで結論としたかもしれません。

堀越二郎のアンテ・フェストゥム

しかし病気を経た後に再見したいま、私はむしろそうした批判は、同作にとってすべて織り込み済みではなかったかとの念に打たれています。

『風立ちぬ』の冒頭、まだ少年時代の二郎の「夢」にイタリアの設計家カプローニが現れ、航空機がやがて大量殺戮《さつりく》の技術へ転じることを教えます。周知のとおり、このカプローニと二郎の対話は、作品の終幕まで何度も反復される。さらに、成人した二郎が菜穂子との交際を始める軽井沢では、どこかリヒャルト・ゾルゲを思わせる容姿の（実際に特高に追われる）謎のドイツ人カストルプが現れ、日独両国が世界から孤立し、破滅してゆくことを予言する。

興味深く思うのは、これら（とくに前者）のシーンが、たとえば統合失調症の実話に取材した洋画『ビューティフル・マインド』（2001年）の「主人公が見る幻覚」の描写にも、きわめて近く映ることです。


　分裂病の患者は、つねに未来を先取りし、現在よりも一歩先を読もうとしている。彼らは現実の所与の世界によりも、より多く兆候の世界に生きているといってよい。……

　分裂病者は未知なる未来の兆候を「あたかもその事態が現前するごとく」恐怖し憧憬《しょうけい》するというよりは、むしろその事態がまだ現前していないということに恐怖と憧憬を抱くのだと言うべきだろう。すでに現前している事態に対しては、それが更《さら》なる未来の兆候として読まれるのでないかぎり、分裂病者はむしろ驚くべき無関心さを示す。[482]

『風立ちぬ』の二郎は自身の空への欲望の末路を（カプローニらに予告されて）先に知っていながら、恐れも躊躇《ちゅうちょ》もなく、淡々と設計を続ける。それは彼が「日本スゴイ本」が描くサムライだからではまったくなく、単に変人ゆえにすぎない。

もちろんこれは歴史映画に共通のトリックで、私たち観客はあらかじめ作中世界の「後」に起きること（＝敗戦）を知った上で、二郎のような諦観とともに物語に詠嘆するわけですが、後世

482　木村敏『時間と自己』中公新書、1982年、86-87頁（傍点は原文）。
なお平成の前半まで「（精神）分裂病」と訳されたスキゾフレニアは、犯人が詐病を試みた2001年の大阪池田小事件の影響もあり、偏見を避けるため02年から「統合失調症」に改称された。

『かぐや姫の物語』封切後の2013年12月、「文藝春秋」の企画で
スタジオジブリの歩みをふり返る宮崎駿（左）と高畑勲

の視点でふり返る以上、あらゆる過去への感情移入は「修正主義でしかありえない」という宿命を、精神を病んで幻覚を見ているかにもみえる二郎の造形は、言外に物語っています。

　彼らにとっての「未来」をすでに生きてしまった私たちは、けっして安易に過去と同一化し、往時の日本人をみずからの欲望を満たすための、没入対象にしてはならない。そうした『風立ちぬ』の製作者のモラルは、かつて見る人の感涙《かんるい》をそそってやまなかった『火垂るの墓』とは対照的に、米軍の空襲に先んじて行われた、日本軍機による重慶《じゅうけい》爆撃（1938年開始）の描写を挿入する成果をもたらしました[483]。

　その代償として二郎は、悲惨な航空戦を予感しつつただ傍観するだけで、『もののけ姫』以降の宮崎作品と同様に一度も爽快な飛行を体験しないまま終わりますが、仇を討つように『かぐや姫の物語』のほうではむしろ高畑勲が、圧巻の迫力と解放感をともなう少年少女の飛行シーンを描いて、閉幕が迫るスタジオに花を添えました。高度成長下の1960年代に、東映動画で互いを見出しタッグを組んで以来、歴史が日々に喪われゆく平成を潜り抜けてきた、二人の友情のフィナーレでした。

慰安婦失言で維新旋風止まる

7月20日の『風立ちぬ』封切りにむけて前評判が高まっていた2013年の初夏は、とうに墓地に送られて久しい「歴史」が、最後の一打を見舞った季節だったかもしれません。

5月13日、登庁時の囲み取材で橋下徹・大阪市長が「日本国軍だけじゃなくて、いろんな軍で慰安婦制度っていうものを〔大戦時に〕活用してた」以上、当時の過酷な戦場で「慰安婦制度っていうのは必要なのは、これは誰だってわかる」と放言。丁寧なことに退庁時には、沖縄・普天間基地の米軍司令官に兵士の「風俗活用」を勧めた挿話まで披露して全世界をあぜんとさせ[484]、維新旋風はついに止まりました。

前年末の衆院選での躍進に反し、7月21日の参院選では、日本維新の会は共産党と同じ当選8議席と伸び悩み（最大野党の民主党が17議席）。1年後の14年7月には、国政での志向が異なる石原

483　拙稿「謎を謎のまま忘れないでいるために　戦後映画史のなかの『火垂るの墓』」『ジブリの教科書4　火垂るの墓』文春ジブリ文庫、2013年、92頁。

484　松本創、前掲『誰が「橋下徹」をつくったか』、102-105・111頁。

慎太郎と橋下がついに決裂して、党が分裂。

そして15年5月、看板政策だった大阪都構想の是非を問う住民投票では、わずか0・7ポイントの僅差で反対派が勝利。[485] 橋下市長は即日、同年末の任期満了での引退を表明し、平成一代の梟《きょう》雄《ゆう》が政界を去ってゆきます。

失言の後、橋下氏は現役の米兵への「風俗推奨」に関しては謝罪したものの、慰安婦問題では「僕が「現在も」慰安婦が必要だと言っているような書き方を〔新聞は〕している。これは汚い。僕は「当時」は世界各国必要としていたのだろうと言ったのだ」[486]と居直ったことが、致命傷になりました。現在の常識のあてはめで過去は裁断できないというのは――『風立ちぬ』の構成が示すように――橋下氏の言うとおりでしょう。

しかし、そうして歴史上の犠牲者と出会ったとき、出てくる言葉が「必要」という切り捨ての一語でしかなく、しかもその問題性を本人が自覚できない。こうした歴史の無効化の極致《きょくち》に立つ政治家に、審判が下った瞬間だったのです。

歴史を生きた人は、同じことをどう、ことばにしただろうか。

かろうじて「戦後」の実在感があった1997年、見出しだけを見れば橋下氏と同様の「戦争になれば、どこの国でも慰安所をつくるんです」と題して、作家の古山高麗雄《ふるやまこまお》(1920年生)は自身の従軍体験を、以下のように語っています。古山は江藤淳に見出されて編集者から創作に転じ、70年に芥川賞を受けた小説家。[487] 朝日新聞系の『Ronza』から、結成まもない「新しい歴史教科書をつくる会」の賛同人に名を連ねた真意を、問われての取材でした。

今思うとお互いに強制連行された仲間だよ。ぼくら兵隊と彼女たちは。ぼくは日本軍はある意味で敵だと思っていた。いやおうなしに強制連行されて非人間的に扱われたんだからね。だから、寝る寝ないを別にして、もっとあの人たちと仲よくすればよかったなあと思う。[488]

「戦後」という父が、帰る

「ねじれ国会」に終止符

1989年7月に土井たか子さんの社会党が圧勝した参議院選挙が、ポスト戦後政治の幕を開けたとすれば、2013年7月の同じ選挙は、その閉幕のはじまりでした。実は前年末に発足し、大胆な金融緩和で相場を沸かせていた第二次安倍政権は、このときまで参院では過半数を握って

485 なお橋下引退後も府政・市政の覇権を維持した維新の会は、2020年11月に再度の住民投票に持ち込んだものの、こちらも約1・3ポイントの得票差で敗れている。
486 前掲『誰が「橋下徹」をつくったか』、113頁（出典は2013年5月15日、橋下徹の Twitter）。
487 平山周吉、前掲『江藤淳は甦える』、587頁。
488 「「つくる会」賛同人インタビュー　悲喜こもごもの賛同人事情」『Ronza』1997年5月号、48頁。なお発言中で用いた「強制連行」について、古山は戦時中から朝鮮人慰安婦も含めて「噂はたくさんあり、「ほんとうだとぼくは思っていた」が「でも実際見たという人は一人もいない」とする立場を述べている。

いなかった。

リフレ派のまとめ役だった岩田規久男《きくお》氏（経済学）を副総裁とする日銀人事案が国会を通過したのは、かねてリフレ政策に熱心なみんなの党などの「第三極」が、賛成に回ったためです。同党の渡辺喜美代表はもともと安倍首相と親しく、13年の1月には会食して日銀総裁案を話題にし、岩田のほか浜田宏一・竹中平蔵、さらには同席していた高橋洋一（経済評論）まで候補に推していました。[489] 反・既成エリートという意味での「反知性主義クラブ」といってよい空気が、アベノミクスの背中を押したことがわかる挿話です。

しかし7月の参院選で自民党は31議席増の歴史的大勝を挙げ、公明党とあわせて与党で過半数を回復。こうなると「与党寄りの野党」と化したみんなの党の存在感は埋没し、13年の年末にはリベラル派が大量脱党して分裂。

翌14年の春には渡辺氏が政治資金にまつわる疑惑で代表を辞すなど、混乱を極めた果てに、同年秋に解党しました。重なる時期の維新の会の失速とあわせて、平成最後の「新党ブーム」のあっけない末路でした。

1955年以降は一貫して自民党政権が続いた「戦後」と大きく異なる、平成政治の劇的な展開の数々は、すべて衆参で多数派が異なる「ねじれ国会」が原動力でした。もともと第二院としては強い権限を憲法上有する参議院に、二大政党化による対決型の政治の影響が及ぶことで、「参院での過半数確保」のための連立組み換えが頻繁に生じ、政策も転換させてきた。[490]

そうした改革のエンジンを断ち切ってしまえば、昭和と同様の政界に逆戻りすることは目に見えていましたが、Twitterで観察する識者たちは、参院選後も「アベノミクスは国民の信を得た。このまま平成の停滞を抜けていこう！」と踊り狂うばかり。著名な学者が「在日差別や歴史認識問題も、リフレで解決できる。ナショナリズムは結局、不況の産物だから」なるツイートまでRTしていたのには絶句しましたが、２０１３年の前半までは、それがごく平均的な世論の実感だったと思います。

デモの季節の終わり

——歴史は繰り返すんだな。一度目は偉大な悲劇として、二度目は惨《みじ》めな笑劇として。

私が当時必ず授業で学生に示していた資料に、２０１６年に亡くなる安丸良夫《やすまる》さん（日本近代史）の回想があります。安丸さんは石原慎太郎や江藤淳の２つ下にあたる１９３４年生まれで、大学院生として60年安保を迎えました。

国民的な興奮状態といってよかった社会変革への高揚が、運動の収束後は一転、高度経済成長への期待へと吸い上げられていったときの衝撃を、74年に刊行した処女作にこう記しています。

489 前掲『官僚たちのアベノミクス』、１７２-１７４頁。

490 竹中治堅『参議院とは何か　１９４７〜２０１０』中公叢書、２０１０年、３３５・３４６-３４９頁。

安丸良夫（写真：毎日新聞）

十年間で「所得倍増」！　これだけむきだしの功利的で「唯物論」的（?）な目的が、一つの国家権力の主要なスローガンとなったことがかつてあったろうか。私は、ああ、この手か、この手でくるのか、と思った。そして、じじつ、安保闘争のひきおこした政治危機は、私がたまたま現場にたちあうという幸運をもったあの六月十八日〔新安保の批准が自然承認となる前日。30万人超のデモが徹夜で国会を取り巻いた〕をさかいとしてたちまち終焉し、国民意識の私生活主義化が顕著になっていった。[491]

安丸氏は民衆思想史のパイオニアで、幕末期の百姓一揆や新興宗教のエートスから、日本社会における日常の秩序がいかに維持され、逆にどのようなタイミングで壊れるのかを探究し続けました。文化人類学の視点も取り入れて「前近代的」なパトスを解剖する筆致が特色ですが、2013年の参院選でも安倍政権を批判する少数派の声は、もはや「野党」という既成の組織を離れてしまい、非科学的な言動も辞さない過激な反原発路線で教祖的なカリスマ性を得ていた、無所属の山本太郎（現在はれいわ新選組代表）を議席に送っています。

逆に首相として迎えた「二度目」の参院選を、今度こそ無事に乗り切って衆参で過半数を制した安倍さんは、ここから本来の国家主義的な宿願を次々に叶えてゆきます。13年12月に成立した特定秘密保護法、翌月に発足した国家安全保障局、14年7月の「憲法解釈を変更し、集団的自衛権の行使を容認する」閣議決定など。

しまったと慌《あわ》てふためいて、ふたたび政権批判に舵を切るリベラル派の姿はSNSで多数目にしましたが、デモに政局を動かす力はもうありませんでした。

靖国参拝と集団的自衛権

そのなかで唯一、国際的な反響を呼び大問題となったのは2013年12月26日、予告なく唐突に行われた安倍氏の靖国神社参拝でした。

中国・韓国はむろんアメリカのオバマ政権からも「失望」の念が表明され、首相の適格性を問われかねない事態に発展するも、当時の世論調査では国民の賛否が拮抗《きっこう》――つまり約半数が参拝を支持。首相補佐官の衛藤晟一が「むしろ我々の方が〔米国に〕失望した」とYouTubeで言い放つなど[492]（後に動画を削除）、ついに『永遠の0』のプロローグとエピローグが外れて、「反米」が剝《む》

491　安丸良夫『日本の近代化と民衆思想』平凡社ライブラリー、1999年、455頁。
492　「衛藤首相補佐官、靖国参拝めぐる米国の「失望」を批判」J-CASTニュース、2014年2月19日。

き出しになるかと思わせる緊張が走ります。

しかし私がこのとき最も注目したのは、韓国紙に掲載され日本語版もネットで配信された、以下の小さな記事でした。

日本政界の重鎮《じゅうちん》、中曽根康弘元首相（95）が〔14年の1月〕4日、テレビ番組に出演し……安倍首相の靖国神社参拝について「国家のために死んでいった皆さんに対して首相が頭を下げるのは道徳みたいなもの」としながらも「2回、3回行く必要はないと考える。安倍首相も2回、3回とは行かないのではないか」と述べた。[493]

これは参拝を一度に留めず、毎年繰り返して日中関係を損なった小泉純一郎政権を念頭に置いた発言と思われますが、実は往時の官邸で「何年も連続して参拝することで、抗議活動を無効化する」という最強硬論を高唱していたのが、安倍官房副長官でした。[494] ところが不思議にも（?）この予言は当たり、実際に安倍氏はその後、首相在任中は参拝をしていません（2020年9月、再度の退陣直後に参拝）。この事実には、意外に大きな意味があります。

私も含めて参拝への批判者が懸念したのは、著書『美しい国へ』に記され、つくる会支持の言動にも表れてきたような、安倍首相の「戦後」に向ける怨念が、日本の平和と安定を毀損《きそん》することでした。しかし小泉政権下で重用され、激化の一途をたどる平成ナショナリズムの申し子にも見えた安倍さんにはどこか、昭和末期の中曽根路線に留まればいいと秘かに思いなおした節がある。[495]

むしろ彼のほんとうの憎しみの対象は、父・晋太郎が中曽根後継を逃すことではじまり、続々と湧く新党の群れに政界の主役を奪われ、２度の下野までも自民党に体験させた「平成」（ポスト戦後）のほうだったのかもしれない。改元以降に生じた諸々の脱線を払拭して、保守政権が揺らぐことのなかった昭和の延長線上に日本を戻したいというのが、いまの安倍氏のパトスではないだろうか。

実際、２０１５年の法制化に向けて国論を二分してゆく「集団的自衛権の行使解禁」にしても、安保法制懇を取り仕切った北岡伸一・座長代理はベトナム戦争期以来の内閣法制局の立論を否定し、政治判断に基づく広範なケースでの行使を唱えましたが、14年7月の閣議決定で安倍さんが依拠したのは「我が国の存立」に関わる場合に限って、従来認められてきた（個別的）自衛権のいわば拡大版として行使する、とする論理でした。[496] 戦後の全否定やリセットではなくて、バージ

493 「集団的自衛権　中曽根元首相「今の情勢で行使の必要ない」」『朝鮮日報』日本語版、２０１４年1月6日。渡邉恒雄との対談による当該のTV番組は書籍化されており、中曽根康弘『なかそね荘　賢人たちは激動の10年をどう見つめてきたのか』（世界文化社、２０１５年、３２８頁）に、元となった発言がある。

494 「突然の参拝　驚き「なぜこの時期」「有意義」遺族会、経済界など賛否」『読売新聞』２０１３年12月26日夕刊、「検証・靖国参拝　首相、探り続けた7年」『日本経済新聞』同月28日。

495 この直観は、すでに当時から以下で表明している。宇野常寛・與那覇潤「「もうひとつの日本史」の物語」前掲『増補版　中国化する日本』、３６３頁。

496 篠田英朗、前掲『集団的自衛権の思想史』、１５８-１７０頁。

ョンアップで行こうということですね。
それは確かに、平成という「子ども」の成熟ではあったのでしょう。しかしなんと貧相で、自作自演めいた成熟であることか。

都知事選と「中庸回帰」

そんな安倍さんがきっと、留飲《りゅういん》を下げたろう選挙があります。２０１４年2月、猪瀬直樹・前知事の不祥事を受けて急遽実施された都知事選では、かつては新党結成に走った舛添要一が「自公推薦」で盤石《ばんじゃく》の勝利[497]。

逆に前代未聞の首相経験者として立候補した細川護熙は、「脱原発」で共闘中の小泉純一郎が演説につきそい、民主党や小沢一郎らが側面支援する「平成オールスターズ」というべき布陣で臨みながら、左派系の宇都宮健児（元日弁連会長。共産・社民が推薦）にも競り負けて3位の惨敗。あまりにも寂しい「政治改革」の幕切れでした。

同じ選挙では陰謀史観に基づき日本の戦争責任を否定し、２００８年に自衛隊を事実上解職された田《た》母《も》神《がみ》俊雄が4位につけて話題になりますが、かつて圧倒的な強さを誇った元職の石原慎太郎や、百田尚樹の応援を受けながら得票数は60万票。ネトウヨ的な「極右路線」の上限値もまた、見える結果となりました（なお田母神は16年に公選法違反で逮捕、のち有罪が確定）。

一方で彼らと対峙してきた側では14年8月、『朝日新聞』が朝鮮半島での「慰安婦強制連行」の報道を撤回。平成期に左右に張り出した両極が自壊して、フリーハンドを得た格好の安倍さんは、かつて非難して止まなかった河野談話・村山基金をほぼ踏襲《とうしゅう》する方式で、15年末に韓国の朴《パク》槿恵《クネ》政権と慰安婦問題で合意します。

しかしいまも歴史を生きる韓国の市民派の眼では、これは槿恵の父で独裁者だった朴正熙が1965年、国内の反対デモを弾圧して日韓基本条約を結んだ故事の「二度目は惨めな笑劇」でした。その憤懣は、やがてさらなる日韓関係の波乱を生んでゆくことになります。

記号化される「三島事件」

日本人が歴史的な文脈を失い、みずからの来歴を空洞化させてゆくのは、左右を問いません。『文藝春秋』2014年6月号の特集は、「安倍総理の「保守」を問う」。私を含む100名の識者へのアンケートですが、のけぞったのは佐藤正久・自民党参院議員（イラク派兵時の自衛隊指揮官として著名。第一次安倍政権下の07年参院選で初当選）の回答でした。

いわく、「来年、大東亜戦争敗戦から七十年を迎える」に始まり、1970年11月の決起時に三島由紀夫が「喝破したとおり、自衛隊は現行憲法下では、未だ「警察予備隊」のまま放置され続けている」。したがって集団的自衛権の行使容認に留まらず「憲法改正を果たし、自衛隊が名

497 平成初期の『朝まで生テレビ！』の花形だった舛添は2001年、小泉ブームに沸いた参院選で自民党から立候補し当選。第一次安倍改造〜麻生までの三つの内閣で厚労相を務めたものの、民主党政権下で離党し「新党改革」を立ち上げた過去があった。

実ともに国軍となる時こそが、真の「戦後レジーム」の打破となるのではないだろうか[498]」……。

――この国では歴史なんて、どうでもいいんだな。もはや文字どおりの瓦礫《がれき》、ゴミクズのようなものだ。

ほんとうは佐藤氏の改憲論への賛否こそ、偽の問題にすぎず、どうでもよいのです。現職の与党議員（後に外務副大臣）である同氏によれば、三島の訴えは原則的に正しく、安倍総理の下でそれに応えるのだという。文中には檄文《げきぶん》の一部も引用されますが、彼は果たしてそれを最後まで読んだのでしょうか。

> 諸官は任務を与へられなければ何もできぬといふ。しかし諸官に与へられる任務は、悲しいかな、最終的には日本からは来ないのだ。……〔米国との貿易上の〕繊維《せんい》交渉に当つては、自民党を売国奴呼ばはりした繊維業者もあつたのに、国家百年の大計にかかはる核停条約は、あたかもかつての五・五・三の不平等条約の再現であることが明らかであるにもかかはらず、抗議して腹を切るジェネラル〔将軍〕一人、自衛隊からは出なかつた。
> 沖縄返還とは何か？　本土の防衛責任とは何か？　アメリカは真の日本の自主的軍隊が日本の国土を守ることを喜ばないのは自明である。[499]（傍点は引用者）

「五・五・三の不平等条約」とは、日本の保有艦率が制限された戦前のワシントン海軍軍縮条約（1922年）を指すもの。そして三島が自民党と自衛隊の不作為を糾弾する「核停条約」とは、すでに核を持つ国以外の核保有を禁じて70年3月に発効した核不拡散条約（NPT）です。日本政府は同年2月、佐藤栄作政権が署名しますが、国会での批准は延《の》びに延びて、なんと76年のことでした。それだけ「核武装の選択肢の放棄」は大きな決断だったからですが、三島に言わせればそれは、対米独立の断念にほかならない。

そんな状況で72年に沖縄が還ってきたところで、それは戦後体制の完結ではなく延長にすぎないのだから、「あと二年の内に自主性を回復せねば、左派のいふ如《ごと》く、自衛隊は永遠にアメリカの傭兵として終るであらう」と、三島は叫ぶように筆を進めています。

三島由紀夫の崇拝者といってよい西尾幹二さんですら、この箇所は長年読み落としてきたそうですから[500]、佐藤氏だけを責めるのは酷かもしれませんが、こうした檄文どおりの主張を国会で述べれば、誰の政権下でも議員辞職です（ちなみに三島事件時の防衛庁長官は中曽根康弘で、「気が狂っ

498 佐藤正久「憲法解釈は通過点に過ぎない」『文藝春秋』2014年6月号、342頁。
499 「檄」文藝別冊『三島由紀夫1970 海を二つに割るように、彼は逝った』河出書房新社、2020年、63-64頁。
500 西尾幹二「三島由紀夫の自決と日本の核武装」前掲『西尾幹二全集2』、556頁（初出『WiLL』2011年2月号）。

たとしか思えない」とコメントした佐藤栄作と同様、即座に三島を全否定しました)[501]。賛否は措くにせよ明確に「アメリカの傭兵」として、イラク戦争の現場で指揮を執った元自衛官が、三島といえば「愛国と改憲のアイコン」だから都合がいいとばかりに、自身の看板に流用して使い捨てる。

なによりそうした営為がもはや、左右の論争すらも呼びはしない。文字面《づら》では「戦後レジーム」からの脱却をうたうものが、裏面ではただ現実と癒着し、追認し、変えられなかった戦後に居直ることで権勢を誇り続ける――。

軽やかな転向の果てに

2013～14年にかけては、福嶋亮大《りょうた》『復興文化論』（サントリー学芸賞）や呉座《ござ》勇一『戦争の日本中世史』（角川財団学芸賞）など、古代や中世から続く長期の時間軸の下で同時代の位相を問う力作が刊行され、読書界で高い評価を得ました。しかしまさに同じ時期から、「艦隊これくしょん」（13年リリース）や「刀剣乱舞」（15年）などのオンラインゲームに代表される、過去の固有名詞を純粋にキャラとしてのみ消費する「歴史の記号化」が進展[502]。どちらの流れがより多くの日本人を動員してゆくかについては、遺憾ながら自明すぎて、述べる必要はないでしょう。

そもそも平成の劈頭《へきとう》、江藤淳が連載をまとめて刊行した『昭和の文人』は、彼なりの転向文学論でした。共産党員歴のある中野重治《しげはる》の「終生廉恥《れんち》を重んじ、〔時代の変転に際して〕慟哭《どうこく》を忘れることがなかった」誠実さに、左右の違いを超えて共感を示す半面、自身の出自を偽造した堀辰雄や、戦時下の体制協力を「ひとつの偶然」[503]と嘯いてごまかした平野謙（文芸評論）を酷評したことで知られます。

しかし平成の末期に生じた「景気をよくする政策」への一億総転向は、もはやそうした文学的な葛藤を不要とするほどに、メカニカルで軽やかだった。そうした圧倒的多数の人びとの姿こそは、国の過去から現在の自身へと連なる、「自分に筋《すじ》を通す」媒体としての歴史が、一貫して薄らいでいった時代の果てでした。

なにより歴史を無効化する姿勢の持ち主は、安倍政権を翼賛する「極右の政治家」やキャラ萌《も》えゲームを手放せない「ノンポリ化した大衆」だけでなく、大学の教壇で滔々《とうとう》と日本批判の託宣を垂れる「左翼の知識人」にも多くいます。[504] 歴史は、なかんずく当時まだ現在進行形であったはずの平成史は、とっくに社会の不要物として扱われ、足蹴《あしげ》にされる対象になっていた。

その衝撃のなかで私は心身のバランスを崩し、2018年の春までを長く沈黙して過ごすことになります。

501 このとき逆に、檄文の方が論理的には首尾一貫することを示して、むしろ日本社会の非論理性を指摘したのは山本七平であった（イザヤ・ベンダサン、前掲『日本教について』、37頁）。

502 同時代における呉座・福嶋両氏らとの議論や、その後顕著になっていった「歴史のサブカル化」についての私見は、拙著、前掲『歴史がおわるまえに』を参照されたい。

503 前掲『昭和の文人』、331・20頁。

504 拙著、前掲『知性は死なない』、47-50頁。

第14章

閉ざされる円環

2015—2017

平成知識人の葬送

安保法制とSEALDs

なんだか、戦後史を早回しで見ているようだったね。

平成28年（２０１６年）の夏、久しぶりに大学での教え子と再会した私は、そう言って笑いあいました。重度のうつに陥ってから約2年、ようやく社会の情勢をメディアで追えるようになるまで回復し、有識者のブログやニュースサービスを遡ってこの間起きたことを辿りなおした結果、至った感慨です。

脱原発デモが毎週のように官邸を取り巻いた２０１１～12年が、食糧メーデー（１９４６年）から60年安保にいたる敗戦直後の「政治の季節」の再来だとすれば、円安と株高を看板とするアベノミクスが保守安定政権を軌道に乗せた13～14年は、高度経済成長期のパロディでした。それに続いた15年の「安保国会」、さらに16年の参議院選挙で沸き起こった——しかし数年前に比して広がりの乏しい若年層の街頭政治は、さしずめ70年安保に比肩するのが妥当だろう。

早回しとは、そういう意味です。

2015年5月、安倍内閣は集団的自衛権を行使する際の具体的な条件や手続きを定める、いわゆる安保法制を国会に提出（9月に成立）。前章でも触れたとおり、そもそも憲法解釈の変更が前年に閣議決定されている以上、これは既定の方針で、むしろ法律の制定を経ずに政府が勝手に権利を行使する方が問題でしょう。

しかしなぜかこのとき、SEALDs（自由と民主主義のための学生緊急行動）を名乗る「怒れる若者たち」が街頭に現れて抗議デモを叫び、メディアも彼らを持てはやしました。そのロジックは「憲法9条を骨抜きにする『解釈改憲』は許せない」とする、シンプルな昭和の護憲論で、政権交代にむけて非自民の側こそリアリズムを磨いた平成期の外交論はもとより、世界的なベトナム反戦のうねりの中で「一国平和主義の偽善・欺瞞」を問いながら先鋭化していった1970年前後の全共闘と比べても、凡庸と言わざるを得ないものでした。

驚かされたのは、研究ないし実体験を通じて往時を知るはずの識者が、こぞってこのとき学生たちに「新しさ」を見出し、手放しに礼賛したことです。

たとえば2009年に大著『1968』を刊行し、全共闘の勃興と敗北を考察していた小熊英二さんが、SEALDsの学生たちと対談するや「皆さんは、いわゆる「リアル」が充実している人たちだったし、今でもそう〔で〕……現実社会になじめないから、活動に非日常のロマンを求めて飛躍する、みたいな感じではない」・「「革命」ではなくて、「自由と民主主義」を掲げているのも、それが背景にある[505]」、要はリア充《じゅう》だから昭和の学生運動より上なのだと持ち上げる。

自身を70年安保世代と自負し、「3・11の衝撃は日本社会全体にボディブローのような効果をもたらした」、だから自分も2011年からデモ活動に「復帰」したと述べる上野千鶴子さんになると、かような調子です。

> 七〇年代《ママ》安保闘争に参加した私たちは世代間対決をしました。「こんな世の中に誰がした。オヤジがわるい」と言って、オヤジたちに石投げたわけです。目の前の教師は、追い詰めて吊るしあげる相手でした。……
>
> ところがいまの若者たちは、ちゃんと高齢者に敬意は払うわ、スピーチでも泣かせることを言うんです。「〔戦後の〕七〇年間、殺しもせず殺されもしない憲法九条を守ってきてくれたのは先輩たちです」とか言うわけです。そういう継続性を自覚している。世代間の関係が、私たちが経験した対立関係と異なって、連続性があります。[506]

年をとってみると、往時の自分たちとは違って従順ないまどきの若者の方が、素直でかわいい。これが老いるということなのでしょうか。

しかしこうした構えをとるかぎり、冷戦下の——島国日本にとっては——穏和な国際環境から痛みとともに脱してゆく、困難な「成熟」の課題を担っているのは保守派の安倍政権であり、反対するのは思慮の浅い子どもと団塊左翼の老人だけだといった、中間層の冷ややかな視線は強まるばかりで覆りません。

実際に2016年7月10日の参院選では、SEALDsらの仲介もあって共産党も含めた提携が成立。第一野党として共闘を主導する民進党（民主党の後継政党。当時は岡田克也代表）が「まず、3分の2をとらせないこと」と、最下限ぎりぎりのスローガンを掲げたにもかかわらず、自民・公明に維新の会などを加えた改憲勢力は総議席の3分の2を突破。

翌8月の15日、SEALDsは戦後史の動画をコラージュしたミュージックビデオを、ネットに投稿して解散します。[507] ちょうど20年前の終戦記念日を、自身の命日として公表するよう言い遺したとも伝えられる丸山眞男に倣ったのだろう、しかしあまりにも軽く薄いコピーでした。

505　小熊英二・SEALDs「社会は変えられる」SEALDs『民主主義は止まらない』河出書房新社、2016年、30-31頁。

506　上野千鶴子・北田暁大「「1968」と「2015」のあいだ　安保法案反対運動の新しさと継承したもの」『atプラス』26号、2015年、4・6・16頁。

507　「2016年8月15日、戦後71年の節目をもって、SEALDsは解散します。」SEALDsPOST、16年8月15日。

私は元教育者として、学生たちが善意で活動したことを否定しない。しかし、法制上の困難から不十分な装備で戦地に送られる自衛官を「紛争地丸腰で闊歩《かっぽ》する現代の侍」などとロマン化して表現する（少なくともそうとれる）歌詞を耳にするとき、なぜ止める識者が周囲にいなかったのかとの念に駆られる。

国民を驚かせた生前退位に向けての「おことば」

「生前退位」と天皇幻想

議席上は両院で、憲法改正の発議が可能になった参院選から3日後の7月13日、誰も予想しなかったニュースがNHKから流れました。宮内庁関係者の取材から、天皇の「生前退位のご意向」が判明したとのスクープで、8月8日には天皇自身がビデオメッセージを通じて国民に直接、その趣旨を説明（名目上は、あくまでも「象徴としてのお務めについて」自身の想いを語ったもの）。

実質的に天皇が「譲位をしたいので、法整備をお願いしたい」と政治家に促した形で、憲法上は疑義なしとできない振る舞いでしたが[508]、例によって従順ないまどきの国民にはおおむね好評で、翌2017年には退位のための特例法が成立します。

――ああ、「平成」が終わるんだ、こうして。

奇しくも最初の速報と同じ16年7月13日、旧民主党の無所属議員（平野達男・元復興相）が自民党に入党届を提出、実に平成元年以来久しぶりに、自民党は参院で単独過半数も回復していました（19年の参院選で喪失）。院外・院内の双方で完敗した形の非自民勢力は、ここぞとばかりに天皇の退位表明を「改憲志向の安倍政権への抗議」と読み替え（！）、旗印に使い始めます。

急先鋒は内田樹氏で、フランス紙の憶測を基に「改憲を牽制する動き」と断じたばかりか、[509]まもなく「天皇主義者になる」とまで表明して物議を醸しました。内田さんも小熊・上野の両氏と同様、脱原発からＳＥＡＬＤｓにいたる「若者のデモ」を熱烈に支援していましたから、彼個人については敗北の虚脱感から「アベを叩ける道具ならなんでも」ですがりついたという以上の動機は、あまりないのだと思います。

しかし平成を通じた言論の布置として見るとき、そこには「ポストモダン右派の凱歌《がいか》」という大きな刻印が押されていることに、気づかざるを得ません。そもそも２００５年前後の宮台真司や中沢新一、08年の中谷巌など、グローバリズムへの反発から「日本の伝統には近代を超える価

508 「おことば」公表にいたる経緯と、その問題点については、原武史、前掲『平成の終焉』、第1章の叙述が網羅的である。

509 内田樹「「天皇制」と「民主主義」」『街場の天皇論』東洋経済新報社、２０１７年、65頁（初出『ＧＱ ＪＡＰＡＮ』16年10月号）。

値がある」とする論調に加わる識者は増えていました。

いわば最後の砦が陥落したのがこの2016年で、すでに4月には柄谷行人氏が（カント主義の立場は維持しつつも）「九条は日本人にとって、まったく外来のものというわけではありません。ある意味でそれは「徳川の平和」にあったものです」と説き、象徴天皇制もまた「徳川時代にあった制度と類似する」[510]と位置づける『憲法の無意識』を発表。

豊臣秀吉の朝鮮出兵に帰結する中世日本の争乱の「戦後」に相当する点で、江戸時代を現代の先駆と見なす視点に批評性を求めたものですが、これは1970年代初頭に山本七平が論じ続けたスタンスで、[511]少なくとも新しくはありません。留保つきながら肯定的に用いられる「徳川の平和 Pax Tokugawana」という概念も、もとは80年代に江戸東京学ブームを通じて流布した、保守派の芳賀徹の造語です。

天皇の退位への「おことば」を経た内田樹さんの場合はより如実に、「次の選挙まで一時的に権力を負託されているに過ぎない総理大臣」（たとえば安倍晋三）は「「今の支持率」を維持することしか考えられないが、太古から続く天皇の場合は「千年、二千年という時間的スパンの中に自分を置いて……「もうここにはいない」死者たちを身近に感じ、「まだここにはいない」未来世代をも身近に感じるという感受性」を備えているがゆえに、国民の「道徳的中心」たり得るのだと宣言する。[512]

こうなるともう、教育勅語の復活を唱えかねない勢いです。逆説的ながら、安倍支持の自民党最右派とどう違うのか、率直にわからないと言わざるを得ません。

角栄ブームと戦後回帰

アベ政治以外ならどうでもいいとばかりに、やや先行して台頭していたのは、平成期にその弊が「克服」されたはずだった田中角栄の再評価でした。[513]

2016年1月には盟友の見城徹氏と組んで、なんと自民党時代には政敵だったはずの石原慎太郎さんが、伝記小説『天才』を幻冬舎から刊行。90万部を超え同年最大のベストセラーになりますが、「俺」なる一人称で角栄が独白する内容は、むしろかつての石原氏自身の回想録と重なる部分が多く、どちらがどちらに憑依《ひょうい》しているのかも判別不能。

「今でも忘れずにいる」などと書かれても、その今とはいつのことなのか、巻末になるまで読者には見えてこない。「リストカット」など生前の角栄（1993年に死去）は知らないはずの語彙

510　柄谷行人『憲法の無意識』岩波新書、2016年、73・71頁。

511　詳しくは拙稿「一九七〇年代試論　「遅れてきた戦中派」の登場」前掲『歴史がおわるまえに』、291-295頁（初出は河野有理編、前掲『近代日本政治思想史』）。

512　内田樹「私が天皇主義者になったわけ」前掲『街場の天皇論』、34-35頁（初出『月刊日本』2017年5月号）。

513　濱口翔太郎「編集者に聞く「元祖・田中角栄本」の秘話」（ITmediaビジネス、2016年12月27日）によると、ブームの端緒は14年に別冊宝島が刊行したムック『田中角栄という生き方』で、1万部程度の予想が（文庫版を含めて）27万部に到達。翌年の姉妹編『田中角栄100の言葉』も74万部を記録し、類似商品は200点を数えたという。

『天才』をはじめブームを巻き起こした田中角栄本

まで用いられ[514]、もはや昭和ブーム（＝過去の再現）というよりは、平成期における「時間軸の崩壊」を示唆する作品となっています。

いったい、なにがどうしてしまったのか。モデルとなるべき成熟した大人はもう、追憶の昭和の政界か、究極の世襲職たる皇族にしかいないのか。

遠因を考えるうえで最良の手がかりを、第二次安倍政権の初期にあたる13年春、風営法によるクラブ規制が問題になった際に、小熊英二さんが述べています。

　いまの二〇代、三〇代の人は、「正しい思想内容だから従え」と言っても従わない。「表現の自由を守れ」とかいう理念を復唱するより、選手が体罰問題で柔道連盟を告発するとか〔12年秋に女子柔道で発生。翌年に広く報じられた〕、踊るためには風営法の

第何条を変えようとか、具体的に考える。ある思想信条に従うのが「リベラル」だ、という価値観からすれば物足りないかもしれませんが、いいことでもあると思うんです。[515]

だからリベラルや左派の政党が議席数を減らしても心配無用、と言わんばかりの語り口は、対談相手の東浩紀さんを絶句させました。おそらくここで気づくべき真の問題は、こうした小熊氏の発想がポスト冷戦期――より厳密には1970年代以降の「後期戦後」から時代の特色となってきた、「脱イデオロギー化」の帰結を示していることでしょう。

首尾一貫した思想や世界観、あるいはその表現形態としての「大きな物語」で呼びかけるのは、いまの若者には通じない時代錯誤な振る舞いで、ダサい。むしろ彼らが自分から乗ってくる、(たとえばネットでバズった)個別具体的なイシューごとに対応していくのが、スマートな社会の変え方だ。小熊さんの発言に含まれるそうしたニュアンスは、たしかに平成という時代とともにあ

514 石原慎太郎『天才』幻冬舎文庫、2018年、14・116頁。
背景を補足すると、平成初頭に石原が最も激しく敵対した小沢一郎らの(旧)竹下派には、ボスの角栄を事実上「騙す」形で派閥を乗っ取った過去があった。その他、角栄を対米独立の愛国政治家として造形するなど、石原本人の自画像を投影して一人語りをする作品との印象は否めない。

515 小熊英二・東浩紀「どう〝社会を変える〟のか　風営法問題、官邸前抗議、ヘイトスピーチ、総選挙……今、「リベラル」は何をすべきか」『真剣に話しましょう　小熊英二対談集』新曜社、2014年、280頁(初出は磯部涼編『踊ってはいけない国で、踊り続けるために　風営法問題と社会の変え方』河出書房新社、13年)。

ったスタンスでした。

しかし、匿名掲示板での「祭り」からグループアイドル内での人気競争まで、さまざまに応用されてきたその手法は、平成末期の固定した「左右対立」の政治構造に組み込まれたときには、なんら思想性のない「劣化戦後」への回帰をもたらすだけだったのです。

本書の第1章で、平成は①マルクス主義と②昭和天皇という「ふたりの父の死」とともに始まったと、述べたのをご記憶でしょうか。リベラリズムやカルチュラル・スタディーズ、あるいはインターネット上のハッカーズ・リバタリアニズムなど様々に思考の道具を取り換えつつ、模索を続けてきた——広い意味で前者①の系譜を引く——批判的な知識人たちは、ここに及んでついにこと切れた。

その後に残された荒野を埋めるかのように、文字通り後者②の座を継いだ新たな天皇が象徴する「日本」の身体が、(無自覚な)転向者たちも含めて、拠って立つ自分の信条を喪った人々を引きとってゆく。

国民が成熟にあたって範とする人の、1位が現職の君主で、2位が往時の保守派の大宰相という状況は、ほとんど字義通りの「右傾化」と呼べるものでしょう。しかしそれはけっして、ネット右翼や彼らの反知性主義がひき起こしたのではなかった。

時代の潮流に乗るために自らの基軸を進んで放棄していった、いわば知識人たちの自殺によって片方の父は埋葬され、もうひとりのみが最後に蘇生する。病床の昭和天皇を「なんか、かわいいんだよね」と形容してみせた、平成の初頭には女子高生に限られていた感性が[516]、「天皇ってさ、安倍さんと違って、感じいいよね」として、リアルな戦後を生きてきたはずの世代までをも吸い込んでゆく。そうした形で平成が終わることが、このとき決まったのです。

――しかし、もし2011年春から16年夏までのわずか5年間に、敗戦から昭和天皇崩御までの約半世紀が圧縮されて追体験されたとすると、ある素朴な疑問が脳裏に浮かびます。

「早回し」が現在に追いついてしまったら、なにが起きるのだろう？

世界が「セカイ」になるとき

平成史の「画期」はいつか

平成の30年と4か月に「時代の切れ目」を見出すとしたら、どこか。おそらく多くの人が挙げるのは、阪神・淡路大震災とオウム真理教事件が起きた1995年や、東日本大震災の2011年でしょう。

しかし私はむしろ、それは国内で生じた凶事に目を引かれすぎた、ドメスティック（内向き）

516　大塚英志、前掲「少女たちの「かわいい」天皇」『少女たちの「かわいい」天皇』、28頁。

ちなみに平成の末期、男女の大学生を中心とするSEALDsが運動のスローガンに掲げたのは「なんか自民党、感じ悪いよね」だった。

な歴史の見方のように感じています。平成の開幕からずっと唱えられてきた「グローバルな視野」をとるなら、真に画期とされるべきは１９９７年であり、２０１６年です。

97年には夏にアジア通貨危機が発生、その影響は年末に山一證券が廃業する金融危機に発展して、国民の景況感も一転しました。「昭和末のバブルは崩壊しても、なんだかんだで日本は豊かで、いずれは安定した日常に戻れる」とする肌感覚が失われ、いまの世の中は根本的に狂っており、次になにが起きるかわからないという恐怖感に覆われていった。

そして第二次安倍政権による「過去の早回し」が同時代に追いついた２０１６年、まさに同一の現象が生じます。「あれこれの混乱はあったかもしれないけど、結局日本は日本のままだし、それで問題は処理できる」というスタンスで完結するかにみえた戦後史のリブートが、国際社会の激動に直面して、音を立てて瓦解していきました。

戦後70年の安倍談話

前年の２０１５年までは、昭和の延長線上に日本を戻す安倍路線は、盤石のはずでした。ご存じのとおりこの年は戦後70周年にあたり、安保国会さなかの8月14日にいわゆる「安倍談話」[517]が発表されます。すでに１９９５年の村山談話と対比して論じたことがあるので詳説しませんが、ポイントは談話を中央でぷつんと二つに切り、肝心の「戦争」の仔細は空白にしたことです。

なので、後半で往時の人びとの苦しみが縷々《るる》語られても、結局のところ「実際にはなにが起きて、そんなことになったのか」はさっぱりわからない。中心部に入る悲劇が大地震や異常気象でも、異次元からの使徒の襲来でも、あるいは黙示録的な「火の七日間」であっても、文章を直す必要がない――そうした「神話」としての語りで過去を解決しましょう、というのが、安倍談話の実践でした。

たとえば第4章でも触れたように、宮崎駿さんの『風の谷のナウシカ』（映画が1984年、原作は82～94年）はバブル期の日本文化として最良の作品ですが、注意深く読み解くなら「満洲事変から原爆投下へと至る、かつての戦争のエッセンス」が織り込まれた、現代の寓話《ぐうわ》にもなっている。[518] まさかそれに類するかのような手法で、一国の宰相が「このような神話に過去を回収することで、外国のみなさんとも一緒にやっていきたい」と表明するとは衝撃でしたが、2013年末の靖国参拝とは対照的に、各国からも特に抗議はありませんでした。

いわばすべてをサブカルチャーに還元し、歴史それ自体を解消してしまうことで、平成期の外交を揺るがした歴史問題を終わらせる。そうしたあり方に激怒して政権の下から去ったのは、高坂正堯の弟子で最右派の論客、2006年には安倍氏の『美しい国へ』のゴーストライターにも擬《ぎ》せられた中西輝政さん（国際政治史）です。[519]

517 拙稿、前掲「歴史学者廃業記」『歴史がおわるまえに』、348-351頁。
518 拙著、前掲『増補版　中国化する日本』、第7章。

『シン・ゴジラ』と『君の名は。』

談話から1年が経った２０１６年の夏、映画館を沸かせたのは庵野秀明総監督の特撮『シン・ゴジラ』と、同作をも凌駕し日本映画史上2位（当時）の興行収入に上り詰める、新海誠監督のアニメ『君の名は。』でした。どちらも5年前の震災と原発事故を実質的な主題としつつ、それを神話化した作品ではありますが、その手法は鮮やかなまでに対照的です。

『シン・ゴジラ』はむろん、昭和のゴジラシリーズのリブートですが、重要なのは庵野氏の代表作『新世紀エヴァンゲリオン』の楽曲を露骨に引用するなど、誰が見てもサンプリング、コラージュだとわかる演出で作られていることでしょう。その点で、「昭和の末期にポストモダンと呼びならわしていたものが本当に当たり前になってかたちになった」、いかにも「平成的なるものの極北[520]」と評すべき作品でした。要は作り手の側にも、過去を再現する営み自体が、いまや結局はフェイクでしかありえないよね、という照れがあるわけです。

これに対して『君の名は。』はもっとガチというか、ベタな形で過去の悲劇を神話として定着させようと試みる。しかも意外なことに、その演出技法は平成世代には顧《かえり》みられることすらなかった、昭和の「オリジナル」（?）に忠実です。

句点がつかない『君の名は』はもともと、6年半の占領を経て日本が再び独立国となる１９５２年から、ＮＨＫで2年間放送されたラジオドラマ。53年からは三部作で映画化され、『ゴジラ』の第一作（8位）が公開された54年度の邦画興収では、黒澤明の『七人の侍』（3位）や木下恵介の『二十四の瞳』（5位）など、名だたる名画を抑えて完結篇が1位に輝いています[521]。

1953年の映画版『君の名は』で
恋人役を演じる佐田啓二と岸惠子

テレビでも昭和期に3回、ドラマ化されましたが、4度目となった平成初頭の朝の連続テレビ小説版（91年。ヒロインは鈴木京香）が、「いまさら戦争ものは寒い」と歴代視聴率で当時最低を記録し、惨敗。長く忘れられた作品となっていました。

『君の名は』は東京大空襲の夜、数寄屋《すきや》橋（銀座）で偶然いっしょになった男女が、「もし生きていたら半年後、出会い損ねたらまたその半年後に、同じ場所で会おう」と誓いあい、しかしすれ違い続ける人生を描いて、戦火を知る世代の涙をそそりました。「原典」をなぞるかのように2016年の『君の名は。』

519 『美しい国へ』の「本当の著者」『AERA』2006年8月14・21日号。
同記事が著者に比定したのは中西輝政と八木秀次（憲法学）だったが、両名とも取材に対して否定しており、永田町での噂の域を出なかった。むしろ刊行元から聞き出した、『美しい国へ』の当初の仮タイトルが『ぼくたちの国』だった（!）との挿話の方が（25頁）、本書の文脈においては痛切に響く。

520 片山杜秀、前掲『平成精神史』、246・244頁。

521 『キネマ旬報ベスト・テン80回全史 1924-2006』キネマ旬報社、2007年、74頁。ちなみに、同じ年の洋画の興収1位は『ローマの休日』。

も、主人公の三葉《みつは》と瀧が（気づかずに）初めて出会うのは朝日橋（四ツ谷）をくぐる総武線の車中で、奇跡の再会となるラストシーンも一種の橋と言える、須賀神社をまたぐ階段です。

瀧が暮らす東京と、三葉の住む飛驒《ひだ》の物語が交差しつつ進行しますが、『君の名は』もまた、「三ヶ所（東京、佐渡、志摩）の地点でそれぞれに生きている三つのグループを設定し、それを交錯させて「三ツ編《あみ》のように進展するストーリー」を「一本の太い綱としてくみあげてゆく構成法」[522]が特色。これは当時、観光業との提携商法だと揶揄されたそうですが、平成半ばに定着した聖地巡礼ブームのもと、『君の名は。』のモデルとなった舞台も即、Instagram（2010年開設。15～16年に日本での利用者が1000万人を突破）に投稿される名所となっています。

戦後映画から「災後映画」へ

そしてこの先に「戦後と平成」の相違と、それにもかかわらずの共通点が出てきます。実は『君の名は』を書いた菊田一夫（劇作家・演出家）は、戦後社会を生きる「庶民の群像」を描くことが目的で、主人公二人の恋愛はあくまでも複数の場面を束ね、「聴取者のスイッチを切らせないため」の狂言《きょうげん》回しとして導入したものでした。

しかしファンはむしろ二人が会えるのか、会えないのかの顚末に熱狂し、たとえば再軍備問題のようなシリアスな話題を盛り込むと、「回り道」はやめろと抗議の投書が届くありさま――[523]。結果として生じた映画史上の以下のような批判は、平成半ばにセカイ系の雄としてデビューし、社会を描く気がそもそも最初からない新海誠さんの『君の名は。』にも、より一層あてはまるものでしょう。

この当時〔敗戦直後〕の日本映画くらい、男が女に、心からすまなそうにわびる描写の実感のこもっている作品が多くそろった時期というのは、その前にもあとにもないのではなかろうか。佐田啓二が岸恵子の前にうなだれてばかりいる一九五三年の大当りした通俗メロドラマ「君の名は」は、その意味で、戦後映画というものの情感の、あるひとつの側面を決算するような作品であった。

しかし、この時期、日本映画は……ほんとうにわびるべき〔戦争の〕相手に頭を下げるという映画をほとんどつくっていない。[524]

映画館の誰もが震災を思い出す小彗星《すいせい》の墜落事故を描きながら、『君の名は。』では、当初はうなだれてばかりだった男の子〔瀧〕がタイムワープして犠牲者の女の子〔三葉〕に危機を予告し、彼女が仲間たちと変電所の爆発による停電を起こして、地元を救います。わずか5年前の近い過去を、「遠い場所で起こった」「恋愛物語の背景にちょうどよい安全な悲劇の記憶[525]」へと加工し、

522 井上理恵『菊田一夫の仕事　浅草・日比谷・宝塚』社会評論社、2011年、90頁。
523 同書、90-92頁。
524 佐藤忠男、前掲『溝口健二の世界』、207-208頁。
525 宇野常寛、前掲『母性のディストピアII　発動篇』、178頁。

経済成長や原発行政の当否といった社会的な側面をすべてオミットすることで、神話上の一モチーフとして無害化する。

その意味で『君の名は。』の大ブームとともに甦ったセカイ系の想像力は、往時の戦後映画の文法をなぞると同時に、前年の安倍談話と並んで、歴史なき社会への地ならしも完遂《かんすい》していたのです。

――日本だけでセカイが完結するなら、本来これでハッピーエンド。平成最大の内政・外交の課題がそれぞれ片づいて、「おしまい」になるはずでした。

トランプ当選と三島美学

しかし「反知性主義の一年」として世界史に刻まれる２０１６年、アニメの中で小彗星が山村を消し去ってゆく傍で、日本人の世界地図から「模範国」もまた消滅してゆきます。６月、国民投票でイギリスがＥＵ脱退を決定（ブレグジット。実際に20年1月に離脱）。

さらに11月、幼稚かつ過激な排外主義ゆえに共和党内ですら泡沫《ほうまつ》候補とみなされたドナルド・トランプが、米大統領選に勝利。両者のあいだに行われた座談会で、安倍政権への対抗軸を探す側は「この国には社会民主主義の政党がない！　バーニー・サンダースもいないし、ジェレミー・コービンもいない。ポデモスもない」[526]（北田暁大）などと嘆いていましたが、そうした他力本願で頼る相手が地上からいなくなるまでに、国際社会は地すべり的な急変を遂げたのです。

リベラル派の視点に立つならもはや「世界がセカイ系になった」とも評すべき、理想の全的な崩壊で、平仄を合わせるかのように『君の名は。』は海外でもヒット。欧米風のシリアスな政治ドラマを志向した『シン・ゴジラ』が国内でしか評価されなかったのに対し、長らく「中二病」と揶揄されてきた「恋か、滅亡か」のアニメーションが、史上最も世界で収益を上げた日本映画（当時）となってゆきます。

「映画と政治」を考えるときにいつも、私は教員として学生に読ませていた、三島由紀夫のルキノ・ヴィスコンティ評を思い出します。自決する1970年の春、三島はヴィスコンティがナチズムを素材に撮った『地獄に堕ちた勇者ども』（本国イタリアでの公開は前年）を「生涯忘れがたい映画作品の一つ」と激賞し、異常性愛や暴力といった倒錯が、文化や教養を踏みにじるさまを描く「崩壊による挽歌《ばんか》」だと述べていました。

2016年という新たな崩壊を経たいま、とりわけ心に残るのは以下の一節でしょう。

二十世紀はナチスを持ち、さらに幸《さいわ》ひなことには、ナチスの滅亡を持つたことで、ものしづかな教養体験と楽天的な進歩主義の夢からさめて、人間の獣性と悪と直接的暴力に直面する機

526　北田暁大・白井聡・五野井郁夫『リベラル再起動のために』毎日新聞出版、2016年、27頁。
なお今日では、民主社会主義を掲げるサンダースは米国民主党を左傾化させることで、相対的に共和党のトランプが保守票をとりやすくしたとも批判され、産業の再国有化をうたって（！）英国労働党首となったコービンは、19年末の総選挙で戦前以来の大敗を喫し放逐された。スペインの新しい左派として注目されたポデモスも、同年秋の選挙で新興極右であるVOXの後塵《こうじん》を拝している。

会を得たのである。これなしには、人間はもう少しのところで人間性を信じすぎるところだった。[527]

平成で言い換えれば、21世紀はトランプを持ったことで、もう少しのところで民主主義を信じすぎることから免れた、となるでしょう。そしてトランプ的なものもまた「幸ひなこと」に滅んでゆくのかどうかは、トランプ自身が２０２０年に再選を阻まれたいまでさえも、皆目わからない状態にあります。

映像作家はナチズムの過去を「巨大なスケイプ・ゴート」「悪を描く免罪符」に用い、ナチスの蛮行を告発するという大義名分で、自身の内なる邪悪さを解き放つというのが三島の論旨でした。しかし２０１６年以降の世界ではむしろ、虚構のセカイで発散されてきたはずの「既成秩序の全否定」への欲求が、現実の政治に溢れ出ていったのです。

中韓の急旋回と基準国の喪失

そうした激変は、東アジアでも共通でした。17年5月、デモと弾劾《だんがい》訴追により任期途中で倒れた朴槿恵政権の後を襲って、左派系の文在寅《ムンジェイン》が韓国大統領に就任します。

文は盧武鉉政権でも秘書室長を務めた実績があり、対米・対日外交の難しさを知っていたはずですが、加速する韓国ナショナリズムを抑制できずに15年末の慰安婦問題最終合意を白紙に戻すなど、歴史問題で強硬路線を邁進《まいしん》。19年以降は日本と事実上の貿易戦争に入り、反共を旗印に日韓が一致して米国を支えた、冷戦期以来の「アメリカ帝国」はついに消滅しました。

いっぽうで同じ17年に発足する中国の第二期・習近平体制では、毛沢東・鄧小平以来となる「習近平思想」の語彙が党規約に盛り込まれ、冷戦下に逆戻りした指導者への個人崇拝が台頭します。さらに18年3月、国家主席の任期が憲法改正によって撤廃されると、トランプ大統領はなんと「素晴らしいことだ。われわれもいつか試してみなくてはならないだろう」とコメント。通常ならジョークとして流されるところが、「冗談だったのかは不明」[528]と添えて報じられるところまで、ポスト冷戦期の民主世界の解体は進んでゆきました。

その中で基準国――成熟した国家のモデルを失ったのは、リベラルだけでなく保守も同じです。安倍首相との決別を綴った2016年春の文章で、中西輝政氏がめざすべき「アメリカの同盟国」の模範に挙げるのは、なんと歴史問題で「国内にある米軍基地を閉鎖する」と呼号して対米圧力をかけたことのある、強権的なエルドアン政権のトルコ[529]。

トランプ当選を経た17年秋の対談では、西尾幹二氏が「〔合理的な思考に基づく快適な〕「近代」は、

527　三島由紀夫「性的変質から政治的変質へ　ヴィスコンティ「地獄に堕ちた勇者ども」をめぐつて」前掲『三島由紀夫1970』、57-58・60頁（初出『映画芸術』1970年4月号）。

528　「トランプ米大統領、「終身国家主席」として中国の習近平氏を賞賛」ロイター通信（ウェブ日本語版）、2018年3月5日。

529　中西輝政「政治に譲った歴史認識（完）さらば安倍晋三、もはやこれまで」『歴史通』2016年5月号、99頁。07年に第一次大戦時のアルメニア人虐殺を米議会に問題視された際の挿話で、同じ時期に慰安婦問題非難決議の可決を許した第一次安倍政権と対照して述べたもの。

けっしてヨーロッパの特産ではないということです。むしろヨーロッパやアメリカが、それを自己破壊しはじめている」と断ずれば、中西さんはハンチントンの文明論を引きつつ「中華＝イスラム枢軸と米欧キリスト教圏がぶつかることになれば、それは日本の「世界史的立場」の回復にとって、むしろ好条件をもたらすかもしれない」[530]。２００２年、最初のつくる会分裂の際には、西尾・中西は日米同盟を基軸とする保守論壇の主流派として、アフガン戦争を非難した西部邁や小林よしのりを追いやる側でしたが、いまや日本の自立のためにはイスラムや中国の台頭を通じて、欧米主導の近代文明は一度壊れた方がよいという。

『君の名は。』の全編で音楽を担当したのは、ロックバンドのＲＡＤＷＩＭＰＳ。とりわけ勢いある主題歌の「前前前世《ぜんぜんぜんせ》」は、街頭で耳にしない日はない大ヒット曲となりました。

しかし、一聴すると穏和でけだるい日常への退屈をうたう、いかにもセカイ系的な「スパークル」の歌詞のほうがいま、むしろ現実の国際秩序の崩壊に捧げられたものであるかのように、私の耳には印象的に響きます。

　嘘みたいな日々を規格外の意味を／悲劇だっていいから望んだよ……

欠け落ちてゆく内面

STAP細胞事件の余韻

２０１６年の1月、うつ状態からの社会復帰をめざしてリワーク施設に通う途中で、コンビニに立ち寄った私は思わず声を上げました。レジの脇にマンガならともあれ、活字の単行本が並ぶこと自体が異例ですが、その書籍がなんと小保方《おぼかた》晴子『あの日』。

わずか2年前の14年1月、万能性を持つＳＴＡＰ細胞を発見したと発表しながら、すべて無根拠だったとして学界を追放された女性の独白が、商品として売りさばかれる異様な光景に胸がつかえたのです。ちなみに15年の6月には、１９９７年の酒鬼薔薇事件の犯人（元少年A）による手記『絶歌』が刊行されて非難の声が上がるなど、平成初頭のアナーキーな空気を連想させる――ただしワクワク感というよりはもはや捨て鉢《ばち》の――「なんでもあり」な風潮が出版界に走っていました。

当初から「青少年の心の闇」の象徴として報じられた少年Aと異なり、捏造が指摘される前の小保方さんのキャリアは「平成の優等生」そのものでした。２００２年にＡＯ入試で早稲田大に

530　西尾幹二・中西輝政『日本の「世界史的立場」を取り戻す』祥伝社、２０１７年、35・２３５-２３６頁。なお06年前半に組織内で紛争が起こり、西尾と中西はそれぞれ別の形で、つくる会を去っていた。

入学した後、学際研究を志して（同大との共同大学院の設置を進めていた）東京女子医大にも出入りしつつ、大学院では学振特別研究員に採用。ハーバードへの留学を経て博士号を取得し、13年には若くして、誰もがうらやむ理化学研究所にラボを持つ。

縦《タテ》割り・年功序列型の既存の組織を排して、有望なプロジェクトを持ちグローバルに活躍する「強い個人」を支援してゆく。そうした文教政策におけるネオリベラリズムの理想を体現する存在だったからこそ、彼女の「発見」は科学の枠を超えて絶賛され、そして虚偽が暴かれたのです。

小保方氏の蹉跌は、平成期の競争主義が抱えていた盲点を明るみに出すものでした。本人の弁明である『あの日』を、調査報道に徹して客観的に書かれた須田桃子さん（当時、毎日新聞科学環境部）のノンフィクションと対照したとき、共通するのは「万能細胞」のネタ元が、ハーバード大のチャールズ・バカンティ教授（人の耳の形をしたマウスを作るなど、エキセントリックな再生医療研究で知られる）であることです。

留学中に彼のラボで披露した先行研究のレビューが気に入られて、小保方氏は異例の厚遇を受けて帰国するのですが[531]、ぞっとするのは彼女自身が「本当にバカンティ先生の仮説通りにスポアライクステムセル（胞子様幹細胞）が全身の組織に存在し、幹細胞として全組織の修復や維持のために機能しているなら[532]」という仮定の下で、研究動向をまとめたと証言していること。海外で聞いた話を疑わず、そのまま普遍の法則だと見なしてしまい、破綻するまで「正しい」という前提でひた走る——。

そうした平成期の政治（＝二大政党化）やビジネス（＝IT化や非正規化）を席巻した行動様式を、

いわば一身に具現化する形で起きたのが「小保方問題」でした。実際に不正発覚の過程で「図版の使いまわし」が指摘されるごとに、彼女はプレゼンテーション用の「概念図」を実験データと取り違えたと釈明し、[533]仮説を現実と混同する幼稚さを露呈してゆきました。

小保方氏が失墜したのは、科学には「真実」という判定基準があるからです。しかし、原理的には絶対の「正しさ」を見出し得ない政治の領域に、それも2016年の末から「ポスト・トゥルース」が叫ばれ出した、ブレグジットとトランプ当選以降の世界に同じものが溢れ出したら、どうなるのか？　日本人がその問いに直面するのは、このあとすぐでした。

小池百合子の台頭と凋落

2016年の7月、政治資金問題で辞職した舛添要一の後継を争う都知事選では、自民党を離党した小池百合子が当選。細川護煕の日本新党、小沢一郎の新進党、さらには小泉純一郎内閣でつねに首脳のそばにいた「改革派」の女性政治家の復権に、安倍政権の昭和回帰に飽きていた都市部の有権者は共感し、翌17年7月の都議選でも、彼女の新党「都民ファーストの会」を圧勝させます（自民党の23議席に対し、55議席）。

531　須田桃子『捏造の科学者　STAP細胞事件』文春文庫、2018年（原著14年）、104-112頁。

532　小保方晴子『あの日』講談社、2016年、46頁。胞子様幹細胞は、バカンティが01年に発表したSTAP細胞の原型となるアイデアで、当時から酷評されていた（前注参照）。

533　前掲『捏造の科学者』、184・349-350頁。

1988年、経済番組司会の小池百合子
改元を経て4年後、政界に転じる

令和にベストセラーとなる石井妙子氏（ノンフィクション作家）の『女帝 小池百合子』が説くように、このとき人びとが見落としたのは、小池さんもまた真実という概念を知らぬ人だったことでした。

本書では何度も、平成に生じた変化が１９７０年以降の「後期戦後」の系譜を引くこと、それを見落とすときに改革は躓き、浅薄な失敗に終わってきたことを述べてきました。小保方晴子さん（83年生）は高校受験の失敗と、推薦に近い形で大学に入った劣等感とが誤った上昇志向のバネになったようですが[534]、昭和の只中に生まれた小池百合子さん（52年生）の場合は、その程度では効きません。

生まれつきの顔のあざに苦しみ、山師的な政治ゴロの父親に悩まされてきた彼女が好機をつかむのは76年の秋、エジプトのサダト大統領夫人の訪日時に、アテンドを務めたことでした[535]。

このとき、おそらくは経歴を誇張してカイロ大学首席卒業を名乗ったことが、「女だてらに動乱の中東情勢をくぐってきた国際派」との評判をとり、ＴＶキャスターを経ての政界入り。73年10月の第四次中東戦争（サダトの奇襲作戦が奏功し、イスラエルの不敗神話が終焉）が最初のオイルショックを招いて以降、石油確保のためには日本も米国から距離をとって独自のアラブ外交を模索し出すなど、ベトナム撤退とあわせて「アメリカ帝国の衰亡」が第一歩を踏み出した時代の一コマです。

石井さんが指摘するように、政治家としての小池さんの特色は「見せ方」だけを徹底して重視し、内実には関心を持たないこと。たとえば２０１６年の都知事選出馬にあたり、４年後の夏に想定される東京五輪と重ならないよう「３年半でいちど辞職する」と声明しますが、これだと規定上は半年後（＝退職前に務めるはずだった任期の満了時）にまた選挙をするだけなので、実は意味がない。

「３つのＳ」のように外来のカタカナ語を振り回し、圧倒はされても本気かどうかわからない政策の語り口も、小泉政権の環境相時代から一貫します。１９８８年、バブル景気の絶頂期に経済番組『ワールドビジネスサテライト』の初代キャスターに抜擢され名声を博した経験にも裏打ちされた、本質より印象、内面より表層の哲学でした。

この特質で平成の政界再編を生き延びた小池さんの栄光と、凋落とが同時に訪れるのは２０１７年10月の衆院選でした。唐突に衆院を解散した安倍政権に対し、人気絶頂の小池都知事が自身を党首とする「希望の党」（現在の国民民主党の前身）を結成して、政権交代をめざすと宣言。そこに前原誠司代表の民進党が解党して合流――いわば党名のラベルを貼り替えて自民党を倒すと発表したことで、有権者は興奮状態となり、ＳＮＳ等では「アベを倒すためなら、一時的な小池

534 前掲『あの日』、７-８頁。
535 石井妙子『女帝 小池百合子』文藝春秋、２０２０年、１０６-１１３頁。

政権もありだ」と発言する識者まで現れます。

しかし会見で小池氏が民進党左派は入党させない意向を示し、「リベラル派大量虐殺」の懸念を訴える左翼記者をあしらって「排除いたします」と嘲笑したことで、支持は急落。[536] 野党第一党を制したのは皮肉にも、悲壮な表情でたった1人の――郵政解散時の小泉首相のような――会見を開きリベラル結集を訴えた、枝野幸男代表の立憲民主党でした。

小池さんは酷薄な性格だと見なされたほか、花粉症ゼロを含む（！）「12のゼロ」など実現不能な公約や、ベーシックインカムの財源を問われての「ＡＩからＢＩへ」の珍答弁によって能力にも疑問符がつき、国政への影響力をしばし失います。

陰謀論とスピリチュアリズム

――これが、ポストモダン（近代以降）というものなのか？

思想的なポストモダニズムの源泉に、１９６８年の世界的な学生運動の高まり――既存の近代社会への異議申し立てがあることはひろく知られています。しかし、２０１６年の話題書だった菅野完《たもつ》『日本会議の研究』が説くように、このころから安倍官邸との蜜月が注目され出す右派団体・日本会議の起源は、むしろ全共闘に対抗して左翼による大学封鎖を排除した右派学生団体の執念で、その思想は「生長の家」を中心とする新宗教的な反近代主義。[537]

すなわちポストモダンと呼ばれる時代を最後に制したのは、インテリ好みの脱近代の哲学というより、素朴な前近代への郷愁だったのかもしれない。先述した17年秋の衆院解散の背景も、スピリチュアル好きを公言する首相夫人の安倍昭恵さんが、日本会議とつながる学校法人で講演したことに端を発する森友学園問題でした。

しかし当時は、あまりの解散理由のなさに裏を勘《かん》ぐり、「トランプが北朝鮮との開戦を決意し、安倍にリベラル派の野党を選挙で潰すよう指示した」といった陰謀論が乱れ飛ぶ惨状に。[538] 事実としては最大野党・民進党の次期幹事長（山尾志桜里《しおり》）のスキャンダル発覚を、与党側が「勝てる好機」と見なしたのが総選挙の引き鉄でしたが、[539] 週刊誌の見出しで解散を決めるのが前代未聞なら、国政政党を丸ごと「人気の知事に身売り」して対抗するとは空前絶後。

いまさえ勝ち抜ければ後はどうでもいいとして、歴史を失った社会には「瞬間」しか残らなくなることを言外に物語る、平成という時代の末路に立つ記念碑でした。

２０１４年８月、国際的な名声を買われ研究の最終段階で共著者に名を連ねた理研の笹井芳樹《よしき》

536 同書、３０７-３０８・２４９・３７０-３７４頁。

537 菅野完『日本会議の研究』扶桑社新書、２０１６年、第6章。なお、衛藤晟一や平沼赳夫など自民党右派と縁の深かった生長の家自体は、その後エコロジー左派に転向しているという点にも（42-45頁）、脱近代の社会の「基軸のなさ」が現れていよう。

538 高英起「いま永田町で出回る「12月以降、米国が北朝鮮を攻撃」とのウワサ」Ｙａｈｏｏ！個人ニュース、２０１７年9月21日。

539 前掲『女帝 小池百合子』、３６２-３６４頁。

氏（発生学）が、STAP細胞騒動に疲弊するなかで命を絶ちました。小保方氏のフィルターを通しての記録ですが、彼は生前、「科学の神様は……チラッと扉の向こうを見せてくれる瞬間があってね、そこを捉えられる人間は神様に選ばれている」[540]旨を口癖にしていたといいます。

『君の名は。』とともに国民的バンドになったRADWIMPSは、18年に「この身体に流れゆくは／気高きこの御国《みくに》の御霊《みたま》」云々と歌う楽曲「HINOMARU」を発表し、賛否を呼んでいます。政界のみならず、自然科学の最先端からエンタメの売れ線まで、第一人者といってよい現役のスターたちが、内実を欠き捉えどころのないスピリチュアルな発想に心惹かれる。

経典を持つ宗教の影響力が低く、ある意味で最も「世俗的な近代」を体験してきたといえるこの国が、啓蒙主義では照らし得ない不透明さへと沈んでゆく。11年の震災で始まったリブートが現在に追いつき、タイムループの円環が閉ざされるなかで、あの蒼々《あおあお》とした空の下の濃霧がついに、日本を塗り込め終えるときは迫っていました。

新時代への模索

『コンビニ人間』と発達障害バブル

『シン・ゴジラ』では「平成の政治改革」の末裔にあたる若手政治家（官房副長官）が、ゴジラの攻撃による閣僚全滅の棚ぼたで権力を握り、集団的自衛権めいた米軍との合同作戦で危機を克服しますが、そうした世界標準の「普通の国」を目指す営み自体が、国際秩序の崩壊のなかで意味を失っていた。『君の名は。』はコワれてしまったセカイにむしろ居直り、戦後映画のうなだれる男性像を一種の「強化人間」へとアップデートさせた主人公が、スピリチュアルの力で時空を超え、巫女《みこ》の血筋を引くヒロインを救う。

こうした、ためにする仮構《フイクシヨン》であることが見え透いたシナリオでしか、もはや主体的に世界に関わるあり方はイメージできないのか——。実は両作品が公開された2016年の前後は、そうした問いが思想や文化の様々な分野で、ひっそりと芽吹き出す時節でもありました。

たとえば同年夏の芥川賞受賞作は、村田沙耶香《さやか》さんの『コンビニ人間』。国内でベストセラーになったこと自体は、前年に同賞を受けた又吉《またよし》直樹さん（芸人）の『火花』の余波もあったでしょうが、世界各国でも陸続と翻訳され「あっという間に「ポスト村上春樹」の最有力の作家に昇りつめた[541]」と評される成功を収めたことには、単なる偶然ではない時代的な背景を見出すべきでしょう。

日本ではもっぱら、1979年生まれの村田さん自身のアルバイト体験を反映した「ロスジェネ小説」としての性格がPRされましたが、作品の本質に関わるのはむしろ、フリーター生活を続ける女性主人公が持つもうひとつの側面です。主人公の古倉恵子には小学生のころから、周囲のけんかを「止めて」と言われるとスコップで殴り倒して止めてしまうような、コミュニケーシ

540 前掲『あの日』、135頁。
541 福嶋亮大『らせん状想像力 平成デモクラシー文学論』新潮社、2020年、44頁。

ョン上の障害があり、おそらく精神科にも通院していたことが示唆されています。

注目すべきは小説なかばで描かれる、言葉の「意味」（内実）を認識できない彼女こそが、今日の社会では最強のポジションを取れるという逆説でしょう。同じコンビニをクビになった白羽《しらは》というクズ男が現れ、彼女を「処女のまま中古になった女」「底辺中の底辺[542]」などと罵倒しますが、なにぶん意味という次元を欠落させているがゆえに、そうしたハラスメントが一切効かない。逆に本人としてはヒモでいるつもりの白羽を、自宅で飼うペットのように扱い、心理的には優位に立ってしまう。

自身の発言／研究の内実を理解しないがゆえに、軽やかに勝ち組への階段を昇り続けたのが小池百合子であり、途中で躓いたのが小保方晴子だとすれば、古倉恵子はそのプロレタリア・バージョンです。事実、芸能人のカムアウトをきっかけに「発達障害」をポジティヴに語るブームが起きたのがこのころで、驚いたのは「診断は受けていないもののＡＤＨＤの疑いが強い[543]」なる名目で、かつては凄腕《すごうで》コンサルタントの「デキる女」を演じてきた勝間和代氏までが乗り込んできたこと。

健常者――「まともな大人」が意味世界を共有することで、維持されてきたはずの社会自体が、もう壊れているじゃないか。そうした観察に基づく穏当な感覚は、しかし「なにが、今後は大人のモデルになるのか」の答えが見えないがゆえに、どこに飛んでゆくのかわからない。

16年の前後に話題となった諸作品は、ジャンルを問わずそうした「踊り場」での模索の軌跡として捉えるのが、最も生産的な接し方のように思われます。

落合陽一と「物語以降」

たとえば2015年の末に、メディアアーティストの落合陽一さんが最初の本『魔法の世紀』を出しています。魔法の世紀とは、端的には「ポスト映像の世紀」のことで、映画館やテレビに投影される物語を大多数の国民が内面化することで動いてゆく、視覚優位で均質化を志向する20世紀のあり方は、もうすぐ終わるという含意がある。

書中で言及されるように、宇宙空間で漂流する恐怖を味わう『ゼロ・グラビティ』(13年)やカーチェイス以外の内容がない『マッドマックス　怒りのデス・ロード』(15年)など、もはや視覚というよりも触覚的な「体験」の提供を目的とする大作映画が、このころ目立ち始めていました。また座席が揺れる・水しぶきが上がるといった4D技術による上映が増えた時期でもあり、女子高生の戦車競技大会を描く15年の『ガールズ&パンツァー　劇場版』のように、旧作(TVアニメは12年)のリバイバルに貢献する例も生まれています。

本書の文脈で興味深いのは、落合氏がそうしたポスト映像時代の新たな人間のあり方を――「子ども」を通り越して――「乳幼児」のメタファーで語った、以下の一節でしょう。

542　村田沙耶香『コンビニ人間』文春文庫、2018年(原著16年)、14-17・131・105-106頁。

543　「勝間和代さん、ADHDについて語る「会計士向いてない」」MedicalTribune、2016年8月12日。勝間は後に診断を受けたそうだが、こうした正確とは言えない自称で著名人を看板に使った「発達障害バブル」には、問題がきわめて多い。斎藤・與那覇、前掲『心を病んだらいけないの?』、第5章も参照。

乳幼児はテレビのコンテンツを見て笑ったり泣いたりすることはめったにありません。それは、彼らが文脈やストーリーから生まれる感情で涙するのではなく、原初的な快／不快の感覚で泣くことにあります。

現代の大人たちが乳幼児のようにメディア〔の物質感そのもの〕で涙したり笑ったりできないのは、彼らの生きてきた20世紀が「映像の世紀」だったからではないでしょうか。「映像の世紀」の大きな特徴は、表現とメディアを分離させたことです。……しかし、コンテンツよりもメディア自体がアートとしての価値を持つ、メディアと表現の境目《さかいめ》がどんどん曖昧になっていく時代においては、先ほどの乳幼児の例で出てきた原初的な感覚、すなわち「原理のゲーム」の方が大きく台頭してくるのではないでしょうか。[544]

多様な読み方ができる作品ですが、落合さんのいう魔法を「ニューテクノロジーの威力の大きさ」の意味にとって、新技術による社会変革の礼賛（いわゆるカリフォルニアン・イデオロギー）を説くツールとして用いるのは、それ自体あまり新しくないでしょう。

むしろ人間の五感や悟性《ごせい》のうち、近代に突出して強化された部分（＝視覚や物語）が衰退することで諸感覚が混然となり、平仄を一にしてこれまでは仕切られてきた社会の諸分野（内政・外交・経済・教育・芸術・技術など）もまた、境界を見出せないほどに相互浸透してゆく。そうした人間存在自体の「ボーダーレス化」を詩的に捉える、デジタル・ネイティヴ世代の美学原論でした。

國分功一郎の中動態論

一方、2017年に話題となった國分功一郎さんの『中動態の世界』は、あくまで言語という「近代に特権的だった」メディアにこだわりつつ、しかしその捉え方を変えてゆくべきだと主張します。同書はもともと14年に雑誌『精神看護』に連載されたもので、アルコール依存症のような「たしかに自ら進んで手を伸ばしたとはいえ、自らの意志による選択なのかはっきり言うこともできず、強制されてはいないという意味では受動的ではなかったにせよ、かといって能動的であったとも言えない状態[545]」の考察が、出発点になっています。

論証を飛ばして結論だけを引用すると、インド＝ヨーロッパ語族では古代の古典ギリシャ語やサンスクリット語の段階まで（限定つきなら中世のラテン語でも）、そのような完全には自発性に基づかない形での行為を描写する「中動態」という態が存在し、能動態との対をなしていた。しかし、やがて完全なる主体性の欠落（＝被強制性）を意味する受動態が台頭し、対概念の座を奪うことで、中動態を基礎とする人間観は忘却され、「進んで自分からしたことには責任あり、強制されていたなら責任なし」といった規範に基づく、近代社会の法秩序が作られてゆく。

544　落合陽一『魔法の世紀』ＰＬＡＮＥＴＳ、２０１５年、１０２・91-92頁。
545　國分功一郎『中動態の世界　意志と責任の考古学』医学書院、２０１７年、28頁。

それは確かに便利なのですが、たとえば虐待や貧困ゆえに依存症に陥ったケースを「強制されたとまでは言えないから、自己責任」で切りすてるような、あまりに過剰な負荷を人びとに負わせてもいる。

中動態はあるときから抑圧された。能動態と受動態を対立させるパースペクティヴこそが、この抑圧の体制である。われわれはこのようなパースペクティヴのなかにある言語を、尋問《じんもん》する言語と呼んだ。その言語は行為者に尋問することをやめない。常に行為の帰属先を求め、能動か受動のどちらかを選ぶよう強制する。

……しかし、これは言い換えれば、そうした抑圧が弱い地点や、それが弱まった際には、抑圧されていたものが再び現れ出るかもしれないということである。これは精神分析で言う「症候 symptom」のようなものである。[546]

興味深いことに、國分さんのいう中動態の論理とは、大略「自己を、行為の主体（＝原因）としてではなく、むしろ外部に起因して生じる様々な行為が行われる「場所」として捉える」ものなのですが、なぜか書中ではそう表現されない。おそらくは場所の哲学として知られる西田幾多《きた》郎《ろう》などを媒介にして、[547]ポストモダン右派的な「能動／受動で思考する欧米の近代哲学が行き詰ったいま、中動態的な日本の伝統思想にこそ活路がある」といった解釈を招くことを、警戒しているようにも感じられます。

この点は「西洋と東洋の庭園の違い」から、一気に「花鳥風月を愛《め》でる私たちの文化に連なる美意識[548]」を脱近代の可能性と結びつける落合さんのスタンスと好対照ですが、これは両者の専門分野以上に、純粋な世代の違いでしょう。國分氏は74年生まれ、落合氏は87年生まれ。

西田らの京都学派に代表される「戦前のポストモダニズム」(近代の超克論)が暴走したトラウマが、徐々に擦《す》り切れて忘れられた平成という時代の軌跡は、折り重なる時期に話題となった二人のテキストにも刻まれています。

『この世界の片隅に』と「代理人の倫理」

『君の名は。』や『シン・ゴジラ』を抑えて、評論家が投票で選ぶキネマ旬報ベストテンの1位を制した2016年の邦画は、片渕須直監督の『この世界の片隅に』でした。クラウドファンディングで製作費を集めたインディーズのアニメ作品でしたが、口コミで支持が広がり、なんと19年の年末まで3年以上も劇場公開が続く史上最長のロングランに。

546　同書、41-42・195頁。

547　たとえば昭和の最末期における、柄谷行人の左記の指摘を参照。
「西田の場合は、(西洋哲学とは) 逆に述語主義ですね。絶対に主語にならないような述語、それをつき詰めていくと場所になる。……主語から出発すると、ある種の時間なり行動なりが出てくるんだけれども、述語のほうは自然にわいてくるという感じ」(前掲「昭和の終焉に」『柄谷行人浅田彰全対話』、49頁)。

548　前掲『魔法の世紀』、161-164頁。

広島出身の漫画家・こうの史代さんによる2007~09年の作品を原作に、絵を描くのが好きな主人公の北條（旧姓・浦野）すずが、原爆投下に前後する日常を生きぬく姿を柔らかなタッチで映像化したものです。すずが中途、米軍の時限爆弾のために片腕を失う挿話は、太平洋戦線で負傷し隻腕《せきわん》の漫画家となった水木しげるを連想させますし、かつ作品の全体が、戦時下に手塚治虫が習作を通じて事実上始動させた「戦後アニメ」へのオマージュにもなっている。[549]

歴史が喪われていった平成の終盤に、最も成功した「歴史映画」と呼ぶこともできるでしょう。しかし私は同作をむしろ、歴史に仮託した現代劇として見てみたいと感じています。

映画版の『この世界の片隅に』では原作を忠実に辿りつつ、代理というモチーフが全編を貫いています。[550] １９３３年の冬に始まる劈頭、小学生のすずが風邪をひいた兄の「代理」で海苔《のり》を届けるモチーフで幕を開け、44年に呉《くれ》市の北條家に嫁入りしてからは、配給制度が敷かれる厳しい環境のなか、もう手に入らない食材でも絵に描くことで「代わりに」愉しむ喜びを、姪《めい》っ子の晴美や女郎のリンに教える。

野草も用いた「代用食」をけなげに調理する描写など、史実を踏まえた展開の妙に唸《うな》らされますが、[551] しかしこのテーマが総力戦という「非常時」、ないし前近代的な「貧しさ」のゆえに生じているかというと、実はそうではない。そのことがわかるのがすずと、準主役的な位置づけの小《こ》姑《じゅうと》（夫の姉。晴美の母親）・黒村径子《けいこ》の対比です。

北條家では眼鏡姿でインテリの義父、足に障害を持つ義母がすずに優しく接する半面、下関の嫁《とつ》ぎ先から戻ってきた径子だけが異様に厳しく、すずは当初、頭に禿《は》げができるほど悩みます。

しかし作品の展開につれ、これが単に径子の性格の問題ではないことが見えてくる。径子は大正期にはモダンガール、つまり「能動態」で万事を決定する自立した女性で、みずから大恋愛の果てに結婚したがゆえにこそ、戦争にすべてを奪われて苦しんでいる。

そんな径子の眼からみると、生まれつきの「ぼーっとした子」を自認し、なにが起きても「弱ったねぇー」とだけぼやいて唯々《いい》諾々《だくだく》と現状を受けいれる「受動態」のすずのことが、歯がゆくてしょうがない。空襲の折、すずに子守を任せたがゆえに晴美を死なせてしまった際には激昂して、「あんたがついておりながら、人殺し！」とまで罵りますが、それでも二人は最後に和解し、北條家を支えてゆくことを選びます。

生きるうえでの障害に満ちたこの世界で、「完全な主体性」という意味での大人のモデルは、ほんとうは最初から機能したためしがなかった。すずには広島在住だった少女時代、水原哲《てつ》という内心では相思相愛の男子がいたのですが、告白できないまま別れてしまう。海軍に入った水原は戦時中、帰国時の休暇を活かして北條家に立ち寄り、すずと再会するのですが、夫の北條周作

549　前掲『母性のディストピアII　発動篇』、186-190頁。

550　この発想の今日的な意義については、拙稿「偶然性と代理　歴史の不在を生きる技法とは」前掲『歴史がおわるまえに』、375-377頁（初出『GA　JAPAN』154号、2018年）を参照。

551　戦時体制下では「代用品」で満足することを説く（実写の）時局映画が多数製作され、それはハリウッド級の資本力を持たない日本の映画人の自意識として、戦後にも持ち越された。與那覇潤・片山杜秀「小津安二郎が「作為」した日本　昭和史との対話」前掲『史論の復権』、157頁（初出『新潮45』2013年11月号）の片山発言を参照。

は呉鎮守府の書記（文官）だったため、三者三様の気まずい関係が生じます。

初恋の人と見合い結婚の相手とでは、どちらが真の愛の対象でどちらが代理かわからないし、前線に行かずに軍の仕事を受けている者にとっては、兵隊さんを「身代わり」にして戦禍を免れている後ろめたさがある。しかしすずが、当初は「代理」だった周作を愛し始めていると水原に告げ、その水原もまたすずにとっての「代理」でいいのだと自身に言い聞かせることで、寂しくも爽やかに北條家を辞してゆく。

戦前には一人前の「立派な大人」がおり、だからこそ世界最強の米国とも開戦できる「自立した国家」たりえたとするのが、平成期の日本を席巻した歴史修正主義の神話でした。淡々と進む『この世界の片隅に』の静かな魅力は、単にその虚妄を暴くのではなく、むしろ自分を誰かの代わりとみなしてみることでこそ、心豊かに他者と共存する関係は生まれうるという、啓示から来てはいないでしょうか。

だからこそすずと径子の和解は、片腕のないすずに（被爆した）亡母の「代理」を見出した戦災孤児を北條家が引きとり、失った娘の「代わり」に彼女を径子が育ててゆく形で、最後に達成される。「強い主体」のマチズモを追い求めた三島由紀夫の割腹から約半世紀、この国の文化がついに見つけた、新しい倫理の基盤でした。

「戦後」も「歴史」もない世界へ

『この世界の片隅に』でオープニングの題字にかかるのは、全共闘期のフォークソングの名曲

『この世界の片隅に』（こうの史代、双葉社、2009年）下巻74頁より
戦禍のなかで理解しあう黒村径子（右）と北条すず

「悲しくてやりきれない」（オリジナルはザ・フォーク・クルセダーズで、1968年）。リアリズムに徹した同作の演出からすると、戦前期の歌謡曲から選ぶこともできたはずですが、あえて歴史を修正するかのように（?）この曲を採用したのは、2013年の『風立ちぬ』（宮崎駿監督）が荒井由実の「ひこうき雲」（73年）をエンドソングにしたことへの応答でしょうか。

平成が終わろうとするいま、20世紀なかばの戦争も、「後期戦後」の出発点にあたる学生運動の時代も、ほとんど等距離にみえる遠い過去となったけれども、それを恐れる必要はない。適切な他者との向きあい方さえあれば、いつでも私たちは、それらを「同時代」として感じることができるはずだから――。

そして翌2017年、羽賀翔一によるマンガ化を通じて、吉野源三郎の『君たちはどう生きるか』（1937年）が「究極の自己啓発本」としてまさかの再ヒットとなるさなか[552]、引退していたはずの宮崎駿さんが同じタイトルで、長編映画の製作に復帰すると表明します。

――歴史がなくなっても、もう心配しなくていいんだな。人はかつて歴史に託してきたことを、別の形でなんども甦らせては、繰り返してゆくだけだから。

その17年の夏、離職の手続きで久々に大学へと向かう列車に乗った私の口から、意図せず哄笑が漏れました。地方都市の郊外へと続くその沿線には、もともと1棟のみショッピングモールがあったのですが、休職のあいだに類似の光景がなんと、3駅連続のものへと増えている。

あたかも量的な拡大とうわべの目新しさでのみ、質的な内実の変化のなさを埋め合わせてきた、平成日本の閉塞を象徴するかのようでした。

そんな時代なら、大学を辞めるなんて、たいしたことじゃない。知識や教養を名のる「特殊な商品」を扱う鄙《ひな》びたモールの店員を辞めて、今後は自前で店を出すだけのことだ。

まともに相手をされなくなって久しい日本史の教壇から足を洗い、自分自身の病気を基に綴った同時代史を刊行して、むしろ「歴史以降」の言論を世に問う日は、翌18年の4月に迫っていました。

552　吉野は戦後の初期に岩波書店で雑誌『世界』の編集長を務め、丸山眞男らを論壇デビューさせた編集者。日中戦争開戦の年に刊行した『君たちはどう生きるか』は本来、時局に抗して「近代科学の思考法」を児童に伝えるという趣旨の教養小説だったが（拙著、前掲『日本人はなぜ存在するか』、182頁）、平成のリバイバルでは単に「著名人が推す生き方本」として享受された。

第15章 はじまりの終わり 2018—2019.4

西洋近代に殉《じゅん》じて

「躁《そう》的防衛」だった未来予測

すでに改元が視野に入り、「平成最後の」という形容詞が日々メディアに踊った平成30年（2018年）と翌年頭の4か月は、この元号が掲げられた時代に対する「喪《も》の作業」の期間でした。喪（悲哀）の作業とは、もとは第一次大戦中にフロイトが提唱した概念で、愛情や親しみの対象が消え去ってしまったとき、その喪失を十分に受けとめることを通じて、もういちど歩き出せるようになるまでの休息と呼べるでしょう。

教科書的に言うとこのとき、もう帰らないものへの固着——「断念された対象への自我の同一化」[553]が行きすぎて、日常に戻れなくなってしまうのがメランコリー（うつ）。逆に「そもそもあんなものは惜《お》しくない。だから悲しむ必要なんてない」と強弁して、喪の作業をスキップするあまり、それまでの自己の輪郭を見失うほど極端な方向に暴走してしまうのが、躁的防衛と呼ばれる状態になります。[554]

後にわかることですが、アベノミクスの成果と言われた景気の拡大は、18年の10月を最後に収縮へと転じました。[555] 昭和回帰と戦後の高度成長を「取り戻す」試みの限界が予感されるなかで、逆方向の「未来への逃走」とも呼ぶべき躁的防衛の言論が、時代の徒花のように咲き誇ったことは記憶に新しいでしょう。

ＡＩが人間を追い越すから「既存の教育は全部ムダ」・ＢＩ（ベーシックインカム）が実現すれば「その他の社会保障はもう要らない」・コンパクトシティに集中して住めば「地方が衰退しても問題ない」・仮想通貨が法定貨幣を凌駕するので「別に貯金がなくてもかまわない」……。だから目の前の社会がどれだけ壊れていても、なにも嘆くには値しないというわけです。こうした未来学的な発想のいくつかは、平成の新党ブームのパロディのような政治団体に取り入れられ、新元号下で初の国政選挙となる２０１９年7月の参院選で議席を得るものも現れます。[556]

553　ジークムント・フロイト「喪とメランコリー」伊藤正博訳『フロイト全集14』岩波書店、２０１０年（初出１９１７年）、２８１頁。傍点は原文。

554　松本卓也『症例でわかる精神病理学』誠信書房、２０１８年、１３０-１３１・１４６頁。

555　「18年秋に景気後退入り　回復71カ月、戦後最長ならず　内閣府認定」時事ドットコム、２０２０年7月30日。

西部邁の自殺

玉石混淆の未来のインフレと呼ぶべき状況のなかで、2018年1月21日、西部邁が命を絶ちます（1939年生、78歳）。前年末に出した新書『保守の真髄《しんずい》』はみずから最後の書物と銘打ち、さらに「ある私的な振る舞いの予定日」という表現で自殺を強く示唆していたため、[557]たちまち増刷されベストセラーに。

もっとも同書の内容は、テクノロジー主導のニューエコノミーに背を向けて中庸の政治を説く、あまり新味のない年来の持論で、予定していた自殺を取りやめたのも17年秋の総選挙の背景に「朝鮮半島の危機」があるという、当時広まった誤情報に影響されてのこと。さらに18年4月5日、思想的な弟子2名が自殺幇助《ほうじょ》のため逮捕されて、一時的に高まった西部再評価はしぼんでゆきました。

しかしその軌跡をふり返ると、1970年の三島由紀夫や99年の江藤淳と同様に、西部邁の自死にも時代の画期が刻まれていることに気づきます。東大在学中の60年安保では指導部として学生運動を指揮した西部が、明確に保守主義へと転向したのは、77～78年の米英留学が契機でした（当時は東大教養学部助教授）。

カリフォルニアで目撃したヒッピーや新左翼の末路が、いつまでも理想と現実の折り合いをつけられない「〝大人子供〟manchild」を連想させたのに対して、前近代の伝統と調和しながら暮らすイギリスは「gentleman の国」だった。[558]だから自分も左翼時代の残滓と訣別したというのが本人の説明ですが、真に注目すべきはむしろ、外遊直前の時期に西部がポストモダンの記号論にのめり込んでいたことを明かした、『学者　この喜劇的なるもの』での一節です。

大いに錯覚なのであろうが、私は「なにもかもわかった」ような気がした、つまり、いくつかの相関する原基的な意味素が組合せ運動を起こして、より複雑な意味場を構成していく機構を自分は把握したと考えた。……簡略にいえば、レヴィ＝ストロースが言語学によって未開の神話を解釈したのに倣って、記号論によって科学・思想とよばれる現代の神話を解釈しようというのである。したがって、科学性とか思想性とかいった専門主義者たちの

平成の末期、晩年の西部邁

556　2014〜17年の3回の国政選挙には、デジタルデモクラシー（ネット投票による直接民主主義）をうたう「支持政党なし」なる団体が出馬して物議を醸した。平成最後の月となる19年4月の統一地方選で26名を当選させた「NHKから国民を守る党」と、同月に山本太郎が結党した「れいわ新選組」は、同年7月の参院選比例区で議席を獲得している。

557　西部邁『保守の真髄　老酔狂で語る文明の紊乱』講談社現代新書、2017年、10・264頁。

558　西部邁、前掲『蜃気楼の中へ』、207-208・227頁。同書の主要部分は、西部の外遊中に在外通信の形で『経済セミナー』に連載された。

金科玉条《きんかぎょくじょう》は、私の眼には、現代人の被《かぶ》る仮面の彩色のようなものだと思われはじめた。[559]

記号論的に考えると、あらゆる概念に本質はなく、単にラベルを貼ることでなにかとなにかを区別してゆく、間《ま》仕切りの組み合わせがあるに過ぎない（お湯を水と区別する言語もあれば、hot water ＝「熱い水」としか呼ばない言語もあるように）。そうした視点を知ってしまうと、既往の諸学問も含めたすべてが無根拠に見えてくるというわけですが、これは平成末期の未来主義の言説でよく語られた、「どちらも情報処理のアルゴリズムだ」という観点に立てば、ヒトの脳とＡＩは交換可能で、有意味な差はない」とする感性とほぼ同じです。

西部の場合はその後、アメリカ西海岸の元・新左翼の退廃ぶりとの対照から、イギリス郊外の田園生活に人間らしくあることの本質を見出し、「少年と老人のあいだで平衡《へいこう》をとること」を掲げる保守論客へと転向していった。一方、76年に同じカリフォルニアでスティーヴ・ジョブズらが創業したアップルコンピュータの、21世紀における躍進こそをリアルに感じる世代にとっては、いつまでも子どものまま Stay Hungry, Stay Foolish でいることがモラルになる。

西部の自裁こそは、そうしたすれ違いを孕んだまま煮詰まっていった平成という時代の、幕切れに添えられた供花《きょうか》でした。

「自己決定」とともに

『学者』はみずからが構想する学際研究を進めるべく、中沢新一の採用を企図して実現を阻まれた「東大駒場騒動」（1987〜88年）の内幕を描く手記です。失望して東大を辞した西部を中心に、平成の前半期に形成された新しい保守の論調では、グローバル資本主義の下ではすべてが相互に交換可能だと熟知するがゆえにこそ、ニヒリズムへの防波堤として「あえて」日本にだけはほんものの価値があるのだと唱える議論が主流でした。90年に論壇デビューする福田和也や、彼らと激しく対峙しながら2005年ごろにはほぼ同じ境地にいたる宮台真司が代表的ですが、原点は西部邁にあったというべきでしょう。

しかしベタな昭和回帰の願望が噴出した平成の後半期、彼らが時代の虚無に抗うための仮構として作り上げた「日本」は、それ自体が出自から空疎だった事実を露わにしていきました。最後の書物『保守の真髄』で読者の胸を打つのは、どこかテンプレートめいた日本文化史や戦後日本批判ではなく、むしろ病院での死を排する理由を西部が自身の言葉で語った、以下の一節です。

> 連れ合いをもたぬ者にとって病院死を選ぶのには大いなる危険が伴っているということになる。つまり終生の看病という〔夫婦間の〕盟約を交わしていない者たちに自分への看病を強いる、という気苦労《きぐろう》を死にゆく者が引き受けざるをえなくなる。……
>
> たとえば自分の娘に自分の死にゆく際の身体的な苦しみを、いわんや精神的な苦しみなどは、つまりすでにその顛末を母親において十分にみているのに、それに輪をかけてみせる、という

559　西部邁『学者　この喜劇的なるもの』草思社、1989年、25-26・29頁。

ようなことは、できるだけしたくない、そんなことをするのは廉恥心に悖《もと》る、と考える方向での生き方をする者がいて、述者（＝西部）はそうした種類の人間なのである。[560]

相互に主体的に選んだパートナー（夫／妻）であるからこそ、死にいたるまでの介護を頼むことが許容される。それ以外の人には——たとえば子どもは望んでその親の下に生まれたわけではないから——同じ苦しみを背負わせることを正当化しえない。この論理が近代的な、いわば能動態の主体論に基づく「自己決定＝自己責任」の規範であることは明らかでしょう。

革命の夢が敗れた後のアメリカに西洋化の行き止まりを感受し、伝統回帰を掲げて日本という価値を彷徨《さまよ》った果てに残ったのは、かつてその無効を告げたはずの近代だった。戦後民主主義の前提を疑い、「平成の右傾化」の端緒をつけたとも言える保守思想の泰斗は、水膨れした「日本こそが未来のモデル」式のポストモダン右派を肯んじえずに、意外なほど正統なひとりのモダニストとして死んだのです。

再東洋化《リオリエント》するルネサンス

「米朝和解」の衝撃

１９８２年に単行本が出た、『気分はもう戦争』というカルトマンガをご存じでしょうか。原作は全共闘世代を代表する作家の矢《や》作《はぎ》俊彦（50年生。ただし大学には進学せず）で、作画はのちに

『気分はもう戦争』（原作・矢作俊彦、作画・大友克洋、双葉社）118頁より

『AKIRA』（映画版が88年）で国際的名声を得る大友克洋。泥沼化する中ソ対立やソ連軍のアフガニスタン侵攻（79年）を背景として、「ソ連が中国に宣戦布告し世界を震撼させるが、すべては米ソの間で話のついていた八百長《やおちょう》だった」なる顛末を描くパロディ作品です。二大「敵国」どうしの直接対決に街宣右翼がパニックを起こし、「今こそパンダのお返しを我々はしなくてはならな～い」と演説してにわかに中共支持を訴えるくだりなど、世界に翻弄されるだけの日本のマッチョイズムを風刺して鋭いものがあります。

私が久々にこの作品を思い出したのは、2018年の3月です。米国大統領トランプが突如として北朝鮮の金正恩《キムジョンウン》委員長との首脳会談を発表、国際政治に激震が走りました（同年6月に、シンガポールで実現）。わずか1年前には空母2隻を日本海に展開して北朝鮮を激しく威嚇《いかく》、空爆ないし金委員長の暗殺作戦も間近《まぢか》だと報じられた直後の手のひら返しで、全日本人があっけにとられたので

560 前掲『保守の真髄』、259頁。実際に西部は2014年に妻を亡くし、かつ同書は娘による口述筆記の形で出版された。

す。
事実、安倍政権の応援団を外れて身軽になっていた中西輝政氏は、17年3月には保守系識者の会合でも米国は「いつ」攻撃するのかが話題となり（つまり、開戦が自明視されていた）、核保有国への先制攻撃は「あり得ない話」と一蹴したら座が白《しら》けたと暴露しています。

これはやはり、世界の秩序のあり方が、これまでの〝パクス・アメリカーナ〟から、「劇場化」が行きついた、何でもありの〝パクス・フェイク（見せかけの世界秩序）〟に変化してきたことの現れではないでしょうか。

これまで、覇権国・アメリカのリアルな力による世界秩序が続いてきたのですが、そのアメリカの力と意志がここにきて弱まってしまい、……〝裸の王様〟になりつつあるアメリカの覇権が、いわば見せかけだけで世界を動かすようになってきました[561]。

まさしく戦争という「気分」だけを煽るだけ煽って、直接攻撃する気はない（というか、できない）核保有国に対するブラフに使う。そうした米朝の八百長に一番ひっかけられたのがわが国で、北朝鮮の拉致と戦う政治家だったはずの安倍晋三首相は、トランプとの共同会見で「北朝鮮には、豊富な資源があり、勤勉な労働力があります。北朝鮮が正しい道を歩むのであれば、明るい未来を描くこともできる[562]」なる珍妙なお世辞《せじ》を述べる事態に。

またトランプは（独裁体制に厳しい米国のリベラル派と異なり）ロシアのプーチン政権にも融和的

で、米露協調が進んだために日本が「仲介の労」をとる出番はなくなり、安倍政権がレガシーにと見込んだ北方領土の一部返還も頓挫《とんざ》しました。

日米同盟の衰亡

中西輝政氏の師にあたる高坂正堯が、初めて在米研究のためハーバードで過ごしたのは、ジョン・F・ケネディ政権発足時の1960〜62年。文字どおり世界に冠《かん》たる「グレイト」な存在だったアメリカの黄金時代で、帰国後の高坂は左派論壇の非武装中立論に抗して、日米同盟の不可欠性を説くことを終生の課題としました。しかしその後のベトナム戦争を経て、米国社会は混沌へと落ちていきます。

1970年前後に訪米した中西さんの前にあったのは「ベトナム帰還兵が、LSDなどの強い麻薬を流行らせ」、「ニューヨークでは若い男でも地下鉄にも乗れないありさま」のカオティックな空間でした（結果として同氏もまた、後の西部邁と同じく、英国の保守主義へと傾斜してゆきます）。そうした歴史の地層から見れば、平成と重なるポスト冷戦期のアメリカの覇権は、ライバルだったソ連圏の自壊によって「「タナぼた的に」再び超大国になった」[563]状態にすぎず、はったり屋のトランプの登場こそが本来想定されていた、アメリカ衰亡史の延長線上への正しい回帰なのでし

561 中西輝政『アメリカ帝国衰亡論・序説』幻冬舎、2017年、26-28頁。
562 「平成30年6月7日　日米共同記者会見」首相官邸ウェブサイト（演説場所はホワイトハウス）。
563 前掲『アメリカ帝国衰亡論・序説』、177-179頁。

ょう。

平成の約30年間が、マクロに見れば「アメリカの衰退」と「中国の台頭」の時代であったことを、いま疑う人はいません。この事態を日本人としての視点で捉えなおすと、冷戦体制の下では「最も進歩的な、米国の衛星国」だった自国の輝かしい側面が薄れ、むしろ「なにをやり出すかわからない中国の、危険な辺境」としての位置づけが、誰の目にも色濃くなってゆくプロセスと言えるでしょう。

右の排外主義から左の対米独立論まで、陰謀史観混じりの極端な言説の流行や、米軍基地が偏在するとともに中華世界への窓でもある沖縄の政治化は、そうした背景の下で生じたことでした。隣国たる韓国で見られた、植民地支配の体験者は減少しているにもかかわらず、対日要求が過激化の一途をたどる現象にもまた、中国に比して日本の貿易上のプレゼンスが縮小した564——経済上は「どうでもいい相手」に近づいていったからこそ、相互に「言いたいことはあるだけ言ってしまえ」という関係に陥っていった側面があります。

1979年からの帰結

しかしなぜこの時代、そうした世界のマクロな構造変動を静かに分析する思索は、人びとの支持を得られなかったのか？　実は、1979年が初出となる中井久夫氏（精神科医）の論文に、瞠目《どうもく》すべき指摘があります。

以前触れたことがありますが、この年はソ連のアフガン侵攻のほか、サッチャーの英首相就任

（＝新自由主義）・ホメイニのイラン革命（＝イスラム復興）・鄧小平の米国視察（＝中国台頭）と、[565]平成期に展開する世界史的なうねりの起点にあたっていました。アジアの共産国どうしのあいだで中越《ちゅうえつ》戦争が起こり、論理立ったイデオロギーよりも情動に訴えるナショナリズムの方が、国際秩序の主動因として前面に出始めた年でもあります。[566]

大航海時代の結果は、さしあたり膨大な金銀の流入によるインフレーションであり、梅毒《ばいどく》の流行であった。さらに安価な奴隷労働力によってつくりだされた新世界の金銀は、中世末期に繁栄したドイツのザクセンの銀鉱山を経営不能に陥らしめた。これに対してルネサンス宮廷は、有効な経済政策をもちえなかった。……

塩野七生《ななみ》氏〔作家〕は、くり返し「ルネサンス時代は異能を持たぬ、あたりまえの人が生きにくい時代であった」といわれる。とすれば、ルネサンス期における〝あたりまえの〟人たちの生の困難は、ルネサンス官僚の異能への信頼が失われたとき、平衡を失ってそのフラストレ

564 木村幹（政治学。前掲『日韓歴史認識問題とは何か』、59-62頁）がしばしば指摘するように、これもまた1980年代から一貫する長期のトレンドだった。
565 拙著、前掲『増補版　中国化する日本』、261-264頁。
566 ベネディクト・アンダーソン『定本　想像の共同体　ナショナリズムの起源と流行』白石隆・白石さや訳、書籍工房早山、2007年（原著初版1983年）、18-21頁。

ーションを奔出させたと考えられる。[567]

中世まではユーラシア大陸のさいはて、ただの「岬《みさき》」にすぎなかったヨーロッパが、近代世界のトップランナーへと飛翔する契機がアメリカ新大陸の発見（１４９２年）にあることは、よく知られています。[568]対してポスト冷戦期、日本を含めた先進諸国の経済社会を急変させたのは「中国の発見」――むろん物理的に見つけたわけではなく、安価で勤勉な労働力をいくらでも外注でき、パクリ同然の前近代的なジャンク産業（山寨《さんさい》）からオープンソースを徹底するポストモダンの先端企業まで、あらゆる時代相に適合的なビジネスパートナーをひと揃えする「中国市場」の出現でした。[569]

かくして登場した「新大陸」に由来する価格破壊型のイノベーションが普及し、「あたりまえの人」の生活が激変するなかで、かつてルネサンス以降の欧州で魔女狩りやユダヤ人への迫害が生じたように、平成末期には反移民とレイシズムが各国に広がっていったのです。ルネサンス期の官僚が往々にして、魔術師や錬金術師の顔をもつ「なんでも屋」だったように、なにが専門かよくわからない海千山千のコンサル業者が政府の諮問機関をハックして、真偽不明の未来のビジョンを語る光景も常態化してゆきました。けっして日本のみの話ではなく、トランプ政権の初期にはゴールドマン・サックスの出身で映画プロデューサー、さらにネットメディア経営者と異色の経歴をもつ極右のスティーヴン・バノンがホワイトハウス入りし、時代の象徴のように扱われています（ただし２０１８年に決裂。20年に募金詐欺の容疑で逮捕）。

中井氏によればルネサンスの末期にはついに、「もう未来を予見することはやめよう。予見は少しも事態を改善しない」との呼びかけが知識人によってなされ、欧州に近代を産み出すための熱病は1700年前後にようやく収束するそうですから、[570] 世界経済の中国へのリオリエント（方向転換／再東洋化）にともなう「ポスト冷戦のさらに後」の狂騒曲も、もうしばらくは続くのでしょう。

中華未来主義の予言

そうした「フェイク」が横行する時代への対応策のひとつが、トランプ一流のブラフ外交であり、平成の最末期には安倍政権への揶揄としても使われた「やってる感」の政治でした（実際に

567　中井久夫「西欧精神医学背景史」『新版　分裂病と人類』東京大学出版会、2013年（原著1982年）、118‐120頁（初出は懸田克躬ほか編『現代精神医学大系　第1巻A　精神医学総論Ⅰ』中山書店）。引用部のうち、「塩野七生氏は」以降は注記にあたる。なお、この節の内容は一部、令和の新型コロナ禍での知性の凋落を論じた拙稿「繰り返されたルネサンス期の狂乱」（『Voice』2021年2月号）と重なることを諒とされたい。

568　池田・與那覇、前掲『「日本史」の終わり』の第6章で、批判も含めてこうしたグローバル・ヒストリー上の諸学説を整理している。

569　梶谷懐『中国経済講義　統計の信頼性から成長のゆくえまで』中公新書、2018年、198‐207・213‐214頁。

570　前掲「西欧精神医学背景史」『新版　分裂病と人類』、146頁。

は、これは16年の参院選後に報じられた安倍氏自身の表現が起源）。[571]

これらをいちおう白魔術と呼んでおけば、黒魔術はもっとニヒルで、自由や人権といった「西洋近代の成果」はもはや発展の邪魔だ。それらを欠く中国式の専制政治が勢力圏を拡大する現実こそが「リアル」であり、豊かな生活のためには先進国も近代を棄てろと主張する。いわゆる中華未来主義と呼ばれる潮流ですが、[572] デジタル・レーニン主義とも批判される個人情報の吸い上げに基づく「快適な監視社会」は、実際にはGAFAをはじめとする自由主義圏のプラットフォーム上でも容易に実装化しえることが指摘されています。[573]

2000年にネグリとハートが〈帝国〉による世界統治を予見したとき、その中心に人びとが擬したのはアメリカでしたが、実際にはその座は徐々に中国へとシフトしていった。トランプ政権のファーウェイ排除はそれへの反動ですが、しかしそうした行為自体が米国自身による自由経済の放棄と恣意的な権力の乱用――「アメリカの中国化」をもたらしてしまう。

中西輝政さんは1994年の『回帰する歴史』で、冷戦終焉以降は世界の構造が大西洋の発見（大航海時代）以前に戻り、海洋国家（英米）から大陸国家（中露）への覇権の逆転が起きると唱えた地政学ブームのはしりで、[574] 平成の右派論壇における「親米反中」の代表的論客でした。しかしついに平成最後の新年号となった2019年1月号の『Voice』では、もはや完全な強国となってしまった中国を「叩き潰す」という発想自体が手遅れであり、日本はむしろGDPでも防衛力でも「中国の四分の一の水準を維持」して、呑み込まれないことを目標にすべきと説くに至ります。[575]

保守系でもシリアスな識者ほど、もはや「日本は大丈夫、実はポストモダンの最先端」といった楽観論には乗れなくなってゆく。昭和の最末期にはメイド・イン・ジャパンの輸出攻勢で「米国を凌駕する」とまで言われた国の、あまりにも寂しい次の元号の暮れ方でした。

未完の憲法9条

対峙してきたリベラル派の言論となると、この時期見るべきものはほぼありません。2015年、集団的自衛権の法制化に対する「安保闘争」に敗北した彼らは以降、過労自殺が報じられれば残業問題（16年）、実名の告発者が現れればセクハラ問題（17年）と目先を変えて叫び続けましたが、それ自体が平成初頭の同様の事件を忘れ、教訓にも学ぶことなく過去を反復し続ける「ル

571　『毎日新聞』2016年7月12日の座談会で、御厨貴氏が「結果じゃない。『動《（ママ）》いている《（ママ）》』感覚が大事だ」との首相の弁を引いたのが、おそらく端緒である（宮城大蔵、前掲『現代日本外交史』、239頁）。

572　木澤佐登志「没落する西洋と躍進する中国　中華未来主義とは何か」『表現者クライテリオン』2020年5月号。この号の特集は「「中華未来主義」との対決」で、私も座談会ゲストの形で参加している。

573　梶谷懐・高口康太『幸福な監視国家・中国』NHK出版新書、2019年、205頁。なお、同箇所の節タイトルは「中国化する世界？」である。

574　中西輝政「中世返りする世界秩序」『回帰する歴史　「海洋の世紀」から「大陸の世紀」へ』PHP研究所、1994年、127・132-133頁（初出『Voice』92年8月号）。

575　中西輝政「備えとはこの日本を誇る心」『Voice』2019年1月号、58-59頁。同稿によればこの時点で、中国のGDPは日本の2・6倍、軍事費は3・7倍だった。

ープもののアニメ」に近い状態でした[576]。
歴史（＝時間軸）を忘却してパースペクティヴを失った結果、世界や東アジアという空間の捉え方も視界不良になる状況では、かつてはヘーゲル的な人類史のゴールにさえなぞらえられた護憲の理想が、「江戸時代からの伝統」といった内向きの議論へと自閉してゆくのも必定《ひつじょう》ではあったのでしょう。
まさかの「トランプと金正恩が握手」の報に接した18年の春、すぐ私の脳裏に浮かび上がって消えたのは、6年前に田原総一朗さんに取材していただいた際の会話でした。日本は、世界にこう提言することができなかった。私にとっての平成の挫折は、その一事に尽きています。

田原　：これからの世界は、端的に言えば「アメリカと中国の世界」でしょう。日本がその中で生きるには、中国とアメリカをつなぐ役割を果たすべきだと僕は思っています。憲法はそのための武器になりますか？

與那覇：なると思います。国内で九条を守れというだけでは江戸時代型の護憲論ですが、それを国際条約にしてもいい。憲法九条を専守防衛協定化して、アメリカや中国にも調印させる。「乗りたい国はどこからでもどうぞ」とやるんです。なんなら、北朝鮮が調印してもいいでしょう[577]。

令和くん、こんにちは

『カメラを止めるな!』の成熟観

ああ、これが日本だな――。

私にそうつぶやかせたのは、2018年に最大の話題作となった邦画『カメラを止めるな!』(初公開は前年末)。新人監督・無名俳優のみで製作費は300万円のインディーズ作品が、興収30億円を叩き出す奇跡の大ヒットになりました。

一見、よくあるチープなホラー映画のように始まるが、絶対に予測不能な展開が待っている。そうした評判に心躍らせて、劇場に足を運んだ方も多いと思います。

実はハリウッドにも、まったく同じ宣伝法でカルト的な人気を博した先例があります。12年公開の『キャビン』は、サマーキャンプ中の大学生グループがモンスターに襲われる「ありがちなホラー作品」と思わせつつ、実はクトゥルフ神話上の旧世界の支配者――邪神たちに生贄《いけにえ》を捧げ

576 斎藤・與那覇、前掲『心を病んだらいけないの?』、187-188頁。
577 與那覇潤・田原総一朗「「中国化」する日本のこれから」田原総一朗『日本を変える! 若手論客20の提言』潮出版社、2014年、34頁(初出『潮』12年6月号)。

るために、舞台裏でプロの大人たちのチームが周到に殺害を仕組んでいたという設定。

邪神を満足させるため「処女のヒロインだけが助かる」オチに持っていこうとする管制官と、途中で真相に気づいた若者との死闘を見せつつ、「そうしたストーリーを嬉々として消費し続ける、大衆社会の欲望そのものが「邪神」を生み出しているのではないのか？」と示唆して終わる、メタフィクション的な作品になっています。

『カメ止め』も定番通りのスプラッター・ホラーが展開した後に、「実は、それは演出されたドラマでした」として舞台裏を見せる構成は同じです。しかしこちらで明かされる真相は、前半で映ったのはゾンビ専門チャンネルのB級番組だったのだが、そんな「しょうもない企画」でもスタッフはみんな頑張って作っていました、という人情喜劇。

つまり「どうしてこんな作品を、私たちの社会は求めるのか？」とメタな方向に世界を開くのではなく、むしろ「世の中色んな不条理はあるけど、それでも生きてくのが人間だよ」とベタに問いを閉じてゆく。どちらがいい・悪いというのではありませんが、絶えず自身の前提を相対化してゆく前者の発想が、グローバル化にともなう「創造的破壊」と相性がよいのに対し、後者がどちらかといえば「鎖国的」な、身の回りのいまある生活世界を大事にする心性に立つことは明らかでしょう。

『カメ止め』の登場人物のうち、最も映画の（芸術性という意味での）質にこだわっているのは、女子大生なのに昔の名画のTシャツばかり着ている「ませた」監督の娘でした。逆にその父親は「速い・安い・そこそこ」を売りに、劣悪な仕事も黙ってこなす業界ズレした職人で、撮影を通じて娘がオヤジを見なおしてゆくストーリーになっています。興味深いことにこの『カメ止め』自体、上田慎一郎監督の長編デビュー作なのですが、アイデアをアマチュア的な劇団の作品から借りていたことで論争になり、クレジット表記を改定することで和解しています。

ＡＫＢ疲れと坂道グループ

現状を受けいれることが「成熟」だとされるこの国では、まだスレてしまう前の「子ども」らしさを残す人こそが、いちばん国際標準でいう「大人」に近いという逆説がある。しかしその場所に留まり続けることは、かくも難しいのかもしれない——。そう示唆して平成文化史の最後を彩った『カメ止め』が、いわばそのポジにあたるとすれば、ネガにあたる部分もまた、時代の終焉にあたって噴き出しています。

平成終焉の前月にあたる２０１９年３月、ＡＫＢ48が毎年恒例となっていた選抜総選挙を同年は中止すると発表。当時渦中にあったグループ内のスキャンダル（後述）を受けての判断でしたが、ブームのピークだった13年には20％を超えたＴＶ中継の視聴率が半減し、投票権つきの「ＣＤの売り上げ」には強くてもストリーミング等の新市場では勢いを失うなど、人気にも陰りが見えていました。[578] 一方で投票制度のない乃木坂・欅《けやき》坂の「坂道シリーズ」がこの時期好調だったことは、政界や論壇では10年ほど前から顕著になっていた日本人の「ネオリベ疲れ」が、ついにショービジネスの世界に到達したともいえる出来事でした。

問題のスキャンダルとは、新潟を地盤とするNGT48のメンバー（山口真帆）が、追っかけファンの集団から暴行被害を受けていたことを告白。グループ内の人間関係のもつれから生じた「いじめ」だったとの憶測が広がり、本人ほか3名の卒業に発展します。驚いたことに伸び盛りだった欅坂46（現在は櫻《さくら》坂に改称）でも、18年の暮れから主要メンバーの卒業が続き、改元後の20年1月にはメインボーカルだった平手友梨奈《ゆりな》が（卒業ではなく文字通りに）「脱退」。

スクールカーストと同様の、同年代の子どもたちの間で「なんとなく」発生する上下関係にグループ内の秩序維持を丸投げしていた、ずさんな運営の実態は広く報じられ、[579] ファンをあぜんとさせました。あたかも子どもたちによる革命が挫折し、未完に終わっていった、平成の末路を奏でる挽歌のようでした。

もっぱら融通無碍な「場の空気」に頼り、正体不明な形で少数派に対する同調圧力として機能する日本の秩序原理を、いかにして言語化し、明示的でフェアなルールへと変えてゆくのか。それが革新の丸山眞男から、保守の山本七平・江藤淳にいたるまでの戦争体験者に共通する問題意識であり、[580] 本来、平成はその好機と目されていました。しかしそうした「大人」の知識人たちの提言は、ある者は亡くなり、また別の者は時代に翻弄されて、聞きとげられないまま消えていったのです。

古市憲寿の作家デビュー

２０１８年12月に芥川賞候補になりメディアを沸かせた、社会学者の古市憲寿さん（１９８５年生）の小説『平成くん、さようなら』は、そうした世相をＳＦの手法を使って描いています。

本人の希望による安楽死が完全に合法化され、現実よりもはるかに未来的な形に「進歩した」架空の平成史が展開するのですが、安楽死解禁のきっかけは２００２年、女子高生による衝撃的な自殺未遂の生中継。それも、「女性の権利」に敏感なリベラル派ほど無下《むげ》に否定しがたいロジックになっているあたりに、著者の皮肉が効いています。

578　松谷創一郎「総選挙中止から見るＡＫＢ48の曲がり角　ＡＫＢ商法の機能不全、「パンドラの箱」だったK-POP進出」Ｙａｈｏｏ！個人ニュース、２０１９年３月21日。
平成に普及したインターネットを通じてファンを組織しつつも、昭和と同様にＣＤの枚数で人気を高上げしたＡＫＢの手法を、同稿は「旧《ふる》いメディアと新しいメディアの過渡期に生じた現象」と評している。

579　「悲痛告白　欅坂46・今泉佑唯〝卒業の真相〟は陰湿イジメだった「平手の欅坂46をお前が壊している」と面罵も」文春オンライン、２０１９年４月13日。

580　丸山・山本に比して江藤の名がここで挙がることを奇異に思う向きは、拙稿「轟々たる雷鳴に死す　江藤淳と喪失なき時代」（中島岳志・平山周吉監修『江藤淳　終わる平成から昭和の保守を問う』河出書房新社、２０１９年、１６３頁）を参照。

一人で自殺することを考えていた時に、自分の高校で「若者の主張」の公開生放送が行われることを知った。そこで、せっかくだからこの社会にメッセージを残してから死のうと決めたという。

彼女は、〔父親による性的虐待に〕家庭内の問題だからといって大人が踏み込まないのはおかしいということ、レイプ被害に対するこの国の認識が甘すぎること、そして自分のような心の傷を抱えた人間に対しては、若くても安楽死の道を開いて欲しいと言い残し、屋上の手すりを越えた。

そしてそのまま、身を投げた。[581]

これを受けた登場人物の発言は、「この国では、人が死んだ時だけは、あっさり物事が動くからね」で、いかにも知識人好みの生命倫理学的な反対論は、単に世論の激情に一蹴される存在としてしか登場しない。「近代」の秋とも呼ぶべき、動物と同様の情動的な反射神経が、人間的な論理による思索を圧倒していった、現実の平成の軌跡をなぞる設定となっています。

『なんクリ』から消えたもの

おそらく著者も自覚しているとおり『平成くん』は、約40年前の1980年に文藝賞を受賞した田中康夫の『なんとなく、クリスタル』のリメイクと言える作品です[582]（ちなみに同作も、芥川賞にノミネートされながら受賞を逃しました）。どちらも男性作家にもかかわらず「女性主人公」の視点で、発表当時の先端的な風俗描写をちりばめながら、アンニュイなカップルの都市生活が綴られる。

顕著な違いは、『なんクリ』の女子大生・由利がモデルのアルバイトで自活していることを、「必要以上には束縛し合わずに〔恋人と〕一緒にいられるのも、考えてみれば、経済的な生活力をおたがいに備えているからなのだった[583]」と誇りにしているのに対し、『平成くん』の社会人・愛は「一応はアニメプロデューサーやイラストレーターという肩書きのある私だが、実際のところは〔昭和の人気漫画家だった〕父が残した著作物の管理が主たる仕事」だと割り切っていること。金銭的には愛のほうが由利よりもずっと裕福にもかかわらず、どこか自信なさげで「独立した女性」といった雰囲気は、あまりしない。

作中で強調される流行も、『なんクリ』では欧米産のアパレルと洋楽のレコードで、恋人の淳一はキーボード奏者として人気を博し、仲の悪い父親から自立しています。一方、『平成くん』の「平成《ひとなり》くん」（89年生）は、たまたま2011年に提出した卒論の主題が原発だったところに、その名前が「平成世代の象徴」としてメディアに持てはやされたことで、確たる専門がないまま若手文化人の代表に昇りつめた存在。

581　古市憲寿『平成くん、さようなら』文春文庫、2021年（原著18年）、43・47・41頁。ちなみに同作には、西部邁の自死も脚色されて登場していた（単行本版、68頁）。
582　拙稿「クリスタルが濁りだすとき　古市憲寿『奈落』」『波』2020年1月号（ウェブ版有）。
583　田中康夫『なんとなく、クリスタル　新装版』河出文庫、2013年（原著1981年）、216頁。

スターになった後は「上海の友人から教えてもらったテクニック」で猛アプローチしてきた愛と同棲し、Google Home や UBER Eats を駆使して、快適そのものの生活を送ってきた。そうした順風満帆の平成くんが、なぜか「今さら僕がＴｉｋＴｏｋｅｒになるなんて想像できる？[584]」として、自分の旬が終わるだろう平成の閉幕とともに死にたいと言い始める。

モデルとして成功している由利ですらルイ・ヴィトンには手が出なかった『なんクリ』の時代に比べて[585]、『平成くん』の愛と平成は一見すると遥かにグローバルに暮らしていますが、二人の意識はむしろ閉じています。ＧＡＦＡ系のテクノロジーを駆使して生活するのは単にそれがあたりまえのインフラだからで、欧米（たとえばシリコンバレー）への強い憧れがあるでもなく、そのぶん韓国産のＬＩＮＥ（11年開設）や中国産のTikTok（17年開設）を「しょせんアジア産」と見下す意識もない。

洋楽の視聴はおそらく、平成期に最も衰退した日本の若者文化ですが、実際に１９９９年には「米国の大物ミュージシャンが日本人のために曲を書く」ことがブランドとして機能したのに対し、２０１４年には同じ曲が「日本の曲なのに、外人にパクられた」と素朴に信じる世代が育っていました[586]。平成前半の小室哲哉の時代には強烈に存在した「海外という本物」へのコンプレックスが、よくも悪くもないわけですが、逆にいうと結果として視野が身の回りの小世界のみに閉塞し、知らぬ間にアーキテクチャの覇権を外国に明け渡している――。

そのように読み解けば、いま安楽死しつつあるのは小説の中の「平成くん」という個人以上に、日本という国家意識そのものだと見ることもできます。

第三次韓流ブームと「日韓逆転」？

それはおそらく、アジア圏でも日本に固有の現象です。２０１９年3月には韓国のオーディション番組への参加をきっかけに、ＡＫＢグループを抜けてK-ＰＯＰデビューを目指すメンバー（高橋朱里《じゅり》・竹内美宥《みゆ》）が現れて話題を呼びました。[587]

17年から紅白歌合戦に出場するなど、平成末期の第三次韓流ブームを象徴するＴＷＩＣＥ（結成は15年）も、９名中３名が日本人。個人の才能――彼女たちの場合は歌とダンス――で「実力勝負」したい日本人にとっては、生温《ぬる》さのなかで衰弱しつつあるように見える母国よりも、徹底的にグローバルな市場競争へと国内を適応させた韓国社会のほうが、いまや「進んで」見えるということでしょう。

そうした志向の先にはおそらく、個人単位の「信用スコア」で受けられる社会サービスが相違してくる、あたかも「中国的」なようで実は世界共通かもしれない日常がほの見えています。[588] そ

584　前掲『平成くん、さようなら』、11・14・60頁。
585　前掲『なんとなく、クリスタル　新装版』、58-59頁。
586　宮入恭平『J-POP文化論』彩流社、２０１５年、１６４頁。具体的には缶コーヒーのＣＭのためにスティービー・ワンダーが作って歌った"To Feel the Fire"が、11年に邦楽バンドONE OK ROCK（ワンオク）にカバーされて以降、むしろオリジナルの方を「パクリ」とする感性が広がっていたことを指すもの。
587　前掲「総選挙中止から見るＡＫＢ48の曲がり角」。
588　前掲『幸福な監視国家・中国』、主に第3章。

うした社会の端緒を、シリコンバレー勃興期のアメリカ西海岸で目撃した西部邁は、すでに１９７８年にこう述べています。

これらマンチャイルドたちがこの巨大な自然の中で、しかも雑多の人種の種差を調整しながら作り上げる社会のメカニズムは、ぞっとするほどハードでなければならないでしょう。あらゆる質的差異を加算可能な量的次元の上に変換するという、人間にとって絶対的に不可能なはずのことを、あたかも可能であるかのようにみせかけるもの、それがアメリカの夢なのだと思います。夢の結末がどうなるにせよ、その過程で、大概の日本人には及びもつかない硬質のニヒリズムが錬磨《れんま》されるに違いありません。[589]（傍点は引用者）

政治的なパワーとしての米国が衰退の途上にあっても、人間性の摩耗《まもう》をテクノロジカルな数値化で埋め合わせる機械仕掛けの「アメリカの夢」は、グローバルな生の基底として冷戦終焉後の世界に広がっていった。そしてＧＡＦＡはおろか、ファーウェイやサムスンさえも生み出さなかった日本は、端的にその上での覇権争いに、敗れたのでした。

新元号の発表

２０１９年４月１日、菅義偉《すがよしひで》官房長官（翌年９月に首相）が、翌月から始まる新元号「令和」を発表。間を置かずに安倍総理大臣も会見し、「「万葉集」にある梅の花の歌三十二首序文からの引用」である旨を説明しますが、その後に出す比喩はなんと「平成の時代のヒット曲に「世界に一つだけの花」という歌がありました[590]」。

「世界に一つだけの花」はSMAPが2002年のアルバムで発表した名曲ですが（シングル化は翌年）、花屋さんのバケツから買う花を選ぶ歌詞が「梅の花」を指していたはずもなく、歴史がその文脈を失い、記号化してゆく時代が新元号下でも加速してゆくことを、期せずして示唆する一幕となりました[591]。

元号の出典を通例だった中国の経書ではなく、日本の古典に求めたのは安倍氏の強い意向によるとされ、例によって知識人はそうした「ナショナリズム」の当否を論じあいますが、まじめに耳を貸す国民はほとんどいませんでした。そもそも万葉集の背景にも漢籍の引用があるのは自明のことで、アップルの iPhone でも中身は中国製なのと同様でしょう。

ガチンコの経済紛争に発展しつつあったトランプの対中制裁よりもだいぶこぢんまりとした、もっぱら象徴的な形でのみ「自国の独立」を謳いあげる、日本版のパクス・フェイクの幕開けでした。

589 前掲『蜃気楼の中へ』、208頁。
590 「平成31年4月1日　安倍内閣総理大臣記者会見」首相官邸ウェブサイト。
591 この点はその他の「歴史の喪失」を示す諸事象と並べて、以下で同時代的に論じている。與那覇潤・綿野恵太「真の知性とは何か／平成とはいかなる時代だったのか」『週刊読書人』2019年5月17日号。

いまでも平成《あなた》はわたしの光

ふたつの時代の終焉

令和への改元を控えた2018〜19年は、平成と昭和という「ふたつの元号」が同時に幕を下ろすかのような、別れの季節になりました。国民の注目を独占したのは、なんといっても18年9月の安室奈美恵さんの引退でしょう。前年から1年間をかけて、ベストアルバムの発表や最後のツアーを行っての花道に、ファンのみならず多くの日本人がかつて輝いていた、まるで澄みきった青空のようだった時代としての「平成」の終わりを感じました。

いっぽうで逆に、けっきょく「昭和」を清算しきれなかったネガティヴな時代としての平成の終わりもまた、このころ顕著になってゆきました。ともに1980年代後半の人気番組をルーツに持つ、TVアニメ『ドラゴンボール超《スーパー》』とバラエティ『とんねるずのみなさんのおかげでした』が、歩みを揃えるかのように18年3月で終了。どちらに対しても「まだ続いていたのか」と、やや残酷な声が寄せられるなかの閉幕でした。

――みんな、どっちの時代を生きてきたのかな。

片方の時代だけを価値あるものと見なし、もう片方はニセモノだと切りすてる「割り切った」

安室奈美恵
『Final Tour 2018~Finally~』
Blu-ray／DVD

生きかたをする人は、悩むこともないのでしょう。しかし、時代とはそんなにも単純なものでしょうか。

変えられない過去を引きずり、まだ見ぬ未来の予感とすりあわせながら、嚙《か》みあわない矛盾の断面としての現在を生きてゆく。それが、人間の本来の姿ではないでしょうか。

平成の終幕期、かつて社会の主役としてこの元号を迎えた団塊の世代の周囲からも、訃報を耳にすることが増えてゆきました。２０１４年末の松本健一さん（日本思想史。享年68歳）を皮切りに、18年秋に仙谷由人さん・大沼保昭さん（ともに72歳）、19年頭に橋本治さん（70歳）。いずれも「左右」を超えて双方と対話可能な言論や、政治活動で知られた人びとで、あたかもこの世代の識者は「中間派から鬼籍に入る」定めでもあるかのようでした。

おそらくそれは、ふたつの時代をともに生きるということの、帰結かもしれません。直前の時代を克服しきれない社会と同じように、自分自身の中にも軋《きし》みを抱えつつ、新旧どちらか一色の価値観に染め上げられずに思考を続ける。

そうした誠実なかたちで成熟を追い求めることのコストが、あまりにも高くなっていった時代。それが平成だったのではないでしょうか。

令和の初月に亡くなった加藤典洋

急逝した加藤典洋

ある会社の就職試験でのこと。受験者を全員体育館みたいなところに集めて一列に並ばせ、さあ、これから逆立《さかだ》ちをしてください、という。

で、まず、唯々諾々として従う学生、これは愚鈍だから落とす。

次に、こんなことにどんな意味があるのだ、とメンドーなことを言って抗議したり文句をつけてくる学生。これも頭でっかちな不平分子なので落とす。

最後、これがバカバカしいことだとは知りつつ、会社が命じるんだからしょうがないとニヤニヤしながらこれに応じる学生。これが使える学生だというので入れるのだという。[592]

平成の遠い原点だった1970年代初頭の「都市伝説」を、病床でこう書き遺したかつての大学紛争の闘士が、新時代のはじまりを見届けたかのように世を去りました。令和の初月にあたる2019年5月に没した、加藤典洋さん（71歳）です。絶頂期の全共闘運動にのめり込み2年留年した後、72年3月に東大を卒業した際に耳にした、就活生の空気を伝える挿話でしょう。嘘だと知りつつ「あえて」ごっこを演じる、わかった上でのことだから俺はバカじゃない——当時は三島由紀夫と楯の会について論じられ、平成にはオウム真理教について指摘されたアイロニカルな主体性。しかしそうした特徴は、一部の「カルト」に限られたことではない。

むしろそこから(当初は安定成長の仮面をかぶって)始まった、誰にとっても凡庸で退屈な「リアル」の秩序こそが、実際には自己欺瞞を通じて適応してゆくフェイクな対象に過ぎなかった。おそらくはそうした気分を反映して、流行した噂だったのだと思います。

加藤さんの在籍した東大文学部は、他学部と比較したとき例外的に「全共闘への参加度」が一貫して高く、[593]日常への復帰はより困難でした。心機一転して授業に戻るために「誰かが無期限ストの終結宣言をやるのを待っていた」際のひりひりした心境を、晩年の加藤さんは「永続戦争下の、日本国民みたいに」[594]と形容しています。その体験は周知のとおり、戦前と戦後を貫く日本人像を模索した『敗戦後論』ほかの著作に結実し、平成の思想界に大きな花を咲かせました。

——時代の区切り、は、どうつければいいんだろう。「誰かがストを解除してくれ」と同じよ

592 加藤典洋、前掲『オレの東大物語』、184頁。
593 編集部、前掲「東大闘争と学生の意識」『世界』1969年9月号、68頁。
594 加藤典洋『大きな字で書くこと』岩波書店、2019年、20頁。同書の主要部分は、死により未完となった『図書』17年1月号以来の自伝的連載である。

うに、「陛下のご聖断」や「おことば」に任せているだけで、いいのだろうか。

そうしたモチーフの原点を感じさせる加藤さんの評論に、1981年の旧稿を昭和末期に大幅に書き直した「新旧論　三つの「新しさ」と「古さ」の共存」があります。

分析される「三つ」とは、批評家の小林秀雄に作家の梶井《かじい》基次《もとじ》郎《ろう》、詩人の中原中也《ちゅうや》。戦前に名声を確立しつつ1983年まで生きた小林に対し、梶井（32年没、享年31歳）と中原（37年没、30歳）はともに早世したため、小林秀雄がその評論で強く推さなければ、おそらくは忘れ去られたろう存在でした。逆にいうと小林の評価を経由して初めて、梶井の「檸檬《れもん》」や中也の「汚れつちまつた悲しみに……」は傑作と見なされている。日本文学の「正史」の上では、そうした構図をなす三人組です。

対して加藤さんは、「梶井と中原にこれから見ようとする「新しさ」と「古さ」の共存という事態は、別に小林を例外としていたのではない。……ただ彼は、その矛盾を取りだし、彼の内部の「新しさ」と「古さ」に引き裂かれるところに彼の表現の問題を置かなかった。また彼の思想の問題を置かなかった」[595]と述べ、むしろ小林を最も低く評価し、梶井と中原に新たな光を当てようとする。戦後長らく、小林秀雄は保守論壇の頂点に君臨する文豪とされていましたから、その構図に挑むという左派学生らしい意気込みもあったのでしょう。[596]

昭和初頭にデビューした小林は、自身の中にある志賀直哉《なおや》のような「古い」大正文学にいまも惹かれる部分と、つねに前衛的なランボーや当時最新だったアンドレ・ジッドのような「新しい」モダニズムへの志向との矛盾を、レトリックでごまかした。ふたつの時代ないし価値観に引き裂かれたものとしての自己を認めず、すべて克服してわかっているかのような顔を装った結果、支那事変（日中戦争）への賛同を機に、ずるずる現状肯定へと流れていった――それが、加藤さんの批判の論旨になります。

Lemonと檸檬のあいだ

平成の終焉を彩った一曲は、2018年3月発売の米津《よねづ》玄師《けんし》「Lemon」でした。同年および翌年の2年連続で、ダウンロードや動画再生もカウントするビルボードの国内年間1位を記録したのは、同チャートの母国アメリカですら先例のないロングヒット。医療サスペンスドラマ『アンナチュラル』の主題歌で、「自分が思うより／恋をしていたあなたに」の歌詞がありますから、普通に聴くかぎりでは死別ないし失恋の歌でしょう。

興味深いことに米津さんは当時のインタビューで「「レモン」って文学的なニュアンスがある

595 加藤典洋「新旧論　三つの「新しさ」と「古さ」の共存」『批評へ』弓立社、1987年、326頁。初出は『早稲田文学』81年11月号だが、大幅な増補と改稿のため「書下し」と本人が銘打っている。

596 運動のさなか、つまり在学中に書かれた「最大不幸者にむかう幻視」（『現代の眼』1971年1月号）でも「オレは小林よりも中原を取る、という姿勢」を明記し、その選択は終生一貫して自身の思考法を規定してきたと、最晩年に加藤は述べていた（前掲『オレの東大物語』、165-166頁）。

とは思ってて」[597]と述べ、梶井基次郎「檸檬」ほかの古典から来る無意識裡《り》の影響を認めています。ひょっとしたらそれこそが、同曲が平成という時代の鎮魂歌《レクイエム》として広く聴かれた理由だったかもしれません。

昭和の終わりが迫りつつあった1987年の「新旧論」で、加藤典洋が「檸檬」から描き出す梶井基次郎は、自分の内にある分裂に直面し続ける人でした。そもそも梶井は、主人公がトルストイ流の高邁《こうまい》なヒューマニズムに憧れ、矮小な現実の自我との落差に煩悶する「白樺《しらかば》派」の私小説を、ベタに模倣するところから出発した作家。

しかし執筆すれども言葉が空回りするだけで、少しもしっくり来る自己表現にはならず、心を病み神経衰弱（いま風にいえばうつ状態）になってしまいます。こうした梶井の姿に投影されているのは、かつてマルクス主義的な新左翼の語彙で運動にのめり込みながらも、得るところなく自滅していった、加藤さん自身の学生時代への悔恨でしょう。

そして、それは多かれ少なかれ、政権交代や市場の自由化、あるいはデモやテクノロジーによる変革の言説に期待を託しては敗れた、平成の私たちにも重なる体験ではないでしょうか。

「えたいの知れない不吉な塊が私の心を始終おさえつけていた」という書き出しで知られる「檸檬」（1925年発表）の中で、うつの只中にいる主人公はかつて偏愛したはずの洋書や輸入雑貨——欧米由来の近代志向を楽しめなくなり、逆にごく普通の街の果物《くだもの》屋で見かけた、檸檬に惹かれるようになる。その檸檬を持って丸善に入り、自分の中で色あせて久しい洋画の画集の山の上にちょんと置いてみると、妙に気が晴れた。そう記しているだけの、1世紀近く前に書かれたご

米津玄師「Lemon」CDシングル

く短い小説が、なぜ後世まで読む者の心をとらえるのか。

加藤さんは「新旧論」のなかで、名作として名高い「檸檬」が実際には、白樺派風ながら混乱した文体の習作「瀬山の話」の中の一挿話を拡大したもので、梶井自身にはもともと「あまり魂が入つてゐない」と評されていたことに注意を喚起します[598]。その「瀬山の話」とは、自堕落《じだらく》な友人・瀬山の迷惑ぶりを「私」が語る形で始まりながら、中途からその瀬山に聞いた（おそらくは話を盛った）体験談を「試みに一人称のナレイションにしてみて」再現する、かなり崩れた語りの構造をもつ小説です。

先ほどの私と第二の私はまた私の中で分裂した。第一の私が呼びかけるそのあわれむ声に、第二の私はひたと首をたれて涙ぐんでいた。

「瀬山！」第一の私の声もうるんできた。

「瀬山」…………

そして第一の私は第二の私と固く抱擁《ほうよう》しあった[599]。

597 「米津玄師『Ｌｅｍｏｎ』インタビュー」billboard JAPAN、２０１８年３月（日付表記なし）。

598 前掲「新旧論」『批評へ』、３２８-３３４・３４６-３５０頁。

作者自身の投影とみられる瀬山は、中途から幻聴・幻覚に悩まされ、ついには自分の中にある二つの価値観を二重人格のように感じ始める。加藤さんの分析を借りれば、「自分は自分の半身像を作ろうとして……頭部と身体部分の接合に長い間苦労してきたが、自分が作りたがってきたのは、実は、そうとばかり思ってきた頭部〔＝理想主義的な自我〕ではなく、身体部分〔＝檸檬のささやかな慰《なぐさ》め〕のほうだったのではないかと[600]」、気づいてゆくわけです。

梶井は結局、片方の「新しい」部分の私のみを「檸檬」として作品化し、それを小林秀雄が絶賛することで歴史に名を残します。しかし、それでは「古い」私のほうは、そのまま物言わず消えていったのでしょうか。

むしろ、ほんとうは「固く抱擁」しあえるような自己の一部であっても、二人の私のあいだに留まる体験が苦しすぎるから目を背けているだけで、実際にはずっと傍にいる。

そうした側面が梶井基次郎にも、昭和後期にそれを読み解く加藤典洋にも、そして平成末期の私たちにもありはしなかったでしょうか。

米津玄師さんの「Ｌｅｍｏｎ」でいちばん胸に迫る歌詞は、そのことを言外に伝えていたように思います。あのとき、人びとが聴きとったのはおそらく、通常の意味での「他人」とではなく、自分の内側にある「もうひとりの私」との別れでした。

どこかであなたが今／わたしと同じ様な／涙にくれ淋《さみ》しさの中にいるなら／

わたしのことなどどうか忘れてください／そんなことを心から願うほどに

闇に投げるボールのように

平成生まれの代表とされる米津さん（１９９１年生）は、ひきこもりの時期があったとオープンにしていることでも知られます。晩年まで旺盛な執筆活動を展開することになる加藤さんにも、学園紛争に敗れて就職の道を選んでいった１９７０年の前後、まったく文章が書けない時代があったそうです。

一度目は、おそらく運動の最中に「唯一、読めたのが中原中也の詩と小説と散文[601]」という状態になり、二度目は就職後、その中也を広げて「毎日とにかく七三、四年、〔午後〕九時くらいから夜中の二時くらいまで、机の前に座って」いてもなにも書けず、「完全にもうこれは病気だなんて言われていた[602]」。

599　梶井基次郎「瀬山の話」『檸檬』角川文庫（改版）、２０１３年、１８９・２１８頁（引用中の「…」は原文）。「檸檬」発表の前年にあたる１９２４年の習作で、作中には「檸檬」と題された原型版も登場する。
600　前掲「新旧論」『批評へ』、３５７頁。
601　前掲『大きな字で書くこと』、48頁。
602　柄谷行人・加藤典洋「批評における盲目と明視」『加藤典洋の発言１　空無化するラディカリズム』海鳥社、１９９６年、１２０頁（初出『文藝』85年5月号）。

おそらくそれは、自分が納得できる形で時代を区切ろうと試みる人が、支払わなければならない賭金なのでしょう。周知のとおり中也もまた昭和の初頭に、重度の神経衰弱のなかで作品を遺した書き手でした。

中也自身が編んだ詩集は1934年の『山羊《やぎ》の歌』と、没後出版となる『在《あ》りし日の歌』(38年)の二つのみです。後者には、前者と異なり一見「下手」にしか見えない幼稚な作品が多く収められ、刊行時に波紋を呼んだのですが、加藤さんはそれを「黙っていれば上昇していくエスカレーターを、逆に降りようとする。その努力が、技巧の、美の、芸術の位階を上昇していく努力にくらべ、より容易《たやす》いものかどうかを、ぼく達は一概にいうことができない」[603]と評しています。

文壇の流行に則《のっと》った自分(の詩作)の「新しい」側面のみを提示しては、それだけでは覆いきれない「古い」自分に嘘をつくことになる。だから中也は、あえて世の中にあわせるのとはちょうど逆に、むしろそこから遠ざかったのだ。それが「新旧論」の結論でした。

いま平成史の筆を擱《お》くにあたって、歴史を振りかえるという営為自体もまた、もはやそうした試みでしかありえないという事実を、感じずにはいられません。

過去からの歩みをなぞることがそれこそエスカレーターのように、人類や社会の「進歩」を描くことと等価だった時代は、とうに去りました。そして平成期に私たちが直面した挫折や幻滅は、「あの選択が間違っていただけで、この路線をとっていれば解決した」といった形で処理できるものではありません。

いや、そうした総括（?）を述べる人もいるのでしょう。しかし問題の「正解」を知っていると自認する人びとにとっては、失敗だらけの過去をふり返るより、すべて「成功」することを前提に未来予測を述べることの方が、いまやずっと快適です。社会という存在を消滅させるほどに分断が深化した今日、かつて「まちがえた」人びとの姿は彼らにとって、もはや自己の一部ではなく、迷惑な他人に過ぎないのですから。

歴史とはもう、過去から未来への時間軸を越えて、人びとに「共有されるもの」ではない。それでは、いわば歴史が歴史でなくなってゆく時代だった平成のあとに、残るものはなんなのか。

××が今後どうなるかということですが、それについては一言だけいうと、こういうイメージをもっています。皆が未来の闇に向かってボールを投げている。白球が次々に闇の中に消える。皆投げ終わって帰っていく。すると、誰もいなくなったころ、その未来の闇のほうから薄汚れたボールが転がってくる……。つまり、未来の闇の遠くには壁があって、誰よりも遠く投げられたボールだけが、忘れられたころ、それにぶつかって薄汚れたまま帰ってくる。[604]

603　前掲「新旧論」『批評へ』、459頁。

604　高橋源一郎・加藤典洋「小説の現在、批評の地平」前掲『空無化するラディカリズム』、182-183頁（初出『新刊展望』1986年6月号。引用中の「…」は原文）。後年の用例は、たとえば加藤、前掲『人類が永遠に続くのではないとしたら』、414頁。

昭和末期の原文で、冒頭に入る二文字は「文学」。文芸評論家としての加藤さんが、終生好んだメタファーです。しかし、そこに「歴史」と入れてみたらどうでしょう。

未来ではなく、過去に向かってボールを投げてみる。現在でさえ青く濃い霧に覆われたいま、それは文字どおり闇に向かって球を抛《ほう》る行為です。投げ手の誰も、その先になにがあるのかは、わからない。多くの場合、ボールは闇に吸い込まれてゆくだけで、なにも戻ってはこない。

それでもごく稀に、投げた球に汚れがついて帰ってくる。一見すると、それは自分の手もとでだけ白球を転がして戯《たわむ》れている、子どもの遊びと見分けがつきません。しかし実際には、誰よりも遠く強いボールを投げ、過去に起きたこと・かつて生きた人びとと互いに響きあえたことの、証明であり勲章である。

——別に、それでいい。というよりもそれこそが、平成の模索の果てに私たちが見つけた、ほんとうの成熟のかたちじゃないか。

ふと、そんな声を聴くような心地がします。

さようなら、「通史」を描くことがありえた、日本で最後の時代。

さぁ、あとはゆっくりと、本書で投げたボールの行方を見守ろうではありませんか。

跋　歴史がおわったあとに

いま、書いたものをよみかえしてみて、こう思う、もうすこし、この夕暮れの空に視線をとどまらせていたならば、にごった色もしだいに澄み、ついにはまったき澄明《ちょうめい》さにいたったのではなかったか、と。いま、ここに、線と色とを与えられたイメージは、当初の予想をこえて、暗く、にごったものになってしまった。[605]

脱稿にあたり、第一次大戦をくぐり抜けて間もない1919年1月にホイジンガが記したこの一節が、あまりにも痛く心に響く。

本書の元になる連載を始めたのはちょうど1世紀の後、4か月しかない「平成31年」が始まった2019年の1月。正直に告白するが、そのときはツヴァイクに倣って平成の日本を『昨日の世界』と銘打ったのも、ちょっとした衒学《げんがく》趣味を超えるものではなかった。

しかし、いまはもう、そうではない。

2020年の3月から本格化した新型コロナウィルスをめぐる国民的パニックによって、平成という時代はもう、誰にとっても文字どおり「遠い過去」になってしまった。同年夏に開催されるはずだった二度目の東京オリンピック、そして25年に予定されるこれまた再度の大阪万博という、ふたつの20世紀型イベントに「ニッポン復活」がもっともらしく託されていたころの空気を、もはや思い出すことは難しい。

ホイジンガは筆を続ける――「ありうることなのだ。衰えゆくもの、すたれゆくもの、枯《か》れゆくものにいつまでも目を奪われがちな人の著述には、ややもすれば濃すぎるほどに、死が、その影を落としている」。

たぶん私個人は、そうした気質の人間なのだと思う。しかし、かような風潮をあまねく一般的なものにしたコロナ禍《か》の世相を、その私はどう見ればよいのだろう。「ついに自分の感性が、広く理解されるときが来た！」などと言って、素朴にはしゃいでよいものとは、やはり思えない。

「この世界はどこかおかしい」という感覚は、本論でも触れた2016年のトランプ当選とブレグジット以降、どの国でもそれなりに支持を得るようになっている。排外主義と相互不信の高まりに「暗い1930年代」の再来――新たなファシズムと、形を変えた世界戦争の予兆を見出すといったレトリックすら、いまや取り立てて突飛《とっぴ》なものでもない。

605 ホイジンガ『中世の秋 上』堀越孝一訳、中公文庫（改版）、2018年、9頁。なお本書のエピグラフは、同書、74頁の訳文を一部改訂した。

ひょっとすると現在は、20世紀後半の世界を支配した冷戦期と、そのアップデートとしてのたとえば「米中冷戦」の時代との、狭間《はざま》にあたっているのかもしれない。しかし、かつて歴史学者だったものの眼で見たとき、これほど思想的に貧しく、寂しい「戦間期」があるだろうか。

　来たるべき危機を予感し、必死の代案を練ろうとしたふたつの世界大戦に挟まる「最初の戦間期」（1919～39年）は、その真摯さのために困難な国で薄幸の運命（投獄ないし亡命）をたどる、綺羅星《きらぼし》のごとき思想家を輩出した。本文に挙げた名前では、ツヴァイクにフロイト（墺）、ホイジンガ（蘭）、グラムシ（伊）――そしてネガティヴな言及になってしまったがアーレント（独）。逐一記すのは略したが、廃墟の批評家と呼ぶべきベンヤミン（独）、あるいは階級意識論のルカーチに知識社会学のマンハイム（ともに洪《ハンガリー》）といった人びとからも、たぶん本書は無意識の影響を受けていると思う。

　これに対し、目下の第二戦間期（？）のメディアは、いわば「シュペングラーもどき」だけが跋扈している状態だ。[606]

　米国のオルタナ右翼や欧州のネオナチのような、国際資本の移動を排撃する独裁的な英雄待望論だけではない。原発事故が起きれば「放射能で世界が滅ぶ」と脅し、その記憶が薄れるや「二酸化炭素で……」と素材をすり替えるエコロジー左翼の過激派にせよ、『地球の没落』と題すべき黙示録のパンフレットを売り歩いているようなものだ。

　それで、ほんとうにいいのだろうか。

　私たちが過去に幾多《いくた》の犠牲を払いつつ刻んできた体験から受けとれる遺産は、世界規模でみても日本という単位に限っても、けっしてその程度の、卑小な露悪趣味に留まるものではないと思う。少なくとも、私としては日々その気持ちを確かめながら、本書を書いた。

だから、偉大な歴史家に対して非礼な物言いになるが、先ほどのホイジンガの文章は一か所だけ間違っている。「衰えゆくもの、すたれゆくもの、枯れゆくもの」に愛情を注ぐことが、死につながるとは限らない。

むしろそうした喪の作業こそが、新しい生と再出発の根拠になる基地をつくる。書き手と、なによりも読み手の心のなかに。そのように、私は信じている。


本書の原型は、（本文でも登場した）評論家の宇野常寛さんのお誘いによって、彼が運営する「PLANETS」のメールマガジンで連載されたものである。毎回、原稿を送るごとに宇野さんは丁寧に目を通し、鋭くかつ温かいコメントを添えてくれた。

いっぽうで同時代史を書くことの難しさは、叙述の対象が現在に近づくほど、面識があったり個人的に関係の深い対象にも、筆を及ぼさねばならぬ点にある。むろん、そうした場合は著者が自身の責任において論評するわけだが、PLANETSが宇野さんの個人メディアである以上、熱心な読者ほど著者（與那覇）の価値観を、編集人である宇野さんの評価と混同する懸念もぬぐ

606　本書と視座や方法は異なるが、（第一の）戦間期に今日の先駆を見る議論としては、佐伯啓思『近代の虚妄　現代文明論序説』（東洋経済新報社、2020年）の特に第3章を参照。

えない。

そのため両者で協議の上、第13章までを連載した後、同メルマガとゆかりの深い対象についての言及も増える直近の時期については掲載を見合わせ、単行本にて初めてお披露目という形をとることとした。快くそうした例外措置につき配慮して下さった、本書の生みの親である宇野さんに心から感謝したい。

刊行元は文藝春秋にお願いし、書籍版の編集は武藤旬さんにお世話になった。実は武藤さんにはかつて『文學界』にて、宇野さんと私との連続対談「ベストセラーで読む平成史」を企画していただいたのだが、私の急病のためにわずか2回（2014年9・10月号）で中断し、多大なご迷惑をおかけしたことがある。だから今回、武藤さんおよび宇野さんに、こうした形でお詫びを兼ねたご恩返しができることを、ほんとうに嬉しく思っている。

文藝春秋との作業にあたっては、前著『知性は死なない』をご担当いただいた同社の吉安章さんのご助力も得た。また本田英郎さん（青土社）、森原龍介さん（共同通信）には、執筆の上で貴重な資料をご教示いただいた。あわせて厚く、謝意を表する次第である。

表紙の撮影は、同世代（1980年生まれ）の写真家である志賀理江子さんにお願いした。宮城県で3・11の大津波に遭《あ》い、避難所での暮らしも体験した志賀さんとの縁をつないでくれたのは、被災地での生活の中で彼女の印象に残った、ある病気の患者さんである。その人を理解する一助として、同じ病気の体験をオープンにしている私を取材しに来てくださったのが、最初の出会いだった。世の中には、そんなボールのつなぎ方もある。

本書は私が「歴史学者」として著《あらわ》す、最後の書物になる。もともといつまでも昔の肩書を使い続ける気はなく、看板を下ろす時機を見計らってはいたのだが、先に触れた新型コロナ禍の折に目にした光景が、結果として背中を押すことになった。

詳しくは、先日刊行した『歴史なき時代に』（朝日新書）をご覧いただければと思うが、要するに目下の大学では、ボールを投げない人が「歴史学者」を名乗っているのである。彼らの趣味は、元は闇の中にあったと称する物体——いわゆる一次史料——にべたべたと触って（物理的な）近接性を誇ることだけで、それが研究だと思っているらしい。

そこにあるのは、ただのフェティシズムである。つまりはストーカーじみた調べもの屋が、肥大したエゴを満たすためにする一方的な偏愛がすべてであって、現在と過去とを生きた人間どうしの「対話」は存在しない。

それは本書でも取り上げてきた、私の範とする歴史家たちとはまったく異なる存在であり、ましていま真に求められる知のあり方とは、なんの関係もないものだ。読者の誤解を招かないためにも、この際きれいさっぱり縁を切って、新たに出直そうと考えた次第である。

思えば私は、それなりに幸運な歴史学者だったと思う。処女作『翻訳の政治学』（岩波書店）で幕末から大正期まで、第二作『帝国の残影』（ＮＴＴ出版）ではそこから１９７０年までを叙述したので、70年代という「助走期」から平成史のすべてを扱う本書によって、いま自分が立つ場所につながる自国の近代史を描き切って、歩みを終えるのだから。

ある意味で昭和という時代に殉じた江藤淳は晩年、「去年今年《こぞことし》貫く棒の如きもの」（高浜虚子）の句を愛したという。社会に生じた巨大な変化や断絶を潜り抜けて、誰にとっても同じように過去から未来へと貫通する、歴史の実在を信じたいということだろう。

しかしその後を襲った平成という時代を経て、いまはもう誰も、歴史を「貫く棒の如きもの」のようには、感じとることができない。

現在地にたどり着いたとき、旧来の意味での「歴史」はもう消えていた。だけど、だったらその名前ではない形で、始めればよいのではないだろうか。

だから本書が、終わりではなくはじまりの書物として読まれてほしいと願う。歴史の喪失はもう、悲劇ではない。それはむしろ喜劇なのである。

２０２１年春、日々にシジフォスの岩となりゆく聖火を見ながら

著者識す

本書の序文から第13章までは、２０１９年1月～20年8月にかけて「ＰＬＡＮＥＴＳ」のメールマガジンに連載した内容に、大幅な加筆・修正を施《ほどこ》したものです。第14章以降は書き下ろしです。

装丁：中川真吾
カバー写真：志賀理江子
震災から10年を経た２０２１年5月、
仙台空港／北釜防災公園傍の岩沼海岸にて撮影。

與那覇潤（よなは・じゅん）

1979年生まれ、歴史学者（日本近代史・同時代史）。2007年、東京大学大学院総合文化研究科博士課程修了、博士（学術）。同年から15年まで地方公立大学准教授として教鞭をとった後、病気休職を経て17年離職。以降は在野で活動している。

講義録『中国化する日本』（文春文庫、原著11年）、『日本人はなぜ存在するか』（集英社文庫、原著13年）、病気と離職の経緯を綴った『知性は死なない』（文藝春秋、18年）など話題書多数。2020年、『心を病んだらいけないの？』（斎藤環氏と共著、新潮選書）で第19回小林秀雄賞を受賞。

平成史《へいせいし》――昨日《きのう》の世界《せかい》のすべて

二〇二一年八月十日　第一刷発行

著　者　與《よ》那《な》覇《は》潤《じゅん》

発行者　大川繁樹

発行所　株式会社　文藝春秋

〒一〇二―八〇〇八

東京都千代田区紀尾井町三―二三

電話〇三―三二六五―一二一一

印刷所　萩原印刷

製本所　加藤製本

ＤＴＰ制作　ローヤル企画

ISBN978-4-16-391411-4

文藝春秋　與那覇潤の本

『中国化する日本　日中「文明の衝突」一千年史　増補版』

中国が既に千年も前に辿りついた境地に、日本は抗いつつも近づいている。まったく新しい枠組みによって描かれる興奮の新日本史！　宇野常寛氏との特別対談も収録。

（文春文庫）

文藝春秋　與那覇潤の本

『知性は死なない——平成の鬱をこえて』

躁うつ病（双極性障害）との過酷な闘病生活をへて振り返る平成の知の同時代史。崩れていった大学、知識人、リベラル……喧伝される「反知性主義」への処方箋を描く。いま「知」に関心をもつ人へ、必読の一冊！

（単行本）